《法的原理与应用》编委会

主　　审：盛永彬

主　　编：刘树桥　雷绍玲

副 主 编：盛舒弘　谢素珺

编写人员：（按姓氏笔画排序）
刘树桥　李　娜　张雪琳　张　蓉
龚国艳　盛舒弘　谢素珺　雷绍玲

高等法律职业教育系列教材
GAODENGFALÜZHIYEJIAOYUXILIEJIAOCAI

法的原理与应用

FA DE YUANLI YU YINGYONG

第二版

主　审◎ 盛永彬
主　编◎ 刘树桥　雷绍玲

暨南大学出版社
JINAN UNIVERSITY PRESS
中国·广州

图书在版编目（CIP）数据

法的原理与应用/刘树桥，雷绍玲主编．—2 版．—广州：暨南大学出版社，2022.8
高等法律职业教育系列教材
ISBN 978 -7 -5668 -3464 -5

Ⅰ.①法…　Ⅱ.①刘…②雷…　Ⅲ.①法学—高等职业教育—教材　Ⅳ.①D90

中国版本图书馆 CIP 数据核字（2022）第 134363 号

法的原理与应用（第二版）
FA DE YUANLI YU YINGYONG（DI-ER BAN）
主　编：刘树桥　雷绍玲

出 版 人：张晋升
责任编辑：张仲玲　付有明
责任校对：孙劭贤　陈皓琳
责任印制：周一丹　郑玉婷

出版发行：暨南大学出版社（511443）
电　　话：总编室（8620）37332601
　　　　　营销部（8620）37332680　37332681　37332682　37332683
传　　真：（8620）37332660（办公室）　37332684（营销部）
网　　址：http：//www.jnupress.com
排　　版：广州市天河星辰文化发展部照排中心
印　　刷：湛江日报社印刷厂
开　　本：787mm×1092mm　1/16
印　　张：21.25
字　　数：503 千
版　　次：2012 年 8 月第 1 版　2022 年 8 月第 2 版
印　　次：2022 年 8 月第 16 次
印　　数：21801—23800 册
定　　价：49.00 元

目　录
CONTENTS

单元二 法作为社会存在的理解

单元三 法的创制与实现

总序

高等法律职业化教育已成为社会的广泛共识。2008 年，由中央政法委等 15 部委联合启动的全国政法干警招录体制改革试点工作，更成为中国法律职业化教育发展的里程碑。这也必将带来高等法律职业教育人才培养机制的深层次变革。顺应时代法治发展需要，培养高素质、技能型的法律职业人才，是高等法律职业教育亟待破解的重大实践课题。

目前，受高等职业教育大趋势的牵引、拉动，我国高等法律职业教育开始了教育观念和人才培养模式的重塑。改革传统的理论灌输型学科教学模式，吸收、内化"校企合作、工学结合"的高等职业教育办学理念，从办学"基因"——专业建设、课程设置上"颠覆"教学模式："校警合作"办专业，以"工作过程导向"为基点，设计开发课程，探索出了富有成效的法律职业化教学之路。为积累教学经验、深化教学改革、凝塑教育成果，我们着手推出"基于工作过程导向系统化"的法律职业系列教材。

《国家（2010—2020 年）中长期教育改革和发展规划纲要》明确指出，高等教育要注重知行统一，坚持教育教学与生产劳动、社会实践相结合。该系列教材的一个重要出发点就是尝试为高等法律职业教育在"知"与"行"之间搭建平台，努力对法律教育如何职业化这一教育课题进行研究、破解。在编排形式上，打破了传统篇、章、节的体例，以司法行政工作的法律应用过程为学习单元设计体例，以职业岗位的真实任务为基础，突出职业核心技能的培养；在内容设计上，改变传统历史、原则、概念的理论型解读，采取"教、学、练、训"一体化的编写模式。以案例等导出问题，根据内容设计相应的情境训练，将相关原理与实操训练有机地结合，围绕关键知识点引入相关实例，归纳总结理论、分析判断解决问题的途径，充分展现法律职业活动的演进过程和应用法律的流程。

法律的生命不在于逻辑，而在于实践。法律职业化教育之舟只有驶入法律实践的海洋当中，才能激发出勃勃生机。在以高等职业教育实践性教学改革为平台进行法律职业化教育改革的路径探索过程中，有一个不容忽视的现实问题，高等职业教育人才培养模式主要适用于机械工程制造等以"物"作为工作对象的职业领域，而法律职业教育主要针对的是司法机关、行政机关等以“人”作为工作对象的职业领域，这就要求在法律职业教育中对高等职业教育人才培养模式进行“辩证”地吸纳与深化，而不是简单、盲目地照搬照抄。我们所培养的人才不应是“无生命”的执法机器，而是有法律智慧、正义良知、训练有素的有生命的法律职业人员。但愿这套系列教材能为我国高等法律职业化教育改革作出有益的探索，为法律职业人才的培养提供宝贵的经验、借鉴。

张文风

2010年11月15日

再版说明

党的十八大以来，我国全面推进依法治国，国家安全、文化、社会等方面的立法取得了巨大成就。以习近平同志为核心的党中央，围绕全面依法治国作出了一系列重大部署，提出了一系列重要论述，深刻回答了中国特色社会主义法治的一系列重大问题。党的十九大以后，全面依法治国总体格局基本形成。这些都深刻丰富了法的理论和实践。特别是习近平法治思想，以“十一个坚持”作为其核心要义和理论精髓，科学回答了 21 世纪中国法治进程面临的重大课题，是马克思主义法治思想的新飞跃，成为全面依法治国的行动指南。

为使《法的原理与应用》教材与时俱进，故对本教材进行修订。本次修订有两个特点：一是删除旧的法律规定，鲜明体现现行的新的法律内容，用新的法律规定阐释法的理论；二是增加了习近平法治思想的内容，体现法的理论的最新成果。让学生更好地把握习近平法治思想的基本精神、基本内容、基本要求，更好地领会习近平法治思想的核心要义和精髓。推动习近平法治思想深入人心，让学生更好地为建设社会主义法治国家服务。

《法的原理与应用》教材编写组

2022 年 6 月 30 日

前 言

法学理论作为法学中的基础性学科，其重要性不言而喻。但传统法学理论教材的内容抽象性、哲理性强及语言深奥、枯燥、不易懂的特色使得法律专业的学生不知如何应对。从学生学习的情况来看，总体感觉学生学习的效果不佳：一是对法学理论知识一知半解；二是不能很好地将法学理论应用于社会实践，去解释社会法律现象。而在当下，高职法律教育的发展强调学生法律知识的应用性。于是，颠覆传统的学科体系的知识构造、建立行动导向的知识体系就成为高职法律教育对教材的基本要求。基于此，广东司法警官职业学院启动了教材建设工程，并取得了良好的效果——编写出了大批的适应高职教育要求的法学教材。法学理论的教材建设也紧随其后，在学院、系领导的支持下，在本院法律系基础法律教研室的全体成员及其他科室部分成员的积极参与下，进行了适应高职法学教育特点的法学理论教材改革，并将该教材命名为《法的原理与应用》。

《法的原理与应用》的编写力求体现如下特点：

（1）行动导向性。行动导向是高职教育的内在要求。因此，《法的原理与应用》从体例结构上力求体现这一点。本教材的体例基本上是按照导入案例、基本原理认知、拓展阅读、思考与练习、学习情境这样的模式编排的，体现的是通过学生思考引起兴趣，再引导学生进行基本理论的探讨，最后由学生对法律现象予以分析并解决的基本思路。这样，保证了学生的学习主动性以及将学习融入行动中的基本要求，体现了“做、学结合”的高职教育特点。

（2）知识够用性。考虑到法学理论知识体系的庞大繁杂以及高职教育学生的具体情况，总结长期以来的法学理论教学经验，《法的原理与应用》教材编写组成员确定了最基础的法学理论范畴，分为四个单元进行编写。这样，既可以保证学生对法学理论能够较容易地理解，克服学习上的困难，又能保证学生学到必需的法学理论知识。同时，基于法学理论知识的博大精深，本教材又把一些法学理论知识设置为拓展阅读部分，作为学生自觉学习的参考材料，为学生对法学理论进行更广泛及更深入的学习提供条件。

（3）通俗易懂性。鉴于绝大多数传统法学理论教材存在内容抽象性、哲理性强以及语言深奥、枯燥、不易懂的问题，《法的原理与应用》教材编写组成员对该教材的编写进行了大胆的尝试，力求用朴素、通俗、简明易懂的语言进行阐述，以求解决传统法学理论教材内容的抽象性、哲理性强等问题，同时对某些法学理论辅之以案例，帮助学生更好地理解法学理论知识。

本教材的编写分工如下：

刘树桥：导论、项目一、项目五、项目十八、项目十九；张雪琳：项目二、项目六、项目七；张蓉：项目三、项目十四；谢素珺：项目四、项目十三；李娜：项目八、项目十五；雷绍玲：项目九、项目十七；龚国艳：项目十、项目十六；盛舒弘：项目十一、项目十二。本教材由刘树桥、雷绍玲担任主编，由张雪琳担任副主编，盛永彬教授担任主审。

本教材由主编刘树桥、雷绍玲统一校订，由盛永彬教授最后审定。在本教材编写过程中，参考和借鉴了相关教材的优秀成果，在此表示由衷的感谢。由于本教材是按照高职教育理念进行教材改革的初步尝试，不足之处在所难免，恳请同仁批评指正！

《法的原理与应用》教材编写组

2012 年 3 月 28 日

导 论

【导入案例】

2001年12月23日，原告蒋某看到《成都商报》上刊登《中国人民银行成都分行招录行员启事》，其中第一条“招录对象”规定：“2002年普通高等院校全日制应届毕业生具有大学本科及以上学历的经济、金融、计算机、法律、人力资源管理、外语等专业的学生。男性身高在168厘米、女性身高在155厘米以上，生源地不限。”原告认为成都分行的上述规定，是对包括自己在内的仅因身高不符合上述条件的报名者的身高歧视，侵犯了原告享有的宪法赋予的担任国家公职的平等权，诉请法院依法确认被告的具体行政行为违法、停止发布该内容的广告等。此案于2002年1月7日由成都市武侯区人民法院受理。同年4月25日，此案在武侯区人民法院开庭审理，控辩双方在庭上围绕“原告宪法所赋平等权”等焦点展开激烈辩论。5月5日，成都市武侯区人民法院作出判决：驳回蒋某的起诉。理由有二：一是中国人民银行成都分行招录行员行为不是其作为金融行政管理机关行使金融管理职权、实施金融行政管理的行为，因此，不属于行政行为范畴，依法不属于人民法院行政诉讼的主管范围；二是被告的这一行为在作出时并未对外产生拘束力或公定力。该行为的效力只有在招录行员的报名期间即“2002年1月11日至17日”这期间才产生。而被告成都分行在该行为产生效力之前就已自行修改了《招录行员启事》内容，撤销了对招录对象的身高条件规定，消除了该行为对外部可能产生的法律后果和对相对人的权利义务产生的实际影响。因此，被告的行为实际上并未给原告及其他相对人报名应试的权利造成损害。原告蒋某所称的侵权事实是尚未发生的事实，不具有可诉性。此案被蒋韬的代理人称为“中国法院受理的宪法平等权利的第一案”。①

问题：1. 我们应当怎样用法来解释这一现象？

2. 通过该案例思考一下，法是一个什么样的世界？

【基本原理认知】

在现实生活中，我们经常会遇到这样或那样的社会现象。前些年发生的比较典型的有“躲猫猫”事件，邓玉姣案，梁丽捡金案，“钓鱼执法”事件②、赵作海、孙学双案，王鹏举报同学考试作弊案，“我爸是李刚”事件③，等等。对这些社会现象从法的角度去评判，那么这些社会现象也就转化成了法律现象。

---

① http：//home. xuefa. com/space－382923－do－blog－id－15868. html。

② http：//forum. enorth. com. cn/thread_2755475_. html。

③ http：//wenku. baidu. com/view/71a6a418ff00bed5b9f31d7a. html。

这里实际上涉及两个问题：一个是当我们用法去评判法律现象时，我们依据的是法的原理。所谓原理，也就是带有普遍性的、最基本的、可以作为其他规律的基础的规律；或者说是具有普遍意义的道理。[①] 因此，法的原理也就是法中存在的带有普遍性的、最基本的、可以作为其他规律的基础的规律、道理。法的原理为我们评判法律现象提供了标准，从而让我们能够去评判社会法律现象。法治国家、法治社会离不开法的原理。另一个是当人们用法的原理去评判法律现象时，人们会得出各种各样的结论。究其原因，就会发现：人们对法的原理是有不同认识的，法律制度是有缺陷的等。这就引起我们的思考：我们究竟需要什么样的法的原理？怎样推进法律制度的完善？

上述问题实际上表明，我们的生活离不开法，我们的日常生活蕴涵着法的原理，法的原理就在我们生活当中。所以，我们要通过现实生活世界来认识法是什么，揭示法中的规律、道理。在认识、揭示的过程中，来进一步探索法理精义。

法的原理是重要的，首先我们要用法的原理来审视社会法律现象。很多社会法律现象都是需要审视的，如平等问题，单就业方面，除了导入案例涉及的招录不平等外，社会中还有诸如公务员招考中存在的长相歧视、学历歧视、性别歧视（只招男不招女）、年龄歧视（一般规定 35 岁以下）、毕业出身偏见（只招某些名牌大学毕业生）、户口限制（只招非农户口，或本地户籍）等，怎么看待这些问题？其次我们要从社会法律现象中去提炼法的原理，去探究社会法律现象背后所体现的法的根本性问题。

一、法的原理概述

法的原理，是指法中存在的带有普遍性的、最基本的、可以作为其他规律的基础的规律、道理，是最一般的规律、道理。比如，法是怎样产生、发展和变化的？法的本质是什么？法的价值是什么？法如何运行？等等。对具体社会法律现象的审视、对具体法律的评价、对具体法律适用的效果检验，都蕴涵着法最一般的规律、道理，都离不开法的原理的影子。因此，法的原理在法治国家、法治社会无处不在。

人们对法的原理的研究，历史悠久，可以说，自人类有法律之日起，就有关于法的原理的探讨。不管是西方的柏拉图、亚里士多德，还是我国的老子、孔子，都有着对法的思考。通过历史的沉淀，法的原理成果是丰硕的，人们把法的原理系统化，形成了独立的知识体系，称为法理学。法理学在法学中具有特殊的地位。法学，也就是研究整体法律现象或法律问题的学科，根据其研究法律现象的一般性和特殊性，人们基本上将其分为理论法学和部门法学。理论法学包括法理学和法制史学；部门法学包括诸如民法学、刑法学等。

法理学中所体现的法的原理既为部门法的学习打下了基础，也为立法、执法、司法提供了指导，更通过对社会法律现象的深思，推动了法的发展。可见，法的原理是非常重要的。

二、法的原理研究范畴

法的原理研究范畴，是指法的原理研究对象的范围。法的原理的研究对象，主要是指社会法律现象中带有共性的问题，包括整个法律现象的共同发展规律。法的原理

---

① 中国社会科学院语言研究所词典编辑室：《现代汉语词典》（第五版），商务印书馆 2005 年版，第 1675 页。

成果丰硕，内容庞大复杂，其范畴也是很难一一列尽的。

所以，对法的原理的范围界定也就表述不一：有的从法律的起源、发展和消亡、法律的本质和作用、法律与其他社会现象的关系、法律的创制和实现、法律的价值几个方面来表述①；有的从本体论、价值论、认识论、方法论来表述②等等。

由于法的理论博大精深，任何一部教材或专著都不可能详尽叙述。因此，对法的理论的介绍，一般都是有选择性地组织内容。从对法的理论最基础知识的掌握、理解和运用角度出发，本教材选择了把法的原理从法的本体（法的基本理论）、法的存在、法的创制与实现、法治理念的形成几个方面进行划分。法的本体是指法自身所体现的理论，包括法的概念、特征、本质、产生和发展、内容、要素、渊源、分类等内容。法的存在是指法的有用性，包括法的价值、功能、作用、效力、法与社会（法与经济、法与政治、法与文化等）的相互关系等内容。法的创制与实现是指法运行的动态过程和表现，包括立法、执法、司法、守法、法的监督、法律关系、法律行为、法律责任等内容。法治理念是指对法的一些重大问题的认识和反映，包括法治、社会主义法治理念等内容。列图如下：

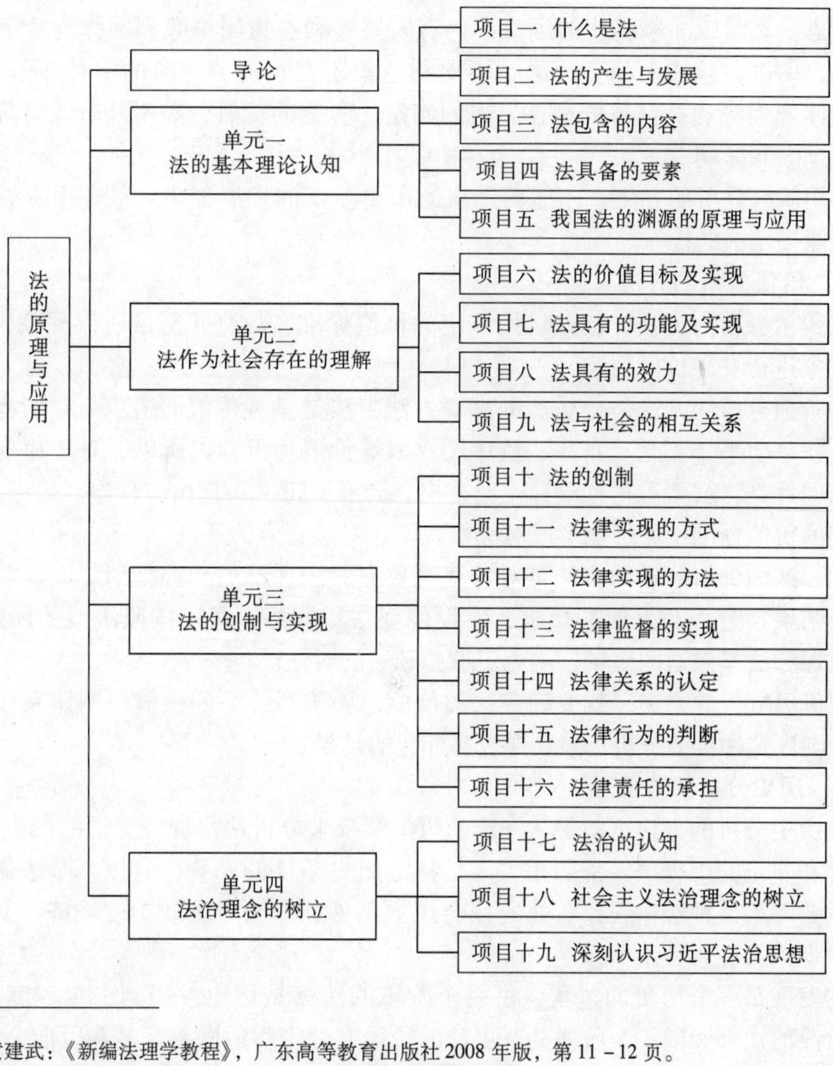

① 黄建武：《新编法理学教程》，广东高等教育出版社 2008 年版，第 11－12 页。

② 公丕祥：《法理学》，复旦大学出版社 2008 年版，第 5－7 页。

三、法的原理研究方法

法的原理研究方法，也就是研究法的原理所应遵循的一套原则、手段、程序和技巧。掌握了正确的研究方法，才能对法的原理形成正确的研究，才能得出正确的结论，否则，法的原理的研究就会出现偏差。法的原理的研究方法应该是多种多样的，因此，我们应该掌握多样的、灵活的法的原理研究方法，从多角度、多方面研究法的原理。

（一）阶级分析的方法

法的阶级分析的方法就是用马克思主义阶级理论去观察和分析法律现象。阶级分析的方法，并不能狭隘地理解为用纯粹“阶级”的观点进行分析，它不但适用于阶级对立的社会现象，同样适用于阶层、利益集团抗争的社会现象。

阶级分析的方法是一种普遍适用的方法，可以在政治、经济、文化、社会等各个领域使用，在法的领域同样也可以使用。只要社会上存在着阶级，存在着阶层，存在着利益集团，这种方法就是不可缺少的。

法作为国家的产物，总是带着阶级倾向，在有阶级对立的国家，法一般反映统治阶级的意志。在阶级斗争弱化的国家，仍有阶层、利益集团争夺利益作为阶级对立的表现形式，所以，总体上而言，法是不同利益集团在利益分配时的一种斗争、妥协，并且突出体现强势利益群体的利益。法的制定、实施的背后，离不开阶级、阶层、利益集团的操纵和影响。

只有用阶级分析的方法，才能揭示法的历史演变的发展规律。只有用阶级分析的方法，才能揭示法的性质。

（二）价值分析的方法

法的价值分析的方法，就是运用一定的价值标准去评判、衡量法律现象，也就是对法律现象进行一种价值判断。

法的价值分析的方法是分析法的重要方法。法是一种价值的追求，它的存在总是以体现人权、公平、正义、自由、秩序、效率等价值为目标。所以，对法律现象的分析、对法的评判，就要看它有没有体现人权、公平、正义、自由、秩序、效率等价值。没有一定的价值标准，就不能形成对法律现象、对法有效的评判。

因此，法的价值分析的方法是对法律现象、对法评价的一种指引。它使对法律现象的分析结果符合人类发展的要求，它促使立法、执法、司法按照法治的轨迹运行。它成了道德和法律沟通的纽带，避免了道德和法的对立。

运用价值分析的方法，就要确定法的价值，要按照统一的价值评判体系作为分析标准。否则，这种价值分析仍然会形成多样化的结果。

（三）历史分析的方法

法的历史分析的方法，就是从一定的历史背景来分析法律现象。法的产生、发展、运行，都和一定的历史条件密切相关，是特定历史条件的产物，所以，对法律现象的分析，就要考察该种法律现象所处的社会历史条件，即当时的政治、经济、文化等对该种法律现象具有何种影响。

法的发展是一个历史的过程，每一个阶段的法都是历史发展到一定程度的结果。每一个阶段的法都和前一个阶段甚至更前的阶段有着密切的联系，是和以前分不开的，所以，我们不能割裂历史来分析法。

只有对法用历史分析的方法，才能形成对法的正确认识。我们就会明白，为什么某一种法律现象或者某一部法律是这样的或那样的，比如，我国封建社会判案注重情理、我国封建社会不同时期有五刑的变化等，所以，我们不能用当代社会的认识观来谴责封建社会的法是残暴的，也不应对某一阶段的法的规定感到不可思议。

（四）比较分析的方法

法的比较分析的方法，主要是指对不同国家、地区、民族、法系的法律制度或者不同时期的法律制度进行比较、对照考察的方法。通过比较分析的方法可以知道不同国家、地区、民族、法系的法律制度或者不同时期的法律制度的优劣情况。

这种比较，可以是横向的比较，也可以是纵向的比较。比较的内容可以是多方面的：既可以是制度比较，也可以是原则、概念比较，还可以是法律文化传统的比较。既可以进行宏观比较，也可以进行微观比较。

通过比较，我们才能知道不同的经济、政治、历史、民族传统、风俗习惯、自然环境对法有何不同的影响，才能形成对法的全面认识；通过比较，我们才能找到法存在的问题；通过比较，我们才能取长补短，才能推进法律制度的进步。

（五）社会调查的方法

法的社会调查的方法，就是通过社会调查的手段对法律现象进行研究的方法。社会调查的方法是“一切从实际出发”这一唯物主义基本原则的具体运用。没有调查，就没有发言权。我们只有立足社会、深入社会，运用抽样、问卷、访谈等多种社会调查方法和手段，进行广泛的社会调查，全面了解和掌握国家的立法、执法、司法、法律监督的现状，在掌握第一手材料的基础上，才能形成对法律现象的正确的评价。

社会调查可以适用于各种法律现象。比如，可以通过社会调查的方法来认识和了解法与经济、政治、文化等的关系，可以通过社会调查的方法来认识和了解社会对立法的需求、对执法的看法，等等。

（六）语义分析的方法

法的语义分析的方法，就是通过法律语言所表达的意思来分析法律现象。法律语言具有特定的含义，某一语言在法律现象中的适用和在其他社会现象中的适用是不同的。所以，要仔细分析法律环境下语言的用法和意义，从而正确理解法律现象。

（七）立足本国的方法

就我国而言，法的立足本国的方法，就是要从我国的国情来考察我国的法律现象。我国是具有中国特色的社会主义国家，历史证明，我们必须坚持党的领导、坚持人民民主专政、坚持人民代表大会制度、坚持社会主义。我们要在这样的国情下来考察我国的法律现象，只有这样，我们才能解释我国为什么不采取西方的三权分立，我们为什么要确立人民陪审员制度，我们为什么要坚持人民调解制度，等等。

只有立足国情，才能避免对西方法学理论的照抄硬搬，才能避免法律移植的盲目性，才能有选择地确定我国将要适用的法律制度。在我国的历史上，曾经出现过照搬外国的法律制度而使我国的法制建设遭受挫折的情形，所以，只有立足我国的国情，我们才能为我国的法制建设确定正确的方向，才能正确认识我国的法律现象。

单元一

法的基本理论认知

项目一　什么是法

【知识结构图】

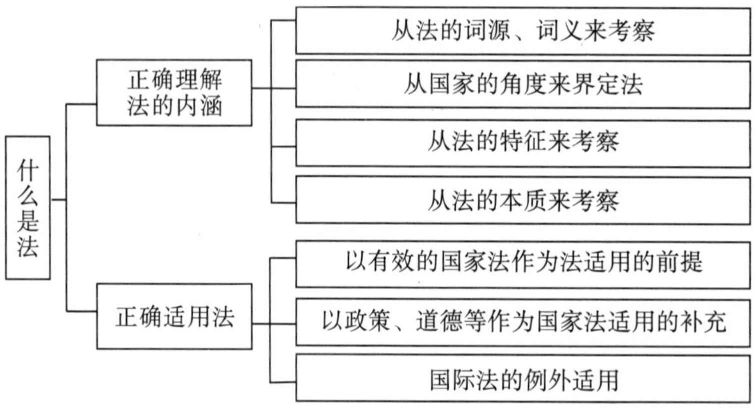

【知识目标】

1. 理解法的内涵和本质
2. 掌握法的特征

【能力目标】

能够形成对法的基本认识和运用

任务一　正确理解法的内涵

【导入案例】

【案例一】

《史记·五帝本纪》记载："舜曰：皋陶，蛮夷猾夏，寇贼奸宄，汝作士，五刑有服，五服三就；五流有度，五度三居。维明能信。"用现代汉语理解就是："舜说：皋陶，蛮夷侵扰中原，抢劫杀人，在我们的境内外作乱，你担任司法官，五刑要使用得当，根据罪行轻重，大罪在原野上执行，次罪在市、朝内执行，同族人犯罪送交甸师氏处理；五刑宽减为流放的，流放的远近要有个规定，按罪行轻重分别流放到四境之外、九州之外和国都之外。只有公正严明，才能使人信服。”这句话的场景是舜帝在分配工作，叫皋陶担任司法官。到了下句，皋陶担任大理官的职务才水落石出。《史记·五帝本纪第一》：“此二十二人咸成厥功：皋陶为大理，平，民各伏得其实。”意思是说“这二十二人个个成就功业：皋陶担任大理，掌管刑法，断案平正，人们都佩服他能按情据实断理”。①

【案例二】

古希腊三大悲剧家之一的索福克勒斯在他的著名悲剧《安提戈涅》中讲了这样一个故事：流亡者波吕涅刻斯为了抢夺哥哥忒拜王的王位，率外邦军队前来攻打自己的祖国忒拜城。两军交战时两兄弟自相残杀而死，他们的舅父克瑞翁被长老们推为新国王。愤怒的克瑞翁王下令对波吕涅刻斯“不许人埋葬，也不许人哀悼，让他的尸体暴露给鸟和狗吞食，让大家看见他被作践得血肉模糊！这就是我的魄力”！“谁要是违反禁令，谁就会在大街上被群众用石头砸死。”

这时候，波吕涅刻斯的妹妹安提戈涅勇敢地站出来埋葬了她的哥哥，并因此获罪而死。

古希腊人认为，在人间的法律之上，还有天条（神律），神律才是真正至高无上的。他们把埋葬死者视为神圣的义务。死者若得不到埋葬，便不能渡过冥间，前往冥土，就无法得到下界鬼魂的尊敬。在这里，埋葬死者就是神圣的天条（神律）。

在这部剧中，安提戈涅一出场就面临着生死抉择：是遵守人间国王的命令，还是信守神律？遵守国王命令是生；信守神律，等待着她的将是死亡。为了遵守神律，安提戈涅毫不犹豫地选择了死亡之路，不惜牺牲自己的生命以维护天条的神圣地位。

看守尸体的士兵们可能也对国王的命令心怀不满，没有人出来认真地阻止安提戈涅这样做，也没有按照国王指令用乱石砸死她。但职责所在，士兵们不得不拘捕了她，把她带到国王面前。

在国王面前，她没有丝毫的畏惧和屈膝媚骨。她义正词严地告诉这位统治者：在人世间，你不是“最高”的，你的头上，还有神灵、上帝在，你说的话并不一定就代表真理，我们不一定就必须遵从。永恒不变居于至高无上地位的，只有神的律令。“我做神的信徒，不做你的奴隶！”

理屈词穷的国王暴怒之下把安提戈涅囚禁于石窟。后来，在他人的劝说之下，克瑞翁王终于决定准备“先葬尸体，后赦死囚”。可惜悲剧就在这时发生：安提戈涅“站在祭坛前面，用锋利的祭刀自杀”，悲愤地离开了这个罪恶的世界。克瑞翁良心发现，追悔莫及。

这部希腊悲剧的故事情节并不复杂，但通篇都渗透着对情理与法理、治权与民意的思考，深刻隽永，耐人寻味。安提戈涅留给世人一个没有定论的悬案：法律是什么？当法律涉及人的基本权利时，当城邦的律令或统治者的意志与世所公认的“神律”之

① http：//www. ahage. net/luan/7645. html。

间发生冲突时，当人们面对着服从“神律”还是服从现存的律令的两难选择时，正义站在哪一边？①

【案例三】

1944年，一位德国军官的妻子为了脱离其丈夫，竟向纳粹当局密告其夫在休假时曾发表诋毁希特勒和政府的言论。结果，根据1934年纳粹政权的一项法令（该法令规定凡发表不利于“第三帝国”的言论的行为都是非法的），其夫被判处死刑。“二战”结束后的1949年，这位妇女在联邦德国法院被指控犯有1871年德国刑法典规定非法剥夺他人自由的罪行。这位妇女辩护说，她向当局报告其夫的行为是依法进行的，她并没有犯罪。她的丈夫是根据当时的法令被判刑的。但联邦德国的法院坚持认为，被告所依据的法令，由于违反了基本道德原则，因而是无效的。另外，被告并不是心怀义务去告发，而纯粹是为了个人卑鄙的目的，被告的行为违反了一切正直的人的良知和正义感。法院最后以这些论点为理由判处被告徒刑。②

问题：1. 如何理解法？（原始社会有没有法？法是不是国家的产物？）

2. 怎样对待法？

【基本原理认知】

学习法的理论，或者考察法律现象，我们首先接触的是“法”的概念。这就需要我们正确理解法的概念，明确法的内涵，形成对法的概念的统一认识。因为“在借助语言描述事实或问题的时候，明确的定义是科学研究成功的前提。只有语言表达方式统一才能使科学交流成为可能……没有确定的定义就不能清晰地、科学地认识”③。因此，对法的思考、对法的相关制度的设计，首先应是建立在对法的概念的确定的、统一认识的基础上。只有统一对法的概念的认识，才有可能在相同的语境下对法的特征、本质及其他理论进行探讨，形成对法的理论的系统的认识。否则，摆在我们面前的只是一个定义丛生的词语，就会导致缺乏交流的基础，必然会造成对法的理论认识的混淆。

然而，正确理解法的概念、形成对法的概念的统一认识是很困难的。在康德看来，下一个定义，就词语本身而言，其实际意义，仅在事物概念之限界内，呈现事物之完全的本源的概念而已。由于人们在事物概念之限界内所感觉到的，仅仅是某种感性对象的微少特征，所以人们绝不能保证不以其语在指示同一对象时有时表现较多特征，有时表现较少特征，即除知道该概念与对象适合以外，绝不能保证该概念已包含所有对象。从而，在哲学中精密及明晰之定义，应在人们研讨之终结时到达之，非以之开始者也。④ 所以，法作为随着社会发展而不断发展的事物，我们是不可能全面地对其判定的。当人们认为已经把握了法的内涵时，实质上只是对法的主观评判和片断结语。以至英国的莫里森发出感叹：“在我们的时代，对‘法律’一词的真正意义有一个答案

① http：//wenwen. soso. com/z/q88177597. htm。

② 张文显：《二十世纪西方法哲学思潮研究》，法律出版社1996年版，第411页。

③ ［德］魏得士著，吴越、丁晓春译：《法理学》，法律出版社2005年版，第9页。

④ ［德］康德著，蓝公武译：《纯粹理性批判》，商务印书馆2005年版，第510～512页。

了吗？根本没有。”① 而康德也感言说：“法学家至今关于法（权利）概念，尚不能有定义。”②

导入案例中的三个案例似乎证明了对法进行定义的困难：首先，我们一直认为法是国家的产物，原始社会是没有法的，那么，对“案例一”中皋陶担任司法官、皋陶断案怎么理解？如果原始社会没有法，人们靠什么约束自己的行为？难道仅仅靠道德和习俗吗？其次，“案例二”中的安提戈涅提出她是按照神圣的天条（神律）埋葬死者，是不是意味着反映统治者意志的法上面还有一个自然法对其约束？最后，“案例三”中联邦德国法院认为“德国军官的妻子所依据的法令，由于违反了基本道德原则，因而是无效的”，是不是表明只要是恶法，就不用遵守？如果不遵守，法的权威性何在？

上述三个案例表明只有正确理解法的内涵，才能做到正确运用法解决法律现象。那么，究竟什么是法？怎样理解法？我们可以从以下几个方面来分析：

一、从法的词源、词义来考察

在我国，“法”最早成字于何时，目前尚无确切考证，不过西周金文中已有古体“灋”字，并在春秋战国时普遍使用。这表明，目前人们所能确认的法的最早词汇表现形式是“灋”。人们对法的考察也源于此，并且，多引用东汉学者许慎所编撰的《说文解字》中的一段话来理解：“灋，刑也。平之如水，从水；廌，性直，所以触不直者去之，故从去。”③ 该字由三部分组成：氵、廌、去。其中，“氵”表示公平；“廌”又名“獬豸”，传说中的神兽，俗称独角兽，能分辨是非曲直；“去”表明触不直者去之，有驱逐、赶走的意思，是对不公正行为的惩罚。对此，我国学者认为法有三层意思：第一，我国古代法与刑通用，法主要指刑罚；第二，我国古代法体现为一种神明裁判；第三，我国古代法蕴涵“公平”“公正”的象征意义。当然，随着人们对法研究的深入，人们又赋予了法更多的理解，也提出了与许慎不同的见解。但不管怎么理解，法代表公平、正义这一点是不变的。

我国古代的法具有不同的名称。夏、商、周时期，法称为“刑”：《禹刑》《汤刑》《吕刑》；春秋战国时期，改“刑”为“法”：《法经》；从秦国商鞅变法开始到清末，称法为“律”：《秦律》《九章律》等。“法”“刑”“律”在我国古代具有相同的含义，如上述许慎提及“灋，刑也”。《唐律疏议》中则提到：“律之与法，文虽有殊，其义一也。”我国古代的“法”“刑”“律”都是单独使用的，只有到了清末，法律作为独立合成词才从日本传入。不过从我国对“法”和“法律”两词的使用情况来看，“法”和“法律”两词在我国实际上是混用的。从通用的意义上讲，都是指具体的法律。

而在西方的词汇中，“法”和“法律”是明显不同的。首先从词源来讲，存在不同的表现形式：表示“法”的，有“Jus”（拉丁语）、“Droit”（法语）、“Recht”（德语）、“Diritto”（意大利语）、“Derecho”（西班牙语）；表示“法律”的，有“Lex”（拉丁语）、“Loi”（法语）、“Gesetz”（德语）、“Legge”（意大利语）、“Ley”（西班牙

① ［英］韦恩·莫里森著，李桂林等译：《法理学：从古希腊到后现代》，武汉大学出版社2003年版，第7页。
② ［德］康德著，蓝公武译：《纯粹理性批判》，商务印书馆2005年版，第512页。
③ 许慎：《说文解字》，中华书局1963年影印版，第202页。

语）。尽管我们最为熟悉的英语比较例外，对“法”和“法律”这两个词语的表示没有区别，都是用“Law”来表示（在使用该词时，一般用“the Law”表达“法”的含义，用“a Law”或“Laws”表达“法律”的含义），但实际上从语义角度来讲，“Law”还是有对应的单词的，即“Right”。其中，“Law”指称“法”，“Right”指称“法律”。从词义来讲，“法”具有抽象、宽泛的含义，除了具有法的含义外，兼有“权利”“公平”“正义”等含义，强调普遍的、永恒的道德原则和正义公理；“法律”则是指具体的、明确的规则，用来指称一定国家机关制定并颁布的具体规则。可见，“法”多指向于自然法、客观法（客观存在，不以人的意志为转移的法律规范）；“法律”则指向于人定法、主观法（按照人的意志，由人制定的法律规范）。

二、从国家的角度来界定法

对法的词源、词义的分析，可以说使我们对法的本义有了一定的基础性的认识。但我们更强调运用法来解决社会冲突，所以，毫无疑问，我们现在要明确的是：什么才是我们用以解决社会冲突的法？是自然法、客观法？还是人定法、主观法？没有一个统一的认识，自然会造成运用法的混乱（如导入案例中的三个案例）。

从解决社会冲突的实际情况来看，我们所说的法更多的是指人定法，即社会冲突的解决所依据的法主要表现为人们按照一定的意志制定并遵守的行为规则（当然，人们按照一定的意志制定并遵守的行为规则并不一定都表现为法，还可能是规章、纪律等）。那么，人们按照一定的意志制定并遵守的行为规则在什么情况下才叫做法？要回答好这个问题，我们需要确定一个统一的认识标准，否则，这个问题永远不能得到解决。

（一）确定理解法的标准

当我们把问题归纳为确定一个统一的认识标准时，需要从法律现象中去探寻，因为人的认识是基于观察和思考的共同作用。理论这个词指对特定事物的大量观察、经验和陈述进行系统的收集和整理。① 理论的内容就是它对特定事物的规律进行陈述、说明和阐释模式。这样，关于法的统一认识标准就归结到法律现象上，对法的认识也就必须从法律现象中去考察。对此，劳埃德也认为，指陈某词的意义或者定义并非指尽量指出其之蕴含，毋宁揭示某词在某种特定语言的语境中的用法。② 这一论断揭示了法的定义实则是对特定法律现象的一种总结，是在特定法律现象中。

但法律现象在法未定义之前，何以叫法律现象？即法的内涵未界定之前怎么判断何谓法律现象？G. 拉德布鲁赫曾认为：并不是因为单一法律现象能够被归入法律，法律才是法律，而是恰恰相反，是因为法律的概念包含了法律现象，法律现象才是“法律”的现象。因而，“定义不能从单一的法律现象中归纳出来，而是要从法律理念中推导出来。它的本质不是法学的，而是‘先法学’的，也就是说，是处于法律科学关系中的先验本质。法律概念不是一个平常的、偶然的一般概念，而是一个必然的一般概念”③。那么，这是不是意味着，应从先验的法律概念观点去揭示法律现象？

---

① ［德］魏得士著，吴越、丁晓春译：《法理学》，法律出版社 2005 年版，第 10 页。

② ［英］劳埃德著，许章润译：《法理学》，法律出版社 2007 年版，第 26 页。

③ ［德］G. 拉德布鲁赫著，王朴译：《法哲学》，法律出版社 2005 年版，第 35 页。

实际上，从人类对事物的认识规律来看，必然是先形成对事物的感性认识，在此基础上上升为理性认识。因此，法律现象是人类对某一社会现象的概括总结，赋予其法律的“指称”，并在此基础上形成法的认识。正如英国著名法学家劳埃德所说：赋予某词以意义的行为与/或者定义某词的行为，即系对于某物之命名，或者予以某物应得之“指称”。①

可见，通过法律现象探寻法实质上是通过社会现象探寻法，而对社会现象的观察、判断应该是全面认识法的基本途径。即通过对社会现象的观察、判断，提炼出一些共同的因素，我们称之为“法”或“法律”，我们所观察、判断的，具有共同因素的社会现象也就是法律现象。

这在一定程度上也是合乎规律的。因为，如果不依赖特定的社会和历史环境，我们能够询问“法律是什么”的问题（或者提出以供进一步讨论的一个定义或者理论模型）吗?② 显然不能。社会发展的实践证明：法律不是某种不变的或者超历史的现象，而是在不同的社会历史环境下建构起来的不同的经验现象。不仅不同的提问产生不同的答案，而且视角的多样性可能是基本调查资料的内在差异和多样性的结果。因此，关于“法律是什么”的答案的多样性，不足以证明某些学者是对的而另一些学者是错的，而恰恰是当我们在复杂的历史境况下考察法律和正统性时可供参考的大量问题和视角的明证。③

基于此，对于法律认识的前提，必须尊重人类生活在社会状态下这一事实，这是法律的历史的基本事实。因此，社会发展的每一个阶段必然包含着法律的发展，这种发展一如人类无法挣脱其物质躯壳的束缚一样，它是无法避免的，法律的发展是完全自然的社会进步及其结果。④ 人类社会历史的发展已经表明：法只是社会需要的产物，并为固定的目的服务。⑤ 因此，法和正义的概念并非永恒不变的，其内容一定会打上社会和政治体制的烙印，同时权威的法律规范和正义思想也决定了社会和政治制度的结构。社会制度、国家制度和法律制度的互动关系是法理学观察与思考的出发点。从概念的历史来看，任何定义只是对概念内容的“快照”，因此，不能普遍和持久地适用。随着政治制度的迅速变迁，法的概念也在改变，而法也总是对历史的总体状况的反映。⑥ 美国联邦法院哥伦比亚区上诉法院法官莫里斯认为，我们根据历史的记载总可以发现，在各时代及各种环境下的人都生息于社会中，遵守着某种规律以调整其行为和处理其事务，而这些规律是多少具有固定性的，人们虽然往往对若干规定加以反对，但是却不能不承认其具有拘束的效力。⑦ 莫里斯的这一观点应当蕴涵着法律的社会性，或者说要在社会史中探寻法。“法律不仅是规章准则或司法判例的累积，它反映了整个社会文化的全貌。如果法律不在它所赖以存在的社会历史领域中加以观察，那么，法

① ［英］劳埃德著，许章润译：《法理学》，法律出版社 2007 年版，第 26 页。
② ［英］韦恩·莫里森著，李桂林等译：《法理学：从古希腊到后现代》，武汉大学出版社 2003 年版，第 3 页。
③ ［英］韦恩·莫里森著，李桂林等译：《法理学：从古希腊到后现代》，武汉大学出版社 2003 年版，第 5 页。
④ ［美］赞恩著，孙运申译：《法律简史》，中国友谊出版社 2005 年版，第 2 页。
⑤ ［美］E. 霍贝尔著，严存生等译：《原始人的法》，贵州人民出版社 1992 年版，第 261、299 页。
⑥ ［德］魏得士著，吴越、丁晓春译：《法理学》，法律出版社 2005 年版，第 9、28、277 页。
⑦ ［美］莫里斯著，王学文译：《法律发达史》，中国政法大学出版社 2002 年版，第 1 ~ 2 页。

律作为一种社会现象是难以理解的。”①

这意味着，应从社会发展的角度、从人类学的角度去考察法。

（二）从国家的角度理解法

从社会发展的角度、从人类学的角度去考察法并不妨碍我们通过对社会发展某一阶段的考察来理解法。实践证明，在当今法的研究中，关于法的主流认识正是以“国家法”这一“指称”为基点，以国家法所处的特定社会环境和区域为研究素材的。关于法的主流认识也就成为国家语境下现代法的基本理论。

从国家的角度理解法，也就意味着：法是由国家制定或认可并由国家强制力保证实施的、通过规定人们的权利和义务来反映受当时的物质生活条件所决定的不同利益主体利益的、能够普遍适用的、具有可诉性的社会行为规范。这说明，我们要认识的、作为解决社会冲突的法应是人定法，这种人定法的产生是一定物质生活条件下的利益诉求的表现。

这样一种理解，实际上是我们对国家状态下法的恰当的理解，它能够解释基本的社会法律现象。

在此，我们需要做几点说明：第一，我们对法的这样一种理解，只是一般意义上的理解，不能绝对化，不能用它来解释所有的社会法律现象，它也不能解释所有的社会法律现象。如不能用它来解释国际法现象，也不能用它来解释丧失主权的国家法现象。因此，相对于对法的这样一种理解，总有一些例外。第二，这里所说的法，应是法作为一个整体而言的，不是指构成法内容的法律条文，或者个别的具体法律规范。如果单纯拿出某一法律条文，甚至某一具体的法律规范，可能不能对法进行恰当的解释。第三，不能对这一概念作僵化的理解，认为法就是这样的一种事物，是不会变化的。这一概念是对国家状态下的法律现象的归纳总结，是对国家状态下的法律现象所具有的共性的高度概括，与一定的时间和空间相联系。所以，随着时间和空间的变化，法的内涵也是发展的。第四，对法的这样一种理解，并不意味着有关法的其他表述是错误的，只是认识的角度不同而已。

需要明确的是，国家只是作为历史长河中的一个片段，不能反映整个社会历史，也就不能反映法的全貌。这样，尽管以“国家法”作为法的研究逻辑起点为法律事业作出了巨大贡献，但仅以“国家法”作为法的研究逻辑起点并不能够真正走进法的世界。它实则使人们对法的认识陷入二律背反，总是在一种循环论证的语境中展开：先是在国家法这一法律现象的前提下界定法的定义，随后又反过来强调法的本质、特征等法的基本理论问题具有国家制定法的特质。只能说，这种循环论证模式或许对国家制定法的研究会有所裨益。

三、从法的特征来考察

在国家法这一理论基点下，法作为一种社会规范，表现出了与道德、社会习俗、团体规章、宗教戒律等其他规范不同的特征。

---

① ［英］欧内斯特·巴克著，黄维新、胡待岗译：《英国政治思想：从赫伯特·斯宾塞到现代》，商务印书馆1987年版，第113页。

（一）特殊规范性

法首先是一种规范。所谓规范，就是指标准、准则，各种社会关系都依赖于规范来调整，否则，社会就会处于无序状态。规范可分为两类：一类是技术规范；一类是社会规范。技术规范是调整人与自然之间关系的规范，即人们关于利用自然力、生产工具等所应遵循的技术规则，如司机如何驾驶汽车等。社会规范是调整人与人之间关系的规范，包括法律规范、道德规范、宗教规范、社会团体规范等。可见，法是一种社会规范。法一般是不调整技术规范的，比如，人们怎样利用生产工具，一般是不进入法律的视野的。但考虑到某些技术规范的违反可能危害到社会生产、生活的正常进行的时候，法就会对其进行调整，如《安全生产法》，但实际上这时技术规范已转换为社会规范了。

法作为一种社会规范，是针对人的行为而言的。也就是，法只调整人的行为，法规定人与人之间的行为交往模式和标准。而对于纯粹属于思想范畴的东西，法是不干涉的。所以，历史上曾经出现过的法对人的思想进行干涉的现象是不符合法的要求的。只有当人的思想和人的行为联系在一起时，也就是通过行为反映思想时，这样的思想才受法的调整，这实质上仍表明法调整的是人的行为。

法对人的行为的调整，就是通过"应当""禁止""可以"的模式告诉人们必须做什么、不能做什么、可以做什么，从而为人的行为指明方向，让人们预见到哪些行为是合法的、是可以做的，哪些行为是违法的、是不能做的。

（二）国家意志性

法和其他社会规范的不同之处，在于法体现了国家的意志，是由国家制定或认可的。在国家法背景下，能够成为法的东西，一定是国家意志的产物，也就是国家通过制定和认可两种途径，将其意志上升为法律。

首先，国家作为法形成的主体，是指一切法都是以国家的名义创制的，而不是指国家本身就形成法。法的真正产生实际上是由代表国家的不同层次、不同级别的国家机关实现的。

其次，代表国家的不同层次、不同级别的国家机关是通过制定和认可两种途径形成法的。制定，就是代表国家的不同层次、不同级别的国家机关遵循立法程序，使法从无到有的过程。它通常表现为成文法或制定法；认可，就是代表国家的不同层次、不同级别的国家机关赋予某些社会上已经存在的行为规范以法律效力。如认可习惯、道德、宗教教规、国际惯例、国际条约等，它通常表现为不成文法。

最后，国家意志是指国家整体意志。其一，这种整体意志是指法是国家主权的体现，是国家的产物。没有国家就没有国家法。其二，这种整体意志不是指某个阶级、阶层、利益集团或某个人的意志，而是由掌握国家政权的力量最终决定的，其实质是不同阶级、阶层或利益集团利益衡量的表现。

（三）国家强制性

法的国家意志性决定了法的国家强制性。因为国家实质上是统治和管理的工具，当体现国家意志的法不能得到贯彻实施甚至人们积极违法时，国家就会通过军队、警察、监狱、司法机关等采用强制手段保证法的实现。

国家强制性首先表明法要以强制的手段做后盾，没有强制的手段做后盾，法是无法实现的，只能是一纸空文；其次，这种强制性只能是国家强制性，只能是代表国家的机关实施强制，而不是其他任何组织、社会团体和个人实施强制；最后，这种强制性是从终极意义上而言的，也就是当出现体现国家意志的法不能得到贯彻实施甚至人们积极违法时，这种强制力才体现出来。如果体现国家意志的法得到了贯彻实施，那么，法的强制力是体现不出来的。

（四）权利（权力）义务性

法的内容是权利（权力）和义务。法作为社会行为规范，对人们的行为作出“应当”“禁止”“可以”的规定，是通过权利（权力）义务的形式表现出来的。也就是，通过权利的规定，规定人们可以做什么，为人们提供可以选择的行为模式；通过义务的规定，规定人们必须或不能做什么，为人们提供应当或禁止的行为模式。法无非是通过权利（权力）义务的规定来进行利益的分配，影响人们的动机和行为，协调各种社会关系，维持社会秩序。

法以权利（权力）和义务为内容，是从法作为一个整体而言的，并不是指向某一法律条文。基于技术性考虑，在制定法的时候，不可能所有的法律条文都是规定权利义务的，但法的核心，就是权利和义务。

权利（权力）和义务是一对范畴。在任何法中，必须既有权利（权力）的规定，又有义务的规定。在不同的法中，其表现形式不同：在公法中，如行政法、刑法等，法的内容是以权力、义务的形式体现出来的；在私法中，如民法，法的内容是以权利、义务的形式体现出来的。

（五）普遍适用性

普遍适用性是说法具有普遍的约束力。也就是，法作为一个整体，在其存在的有效期间内，是一切国家机关、社会组织和公民个人的行为准则。一切国家机关、社会组织和公民个人必须遵守，不能违反，否则就要承担不利的后果，同时，一切国家机关、社会组织和公民个人都会受到法的保护。因此，法作为一个整体，意味着它不针对具体的、特定的人，而任何具体的、特定的人也不能脱离法律的约束。

法的普遍适用性一般是以国家主权为基础的。也就是说，在一国的主权范围内，该国的法具有普遍适用性，超出这一范围就不能适用了。但根据国际条约或国际惯例等的规定，一国的法律也有可能在该国主权范围外的地域内，对该地域的人或事具有约束力。

法的普遍适用性以国家主权作为基础，并不意味着每一部具体的法都适用于一个国家主权范围内的所有区域。这取决于制定法律的机关的级别：属于中央国家机关制定的法，一般就会在国家主权范围内的所有地域具有普遍适用性；如属于地方国家机关制定的法，则只能在地方国家机关管辖范围内具有普遍适用性。

（六）可诉性

法和其他社会规范不同的地方还表现为，法具有可诉性。也就是法在人们发生冲突时，能够作为最终解决冲突的依据：司法机关最终可依据法而且只能依据法对人们之间的冲突作出裁决。如果法最后不能被运用，那么，法是没有任何存在意义的。

法的可诉性也是从法作为一个整体而言的，这不排除某些法律条文、甚至特殊的法不能作为解决冲突的依据。任何一部法律中都涉及一些技术性条款，如关于立法的目的等，不涉及对人们权利（权力）义务的规定，一般也就没有对人们适用的可能性，在解决冲突时，也就不会涉及这些条款，不需要用这些条款作为解决冲突的依据，也就没有可诉性。有些特殊的法，像我国的宪法，因特定原因是不作为解决冲突的直接依据的。

四、从法的本质来考察

对法的本质的追求，反映了人类对法的确定性的追求。因此，自古至今引发了众多法学家、思想家的热忱关切，并形成法文化之优秀成果的堆积与沉淀。即使时至今日，仍不乏对法的本质理论的探寻者。而从对法的本质的认识来看，无非是仁者见仁、智者见智，很难决断何为主导性结论，或何为法的本质的统一认识。但法的本质作为法理学的一个重要的本体论问题，自然不能减少人类对其探讨的热情。而对法的本质的探讨，确实有助于推进人类对法的认识，树立相应的法律观。

（一）法的内在本质

欲探寻法的本质，须首先了解法的本质之内涵，以便正确理解法的本质之含义。就“本质”词义来讲，“本质”为事物本身所固有的，决定事物性质、面貌和发展的根本属性。[①]

在哲学意义上，本质与现象一起构成唯物辩证法的范畴之一，本质是事物的根本性质，是组成事物基本要素的内在联系，它是事物内部所包含的一系列必然性、规律性的综合。与现象相比，本质强调同类现象的共性，是相对平静、相对稳定的。一事物的发展过程在结束之前其本质是不变的，这种本质不能为感官直接感知，只有靠理性思维才能把握。[②] 认识了事物本质，也就抓住了此类事物内在的、规律性的东西，就能更深刻地认识和把握该事物。[③] 因此，就法而言，法的本质是法固定不变的根本属性的概括和反映，是法这一社会现象本身固有的、决定法存在和发展的根本属性。有学者称之为“深藏于法的现象之后以至凭借直观的方式无从把握的内在联系，是人们对可感知的法的外部联系的真实本源的一种主观把握和理性抽象”[④]。

然而，到底何为法的本质，则是一个难以判断的难题。法作为一种存在物，其本质依赖其自身的存在蕴涵于自身，具有相对稳定性。而法的本质观作为一种主观把握，归根结底是人们对法的一种认识，是一种主观产物。因此，基于人们的认识能力之特性，产生不同的法之本质观乃必然之结果，它是在该认识的范畴内的一种理解。正如歌德与埃克曼的对话中所言：“人类生来不是为了解决世界的问题，但是他们可以去寻找问题出在什么地方，然后将其限制在可以被理解的范围之内。”[⑤]

问题是，不同的本质观是否破坏了法的本质的内在含义？回答是否定的。法的本质的固定不变性与本质观的多样性并不矛盾，法的本质是法之内在的属性，法的不同本质观是认识能力不同的反映。法的不同本质观未必真正是法的本质的反映，因为科学并不是一个确定无疑、绝对可靠的知识体系，也不是一个向某种终极状态稳步前进、直线上升的系统，科学总是向着无限的而又可以达到的目标前进：一方面不断地发现

---

① 中国社会科学院语言研究所词典编辑室：《现代汉语词典》，商务印书馆 1994 年版，第 52 页。

② 李秀林等：《辩证唯物主义和历史唯物主义原理》，中国人民大学出版社 1993 年版，第 207～208 页。

③ 李巍：《法本质的“层次论”质疑》，《政法论坛》（《中国政法大学学报》）1995 年第 1 期，第 10 页。

④ 葛洪义、陈年冰：《现象与意义——法律哲学的若干理论及方法问题》，《学习与探索》1995 年第 2 期。

⑤ ［德］G. 拉德布鲁赫著，王朴译：《法哲学》，法律出版社 2005 年版，第 7 页。

更深刻、更一般的新问题，不断地使试探性答案受到愈来愈新、愈来愈严格的检验；另一方面通过提出大胆的观念、未经论证的预想、思辨的想法等猜想或假设为建立普遍性水平更高的新理论开辟道路，使理论的普遍性水平由低向高上升。[①] 因此，法的本质观只能是对法的本质的正确的或错误的反映，就正确的反映而言，也只是一种相对正确、是就法的某一角度对法的本质的反映。我们绝对不能断言某一法的本质观是法的本质的精义，而只能作出依据目前的社会物质条件，该法的本质观是值得信赖和认可的断言。

以此种认识为假设或判断，表明对法的本质的探寻乃是人类永不停息之追求，并以此为基础进一步寻求法之正义标准，使法维系人类和社会之发展。

（二）对西方法的本质观的考察

法的本质理论的科学性总是相对特定时代的认识水平和社会存在而言的。[②] 因此，法的本质理论是一个不断发展、不断丰富的智慧结晶。相对于特定时代，自然形成一种对法的本质认识，随着社会的变迁以及相关因素的变化，也就产生了法的不同本质观。即使是同一时代，因世界观和方法论的不同，对法的认识也会截然迥异。

1. 古典自然法学派的正义论和理性论

在西方法律思想史上，古希腊思想家最早使用“自然法”这个术语，并确定了自然法的基调或方法论。[③]

由于荷马时代（前 12 世纪末～前 8 世纪）热衷于战争，推崇英勇的美德，从而激起竞争、冲突与侵略，所以荷马时代是一个不稳定、无秩序的世界，这自然引起了思想家们的反思。于是，从公元前 5 世纪开始，苏格拉底之前的哲学家通过对自然秩序的理性探讨而提出了自然公正的观念，认为自然秩序同时也是神圣的、正义的秩序，自然与正义相结合，从而形成了自然公正观念。[④] 之后，苏格拉底、柏拉图、亚里士多德也都确信存在着实在法的某些不变标准，并最终由斯多葛学派构建自然法学说。该学说认为理性是适用于所有的人并使所有的人能够平等地、和谐地生活在一起的支配原则。自然法就是理性法，它构成了现实法和正义的基础。[⑤]

罗马法的哲学思想继承了希腊法哲学的主要部分，并创造了自己的特色：法律以公正、正义为概念，公正和正义来源于自然法。西塞罗认为，智慧的理性是衡量正义与非正义的标准，法是最高的理性。[⑥]

当然，从古典自然法观念的起源来看，古典自然法观念的形成也在某种程度上取决于人类早期对自然的依附性。自然界如此强烈地影响人类，甚至几乎控制了人类的某一个时期。[⑦] 自然有规律地统治着世界，面对强大的不为人所征服的自然规律，人对

---

① 谢鹏程：《法律本质论的历史发展》，《烟台大学学报（哲学社会科学版）》1995 年第 2 期，第 31 页。转摘自［奥］波普尔著，纪树立编译：《科学知识进化论》，三联书店 1987 年版，第 41～45 页。

② 谢鹏程：《法律本质论的历史发展》，《烟台大学学报（哲学社会科学版）》1995 年第 2 期，第 37 页。

③ 张文显：《二十世纪西方法哲学思潮研究》，法律出版社 1996 年版，第 40 页。

④ 申建林：《自然法理论的演进：西方主流人权观探源》，社会科学文献出版社 2005 年版，第 23～25 页。

⑤ 张文显：《二十世纪西方法哲学思潮研究》，法律出版社 1996 年版，第 40～41 页。

⑥ 徐爱国：《破解法学之谜：西方法律思想和法学流派》，学苑出版社 1996 年版，第 23 页。

⑦ ［英］韦恩·莫里森著，李桂林等译：《法理学：从古希腊到后现代》，武汉大学出版社 2003 年版，第 29～30 页。

此无能为力，[①] 人只能对其进行理性的探索。在对荷马时代表示不满和进行批判的同时，形成了自然公正的观念，强调自然法的人之理性本性的体现。[②]

2. 神学的自然法学派的神意论

古典自然法学派本身就隐含着神意论观点，该学派为了把宇宙秩序解释为正义的秩序，把自然秩序解释为自然公正，无一不假借神灵之口说出自然的规律性和有序性，赫拉克利特曾说：神“统治一切”。[③]

从公元476年西罗马帝国灭亡起，欧洲的历史开始了它的中世纪时期。从总体上看，在思想领域，中世纪的欧洲是基督教的一统天下。[④] 为反对国家的恶法制度，自然法的神学理论又进一步振兴。

教会法学派认为，基督教的自然法是建立在神学基础上的法。上帝创造了一个公正的秩序，上帝为人类灌输公正与不公正。[⑤] 他们与斯多葛派和西塞罗的自然法之间的不可忽视的差别就在于他们更多地把自然法与神意相联系，认为自然法最终来源于人格化的上帝的理性和意志。奥古斯丁为了消除自然法的不确定性，将注意力由人的理性转移到上帝的意志，认为是上帝的意志而不是人的理性成为自然法的立法者。[⑥]

在教会法学派的集大成者托马斯·阿奎那那里，自然法象征着人类价值与基督教价值的和谐与一致。[⑦] 他在《神学大全》中为我们描绘了宏大而和谐的世界图景：上帝出于自己的意志创造了自然和人，这种意志是智慧的、理性化的意志，这种理性使整个宇宙的完整性成为可能。阿奎那把法律区分为永恒法、自然法、人法和神法四个层次。永恒法即是上帝的理性和智慧，是万物无法摆脱的秩序和生存规则，是其他一切法的基础和源泉。而永恒法则需要通过神的启示和人的理性来了解。神的启示通过神法来反映，人的理性则打破神法的垄断，使人参与永恒法，确立独立适用的行为规则，叫作自然法。由于自然法只是为我们提供了一般性原则，没有涉及具体适用和惩罚，因此，必须将这些原则适用于各种特殊的事件和情节中，使一般原则明确而有效，这种靠理性的力量得出的特殊的安排就叫做人法。[⑧] 它表现为世俗统治者制定的法律。

总的看来，欧洲中世纪的法学和其他思想都是“神学世界观”的体现，是科学的附庸。以基督教神学为基础的“神权政治论”或“君权神授论”的统治思想，[⑨] 自然决定了法的神意论。

3. 实证主义法学派的权力论或规范论

权力论认为法是国家或主权者或统治者的命令。可以说，在荷马时代就蕴涵这种思想。在公元前5世纪的悲剧故事《安提戈涅》里，克瑞翁为惩罚安提戈涅，所依赖的正当理由就是：国家制定的法令必须得到遵守，不管事情的大小，不管是对还是

① 徐爱国：《破解法学之谜：西方法律思想和法学流派》，学苑出版社1996年版，第19~20页。

② 申建林：《自然法理论的演进：西方主流人权观探源》，社会科学文献出版社2005年版，第23页。

③ 申建林：《自然法理论的演进：西方主流人权观探源》，社会科学文献出版社2005年版，第24~25页。

④ 李道军：《法的应然与实然》，山东人民出版社2003年版，第53页。

⑤ ［德］魏德士著，吴越、丁晓春译：《法理学》，法律出版社2005年版，第188页。

⑥ 申建林：《自然法理论的演进：西方主流人权观探源》，社会科学文献出版社2005年版，第73~77页。

⑦ 李道军：《法的应然与实然》，山东人民出版社2003年版，第53页。

⑧ 申建林：《自然法理论的演进：西方主流人权观探源》，社会科学文献出版社2005年版，第80~88页。

⑨ 刘晓兵：《法哲学思考》，知识产权出版社2005年版，第36页。

错。[1] 可见，这种命令是以权力为基础，以国家为后盾的。

在古希腊时期，也存在着法是代表权力还是代表正义之争。诡辩者色拉叙马霍斯曾讲，每一种统治者都制定对自己有利的法律。他们制定了法律明告大家：凡是对政府有利的，对百姓就是正义的……正义就是强者的利益。[2]

权力论的观点可以说在初期是比较粗糙肤浅的，但到了西方近代法时期，这一观点得到了加强和丰富。马基雅维利以其《君主论》代替了古代的美德论和中世纪的救赎论，[3] 对权力的认识豁然明朗起来。

实证主义法律反对形而上学的思考方式和寻求终极原理的做法，他们把法理学的任务限制在分析和剖析实在法律制度的范围内，认为只有实在法才是法，而实在法就是国家确立的法律规范。实证主义的倡导者边沁的学说中就已经蕴涵着法律是国家的命令这一思想，他将法律解释为：国家的当权者设想和采用的一系列意志宣告，对法律来讲，最为合适的词儿就是强制性的命令。奥斯丁更把这一学说发扬光大，成为分析实证主义法学的真正奠基人，他认为，"法律是一种要求个人或群体必须这样或那样的命令……"[4]。

现代西方法学的纯粹法学首创人凯尔森和新分析法学首创人哈特，更是继承了奥斯丁学说的基本思想，但他们更强调法是一种规范或规则。凯尔森认为法律是由强制性的规范构成，以法律规范效力为标准的体系，哈特则认为设定义务的规则和授予权利的规则的结合是法理学的关键。[5]

4. 历史法学派的民族精神论

18 世纪末 19 世纪初，在德国形成的以胡果和萨维尼为代表的历史法学派主张，法就像语言、风俗、政制一样，是"民族精神"的体现，它随着民族的发展而发展。[6] 如德国历史法学的创始人之一胡果认为，法律是"民族意识的有机产物"，或者说是民族精神历史发展的必然产物。历史法学的核心人物萨维尼认为法律来源于民族精神，其产生和发展是个看不见的过程。[7]

尽管随着历史法学的发展，该学派分裂为罗马法学派和日耳曼法学派，但在强调法是民族精神的体现方面，并没有改变。

5. 社会学法学派的社会论

早在社会学出现以前，就有很多思想家开始有意识地关注法律和社会的关系问题。亚里士多德认为，所有的法律都是对现实有效的社会秩序的要求的理性反应。[8] 而霍布斯和斯宾诺莎则把人都假设为生活在社会中的理性的人，从而为后来的社会学法学的发展铺平了道路。[9] 从社会学的角度研究法现象，更是孟德斯鸠在研究法的精神时的一

---

① ［英］韦恩·莫里森著，李桂林等译：《法理学：从古希腊到后现代》，武汉大学出版社 2003 年版，第 24 页。
② 刘星：《西方法学初步》，广东人民出版社 1998 年版，第 29 ~ 30 页。
③ 申建林：《自然法理论的演进：西方主流人权观探源》，社会科学文献出版社 2005 年版，第 102 页。
④ 徐爱国：《破解法学之谜：西方法律思想和法学流派》，学苑出版社 1996 年版，第 118 页。
⑤ 徐爱国：《分析法学》，法律出版社 2004 年版，第 13 ~ 14 页。
⑥ 沈宗灵：《法理学》，北京大学出版社 1999 年版，第 49 页。
⑦ 程琥：《历史法学》，法律出版社 2004 年版，第 56 ~ 57 页。
⑧ 孙文恺：《社会学法学》，法律出版社 2004 年版，第 11 ~ 12 页。
⑨ 孙文恺：《社会学法学》，法律出版社 2004 年版，第 15 页。

个重要的视角。他注重社会现实对法律产生的实际影响。[①]

存在于现代西方法学中的社会法学强调法是一种社会现象。[②] 欧洲社会学法学创始人埃利希认为，除国家制定的法律外，还有一种“活的法”，它是在实际社会生活中真正起作用的法律。而社会连带主义法学创始人狄冀则认为，社会连带关系是一切社会规则的基础，这是一种“客观法”，高于国家制定的实在法。美国社会学法学主要代表人庞德强调法的目的和任务，在于以最少的牺牲和浪费来尽可能更多地满足各种相互冲突的利益。

6. 法无本质论

法无本质论是基于西方的反本质主义哲学立场对法律的本质问题所作的一种解读。本质主义是西方的哲学传统，其突出表现就是本体论上的绝对主义和基础主义。20 世纪以来，出于对传统本质主义哲学的叛逆，在西方出现了一种反本质主义（或称非本质主义）的哲学思潮。它把“本质”问题当作哲学上的伪命题予以批判，其代表人物之一维特根斯坦提出了否定本质主义的核心概念——“家庭相似”。这一概念强调世界上各种现象之间不存在绝对的普遍本质，而是像一个家庭的成员那样，彼此之间显示出各种不同的相似性。作为一种后现代主义哲学思潮，反本质主义同时带有反基础主义、非理性主义、视角主义、解构主义和主张多元性、不确定性等特点。[③]

（三）法的本质是意志的体现

法无本质论显然是不能得到证明的，而其他几种观点只是形成了对法的不同角度的片面的认识，甚至是为了一种和当时的统治相适应的需要而出现的，都并不能形成永久不变的认识，因此，把其看作是对法的本质的科学的反映是错误的。其实，仔细考察不同的法的本质观可以发现：尽管古今中外对法的本质有不同的见解，但归根结底都表现为一种意志，只不过表达意志的主体不同而已。

1. 传统法的神意论和统治阶级意志论

在传统法中，分别表达神的意志和统治阶级意志的神意论和统治阶级意志论在历史上产生的影响较为深远。

（1）神意论。

从前苏格拉底哲学家开始，就已经形成了对法的一种认识，如赫拉克利特把法律看作“神的法则”的体现。[④] 对此，我们可以把它看作是“神意论”。

“神意论”是法的本质最古老的一种见解。在近代以前的东方和西方，法律来自神，几乎是人们对法律来源问题给出的一个普遍性回答。[⑤] 从而也就决定了法律是神的意志的反映。

“神意论”可以说是由于人类之初对社会存在的不了解、对自然的依附以及对自然现象缺乏认识使然。整个社会充满一种神秘状态，于是，这个基本的神秘就以神灵的名义传播了。[⑥]

---

① 孙文恺：《社会学法学》，法律出版社 2004 年版，第 16 页。

② 沈宗灵：《法理学》，北京大学出版社 1999 年版，第 49 页。

③ 丁以升：《法的阶级性的理论危机》，《法学》2005 年第 2 期，第 19 ~ 20 页。

④ 张文显：《二十世纪西方法哲学思潮研究》，法律出版社 1996 年版，第 40 页。

⑤ 张恒山：《法理要论》，北京大学出版社 2002 年版，第 54 页。

⑥ ［英］韦恩·莫里森著，李桂林等译：《法理学：从古希腊到后现代》，武汉大学出版社 2003 年版，第 19 页。

从古代的法律，我们可以明显看出神的意志的痕迹古巴比伦王国的《汉谟拉比法典》的序言宣称：法律来自天神安努和众神之王恩利尔；《圣经·旧约》记载着以色列人的最初法律——“摩西十诫”——来自西奈山上耶和华神授；古印度《摩奴法典》记载自在神梵天创造宇宙万物并编制法典。[①]

在神权思想占统治地位的中世纪，思想家们更是用基督教神学把人间的法律上升为终极意义上的神的理性和神学自然法的层面来追问。基督教神父奥古斯丁将永恒法视为人格化的基督教上帝的理性和意志，即他所谓的永恒法是与上帝的理性或上帝的意志一致的。他从上帝的意志即永恒法中寻找自然法和正义的根源，将教会和基督教显于世俗国家和法律之上，以正义即上帝之爱作为衡量国家、政府和法律的标准。[②] 教会的思想权威、最大的经院哲学家托马斯·阿奎那更以自然法为核心，构造了基督教的政治哲学和法哲学；[③] 并表明了他的自然法是从神意出发并以神意为归宿。[④]

神意论的观点主要在西欧的奴隶社会和封建社会时期占统治地位，直到现在，仍然有神学自然法学家主张法是上帝意志的体现。[⑤]

（2）统治阶级意志论。

任何有阶级社会的法，被认为是体现统治阶级意志的观念似乎是一个主流观点。从古希腊诡辩学者色拉叙马霍斯强调法是强者的利益开始，就已经为法打上了统治阶级意志的烙印。统治阶级掌握政权，当然可以根据自己的意志制定法律。即使 17 世纪的英国学者霍布斯，为了弱化色氏的强者利益的设想而提出法律意志说，也未能摆脱统治阶级意志论的理论内涵，他说：“法律的本质不在于其文字而在于其意向或意义，也就是在于权威的解释，即立法者的看法。”[⑥]

分析实证主义法学派的鼻祖边沁和奥斯丁在法律意志说的基础上又创建了法律命令说，但这仍是统治阶级意志的表现。他们认为法律命令说是指法律表达了把握立法之笔的人的意志，这种意志，表现为意愿的明确表示，而且必须被别人接受。[⑦]

在存在阶级对立的社会里，统治阶级掌握国家政权，为了本阶级的利益，必然把本阶级的意志上升为国家意志，成为全国各阶级、阶层、集团共同遵守的法律规范。因此，基于阶级对立的这一社会存在的制约，法律只能体现统治阶级的意志。正如马克思和恩格斯在《共产党宣言》中批判资产阶级的观点时指出的：“你们的观念本身是资产阶级的生产关系和所有制关系的产物，正像你们的法不过是被奉为法律的你们这个阶级的意志一样，而这种意志的内容是由你们这个阶级的物质生活条件来决定的。”[⑧]

2. 对国家法的本质的理解

从国家法的角度来理解，法都是以国家的名义制定出来的，所以，法无一不体现国家的意志。国家意志又取决于人的思想、行为，因此，法最终由人的意志来决定，

---

① 张恒山：《法理要论》，北京大学出版社 2002 年版，第 54 页。
② 刘日明：《法哲学》，复旦大学出版社 2005 年版，第 68 ~ 72 页。
③ 张文显：《二十世纪西方法哲学思潮研究》，法律出版社 1996 年版，第 43 页。
④ 鄂振辉：《自然法学》，法律出版社 2004 年版，第 2 页。
⑤ 刘晓兵：《法哲学思考》，知识产权出版社 2005 年版，第 28 页。
⑥ 刘星：《西方法学初步》，广东人民出版社 1998 年版，第 35 页。
⑦ 刘星：《西方法学初步》，广东人民出版社 1998 年版，第 43 页。
⑧ 《马克思恩格斯选集》第 1 卷，人民出版社 1972 年版，第 268 页。

由于法的制定是立法机关的活动，这就需要考察立法者代表什么人的意志。

从法的制定程序来看，即使某个国家代表了全体人民的意志，也不是由全体人民制定法律，而是由某些人（专家、学者、专门机关）拟好一个草案，然后由代表表决，这种现象决定了法或者与人民的意志相一致，或者不一致。从我国法的制定情况来看，由于一个法律草案的产生，要经过多次全民意见的征求，以全民意见为依据对草案进行多次修改，并最终由代表人民利益的代表表决通过，因此，这就决定了我国的法体现了全体人民的意志。

3. 法的决定因素

法体现为人的意志，但这种意志会受人所处的内部和外部环境的影响。简而言之，人的意志的产生受社会存在的影响，具体表现为：

（1）人的意志受物质生活条件的影响，进而决定了法。法归根结底是社会存在的反映，取决于社会生活特别是经济生活的客观需要。它永远不能超出社会的经济结构以及为经济结构所制约的社会的文化发展。[①] 如果一个社会的经济水平很低，决然不能产生高度文明的法律。如果一个社会存在阶级对立的现象，法也不会反映全民的意志。

（2）人的意志受政治、思想、道德、文化、历史传统、民族、宗教、习惯等各种经济以外的因素的影响，尽管这些因素没有经济因素对法的影响那么明显，但又绝对不能忽略。一个国家的政治、思想、道德、文化、历史传统、民族、宗教、习惯等的不同，其法的内容也是不同的。

（3）人的意志从根本上受利益的驱动，并决定了法的内容。法的产生，实质上是对利益分配的确认，因此，不同的利益集团总会凭借实力争取对自己更为有利的条款，赋予自己更多的权利，从而满足自己的利益需要。立法过程实质上就是一个利益衡量的过程，法的直接目的，就是利益的追求、权利的划分。利益决定了人的立法活动，决定了人的立法思想，决定了法的内容。

【拓展阅读】

有关“法”定义的不同学说

在法的理论中，不同流派的法学家对法有不同的解释。自然法学派有法的理性说、正义论、契约论：理性说认为法是人类理性的体现；正义论认为法是公正、正义、公道的体现；契约论认为法是契约。分析实证主义法学派有法的命令说、规范说、规则说：命令说认为法是要求人们必须服从的一种命令；规范说认为法是确定某些行为是合法或非法的规范；规则说认为法是一种规则。社会法学派有法的预测说、判决说、社会控制说：预测说认为法是对法院事实上将做什么的预测；判决说认为法存在于法官的审判活动中；社会控制说认为法是一种通过系统地、有秩序地使用社会强力的社会控制……

---

① 孙国华、朱景文：《法理学》，中国人民大学出版社2004年版，第40页。

任务二　正确适用法

【导入案例】

【案例一】

2005 年 12 月 15 日凌晨 6 时，正在重庆市郭家沱农贸市场摆摊的何某某、谌某某夫妇得知噩耗：14 岁的女儿何某，当天同两名好友坐三轮车去学校时，被一辆货车撞翻，三个鲜活的生命就这样凋亡。

事故后，另外两家先后与肇事司机挂靠单位——重庆某公路运输有限公司“私了”，各自得到 20 余万元的赔偿。但何某某夫妇被告知，加上丧葬费等费用顶多赔偿 5.8 万余元。

何某某夫妇得到的解释是，2003 年 12 月 4 日通过的《最高人民法院关于审理人身损害赔偿案件适用法律若干问题的解释》（以下简称《解释》）中明确规定：死亡赔偿金按照受诉法院所在地上一年度城镇居民人均可支配收入或者农村居民人均纯收入标准，按 20 年计算。

而重庆全年城市居民人均可支配收入为 9 221 元，全年农村居民人均纯收入 2 535 元，这两个数字分别乘以赔偿年限（20 年）后，自然产生出近 20 万元和 5 万元两个结果。

何某某夫妇大声质问：“不是说人人平等吗？法律为什么不一视同仁对待死亡的生命？”

该运输公司在考虑到何家的具体情况后，最终赔偿了 8 万元，肇事司机自己出于理解和同情，也单独赔偿 1 万元。[①]

【案例二】

“二战”结束后，1946 年美、苏、英、法四国组成的国际军事法庭——纽伦堡法庭，对德国纳粹政府的主要领导人进行了审判。当纳粹分子站在被告席上的时候，被告律师认为控诉违背了禁止追溯既往原则，因为“二战”之前不存在禁止战争的规定。对此，控方予以否认，认为 1945 年之前有国际法规定了某些战争为非法，并且，德国是这些公约的签署国之一。这些公约有：1928 年包括德国、日本和意大利在内有 62 个国家签订的《凯洛格—白里安公约》（*The Kellogg - Briand Pact*）；1899 年的《海牙公约》；1907 年的《海牙公约》；1928 年的第六届泛美会议上 21 个美洲国家一致通过的决议也确认：“侵略战争是对人类的国际犯罪行为。”另外，德国政府还违背了多个它与其他国家签订的国际条约。为此，纽伦堡法庭判决书中写道：“有人主张，对违反条约和保证，没有发出警告就对邻国发起进攻的人加以惩处是不合理的。这种论点显然是不正确的。因为在这种情况下，进攻者本身一定知道他是无理的，因此对他惩处绝不是不公正的；反之，如果对他的罪行不作惩处，那才是不公正的。”

然而，上述证据并不足以使许多法官和律师信服纳粹分子有罪。1945 年前法律界

① http：//news. xinhuanet. com/video/2006 - 03/21/content_4326677. htm。

盛行的是法律实证主义。在实证主义法学派看来，只有国家确立的法律规范才是法律，被国家认可的现行的制定法、程序和习惯才是有效的法律。法律就是法律，它无须考虑法律的内在价值和一般或普遍的原则、概念和理念，也不考虑人权保护，即便是恶法。虽然《凯洛格—白里安公约》等规定战争为非法，但没有规定刑罚，更没有相关的程序和法庭惩治这些违反公约的行为；虽然有成千上万的人死于德军之手，死于集中营的毒气室，但这些党卫军和冲锋队是在执行政府下达的命令，没有违反纳粹德国的宪法和法律，而在一个主权平等的世界上，其他国家的法律对这些纳粹分子也没有约束力。

面对被告辩护律师的嘲讽和法学家们的观望，国际军事法庭从自然法中找到了自己的立足点。纽伦堡法庭的法官们深知，任意屠杀、灭绝、奴役或虐待、放逐平民，即便是在战争期间都违反了人类的基本道德准则，而这些准则也蕴涵在自然法中。于是，法官们小心翼翼地把自然法的观念转化到实在法中，通过“反人类罪”等三个罪状与自然法联系在一起。当然，这三个罪状都存在着追溯既往的问题，控方虽然极力否认这三个罪状不是追溯既往，但实质上是创新了国际法：以自然法为法理基础，以实在法的形式给被告定下了“反人类罪”等罪名。①

问题：1. 法如何适用？

2. 如何理解正确适用法？

【基本原理认知】

如何正确适用法，是一个复杂的问题。从法的适用的社会现实来看，我们会面临着许多困惑。从导入案例来看，我们既有如何平等适用法的困惑，也有如何对待国内法、自然法、国际法的困惑。除此之外，还有诸如国家法和民间法如何适用等问题。法治社会决定了必须正确适用法，否则，法治就失去了存在的意义。

在以国家的存在为特征的历史现状下，既然法是国家的产物，具有国家强制性，这就决定了法的适用必须以国家法为前提，然后再考虑其他因素。

一、以有效的国家法作为法适用的前提

法的正确适用，首先要确定适用的法的范畴，也就是确定适用什么样的法来解决社会冲突。从本学习领域的相关案例涉及的法的表现形式来看，法有国家法、自然法、国际法等。究竟适用什么样的法？这是正确适用法首先要解决的问题。

我们知道，国家法是现代国家法律体系的重要表现。从社会的现实情况来看，任何一个主权国家，在解决社会冲突的时候，实际上最终都是依据以国家的名义制定、颁布的法。所以，要做到正确适用法，首先要选择适用国家法。

现实如此，理论上也不例外。国家法被我们认为是现代国家存在的最正统的法，并通过它体现一定物质生活条件下人们的利益诉求，实现利益分配。国家法也被认为是社会发展过程中，与国家不可分离的，能有效对国家、社会、公民进行管理，并推动社会进步的最佳选择。所以，在诸多规范中，国家法是最重要的规范，是首先考虑适用的。如果被国家制定、颁布出来的法不能被首先考虑适用，那么，人们的利益诉

① http：//www. chinaelections. org/newsinfo. asp？ newsid =204269。

求就不能充分实现，法所具有的权威性、强制性也就会降低，甚至消失，法也就失去了存在的价值。这和国家对法的要求是相悖的。

当然，法也有体现不正义的时候，但这不能成为我们不适用国家法的理由。即使法不正义，在法有效的情况下，我们也必须遵守、实施。否则，我们就会使法处于不确定状态，我们完全可以对任何法都以不正义为由而否定它。那么，法就形同虚设了。为了减少法的不正义的消极影响，在立法的时候首先必须坚持科学立法。立法者应尽量秉持公平、正义理念指导立法，使法尽可能地成为良法。当然，社会的进步，决定了不正义法的存在越来越少。假使法真的不正义，我们只能通过一定的途径去纠正它，而不是立即否定它。

以有效的国家法作为法适用的前提，也就意味着一般情况下不能以国际法、道德等代替国家法来解决社会冲突。在解决社会冲突的时候，如果涉及国家法与民间法、国际法、自然法、道德等存在冲突，只能考虑适用国家法。的确，在历史上或者在现实生活中存在着以国际法、自然法、道德等替代国家法解决社会冲突的现象（如纽伦堡审判及当代国际法庭对一些政治人物的审判）。但这种审判更多的是基于特殊的情况，而且并不是因为纯粹地崇尚自然法的公平与正义，而是与大国的利益联系在一起的。严格来说，这是一种政治，而不是法的表现。

在确定了法的适用前提之后，则需要准确地适用法。这包括：首先要理解法的内容，明确其内涵，避免出现歧义，只有这样才能正确适用国家法；其次，在适用法的过程中，必须杜绝执行者的违法行为。执行者的违法行为必然导致法的滥用，造成对人的权利的侵犯，影响到法的权威和适用效果。

二、以政策、道德等作为国家法适用的补充

除了国家法以外，政策、道德等规范也是社会不可或缺的调节器。特别是我国，作为中国共产党领导的人民民主专政的社会主义国家、一个乡土社会、礼仪之邦，政策、道德、民间法等规范在我国也有着重要的地位和作用：党和国家的政策一直是我国各方面建设的指导，良好的社会主义道德风尚一直为我们所提倡。所以，我们也需要政策、道德、作为国家法适用的补充。

既然作为补充，就意味着只有当国家法对某一方面或某一事项没有规定时，我们可以适用政策、道德来解决社会冲突。而且，对于我们所适用的政策、道德必须是善良的规范。如果国家法对某一方面或某一事项有规定，或者可能适用的政策、道德不是善良的规范，那么，就不能适用。

例如，电影《被告山杠爷》中有这样一个情节：年轻媳妇强英经常虐待婆婆，一次婆婆到村支书山杠爷那里哭诉。山杠爷在晚上村里放电影时，派人请来强英的父母，当众宣布强英殴打婆婆的行为坏了堆堆坪的规矩，罚她出这场电影的放映费，并将此作为一条“村规”定下来。强英的父亲恼怒之下当众打了强英一耳光，在众人的哄笑声中狼狈离去。强英回家后变本加厉地殴打婆婆，山杠爷闻讯赶来叫人捆了强英在村里游街。强英觉得无脸再见人，夜里上吊自杀，山杠爷因此受到法律制裁。①

在电影《被告山杠爷》中，山杠爷实际上被看作是正义、权威的化身。他是按照

① http：//blog. sina. com. cn/s/blog_4a0039a5010004bw. html。

当地的传统做法，或者说是按照当地的道德标准、习俗来处理强英的。因此，他的那些举措在村民们眼里不但天经地义，而且大快人心。但是，他的那些行为却是违背法律的，是不允许的，其结果是山杠爷必然受到法律的制裁。

在我国法制不健全的现实背景下，以政策、道德等作为国家法适用的补充是非常必要的。它不但可以弥补法的不足，甚至可以发挥法所不能起到的一些作用，使社会冲突得到及时、有效、彻底的解决。

三、国际法的例外适用

国际法作为一国的法的渊源，也是解决社会冲突的依据。但是，国际法不同于国内法：国内法作为一国主权行使的表现，在一国范围内必然能得到有效的实施；国际法主要是不同国家或国际组织协商的结果，其强制力明显弱于国内法；所以不能与国内法同日而语。

对于国际法，应强调例外适用。即一般情况之下，在一国内不适用国际法。但涉及国际关系时，如一国缔结或参加了国际法，就要受国际法的约束，因为国际法也是法，是在自愿、平等基础上达成的协议。既然在自愿、平等的基础上缔结或参加了国际法，就应当遵守国际法，否则，国际关系是脆弱的，是难以维系的。

对于我国而言，在涉外的国际关系中，我国应遵循我国已缔结、参加和承认的国际条约、国际惯例，而且其效力应当高于国内法。当然，我国已缔结、参加的国际条约中予以保留的条款，也就是我国不承认的条款除外。

值得说明的是，正是因为国际法是在自愿、平等基础上达成的协议，缺乏有效实施的有力保障。所以，国际法被国家、国际组织遵守的程度是很低的，特别是涉及国家、国际组织之间利益冲突的时候，甚至都可以不适用国际法。

【拓展阅读】

法官如何正确适用法律?①

裁判公正是人民法院的终极价值目标，裁判公正是通过正确适用法律实现的，而正确适用法律的前提是查明案件事实。

一、法官如何准确认定事实

一般来讲，案件发生后，法官不可能通过亲身感知来进行事实认定，这就需要根据程序法规定的证明手段和方法来查明事实，这里所讲的“事实认定”，是对案件裁判具有法律意义的事实。

法官认定事实都是从证据入手的，证据可分人证和物证。所谓人证，是以人作为证据方法，经询问所提供的陈述作为认定事实的资料，包括证人、鉴定人和当事人。所谓物证，是以有形物作为证据方法，经过检查所取得的资料，物证可分为文书和勘验物。

证据需要通过当庭质证，由法官根据《行政诉讼证据的若干问题的规定》第六十四条的原则，分步骤进行判断：一是合法性判断；二是真实性判断；三是判断证据的

---

① 詹和福：《法官如何正确适用法律》，http：//blog. sina. com. cn/s/blog_48c1baea0100a2w8. html。

内容和意义；四是判断各证据的证据力。

法官对证据的判断是法官的精神活动和思维活动。法官在不受他人影响、不受外力干预的情况下，通过对各种证据的判断来认定事实，这叫自由心证，也可称为内心确信。

二、法官如何正确适用法律

在查明案件事实之后，就进入了第二个问题，即如何正确适用法律。

（1）法律适用的前提是找法。法官处理法律问题是从找法开始的，就是从现行的法律规则当中找出可以用来裁判本案的法律规则，即可用来进行逻辑推论的大前提。

（2）找法的结果存在三种可能性。①有。即现行法律规则中，有适用于裁判本案的法律规则。②无。即现行法律规则中，没有适用于本案裁判的法律规则。③不确定概念，即法律规则还是有的，但属于不确定概念。如“显失公平”“正当理由”等，法官必须结合本案的事实，对不确定概念加以具体化，对不确定概念进行价值补充。

找法的第一种可能性，在多数情况下，不只有一个法律规定，而是具有多个法律规定，法官必须在多个规定中作出选择，这又涉及“法律的适用原则”。法律条文确定后，法官还必须解决这个法律条文的意思、适用范围、本案是否适用、构成要件、法律后果等问题，进行狭义的法律解释，才可以进行判决。

找法的第二种可能性即案件事实认定了，而“准绳”却找不到，逻辑推论的小前提有了，但没有大前提，这就是法律漏洞。出现法律漏洞，发生规则不足，法官应该依据一定的方法和理论，自己创设规则，进行漏洞补充。

（3）狭义法律解释与广义法律解释。找法的结果有三种可能性，都离不开法律解释，第一种情况法官要对找到的条文进行法律解释；第二种情况需要法官依据一定的方法和理论创设一个规则，进行漏洞补充；第三种情况要由法官结合本案事实进行不确定概念的价值补充，第一种可能性属于狭义的法律解释，而广义的法律解释则包含狭义的法律解释、漏洞补充和不确定概念的价值补充。

【思考与练习】

一、问答题

1. 什么是法？
2. 法的特征有哪些？
3. 怎样理解法的本质？

二、选择题

1. 下列属于国家法特征的是（　　）。

   A. 国家强制性　B. 普遍适用性　C. 特殊规范性　D. 国家意志性

2. 法所具有的国家意志性是指（　　）。

   A. 法是统治阶级意志的反映

   B. 法的国家意志性表现为统治阶级把自己的意志上升为国家意志

   C. 法所体现的统治阶级的意志是统治阶级内部各党派、集团及每个成员意志的相加

   D. 法是社会成员公共意志的体现

3. 关于法的一般看法，正确的是（ ）。

A. 法是一种历史现象，是阶级社会的产物

B. 法是在所有人中确立的，并得到全人类平等遵守的自然理性

C. 法是由国家制定或认可并由国家强制力保证实施的、通过规定人们的权利和义务来反映受当时的物质生活条件所决定的不同利益主体利益的、能够普遍适用的、具有可诉性的社会行为规范

D. 法是司法机关办案的主要依据

4. 关于法的本质的一般观点，正确的是（ ）。

A. 法在本质上是社会成员公共意志的体现

B. 法是统治阶级意志的体现

C. 法是由当时一定的物质生活条件所决定的

D. 法实质上是对利益分配的确认

5. 法之所以具有国家强制性和普遍约束力是因为（ ）。

A. 法是统治阶级意志的体现　　B. 法以国家强制力作为后盾

C. 法是上层建筑之一　　D. 法是由社会物质生活条件决定的

6. 对法所体现的国家意志起最终决定作用的是（ ）。

A. 国家的政治、文化　　B. 国家的历史传统、民族、宗教、习惯

C. 国家的政权组织形式　　D. 一定的社会物质生活条件

【扩展阅读文献】

1. ［奥］凯尔森著，沈宗灵译：《法与国家的一般理论》，中国大百科全书出版社1995年版。

2. ［美］E. 霍贝尔著，严存生译：《原始人的法》，法律出版社2006年版。

3. ［美］马林诺夫斯基著，原江译：《原始社会的犯罪与习俗》，法律出版社2007年版。

4. 张永和：《“灋”问》，清华大学出版社2010年版。

5. ［英］哈特著，许家馨、李冠宜译：《法律的概念》，法律出版社2008年版。

6. 於兴中：《法理学检读》，海洋出版社2010年版。

项目二　法的产生与发展

【知识结构图】

- 法的产生与发展
  - 法的产生与模式
    - 法产生的根源
    - 法的产生的一般模式
  - 法的发展
    - 法的发展规律及不同的历史类型
    - 法的继承与移植
    - 法系的形成

【知识目标】

1. 掌握法的产生的基本模式
2. 掌握大陆法系和英美法系的区别

【能力目标】

1. 能对法的产生与发展有整体上的把握
2. 能理解我国现行法律制度与其他国家法律制度的差别

任务一　法的产生与模式

【导入案例】

【案例一】

据《史记·五帝本纪》的记载，唐尧在位时，爱护百姓，团结家族，因而得到了大部分氏族成员的爱戴。尧帝任命羲和观察天象，根据日月星辰的变化订立历法，指导百姓耕种。尽管当时生产力水平比较低下，剩余产品不多，但是生产资料基本上属于公有，平均分配，贫富差距不大。后来，由于黄河泛滥，无人能够治理，加上尧帝自觉年事已高，遂决定挑选继位者。在向各个氏族部落征询意见的时候，人们一致推举虞舜。虞舜在河边一带耕田、捕鱼、制陶、卖货，十分勤劳，而且颇孝敬长辈，因此，几乎得到了所有氏族部落百姓的支持。尧帝为了观察虞舜的德行政绩，将自己的两个女儿嫁给虞舜为妻。虞舜结婚之后，依然谦和勤勉，丝毫没有因为得到赏识而趾高气扬，从而更加得到了人们的普遍赞扬。在虞舜管理的地方，人们可以看到一片繁荣景象。即使遭到鄙人的妒忌陷害，虞舜依然以德待人。在虞舜辅佐尧帝20年后，尧帝终于将部落首领的位置禅让给了虞舜。舜帝继位之时，各个氏族部落生产能力大为提高，货物交换更为频繁，剩余产品逐渐增加。于是，部落首领开始拥有私人财产，而且，部落首领与部落百姓之间出现贫富差距。舜帝继位后，为了管理和解决逐渐出现的各类社会矛盾，开始设官分职。舜帝首先启用大禹任司空，主治洪水，掌管内政；其次，启用弃做后稷，掌管农业；再次，启用契做司徒，掌管教化，宣扬父子有亲、君臣有义、夫妇有别、长幼有序、朋友有信；又启用垂做共工，掌管工程兴建；启用益做虞，治理山川；启用伯夷做秩宗，掌管利益祭祀；启用夔做典乐，掌管诗歌音乐；启用龙做纳言，传达诏命，接纳宾客。此外，非常重要的是，舜帝启用皋陶做士官，掌管司法和军事，制定五刑。

【案例二】

西汉初年，经济凋敝，国家贫穷，统治者吸取秦朝实行暴政而迅速覆亡的教训，采取了一些较为宽缓的政策。但在刑罚制度上却基本沿袭了秦朝的黥、劓、斩左右趾等肉刑。汉文帝十三年（前167），齐太仓令淳于意犯了罪，按照规定应当处以肉刑，被押往长安。他的小女儿缇萦非常悲痛，一路跟随父亲来到长安，向汉文帝上书说："我父亲做官时，人们都称赞他为人正直廉洁，现在他犯了法要受肉刑处罚。被处死的人不可复活，被残损的肢体不能再生，即使要改过自新，也为时已晚。我甘愿入官府为奴以赎抵父罪，使他能有改过的机会，重新做人。"汉文帝被缇萦的孝心所感动，也觉得她所言确有道理，感叹道："法律规定了肉刑，但仍有作奸犯科之人存在，问题出在什么地方呢？难道不是因为我恩德少、教化不明吗？施行肉刑断裂人的肢体，消刻人的肌肤，使人终身残疾，这种刑罚是多么不仁道，这怎么称得上是民之父母所为呢？我要废除肉刑，用其他刑罚来代替。"于是，汉文帝免除了对淳于意的处罚，并下令御史提出废除肉刑的办法，从而拉开了汉代刑制改革的序幕。丞相张苍、御史大夫冯敬等经过商议，拟定了具体的方案：把黥刑（脸上刻墨）改为髡钳城旦舂（头发剃光、脖子上套铁圈服劳役）；把劓刑（割鼻子）改为笞三百（打三百板子）；把斩左趾（斩去左脚）改为笞五百（打五百板子）；把斩右趾（斩去右脚）改为弃市（死刑）。

问题："案例一"和"案例二"介绍了我国古代法律尤其是五刑的产生和改革，请以此为例，总结影响人类社会法律产生和发展的根源。

【基本原理认知】

理解法产生的根源，有助于我们更深入地认识"法"的性质。因为只有了解了事物的来龙去脉，人们才能更好地理解事物的本质。

一、法产生的根源

我们探讨法产生的根源，往往是从"历史源头"的角度出发，并非从每个国家（从历史到现今）的法律产生的角度出发的。一般而言，法学理论是从历史中较为原始的国家社会事例中探讨法的起源。毕竟，在早期历史时期，通过文献资料只能发现为数不多的国家社会、民族社会。而且严格来说，我们现在知道的许多国家作为国家的历史并不长，比如德国、法国、意大利、瑞士等国。同时，我们以往知道的许多国家在历史演进中也已消失，比如古巴比伦王国、古波斯王国、古罗马帝国、奥斯曼土耳其帝国等。此外，“国家地理历史”的知识已经表明，一个被称为“国家”的实体，时常因为地理范围的变化而变化，有时它是一个国家，有时它是由几个国家组成的，有时它“消失”了，有时它“复活”了。因此，如果在每个国家（从历史到现今）中探讨法的起源，那么，法的起源的原因将是非常复杂的，我们甚至无从入手，无从概括。而且更为重要的是，以后还有可能出现新的“地理国家”，从而出现新的法律，那是我们无法预知的。故而，我们在此是将法的根源概括在“经济根源”和“政治根源”两个层面上，并且将其限定于历史中较为原始的国家社会事例之内。

在导入的“案例一”中可以看出，唐尧时期经济矛盾并不尖锐，因而国家机构以及带有国家强制力的法没有出现。但到了虞舜时期，由于生产力的提高带来剩余产品的增加，以及由此引发的分配不均的出现，同时商品交换的频繁发生也需要一定的公共管理机构进行管理和协调，使得商品交换能够顺利进行。因此，私有制的产生以及商品交换的频繁发生导致了法的产生。在“案例二”中，汉文帝决意进行刑罚改革，实际上并不是单纯因为对孝女缇萦动了恻隐之心，而是有着深刻的历史背景。汉文帝时期，西汉的社会经济刚刚复苏，需要大量的劳动力，而肉刑使犯罪者的劳动能力丧失或受到减损。当时阶级矛盾仍很突出，仅仅靠轻徭薄赋的经济政策还不足以缓和尖锐的社会矛盾。汉文帝废除肉刑，乃是顺应社会形势发展的需要，借以发展经济、缓和社会矛盾。事实上，早在汉文帝进行大规模改革之前，汉朝统治者就已经采取了一些废除酷刑的措施，在他刚即位不久也下诏废除连坐制。到他改革前夕，汉朝已经是刑罚大省，刑政宽简，废除肉刑是大势所趋，缇萦上书只不过是导火索，并不是刑制改革的根本原因。

（一）法产生的经济根源

社会分工、商品交换和私有制是法产生的经济根源。原始社会后期，人类学会了种植和畜牧，原始农业和畜牧业开始出现，使少数人结合在一起进行生产成为可能，氏族组织原来使用大批人力进行集体劳动的方式已不再适用，于是出现了以家庭作为社会生产的基本单位，开始独立生产。在从事农业的氏族中，土地由各个家庭耕种，劳动产品也由原来的共同分配变为各家自耕自收；在从事畜牧业的氏族中，出现了分组畜牧，各自占有畜牧的收益。这样，家庭私有制便发展起来，氏族组织就开始解体了。社会分工导致剩余产品出现和交换的发展，私有制也开始出现并发展。私有制和原始习惯是根本不相容的，就需要有一种新的行为规范来为它服务，这种行为规范确认对生产资料所有权的合法性，把私有财产权神圣化，谁侵犯了私有财产权，谁就要受到制裁。这样法也就产生了。

（二）法产生的政治根源

在原始社会后期，出现了三次社会大分工，极大地促进了生产力的发展，私有制和阶级随之产生，使大多数社会关系都以阶级关系表现出来。一般来说，执政者是需要经济基础和经济支撑的，只有拥有强大的经济实力，才能拥有强大的政治实力。有时候，强大的政治实力又可以反向带来强大的经济实力。这两种情形，在存在着尖锐的阶级对立的奴隶制社会中都得到了充分的体现。

在统治阶层和被统治阶层之间，压迫和反抗是时常发生的。所以，统治阶层建立国家机构，进而制定带有国家强制力的法，就是必然的。这是法产生的政治根源。

（三）法产生的其他根源

除了经济、政治因素外，对法产生影响甚至在某种条件下起决定作用的还有其他因素，比如宗教、环境等因素；在许多国家和地方，由于宗教影响的广泛性，其法律制度更多地受到宗教信仰的影响。例如，伊斯兰法以及印度法，其产生和发展就深受伊斯兰教和印度教的影响；又如，基督教对于西方社会法律信仰的形成具有重要影响，为确立“法律至上”观念奠定了基础。至于环境等因素对法律的影响更是早已被许多学者所论述，如孟德斯鸠指出法律同政体、自然地理环境、宗教、风俗习惯等各种因素有关系，法律之间也有关系，这些关系构成“法的精神”。①

二、法的产生的一般模式

法的产生与发展，是一个长期而复杂的历史过程。在这个漫长的历史过程中，法产生的模式一般具有以下几个特点：

（1）法的产生经历了从习惯到习惯法，再从习惯法到制定法的发展过程。

最初产生的法主要是国家机关认可的各种习惯，即习惯法。因为那时国家刚建立，国家机构还不完善，立法经验也很缺乏，决定了当时的统治阶级只能将有利于本阶级的习惯认可为法，赋予其法律效力，以适应其统治的需要。后来由于国家机构的逐步完善，统治经验的不断积累和立法活动的不断发展，成文法才逐步发展起来。但最早的成文法大多也是习惯法的记载和汇编，后来才出现由国家依照一定的立法程序，以条文形式颁布施行的严格意义上的成文法。

（2）法的产生经历了从个别调整到一般调整的过程。

从习惯到习惯法，再从习惯法到制定法，这一过程是十分漫长的。正是在这个漫长的历史过程中，我们发现法产生的另一个基本模式：即从“个别调整”到“一般调整”。准确地讲，我们将原始社会的习惯称为“规范”并不是那么妥当，因为它们是不成文的。而不成文的规范，在适用的过程中，总是难以“重复操作”“反复操作”的。毕竟，由于缺乏具体明确性，人们本身并不知道“如何才能重复、反复适用”，或者，人们本身也不清楚“这种适用是重复、反复适用”“那种适用不是重复、反复适用”。在这个意义上，我们可以说，由于习惯不是一类具体明确的社会规范，最初的原始社会在调整人的行为的时候，实际上可能正是运用“个别调整”的方式。这种调整方式，是对具体个人、具体行为的一次性的调整，没有重复以及反复适用的表征。

与此不同，随着社会矛盾的发展，习惯不可避免地具有了“阶级”的色彩，从而变成了习惯法。习惯法自然是一类相对而言具体明确的社会规范。因为是一种相对具体明确的社会规范，习惯法的适用，逐渐具有“重复适用”的性质。于是，行为调整的方式，从“个别调整”逐渐转向了“一般调整”。这种漫长逐渐的转变，在制定法出现的时候最终完成。当制定法作为国家法律出现的时候，我们看到的就是真正的“一般调整”，也就是法的普遍性。因此，行为调整的方式从“个别调整”到“一般调整”是法的产生的另一基本模式。

（3）法的产生经历了与其他社会规范彼此不分到相对分离的过程。

法律的产生过程受宗教、道德的影响，特别是最初的法律总是带有浓厚的宗教色

---

① ［法］孟德斯鸠著，严复译：《论法的精神》，上海三联书店 2009 年版。

彩和道德痕迹。正如英国历史法学派代表人物梅因所言："从大量的法规汇编的遗物中可以看出，无论是在东方还是西方，无论它们之间在本质上的区别如何大，都表现出它们与宗教、道德规范的结合。这一点与那些属于近代的思想观点是吻合的、一致的。包括我们从其他一些史料中知道的一些早期的法律观点，法律与道德、宗教的区别，都只是属于后来思想观点的不同阶段。"① 美国著名的法人类学家 E・霍贝尔也断言："没有文字记载的法律，从中国到秘鲁，在它刚刚制定出来的时候，都涉及宗教仪式和习惯"②。

原始习惯往往同时又是宗教戒律、道德规范，如性禁忌本身就有神学色彩，表现了原始人对两性乱婚关系的恐惧心理。在习惯上，氏族中的人们对万物具有一种崇拜的心理。脱胎于氏族习惯的法律也必然受宗教和道德的影响。加之，最初出现的奴隶主有一部分是原来掌握氏族祭祀、裁决日常纠纷大权的氏族首领，当他们蜕变为专门从事社会管理事务而与其他氏族成员相对立的特殊人物后，也必然将那些对自己统治有利的宗教戒律和道德规范变为法律规范。印度《摩奴法典》之"摩奴"便是所谓天神的儿子；《旧约全书》上的"十诫"也是由上帝颁予摩西的；古巴比伦的《汉谟拉比法典》更是法律、道德规范和宗教戒律的综合体。

随着社会管理经验的积累和人类文明的发展，对相近或不同行为影响社会的性质和程度有了区分的必要和可能，法律规范与道德规范、宗教规范的调整行为的类型开始由混沌不分走向逐渐分离。这种分化在不同的社会所经历的过程不完全相同，但法律调整与道德调整相对区分开来，却是一个共同的大趋势。

【拓展阅读】

有关法的产生的其他理论

关于法的产生的根源，除了历史唯物主义法学观的观点，还有其他的理论，比如，宗教学说、民族精神学说、社会契约论等。宗教学说认为，法的产生源于上帝的意志，是上帝创制的法。民族精神学说认为，法的出现源于民族精神产生发展的结果。在这些理论中，"社会契约论"在西方法学界影响非常大。

根据社会契约理论的观点，人们原来是生活在自然状态之中的。英国近代思想家霍布斯认为："在自然状态中，每个人对于他人都是狼，而且在充满仇恨、恐惧和互不信任的气氛中，每个人都始终处于战争状态之中……"霍布斯认为，人们为了避免这种互相敌视和残杀的情况，达成一项契约，根据这一契约，每个人都同意把其全部的权力和力量转让给一个人或一个议会，而其条件是每个人都必须这样做，据此而设定的主权权力者被霍布斯称之为"利维坦"或"人间之神"，应当运用从公民那里集合起来的权力和力量，以增进所有人的和平、安全与便利。而另外一位英国近代思想家洛克认为，在自然状态中，人与人之间大致可以和平相处，然而有些不便，比如，没有公正的第三方解决纠纷双方的争议，没有明确具体的规则可以指导人们的某些行为，于是出于理性的思考和权衡，为了避免两败俱伤，或者为了避免某些不便，人们主动

① ［英］梅因著，沈景一译：《古代法》，商务印书馆 1984 年版。

② ［美］E. 霍贝尔著，严存生等译：《原始人的法》，贵州人民出版社 1992 年版，第 228 页。

订立“社会契约”，将自己的全部权利或部分权利交给政府，服从国家的法律。这样就产生了法。

任务二　法的发展

【导入案例】

1769 年，达特茅斯学院和当时的新罕布什尔州政府签订契约。契约规定，达特茅斯学院由自己设立的校董会管理办学，州政府不能以任何形式加以干涉。不过，契约是以州政府发放特许证的方式来表达的。达特茅斯学院的办学基金，全部来自个人慈善捐献，属于私有性质。校董会的成立以及成员配置，即为尊重捐献者的意愿。但是，时隔数年，也就是1816 年，由于州政府和当时的教会发生冲突，教会又与捐献者和校董会有着千丝万缕的联系，州政府便要求州立法机构以立法形式更改学院的名称，并要求将学院的管理权力交给其他管理机构。州政府宣称，学院或者大学，终究要以服务社会为目的，终究要以社会管理为依托，州立法机构随即颁布了赞同性质的相关立法。达特茅斯学院认为，州立法机构的立法，违反了美国联邦宪法保护契约自由的条款，属于违宪行为。为了保护自己的权益，达特茅斯学院将州政府推上了被告席。历经三年，美国联邦最高法院作出判决，宣布新罕布什尔州立法机构的相关立法条款违宪，因而无效。最高法院指出：第一，达特茅斯学院属于私有性质的法人组织，其办学基金的来源，与政府行为没有任何关联，基于这一事实，政府无权干涉学院的内部事务；第二，美国尊重并且保护契约自由，州政府已经承认特许证的发布属于契约行为，既然如此，州政府就应履行契约的承诺；第三，在美国宪法面前以及美国的法律诉讼过程中，政府以及州立法机构并不享有超越私有组织或私人的特别权利。

问题：该案件体现出了美国法律的何种原则？

【基本原理认知】

一、法的发展规律及不同的历史类型

法的产生和发展是社会基本矛盾发展的必然结果。在漫长的历史过程中，法的发展一般体现出以下几个方面的规律：

首先，法的发展是一个从量变到质变的过程。随着生产力的发展及私有制和阶级的出现，原始习惯开始带有阶级色彩，孕育了法的萌芽。随着生产力的发展及私有制的扩大、阶级斗争的激化，原始习惯越来越多地渗入阶级内容。当国家建立后，法也最终取代了原始习惯。这一过程也是一个由量变到部分质变，再到质的飞跃的过程。

其次，法的发展经历了由个别调整到规范调整的发展过程。最早的奴隶制国家，一开始并没有制定若干法律，而是出现某类案件时就采取某种办法处理。个别调整多了，就需要形成为人们所共同遵守的行为规范，用以调整这类关系。于是个别调整便发展为规范性调整。

再次，法的发展经历了从自发性调整到自觉性调整的过程。习惯法的产生带有一定的自发性，后来由于社会的发展和经验的积累，统治阶级对社会关系的调整就有了

更大的主观自觉性，即从主观上意识到用法律来调整社会关系的必要性。到成文法出现时，法对社会关系的调整就带有更大的自觉性了。

最后，法的发展经历了从野蛮到文明的发展过程。最初的法是以野蛮、残酷的形态和方式实现的，往往采用"同态复仇""以眼还眼，以牙还牙""神明审判"的方式，刑罚相当严酷。后来由于设立了专门的国家机构，个人之间利益的冲突由专门机构按一般的行为规则和一定的制裁方式进行处理，野蛮方式逐渐消退。

纵观历史上出现的法以及现在依然存在的法，我们可以看到许多各种称谓和特色不同的法。这些不同形式的法，内容上也是千差万别。但是，如果我们深入到这些"表象"的深层，我们就可以发现，历史中的法以及现存的法，因其一些基本性质的不同，可以分为若干类型，而且，这些类型之间存在着历史演进的关系。从历史唯物主义的观点来看，法的历史类型可以分为：奴隶制法、封建制法、资本主义法、社会主义法。历史唯物主义的法学理论这样区分法的类型，其依据主要有两个方面：第一，法所依赖的经济基础；第二，法所体现的国家意志的性质。那么，不同的历史类型的法各自具有怎样的特征呢?

（一）奴隶制法

奴隶制法是人类历史上最早出现的真正意义上的法。它是在原始公社制瓦解、私有制出现、阶级形成的过程中，随着奴隶制国家的产生而产生的。奴隶制法是奴隶主阶级意志的体现，它是通过奴隶制国家制定或认可，并由奴隶制国家强制力保证其实施的行为规范。

古代东方的奴隶制国家的法比西方出现得要早一些，而且由于东西方国家在生产力发展水平、土地所有制形式及相应的国家制度方面存在着一定的差别，因而，各奴隶制国家的法律在表现形式以及具体规定方面自然有所不同。但是，由奴隶制法的本质所决定，各国的奴隶制法又都具有以下共同的基本特征：

1. 严格保护奴隶主所有制

确保奴隶主的财产所有权，特别是对奴隶的完全占有，是奴隶制法的首要任务。在奴隶制社会里，奴隶主的私有财产主要有奴隶、畜群、土地、房屋和其他供私人占有的财产。在奴隶制的法律中，侵犯奴隶主阶级的财产所有权和政治统治权的任何微小的行为都被宣布为犯罪。如古巴比伦的《汉谟拉比法典》共有 282 条，而其中保护奴隶主私有财产的条文就有 121 条，因侵犯私有财产而处死刑的有 30 多条。奴隶制法律在维护奴隶主对其财产的完全占有的同时，还特别维护奴隶主对奴隶的所有权。奴隶制法明文规定，奴隶不是权利的主体，而是权利的客体。如古罗马的《国法大全》规定，"奴隶是物件""奴隶主拥有对自己奴隶的生命权"。奴隶主不仅有剥削和奴役自己奴隶的权利，而且还有权将奴隶出卖、赠送，或者作为娱乐物或殉葬品，甚至任意杀害。奴隶没有缔结婚姻和建立家庭的权利，也没有财产权，奴隶积蓄的任何财物均属于主人。

2. 极端的野蛮性和残酷性

奴隶主所有制是一种公开的、直接掠夺奴隶的剥削制度，它将政治强制和经济剥削直接地结合起来，是奴隶社会生产和文化极为落后的直接体现，而反映这种经济关系的奴隶制法也必然带有公开残暴、恐怖的特点，尤其在刑罚种类和实施方法上。当时，刑罚的残酷性和野蛮性突出地表现在量刑苛重，广泛使用死刑和肉刑，死刑方法也名目繁多，手段残忍。

3. 公开反映和维护等级特权

奴隶制社会中的自由民，通常是指奴隶以外的奴隶主、商人、高利贷者、个体农民和个体手工业者、异邦人、被释放的奴隶等。在自由民内部，由于享有公民权和财产权的不同，又分为若干等级。在这些人中，有剥削者和被剥削者，彼此的经济地位和政治地位是不平等的。奴隶制法公开规定不同等级的人有不同的法律地位。如古罗马在《十二铜表法》中规定："属于自由民下层的平民不得担任国家公职和参与国有土地的分配，不得与贵族通婚。"印度的《摩奴法典》规定了种姓制度，第一等级的婆罗门和第二等级的刹帝利掌握国家权力，第三等级的吠舍属于普通的劳动者，第四等级的首陀罗则从事低贱的职业，没有任何权利。各个种姓世袭，互不通婚。种姓之间等级极为森严。在原始的四大种姓之外，还有一类特殊的人，被称为"贱民"，主要由被开除出种姓的人和不同种姓的男女婚配所生的子女构成，地位比首陀罗还低，只能从事如抬尸、清除粪便等最为低贱的职业。而在我国古代也有"刑不上大夫，礼不下庶人"的法律传统。

4. 保留了某些原始社会行为规范的残余

由于奴隶社会是从原始公社制度脱胎而来的，奴隶制法律多数是从原始习惯演变而来，因而不可避免地带有原始社会行为规范的某些痕迹。如奴隶制国家的土地国有制或公有制，奴隶制法律中的"以眼还眼，以牙还牙"的同态复仇。但是，奴隶制法中这些旧的行为规范残余，已被注入了奴隶主阶级意志的内容，发生了质的变化。对于原始社会的习惯，奴隶主阶级不是原封不动地照搬，而是根据阶级的需要加以改造、加工，这些被改造、加工过的习惯已完全失去原始民主的性质。如奴隶社会的土地国有制并非社会全体成员共有，而只是以君主为代表的奴隶主阶级所拥有；同态复仇也与原始社会不同，它只限于同等身份的人。

（二）封建制法

封建制法是封建主阶级意志的体现，它是通过封建制国家制定或认可，并以国家强制力保证其实施的行为规范。封建制法是随着封建制国家的产生而产生，是在继承了奴隶制法的基础上发展起来的。

封建制国家和法由于产生的具体历史条件、国内阶级力量对比以及统治阶级内部关系等情况的不同，在各国、各地区的封建制法也是各具特点的。但相同的经济基础、相同的国家本质，又使各封建制法具有一些共同特征：

1. 严格保护封建土地所有制和农民对封建主的人身依附关系

封建土地所有制是封建主阶级赖以生存的基础。严格保护封建主阶级的土地所有权是封建制法律的主要内容和根本任务。我国历代封建王朝都对封建国有或私有土地所有权作了严格的规定。战国李悝的《法经》将盗、贼两篇列为各篇之首，后来的封建法典从《秦律》直到《大清律》等，都是首先确保封建主阶级的土地所有权。封建制法为了防止土地所有权分散，确保封建主牢固地占有大量土地，还规定了嫡长子继承制。有了土地所有权，封建主就有了剥削农民（农奴）的前提，而为了加强剥削，封建主又使用了经济以外的强制手段，如法律，迫使农民（农奴）对封建主人身依附。在西欧，从11世纪到15世纪盛行庄园制度，封建主将一部分土地交给农奴使用，农奴取得份地后，即被固定在土地上。法律规定，农奴不准自由离开土地，封建主有权将农奴同其份地一起出卖、抵押或转让。在我国古代，为了把农民牢固地束缚在土地上，封建法律严禁农民脱漏户口。如商鞅变法时便明文规定“使民无得擅徙”，即不准农民自由迁徙，对脱籍逃亡者处以刑罚；《唐律疏议》也规定对“脱户者”要“家长徒三年”。

2. 公开维护封建等级特权制度

等级特权制度是封建社会政治制度的重要组成部分。社会按照人们财产的多少、权力的大小划分为宝塔形的封建等级。各个等级之间界限森严，封建主按不同的等级享有不同的特权，而广大劳动群众则处于社会的最底层。因此，封建制法首先确保处于宝塔顶端的封建帝王享有至高无上的政治统治权。《唐律疏议》的“十恶”之罪，触犯王权者就占有其三：谋反、谋大逆和大不敬，凡触犯以上罪名，将被处以最严厉的刑罚并株连亲属。其次，封建制法还保护贵族、官僚、地主的各种特权。在经济上，法律保护贵族地主拥有大量的土地，还规定他们享有免税免役的特权，如《唐律疏议》的“免课税”。而在西欧，贵族僧侣可以不纳税、不服役，还可以在领地内征税。在政治上，法律保障封建主能操纵封建国家各级政权。我国隋唐以后的“特荫”“恩荫”“奏荫”等制度，确立了贵族充任官职的特权。在司法上，贵族地主有减免刑罚的特权，表现为我国封建时代的“议”“请”“减”“赎”“官当”等制度。可见，维护封建等级特权是封建制法的一个共同特征。

3. 极端的残酷性

封建制法在统治手段、惩罚犯罪的方法和解决纠纷的方式等方面较之奴隶制法有一定程度的进步。但是，封建社会经济文化的落后性和封建主必须依靠威吓手段来迫使农民服从于其统治的需要，使之与资本主义法相比，仍然显得野蛮和残酷。首先是罪名繁多。如在我国明清时期，除了规定行为侵犯封建统治者的利益为犯罪外，还以思想言论定罪，大兴文字狱；其次在刑罚种类上，十分野蛮残酷。德国的《加洛林纳刑法典》规定，凡被判罪者，男人肢解，女人处溺刑；再次是广为株连。封建制法为了加强统治，往往规定一人犯罪，满门抄斩，甚至株连九族；最后是刑讯逼供。封建制法确认用酷刑逼取被告口供的合法性，如我国封建社会时期的《秦律》规定，被告如不认罪，则应拷打，由此取得的口供是定罪量刑的依据。

（三）资本主义法

根据历史唯物主义法学的观点，资本主义法是第三种类型的法律制度。严格来讲，从近代开始进入资本主义社会的各个国家民族，呈现了各种各样的演变模式。有的国家是以温和的“内部渐进”方式进入资本主义社会的（如英国）；有的国家是以激烈的“内部冲突”方式进入资本主义社会的（如法国）；有的国家则是以“对外抗争”的方式进入资本主义社会的（如美国）。不同的资本主义国家的法，的确有着各自不同的制度形式和内容，但是，相同的经济基础和国家本质决定了所有的资本主义国家的法律制度又具有共同的特征，主要体现在以下几个方面：

1. 强调私有财产神圣不可侵犯

作为一条法律原则，可以说私有财产神圣不可侵犯是资本主义法律制度的一个首要原则。因为它准确地反映了“自由地利用资本来剥削劳动”这一资本主义生产方式最本质的要求。在奴隶社会和封建社会里并不存在主要的法律原则，那时私有财产虽然受法律保护，但并未达到神圣不可侵犯的程度，因为在国家和专制王权面前，没有什么神圣不可侵犯的私人权利，国家和专制王权不受法律约束，它们对私有财产的侵犯不会引起任何法律上的责任。

私有财产神圣不可侵犯这一原则，在近代资本主义法中具体表现为一种绝对的所有权，它允许所有权人几乎可以完全任意地使用和处分自己的财产，任何人（包括政府）均不得干涉。这种绝对的所有权在后来引发了一系列严重的社会矛盾，到了20世纪初，所有权的滥用开始受到限制，这是资本主义法制发展史上现代法制区别于近代法制的重要标志。

可以说，强调私有财产神圣不可侵犯的原则，为交易安全提供了有力的保障，对资本主义市场经济的发展具有巨大意义。

2. 强调契约自由

资本主义法首次将契约自由上升为调整社会经济关系的基本原则。它意味着承认一切人都具有独立的法律人格和平等的法律地位，可以在法律界定的范围内自主地处分自己的利益和权利，并在利益各方达成合意的条件下确立或变更彼此间的权利和义务关系。1804年的《法国民法典》规定“契约为一种合意，依法成立之契约，在缔结契约的当事人之间，有相当于法律的效力”。

契约自由原则是市场经济关系本质要求在法律上的体现。市场经济与自然经济最大的区别就在于，自然经济条件下的生产是为满足本人消费、缴纳地租和赋税而进行的生产，市场经济条件下的生产是为交换而进行的生产。因此，市场经济也就是自由交换的经济，它在法律上表现为一系列契约订立和履行的过程。古代法律制度中的人身占有、人身依附、等级特权和专制王权都是与市场经济的内在规律不相容的，也是与契约自由原则不相容的。可以说，契约自由原则不仅为创新安排和调整经济生活提供了新的准则，也由此而对整个社会生活的重新安排和调整提供了参照，从而使现代文明和法制的第一种形态——资本主义文明和法制得以确立。

在资本主义条件下，契约自由原则在形式上给一切人都提供了自由选择的机会，但是，对于不占有生产资料的普通劳动者来说，它只意味着决定把劳动力出卖给什么人的自由。因此，契约自由对于资产阶级才具有完全的意义，对于普通劳动者只有部分意义。资本主义法是以契约自由的形式实现的经济强制。

3. 强调法律面前人人平等

维护资产阶级的自由、平等和人权是资本主义法的一个显著特征，也是其进步性的标志。1776年美国的《独立宣言》明确宣称：“人人生而平等，他们都从他们的‘造物主’那里被赋予了某些不可能转让的权利，其中包括生命权、自由权和追求幸福的权利。”法国的《人权宣言》也写道：“人们生来并且始终是自由的，在权利上是平等的。”

法律面前人人平等原则包括丰富的内容，其中最基本的内容有三个方面：第一，所有自然人的法律人格（权利能力）一律平等。这种权利能力生而具有，不以任何特定事实为条件，它实际上就是人权，即任何人都享有的做人的权利和资格。第二，所有公民都具有平等的基本法律地位。“公民”这一法律称谓代表着一种法律地位，它与基本权利和义务相联系。在一国主权管辖范围内，任何人只要具有公民资格，就享有与其他公民平等的基本权利和平等的基本义务。第三，法律平等地对待同样的行为。法律在对行为施加保护或惩罚时，只关注行为的性质和后果，而不关注行为人的身份。

在导入案例中我们看到，美国最高法院首先关注达特茅斯学院办学财产的私有性质，关注对私有财产的保护。同时，美国最高法院也十分关注以自由方式缔结契约的有效性。而且，美国最高法院并不认为政府在法律纠纷中具有特殊的地位和权利，甚至也不认为立法机构可以具有特殊的地位和权利。可以说该案件的判决突出地体现了美国资本主义法的特点。

（四）社会主义法

正如其他类型的法的产生一样，社会主义法的产生是以无产阶级取得政权为前提的，与以往私有制法律更替的继承方式不同的是，社会主义法是在彻底否定旧法体系效力的基础上创制产生的。作为一种新型的法律制度，社会主义法具有以下特征：

1. 阶级性和人民性的统一

我国社会主义法律的阶级性主要是指法律体现了何者的意志。我国法律所体现的是工人阶级为领导的广大人民群众的共同意志。因此，我国社会主义法律既有鲜明的阶级性，又具有广泛的人民性，体现了阶级性和人民性的统一。

2. 社会主体自身的权利和义务的统一

在社会主义国家，任何社会主体自身在法律上的权利义务都相互对等，人人都享有法律赋予的权利，同时，在享有权利的时候，又都负有义务。这与社会主义的意识形态是相互协调的。社会主义意识形态包含了这样的内容：国家利益、集体利益、个人利益，其相互之间存在着不同，但彼此之间又是相互依赖的。国家利益有赖于集体利益的支撑，集体利益有赖于个人利益的支撑；反之，个人利益有赖于集体利益的扩展，集体利益有赖于国家利益的扩展。这些利益以及由此而来的权利义务，仅仅是在特定的语境中，才能谈论何者应为优先。社会主义法律剔除了“特权”的概念。换而言之，无人可以仅享有特权而不承担义务，或在法律面前享有与他人不同的权利，这和剥削阶级的法律制度有明显的区别。

3. 人们自愿遵守和国家强制实施统一

考察社会主义法律制度的实践，我们可以发现，人民群众遵守法律，主要是出于自愿的心态。这和社会主义法律制度本身体现了“人民性”这一特质有着重要关联。人民参与了法律的制定，同时，法律体现了大多数人的意愿，于是，一方面，作为遵守法律的主体，一般而言，人民群众是积极主动履行法律义务的。毕竟这样的法律义务，总是带来更为广泛的主体权利，增进了社会的整体利益，人人均可受惠。另一方面，法律的强制，则主要是针对少数人的。通过这点，我们看到，国家强制相对于其他历史类型的法律制度来说，社会主义法呈现了“最小化”的趋势，这种强制和“人们自愿”日趋统一。

4. 国家意志和客观规律的统一

前面所说的三点“统一”，从根本上来说，是国家法律意志和社会主义社会发展规律的统一。社会主义法律制度的产生，主要是以社会主义政治经济状况的发展规律作为基础的。社会主义法律制度十分关注广大人民群众的需要和意愿，关注社会主义经济关系和政治关系的基本性质，尊重广大人民的基本利益，这正是社会主义社会发展的重要规律。相对于其他类型的法律制度，社会主义法显然更为贴近社会历史的发展趋势。

二、法的继承与移植

如果将法的历史类型更替看作是宏观意义上的法的发展的表现，那么，法的继承与移植就可以视为法的发展的微观意义上的表现。法的继承与移植是法的发展的一种重要的具体方式。

从国家民族的地理历史的角度来看，各个国家和民族，不仅是发展变化的，而且是互相渗透的。这种互相渗透的一个重要后果就是制度的相互影响和交互融合，可以说，在相互渗透的国家民族地理历史中，法的发展不会是自我封闭的，而是自我开放的，而法的继承和移植就是两个重要的历史现象。

（一）法的继承

法的继承是指不同的法律制度之间的延续、相继、继受，一般表现为旧法律制度对新法律制度的影响和新法律制度对旧法律制度的承接与继受。

1. 社会物质生活条件的历史延续与法的继承

社会物质生活条件的历史延续是法的继承的重要基础。法的继承，在一般情况下，是基于特定社会物质生活条件而实现的。现实的社会物质生活条件，总是需要与之相适应的规则秩序，而法就是非常重要的一种社会规则。

社会物质生活条件，在不同的民族国家和地区呈现了不同的历史特征。然而，不论这种社会物质生活条件是怎样的，社会物质生活条件本身对法的继承的制约关系是无可置疑的，而且，这一观点是我们理解法的继承的关键所在。

2. 法的相对独立性与法的继承

根据历史唯物主义法学理论的观点，法的继承不仅和稳定持续的社会物质生活条件有密切的关系，而且和法自身的相对独立性有着重要关联。法的产生是基于社会物质生活条件的，但同时法的产生又是社会意识形态的一种特殊反映。法是国家制定或认可的行为规则，是统治阶级从自身的利益、需要、观念和意识出发，最后形成的一种“国家意志”。从意识观念本身来看，其与社会物质生活条件有时是一致的，有时可能大体一致，而有时可能仅仅是部分一致。但即使是“部分一致”，法依然可以产生并存在。另一方面，法的继承和延续与法的产生也很相似，统治阶级所坚持的意识和观念以及政治力量的巩固，在不与社会物质生活条件发生根本冲突的情况下，可以使法在相当长的时期内自我延续、自我承继。此外，法自身的概念、术语、表述、形式等“语言方式”也会由于历史的惯性而得以延续下去。

因此，相对于社会物质生活条件而言，法具有自己的独立性。这种独立性和某些社会意识形态的支撑有着重要关联，也和法本身的独特表现方式有着重要关联。社会意识形态的延续，法律本身的“语言方式”以及由此出现的法的独立性，是法的继承得以实现的另一根据。

（二）法的移植

法的继承指新法对旧法的借鉴和吸收，体现两种法律制度之间在时间上的先后顺序，在内容上的“影响—承受”关系，它不能完全表征一个国家对与其同时代的其他国家的法律或国际法律的引进、吸收，因此需要借助“法的移植”一词来表征这一现象。

“移植”本是一个植物学和医学的术语，包含了植物的异地栽培以及生物器官的他体移入。从法的发展变化角度来说，法的移植，其实就是一个国家对另一个国家的法的内容引入。因而可以将法律移植界定为：一个国家（或地区）对与其同时代的其他国家（或地区）的法律规则或法律制度，以及对国际法中的某些规则和制度的借鉴和吸收。

1. 社会环境的异同与法的移植

通常来讲，如果一个制度在一个国家或地区内发挥了良好的作用，那么，自然容易“吸引”另外的国家或地区人们的关注，而在后者的制度运作不甚理想的情况下这种吸引尤为明显。毕竟，制度本身总是具有重要的调节功能，而且良好的调节功能可以带来“良好的制度认同”。法国学者勒内·罗迪埃在其《比较法导论》一书中指出：“如果一个法律制度在一个地方发挥了作用，那么，这个制度就刺激其他地方的人的‘仿效’心理。怠惰的心态、榜样的推动、政治观念，都可以使‘仿效’成为各种法律制度之间相互靠近的连续因素。仿效，自然可以引发法的移植。”①

法律移植在一些国家可能成功，在另一些国家则可能失败。但无论是成功还是失败，都与当时条件下的社会主体的认识理解能力，以及具体的做法密切相关。社会主体，尤其立法者，在准确理解法的特殊性质的同时，还需要准确理解社会的物质生活条件，并且将社会的物质生活条件视为更根本的要素。一般来说，随着世界经济、政治、文化等方面的全球一体化，发达社会的物质生活条件总会吸引、影响、带动落后社会的物质生活条件，在吸引、影响和带动的情形中，相关的法律制度总会作为“移植”的议题摆在人们的面前，而试图移植法律的国家或地区，则需要准确地认识相关的各类因素，其中包括法的特殊性质，尤其包括了交互作用下的世界范围的社会物质生活条件。

2. 统治阶级的意志与法的移植

我们认为，法是国家制定和认可的行为规范，本质上体现了统治阶级的意志。也就是说，法的产生是统治阶级通过立法机构的立法过程，或通过立法机构认可法的行为来实现的。从法的移植本身来看，如果法的移植实现了，那么，这种实现必定也是以立法机构的制定或认可为形式的。换言之，法的“成功”移植实际上必须经过统治阶级立法这一环节，所以法的移植在本质上也是一种“法的产生”。虽然，法的内容从根本上是由所处的社会物质生活条件所决定的，但是统治阶级的意志、意愿甚至偏好，都有可能在相当程度上影响法的移植。

当然，在社会的基本条件并不适合于法的移植的时候，统治阶级“拒绝”外来法律，或者在社会的基本条件完全适合于法的移植的时候，统治阶级“接受”外来法律，是统治阶级尊重客观规律的理性选择。但如果是相反的情形，对于社会的基本条件并不适合于法的移植的时候，统治阶级决定进行法律移植，或者在社会的基本条件完全适合于法的移植的时候，统治阶级拒绝进行法律移植，这两种情形都会在一定程度上影响社会法律制度的构建，表现为立法上的“超前”和“滞后”。

当“社会的基本条件是否适合于法的移植”这一问题难以厘清，或者当社会的基本条件在若干方面适合于法的移植，在另外的若干方面不适合于法的移植，而且，针对“对立”的若干方面，我们不能判断孰轻孰重的时候，统治阶级的意志就可能发挥

① 转引自：刘星：《法理学导论》，法律出版社2003年版，第272页。

关键作用。因为在这种情形下进行法的移植，法的移植更易释放“适合性质的若干方面”的潜在能量；拒绝法的移植，则易于释放“不适合性质的若干方面”的潜在能量，从而，更易引发社会法律构建的前进或停滞。所以，在法的移植问题上，我们应该注意统治阶级的意志作用。

3. 交互往来与法的移植

前面我们分析了法的移植与“社会环境的异同”以及“统治阶级的意志”的相互关系。可以说，都是从移植者主动移植的角度来论述的，即不论法的移出国和法的移入国的社会环境是否相同，不论移入国的统治阶级意志本身如何，移入国的统治阶级都可以“主动”地决定是否移植。在这里，我们从移植者“被动”的角度来分析法的移植。事实上，随着国家民族之间的交互往来，在某些情况下，相对落后的国家民族，往往不得不进行法的移植。最为显著的是，各国之间的交互往来必然带来商品的世界性流通，而商品流通总是和特定的经济贸易法律规则密不可分的。在这些经济贸易法律规则中，有些是和特定国家或区域的内部法律规则有着关联，在一定意义上，又是从这些内部法律规则演变而来。与世界流通相关的某些经济贸易法律规则，从根本上来说，来自自由交换的市场经济，尤其是来自强势区域国家内部的自由交换的市场经济。于是，接受或者移植与世界流通相关的某些经济贸易法律规则，同时意味着接受或移植特定区域国家的内部法律规则。相对落后的国家，除非彻底地排斥相对发达国家的商品，否则，只有尊重和接受这些经济贸易法律规则。商品的世界流通如此，技术、知识等文化事务的世界流通亦然。故而，这种情形对相对落后的国家或地区来说，属于“不得不为”的被动法律移植。

三、法系的形成

法系是指具有相同的历史传统和同一源流关系的国家和地区的法的总称。在法学中，“法系”一词是在对各国法律制度的现状和历史渊源进行比较研究的过程中形成的概念术语。

对划分标准的不同理解，会导致不同的法系划分。如美国法学家威格摩尔认为历史上共存在过 16 个法系：古代埃及法系、古代美索不达米亚法系、古希伯来法系、中华法系、印度法系、古希腊法系、古罗马法系、日本法系、伊斯兰法系、凯尔特法系、斯拉夫法系、日耳曼法系、海商法系、教会法系、英国法系和大陆法系。也有人将法系分为死的法系（即历史上曾经有过影响但现在不复存在的法系，如印度法系）和活的法系（即现在仍然存在的法系）。目前，西方学者大多接受法国法学家勒内·达维德的观点，将各国的法律制度划分为大陆法系、英美法系、社会主义法系和其他法律制度（包括伊斯兰法、印度法、非洲法等）。这里主要谈谈大陆法系和英美法系。

（一）大陆法系

大陆法系，又称法典法系、罗马—日耳曼法系、罗马法系、民法法系，它是以古代罗马法，特别是以《法国民法典》为基础形成与发展起来的各国和地区法律的总称。属于这一法系的国家和地区，主要是以法、德为代表的欧洲大陆资本主义国家，还有那些曾是法国、西班牙、葡萄牙殖民地的国家和地区，第二次世界大战后日本法律也属于大陆法系。

大陆法系的主要历史渊源是罗马法，主要内容是民法，它首先在欧洲大陆各国兴起。早在欧洲中世纪中后期，随着资本主义经济关系的产生和发展，要求有一种调整资本主义经济关系的法。由于古罗马法是古代以简单商品生产为基础的法律，其基本原则、体系等正好适合资本主义经济发展的要求，于是就有了罗马法的复兴。法国大革命胜利后，参照罗马法，于1804年制定了《法国民法典》，它以简明、严谨的法律内容对资本主义民事法律关系作了全面的规定，成为其他资本主义国家在制定民法典时参照的楷模，因而它对大陆法系的形成起着重要的作用。1896年德国制定的《德国民法典》，在《法国民法典》的基础上又有了自己的发展。《法国民法典》强调个人权利，反映自由资本主义时期的特征；《德国民法典》强调社会利益，反映了垄断资本主义时期的特征。这两部法典分别代表了资本主义社会的两个不同时期，因此，有的西方学者主张大陆法系分为两个分支：一个是法国分支，一个是德国分支。

（二）英美法系

英美法系，又称为普通法系、英国法系、海洋法系，它是以英国普通法为基础形成与发展起来的各国和地区法律的总称。属于这一法系的国家和地区，主要是英国以及曾是英国殖民地、附属国的国家和地区，包括美国、澳大利亚、新西兰、印度、巴基斯坦、缅甸、马来西亚、新加坡等。

英美法系主要源于十一世纪诺曼底人入侵英国后逐步形成的普通法，它是在王室法院的判例的基础上形成的，在全国范围有法律效力。英美法系也来源于十四五世纪形成的衡平法，这是以衡平法院的判例为基础形成的与普通法平行的另一类法律。十八、十九世纪，受英国资本主义革命的冲击，对普通法和衡平法进行了改革，同时出现了大量的制定法，英国的法律逐渐由封建制法转变为资本主义法，并随着英国殖民地的扩张，影响到英国以外的广大国家和地区，从而形成了以普通法为主要渊源的一个法系。后来，美国由英国的殖民地变为一个独立的国家，它一方面仍受英国法律传统的影响，另一方面又形成了自己的特点，如美国有成文宪法、联邦法和州法之分，联邦最高法院拥有司法审查权等。因此，有的西方学者主张英美法系也可分为两个分支：一个是英国分支，一个是美国分支。

（三）大陆法系与英美法系的比较

大陆法系和英美法系都属于资本主义法，它们在阶级本质、总的指导思想、基本原则等方面是一致的。但是，两大法系是在不同的历史条件下形成的，它们各自在形式和风格上存在着明显的区别，主要表现在以下几个方面：

1. 法律渊源不同

在大陆法系国家，制定法是主要的法律渊源，而法院的判例不被作为法的正式渊源，下级法院不受上级法院判决的约束；在英美法系国家，判例法是主要的法律渊源，法官判决案件主要从“先例”中寻找法律规则。但是进入20世纪后，两大法系的这一区别在逐步缩小，因为大陆法系国家尽管不存在判例法，但由于上诉制度的存在，下级法院在进行判决时，不得不考虑上级法院对同类案件的判决；而英美法系国家近些年来，制定法也大量增加，使制定法在该法系中的地位不断上升，出现了判例法和制定法并存的局面。

2. 法律编纂不同

大陆法系国家的一些基本法律一般采取比较传统的法典形式；英美法系国家一般很少使用法典的形式，其制定法多是单行法律、法规，尽管近些年来英美法系也逐步采用法典形式，但其法典主要是判例法的规范化，不像大陆法系的法典那样抽象化和系统化。

3. 适用法的原则和方式不同

大陆法系国家的法官遵循“罪刑法定”“法无明文规定不为罪”原则，在审理案件时，一般运用从一般到特殊的推理方法，首先考虑有关制定法的规定，不以判例作为判决的法律依据，他们只能适用法律，不能创造法律；而英美法系国家奉行“自由心证”“遵守先例”的原则，法官在审理案件时，采取从特殊到一般的推理方法，首先要研究以前类似案件的判例，并从中抽取适用于要处理案件的一般法律准则，再按这些准则来处理案件。这样，法官不仅适用法律，也能创造法律。

4. 法律分类不同

大陆法系国家法律的基本分类是公法和私法，公法主要指宪法、刑法、行政法、诉讼法等，私法主要指民法和商法。20 世纪以来，又出现了兼有公私法性质的法律，如经济法、劳动法等。英美法系国家法律的基本分类主要是普通法和衡平法，美国还有联邦法和州法之分，它们对部门法的划分没有统一、精确的标准，如没有民法这一独立的部门法，而是通过契约法、财产法、婚姻法、继承法等表现出来。

5. 诉讼程序不同

大陆法系国家除对轻微案件由法官独任审理外，一般采取合议制。审理过程中用审问式程序（又称职权主义程序），法官居中心地位，他通过主动讯问当事人，查清事实，作出判决，证据可以在当事人不在场的情况下提出；英美法系国家审理案件一般采取法官独任审判，审理过程中用对抗式程序（又称当事人主义程序），双方当事人或律师以平等的地位互相抗衡，互相辩论，证据在当事人在场时提出，法官充当一个消极的、中立的裁定者的角色。

随着各国经济、政治、文化交往的日益增多，资本主义两大法系的差别已在逐步缩小，有日益接近的趋势。但是，由于历史传统的不同，两大法系的一些差别还将长期存在。

【思考与练习】

一、问答题

1. 法产生的原因有哪些？简述法的产生及发展的一般规律。
2. 法产生的标志和规律有哪些？
3. 法与原始氏族习惯的区别有哪些？
4. 为什么契约自由是资本主义法的一个重要原则？
5. 两大法系的区别表现在哪些方面？

二、选择题

1. 法可以划分为奴隶制法、封建制法、资本主义法和社会主义法。这种划分方法所依据的是（　　）。

A. 法的历史渊源　B. 法族　C. 法系　D. 法的历史类型

2. “法是商品生产和交换的产物”，这属于法产生的（　　）。

A. 阶级根源　B. 社会根源　C. 经济根源　D. 政治根源

3. 从法的起源看，法（　　）。

A. 是从来就有的，因此无所谓起源问题

B. 起源于神的授予

C. 是阶级社会的产物，它起源于奴隶制社会

D. 不是从来就有的，它是人类社会发展到一定阶段的产物

4. 马克思曾经说："社会不是以法律为基本，那是法学家的幻想。相反，法律应该以社会为基础，法律应该是社会共同的、由一定的物质生产方式所决定的利益需要的表现，而不是单个人的恣意横行。"根据这段话所表达的马克思主义法学原理，下列选项正确的是（　　）。

A. 强调法律以社会为基础，这是马克思主义法学观与其他派别的根本区别

B. 法律在本质上是社会共同体意志的体现

C. 在任何社会，利益需要实际上都是法律内容的决定性因素

D. 特定时空下的特定国家的法律都是由一定的社会物质生活条件所决定的

5. 法的移植的成功与否很大程度上取决于（　　）。

A. 移植的法的先进性　　B. 移植的法律完备与否

C. 立法者是否愿意移植　　D. 输入国的社会土壤是否适合

6. 关于民法法系的表达，下列选项中错误的是（　　）。

A. 罗马法是民法法系的主要支柱

B. 民法法系将法分为公法和私法

C. 民法法系不承认法院有创制法的作用

D. 民法法系将法分为普通法和衡平法

7. 法的起源的经济根源是（　　）。

A. 市场经济　　B. 生产活动　　C. 共同劳动　　D. 私有制和商品经济

【扩展阅读文献】

1. ［英］梅因著，沈景一译：《古代法》，商务印书馆 1984 年版。
2. ［法］孟德斯鸠著，袁岳编译：《论法的精神》，商务印书馆 1982 年版。
3. ［法］卢梭著，何兆武译：《社会契约论》，商务印书馆 2003 年版。
4. 刘星：《西窗法雨》，法律出版社 2003 年版。
5. 梁治平：《法辨：中国法的过去、现在与未来》，中国政法大学出版社 2002 年版。

学习情境：两大法系在诉讼中的不同特点分析

【范例】

辛普森杀妻案

案发：1994 年 6 月 12 日深夜，洛杉矶西部一豪华住宅区里，一只小狗在不停地狂吠，引起了邻居的注意。人们在一住宅门前发现两具血淋淋的尸体。女死者后来证实是妮可·布朗·辛普森，而她身后是餐馆的侍应生戈德曼。两人浑身血痕，而且被利

器割断喉咙而死。死亡时间是晚上10点多。

案发后凌晨，四名警察部侦探来到死者前夫即著名的黑人美式足球（橄榄球）明星辛普森的住所，在门外发现其白色的福特野马型号汽车染有血迹，车道上也发现血迹。按门铃无人回应，侦探爬墙而入，其中一个侦探福尔曼在后园找到一只染有血迹的手套和其他证据。

案件主要证人是当时住在客房的朋友基图，他作证说客房墙外有像地震一样的响声。此外一个被电话预约的接辛普森去机场的司机说：10时左右他到辛普森家按门铃无人回应，接近11点时，发现一高大黑人（与辛普森相似）匆匆从街外跑回屋，再按门铃后辛普森回应了，出来说他睡着了，然后坐车到机场去芝加哥。

逮捕：案发后凌晨，辛普森在芝加哥酒店接到警方通知前妻死讯，清早赶回加州。回来后辛普森在律师极力反对下单独接受了警察一小时的问话。当时警察发现辛普森受伤，他解释说，是接到前妻死讯过于激动打破镜子而受伤的。警察经过几天调查后，决定将辛普森列为主要疑犯准备逮捕。

6月17日，辛普森的律师准备陪同辛普森回警察局时，发现本来在楼上休息的辛普森已不知去向。随后全国观众在电视上看见了难忘的镜头：天上直升机队，地上巡逻车队全面出动，几小时后终于发现辛普森的白色小车。几十辆警车在洛杉矶公路上展开飞车追逐，最后辛普森被逮捕。

审理：正式审判开始后，在开庭陈词时检方指控辛普森预谋杀妻，作案动机是嫉妒心和占有欲。离婚之后，辛普森对妮可与年轻英俊的男人约会非常吃醋，一直希望与其破镜重圆，但希望日益渺茫。案发当天，在女儿的舞蹈表演会上妮可对辛普森非常冷淡，使他萌动了杀机。戈德曼则属于误闯现场，偶然被杀。法医鉴定表明，被害人死亡时间大约在晚上10点到10点15分之间。辛普森声称，当晚9点40到10点50之间他在家中独自睡觉，无法提供证人。

在整个审判过程中，根据律师的建议，辛普森依法要求保持沉默，拒绝作证。

辩方认为：检方关于预谋杀人的指控似乎不合情理，主要原因是：辛普森当晚要赶飞机，他已预约了豪华出租车送自己去机场。这一安排实际上堵死了他本人作案的后路，因为他必须在短短1小时10分钟之内驱车前往现场，选择作案时机，执刀连杀两人，逃离凶案现场，藏匿血衣凶器，洗净残留血迹，启程前往机场，整个环节稍有差错闪失就会耽误飞机起飞的钟点，这时，出租车司机便会成为重要证人。另外，对辛普森这种缺乏训练和经验的“业余杀手”来说，使用枪支是最佳选择，根本没必要用利刃割喉杀人。这种作案方式不仅弄得自己满身血迹，而且会在凶杀案现场、白色野马车和自己住宅中留下难以抵赖的“血证”。妮可有可能被贩毒集团或黑手党杀害，因为妮可有吸毒历史，如果她大量购买毒品之后未能按时支付，就有可能被黑手党暗下毒手，而割喉杀人正是黑手党惯用的凶杀手段。另外，戈德曼与妮可之间也不是一般关系，有人曾看见他驾驶妮可那辆价值15万美元的白色法拉利牌高级跑车在街上兜风。更令人生疑的是，1993年到1995两年期间，在戈德曼打工的那家意大利餐厅竟然有四位雇员被谋杀或神秘失踪。

在美国的司法体制中，仅仅依赖间接证据就把被告定罪判刑绝非易事。这是因为，仅凭个别的间接证据通常不能准确无误地推断被告人有罪，必须要有一系列间接证据相互证明，构成严密的逻辑体系，排除被告不可能涉嫌犯罪的一切可能，才能准确地证实案情。此外，间接证据的搜集以及间接证据和案情事实之间的关系应当合情合理、协调一致，如果出现矛盾或漏洞，则表明间接证据不够可靠，不能作为定罪的确凿根据。比如，在辛普森案中，检方呈庭的间接证据之一是在杀人现场发现了被告人的血迹，可是，由于温纳特警长身携辛普森的血样在凶杀案现场溜达了三个小时之久，致使这一间接证据的可信度大打折扣。

在辛普森案中，由于检方证据全都是间接证据，因此，辩方律师对这些“旁证”进行严格鉴别和审核，是这场官司中极为重要的一环。令人失望的是，检方呈庭的证据破绽百出，难以自圆其说，使辩方能够以比较充足的证据向陪审团证明辛普森未必就是杀人凶手。

1995 年 10 月 3 日，美国西部时间上午 10 点，当辛普森案裁决即将宣布之时，整个美国一时陷入停顿。克林顿总统推开了军机国务，前国务卿贝克推迟了演讲，华尔街股市交易清淡，长途电话线路寂静无声。数千名警察全副武装，如临大敌，遍布洛杉矶市街头巷尾。CNN 统计数字表明，大约有 1 亿 4 千万美国人收看或收听了“世纪审判”的最后裁决。

陪审团裁决结果：辛普森无罪。

【训练目的及要求】

结合范例和相关知识，指出两大法系在诉讼中的不同特点。

【训练方法】

参训学生分为两组，一组对该案件的审判作出评价，另一组指出两大法系在诉讼方面的区别。

【训练步骤】

步骤 1：分组。

步骤 2：熟悉范例。

步骤 3：对该案件的审判作出评价。

步骤 4：指出两大法系的区别。

项目三　法包含的内容

【知识结构图】

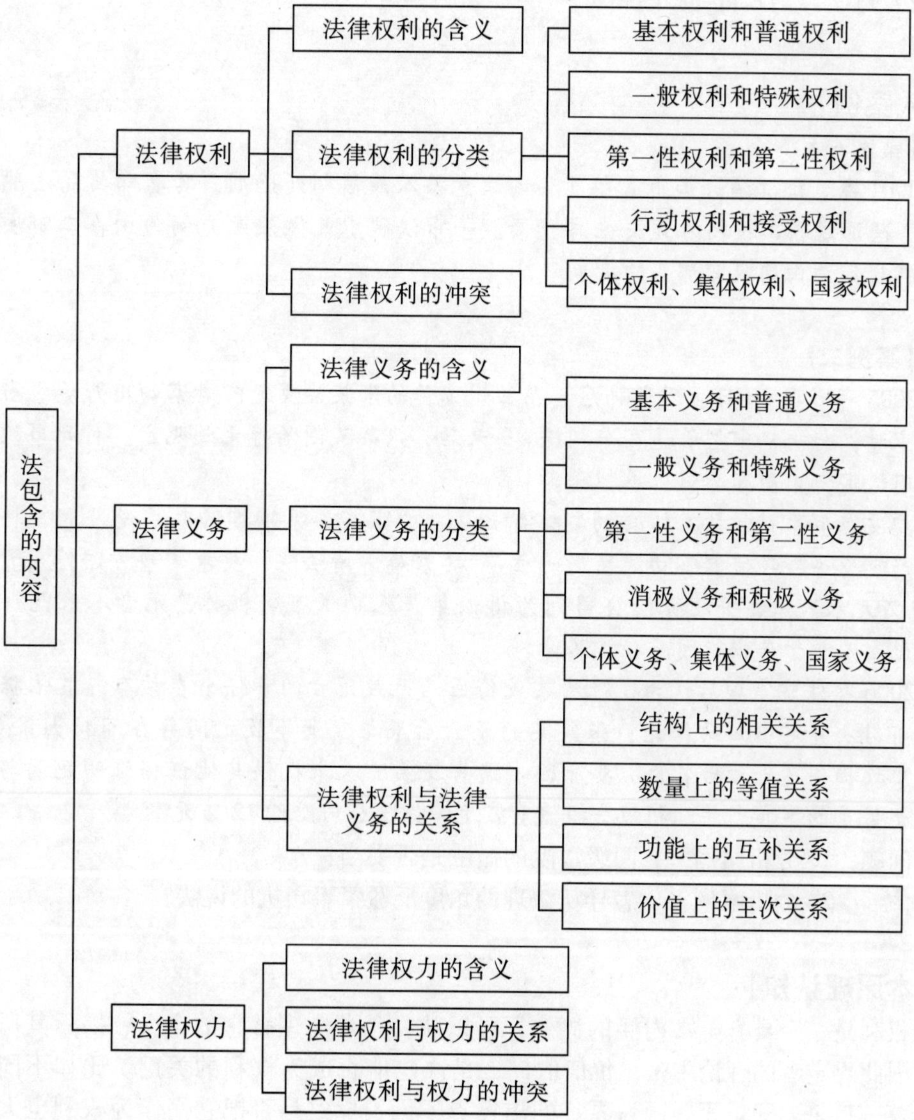

【知识目标】

1. 掌握法律权利的含义及分类
2. 掌握法律义务的含义及分类
3. 掌握法律权利与法律义务的主要关系
4. 掌握法律权力的含义及与法律权利的关系

5. 掌握法律权利与权力冲突的处理原则

【能力目标】

1. 能够对法律权利及法律义务的类别进行判断
2. 能够运用法律权利与法律义务关系的原理分析法律现象
3. 能够运用法律权利与权力冲突的处理原则分析解决实际问题

任务一 法律权利

【导入案例】

【案例一】

2001 年，浙江省舟山市青年罗某因故意杀人罪被判处死刑，其妻郑某向法院提出请求，想通过人工授精为丈夫生育子女。一审法院以此做法无先例为由、二审法院以无法律规定为由均驳回郑某的请求。

【案例二】

2005 年 6 月 25 日，因患肺癌，在兰州工作的张某某决定回老家四川疗养。当行至广安市时，与一辆中型普通客车相撞。9 天后，张某某因治疗无效死亡。对此事故，交警部门认定，中型客车司机承担全责。

广安市刑事科学技术协会的鉴定结论是："张某某系晚期肺癌广泛浸润，转移肺部，严重感染，致使器官功能衰竭死亡。"其家属诉请法院，要求肇事方赔偿死亡赔偿金 18 万元人民币，并把保险公司列为诉讼第三人。肇事司机称，死者本来就得了肺癌，死因不属于车祸，因而拒绝赔偿。

2006 年法院审理后认为，张某某致伤医治无效死亡的责任全在该车。其依据的是广安市司法鉴定中心的结论：张某某的死亡后果与交通事故之间存在间接因果关系，交通事故损伤是死亡后果的次要原因。被告及第三人未提供其他证据证明死因与交通事故无关系的事实。法院判被告赔偿 1 万元，保险公司赔偿 12 万元。

问题：1. 分析案例一，两级法院的做法是否妥当？
　　　2. 分析案例二，怎样从法理的角度反驳肇事司机的说法？

【基本原理认知】

权利是一个具有丰富内涵的概念，可以从多种角度理解它的含义、揭示其所含特质，因此界定者的理论主张、价值取向，是决定能否成为权利的关键。比如不同国家对生育、自杀、安乐死等行为界定的出发点不同，导致是否把它们作为权利也大不相同。对于生育权，我国宪法并无明文规定，但宪法与有关法律均有人格权保护的相关规定，依据法的精神，生育子女、繁衍后代是人的本能，也是人的社会责任，生育也确实是一项权利，生育权应包括在人格权之中，而人格权是民事权利的重要组成部分。

在导入"案例一"中，死刑犯能否享有生育权呢？这就要看他是否依然受民事法律的保护。根据《中华人民共和国民法通则》的规定，公民享有平等的民事权利能力与民事行为能力，公民的民事权利能力始于出生，终于死亡。死刑犯在被剥夺生命前，依然享有相对完整的民事权利，其被剥夺的是政治权利并不包括民事权利。死刑犯的身体自由虽然受到了限制，不可能像正常人一样方便自如地行使民事权利，但其民事权利并不能因此受到侵犯。虽然现代生殖辅助技术的发展已给人们行使这一权利提供了技术上的帮助，但罗某此种情形并不符合该技术使用范围。因此，本案中，两级法院驳回郑某请求的做法并无不妥。

依据不同角度，权利有不同分类。其中最重要的一种分类是从其存在的形态角度，把权利划分为应有权利、习惯权利、法律权利和现实权利：

应有权利也被称为“自然权利”或“道德权利”，它是主体应当享有的权利，是特定社会的人们基于一定的物质生活条件、政治传统和文化传统而产生的权利需求。它是权利的初始形态。

习惯权利是人们在长期社会生活过程中形成的或从先前社会传承下来的，表现为群体性、重复性自由行动的一种权利。习惯权利也是法外权利。

法律权利是通过法律明确规定或通过立法纲领、法律原则予以公布的、以规范或观念形态存在的权利。法律权利不仅仅限于法律明文规定的权利，还包括“推定权利”，即依照社会政治、经济和文化发展水平，根据法律的精神和逻辑推定出来的权利。因为任何权利立法都不可能把人们应当享有的所有权利一一列举出来，那些没有明文列入立法的权利要靠推定来发现和确认。

现实权利亦称“实有权利”，是主体实际享有或行使的权利。它既是权利运行的终点又是新权利运行的起点，因此现实权利是法律权利的另一种参照和评价标准。

法律权利只有转化为现实权利，才能够成为或再现生活的事实，才对主体有实际价值，才是真实和完整的。对国家来说，才算实现了统治阶级的意志和法律的价值。从法律权利到现实权利是一个决定性的转变。现实权利的存在以及现实权利与法律权利的对立，说明在法律上宣布主体享有什么权利、享有多少权利是比较容易的，而把这些权利规定转化为主体的实际权利和利益，则需要主体的主观努力和国家提供的保障。

法律权利是权利的主要存在形态。

一、法律权利的含义

法律权利，是指法律确认和保障的、社会主体为了满足自己的正当利益而采取的并为他人法律义务所保证的行为自由。法律权利具有如下特点：

（1）法律性。

法律权利以国家的法律确认为前提，没有国家对某种行为的许可和保障，没有相应的法律规定，就没有相应的权利。当人们的法律权利受到侵犯时，通过法律制裁侵权行为，可以扫除权利主体享受权利的障碍。法律还为权利的实现提供必要的法定程序，权利的产生、变更和消灭必须有一定的法律根据，国家或社会组织和个人不能随心所欲地规定、变更或取消某项权利。

（2）自主性。

对法律规定的可以作出的行为，权利主体有可为、可不为的决定自由，不受他人干涉、阻碍，否则将受到法律追究。

（3）求利性。

任何法律权利的行使都以追求和维护某种利益为目的，都与一定的利益密切相关。不能因为权利活动结果不完全表现为利益就否认权利人的权利追求是以利益为目的的。

（4）可为性。

法律权利不是抽象的，而是具体可行的，没有实现可能性的权利就不是真正的法律权利。

（5）限度性。

权利主体必须在法律允许的范围内行使权利，超出范围则不受法律保护或为非法。

任何一项权利要成为法律权利必须具备三大要素：利益、权能和自由行为。

利益是法律权利背后隐藏的权利主体的利益追求，这种利益必须是合法的、正当的。正是这种利益的驱动，人们才热衷于行使权利。利益既是权利追求的目标和方向，也是行使权利的动力源泉。

权能是权利主体行使权利的权利资格和行为能力。权利资格又称权利能力，是享有法律权利的前提条件，无资格就无权利；具备了法律资格并不一定就享有相应的权利，还必须有相应的行为能力。所谓行为能力也就是行使法律权利的行为能力。享有相同权利资格的人也可能因为行为能力不同而享有不同等的权利。权能作为权利的基础，它是权利行使和实现的基本条件。任何权利都离不开权能的保障。

自由行为是权利主体依法自由选择自己的行为。根据法律的规定，权利主体可以作出某种行为，也可以不作出或放弃某种行为；既可以要求他人为自己作出某种行为，也可以要求他人不作出某种行为；权利主体还可以作出请求国家机关保护自己合法权利的行为。作为权利的表现形式，它既是权利主体利益追求的手段、方式，又是权能的外化或对象化的形式。所以它是法律权利的核心部分，利益和权能都必须通过权利主体的自由行为来实现。

在导入案例二中，我们可以从法理上人的概念和法律权利的概念来反驳。法律上的人有自然人、法人。自然人又可以具体分为公民、外国人、无国籍人。本案中，张某某属于我国公民，享有法律赋予公民的一般权利。人的权利能力是公民从出生到死亡都具有的资格。张某某的生命权及其他权利，并不因为其患有晚期肺癌而不受保护，他仍然是法律上的人，法律对他的权利同样给予严格保护。国家或个人均不能随意取消其享有的权利。本案中，他的癌症与死亡之间有一定的关系，但这只是减少肇事者承担的赔偿责任的理由之一，而不是拒绝赔偿的理由。

二、法律权利的分类

法律权利可以从不同的角度，按照不同的标准进行分类。

（1）根据权利所体现的社会内容（社会关系）的重要程度，即他们在权利义务体系中的地位、功能及社会价值，可划分为基本权利和普通权利。

基本权利是人们在国家政治生活、经济生活、文化生活和社会生活中的根本权利。它源于社会生活的本质，是与主体的生存、发展、地位直接相关的，人生而应当有之的，不可剥夺、转让、规避且为社会公认的，因而是“不证自明的权利”。它们是人们在基本政治关系、经济关系、文化关系和社会关系中所处地位的法律表现，一般由宪法或基本法确认或规定。如我国宪法第二章所确认和规定的公民的基本权利。

普通权利即非基本的权利，是人们在普通经济生活、文化生活和社会生活中的权利，通常由宪法以外的法律或法规规定。如合同法、民法中关于缔约人权利的规定就属普通权利。

（2）根据权利对人们的效力范围，可划分为一般权利和特殊权利。

一般权利也被称为“绝对权利”“对世权利”，权利主体无特定的义务人与之相对，而以一般人（即社会上的每个人）作为可能的义务人。其内容是排除他人的侵害，通常要求一般人不得作出一定的行为。如国家的安全权、独立权，公民的各项自由权、财产权等均属于此类。

特殊权利也称“相对权利”“对人权利”或“特定权利”，权利主体有特定的义务人与之相对，权利主体可以要求义务人作出一定行为或抑制一定行为。

（3）根据权利之间的因果关系，可划分为第一性权利和第二性权利。

第一性权利又称“原有权利”“主权利”。它是直接由法律赋予的权利或由法律授权的主体依法通过其积极活动而创立的权利。如财产所有权、缔约权等。

第二性权利也称“补救权利”（或“救济权利”）、“从权利”，它是在原有权利受到侵害时产生的权利。如诉讼权、恢复合法权益的请求权。

（4）根据权利主体依法实现其意志和利益的方式，可划分为行动权利和接受权利。

行动权利是使主体有资格做某事或以某种方式采取行动的权利，如选举权。

接受权利是使主体有资格接受某事物或被以某种方式对待的权利，如被选举权。

（5）根据权利主体的不同，可划分为个体权利、集体权利、国家权利。

个体权利是自然人依法所享有的政治权利、经济权利、文化权利和社会权利，通常叫作公民权利。

集体权利是社会团体、企事业组织、经济法人等集体所享有的各种权利。

国家权利是国家作为法律关系的主体以国家或社会的名义所享有的各种权利，如对财产的所有权、审判权、检察权、外交权等。

三、法律权利的冲突

要了解法律权利冲突的问题，首先要弄清楚有关法律权利界限的问题。法律权利的界限，是权利人享有的权利所能延伸的最大限度。权利人行使权利时不能超越权利界限，否则权利人就没有正当地行使自己享有的权利，是不合法、不合理的，是权利的滥用。决定法律权利的界限的因素有多种，主要是社会的经济结构以及社会的文化发展水平，政治、历史、宗教等也是影响权利范围大小的因素。法律权利界限确定的适当，符合社会物质生活条件所提供的可能，可以带来社会的稳定与发展；反之就会引发政治上的动荡、停滞甚至破坏社会的发展。

在权利界限内行使权利，一般情况下可以实现享有权利的常态，但是由于各种权利的界限并不相互独立，有时难免会发生相互联系、相互交织的情形。在此情况下，就发生了权利与权利之间的冲突现象。法律权利冲突就是在权利界限范围以内发生的权利与权利之间的重叠现象，而重叠部分的权利表现为不能共存的一种冲突状态。比如，知情权与隐私权之间就存在交叉的部分，两个权利主体的权利在各自的权利界限内与对方发生重叠。这种权利重叠现象不属于权利越界，因为权利人在行使权利的时候依然在自己的权利界限内。

权利冲突产生的原因在主观层面上是权利主体、客体和内容的多样性，客观层面上是法律制度本身存在不完善的地方。要解决或者缓解权利冲突可以通过两种路径来实现：一种是预防意义上的解决措施，包括采取立法上完善权利配置的法律规范等手段；另一种是事后的解决措施，即通过司法途径对权利的归属进行确定。请看下列案例：

江苏省祁江县一名40岁的纺织女工钱某突然脾动脉破裂，被送往卫生院抢救。经医生剖腹探查后发现，钱某已经出血4 000毫升以上，也就是全身的血几乎流完，除了紧急输血，已经没有更有效的抢救措施。但是此时，卫生院没有备用血浆，血浆代用品已经用完；而离这家卫生院最近的扬州市中心血站距离卫生院25公里左右，天色已晚，送血用的摩托车无法在数十分钟内赶到。眼看钱某即将严重失血而导致死亡，她的亲人们纷纷要求将自己的O型血抽出用于急救。然而卫生院的主治大夫坚持按照《中华人民共和国献血法》（以下简称《献血法》）和《医疗机构临床用血管理办法》的要求，认为只能用血站的血，不能非法抽取亲属的血用于挽救钱某。一个小时后，钱某因严重失血性休克导致心脏功能衰竭死亡，此时，血站的血才送到卫生院。患者家属认为卫生院的行为是见死不救。医院称该院没有短时间内排查出丙肝、艾滋病的能力，不具备自采自供血液的条件，不能冒险违反规定自采自供血液。

本案中，患者家属从挽救患者生命的角度，要求不具备临时采血条件的医院临时采血以保证患者的生命权利；医院认为同意患者家属的要求可能导致血液污染，从保证患者健康权利的角度拒绝临时采血施救。这就涉及生命权和健康权选择时的冲突。患者家属依据《中华人民共和国执业医师法》认为医院没有采血的“不作为”行为导致病人死亡，侵犯了病人的生命权。医院认为根据《献血法》的规定，应急用血必须进行检测，对艾滋病、丙肝、乙肝的检测必须有特定的试剂。为确保采血用血的安全，自身不存在“不作为”的行为。如果医院违反法律规定和部门规章，仅作交叉配血就给患者输血，会给不法之徒以可乘之机，后者可能以挽救生命或紧急避险为借口，干非法勾当。这样就会使保证大多数人利益的法律失去严肃性，导致血源污染的蔓延、扩展。黑龙江省某农场职工医院爆出了国内输血感染艾滋病的第一大案正是这种情况的现实反映。黑龙江省某农场职工医院的三名被告人在担任负责人期间，在临床应急用血中，明知本单位不具备检测艾滋病病毒抗体的条件，非法采集、供应不符合国家规定标准的血液。长期的非法采、供血行为带来了严重的后果，至少使当地19名农场职工及家属经手术输血感染艾滋病。其侵害国家血液管理制度和公共卫生安全的行为构成非法采集、供应血液罪。

但是《献血法》及与之配套的《医疗机构临床用血管理办法》是从保护广大群众的生命健康权角度考虑的，并不完全符合一些特殊情况和基层医疗单位的实际情况，如果完全依法救治病人有时会使医生没有办法采取紧急措施。例如，在“江苏钱某医患纠纷案”中，如果按《献血法》的规定，即使医院有能力采血进行检测，最快也要两到三小时出结果，从实践上看对抢救患者生命也失去了意义。因此，法律的规定应是配套的，可以有例外的规定，对特殊情况医生应有临时处置权。

立法对权利冲突的认定，其思维的主要形式是利益衡量和价值选择，其后才能进行逻辑演绎式的、技术性的操作，将衡量和选择的结果精细化、明确化，那么立法者就要使这种衡量和选择尽量避免主观任意化，使之具有符合客观的现实情况的品格。

有时法律权利所包含的利益和价值无法通过抽象的条文进行识别，因为涉及两个个体之间所主张的两种权利的冲突。例如，王某、赵某等五位科学家在《健康报》等科技报纸上联名发表文章，根据有关部门的定性分析报告及一般的科学原理，对当时新闻媒体广泛宣传的“灭鼠大王”邱某发明的神奇鼠药提出批评。他们认为邱氏鼠药中含有某种或某些对生态有害而为国家法令严格禁止使用的有毒化学物质，认为科技界和新闻界应当严肃认真地对待这类问题，防止伪科学泛滥。邱氏据此提出名誉侵权诉讼。一审法院判原告胜诉。被告不服提起上诉，二审法院没有对邱氏鼠药中是否含有违禁物质作出判断，但认定科学家的批评不构成名誉侵权。

名誉权是法定的人格权，当然具有从社会关系角度予以保护的价值；而毁损名誉一定是经由表达行为来实现的，作为法律保护的另一项重要价值的表达自由，也是法律保护的重要内容。所以，当表达自由所包含的价值与一个社会所追求的其他价值同时存在于法律规范中，但又不可避免地发生冲突时，只能进入司法领域根据具体情况进行权利的重新分配和认定。

司法过程中对权利冲突的认定应该按不同的情况采取不同的原则。当以公共利益为背景的权利与以私人利益为背景的权利发生冲突时，一般应遵循公共利益优先原则。当公共利益之间、私人利益之间的权利发生冲突时，一般应遵循利益均衡原则。在上例中，司法对名誉权利和言论自由权利保护的权衡，反映了在保护涉及社会公共利益的言论自由权与保护私人名誉权冲突时，优先选择对涉及公共利益的言论自由权利的保护，对涉及的私人名誉权利则作弱化保护。当然，如果缺乏具体的语境和情境，就无法判断利益背后的权利何者具有更高的价值或更应受到法律的保护，所以，基于一般原则考虑的同时，也不排除个案的例外对待。实践中权利冲突的情况是复杂多变的，个案与个案的情况千差万别。因此，不会存在一种一劳永逸的解决问题的原则。在适用上述两项原则时，必须结合整个社会的现实状况和道德标准，辅以法理上的鉴别，才可能使整个权利体系达到一种相对平衡状态。

【拓展阅读】

西方国家关于权利本质的学说主要有：

（1）自由说。权利就是法律保护的自由，每一项真正的权利就是一种自由，包括权利主体的意志自由和行动自由，主体在行使权利时不受法律上的干涉，主体做或不做一定的行为不受他人的强使。

（2）资格说。权利等同于资格，即去行动的资格、占有的资格或享受的资格。一个人只有被赋予某种资格，具有权利主体身份，才能够向别人提出作为或不作为的主张，也才有法律能力或权利不受他人干预地从事某种活动。

（3）利益说。权利就是法律所保护的利益，不管权利具体客体是什么，上升到抽象概念，对权利主体来说，就是一种利益或必须包含某种利益。这里的利益不仅包括物质利益，还指一切非物质利益。

（4）主张说。权利是法律上正当的、有效的、可强制执行的主张，权利人可以以某种正当的、合法的理由要求承认主张者对某物的占有或要求返还某物或主张要求承认某行为的法律后果。

（5）选择说。权利是在特定人际关系中，法律承认权利主体的选择优于义务主体的选择，权利就是主体的选择自由。法律对个人自由和选择效果的承认构成了权利观的核心。

（6）可能说。权利是权利人作出一定行为的可能性，要求他人作出一定行为的可能性以及请求国家机关给予协助和保护的可能性。

（7）法力说。权利是一种法律上的“力”，是法律赋予权利主体的一种用以享有或维护特定利益的力量，是一个人通过一定行为改变法律关系的能力。

（8）规范说。权利是法律所保障或允许的能够作出一定行为的尺度，是权利人能够作出或不作出一定行为、以及要求他人相应地作出或不作出一定行为的许可和保障。

任务二　法律义务

【导入案例】

麻某某诉麻晓某抚养费纠纷案

麻某某的法定代理人李某与麻晓某原系夫妻关系，麻某某系双方婚生子。后双方于2011年12月1日离婚，离婚协议书中约定：双方婚生之子麻某某由女方抚养，男方每月10日前支付抚养费等共计1 500元人民币，抚养费每年根据情况酌情增加，麻某某在学习、医疗等各方面的开支双方共同承担。2013年2月15日至2月22日，麻某某因间歇性外斜视、双眼屈光不正到儿童医院住院治疗，共支出医疗费13 422.02元。2010、2012年麻某某参加某少儿围棋培训，共支出教育费11 105元，2010、2011、2013年麻某某参加某学校学习辅导班，共支出教育费11 105元。2013年，李某起诉至昌平法院，请求增加每月应当支付的抚养费，请求判令麻某支付麻某某的医疗费和教育培训费用。①

问题：此案中，父亲麻晓某有义务支付儿子的医疗费和教育培训费用吗?

【基本原理认知】

义务是与权利对应的概念。一项权利的存在，意味着相应义务的承担和履行。

一、法律义务的含义

法律义务是法律主体根据国家法律规定必须作为或不作为，是对法律主体行为的一种约束手段。法律义务有如下特征：

（1）法定性。

法律义务是法律具体明确规定的、以法律规范形式存在的义务，是法律对社会主体行为提出的要求。没有法律明确规定的义务，都不能称为法律义务。法律义务一般限于明文规定，不能扩大推定。坚持义务法定，是法治国家的必然要求。如《中华人民共和国立法法》（以下简称《立法法》）第八条规定，对公民人身自由和财产权利的限制或处罚措施只能由法律设定。

① http://www.court.gov.cn/zixun-xiangqing-16035。

（2）国家强制性。

任何义务都有一定的强制性。如果义务人不履行义务，必然会产生某种社会压力。法律义务的强制来源于国家，是一种外在强制，是国家强制力。如果不履行法律义务将受到国家强有力的制裁，包括民事制裁、行政制裁、刑事制裁等。

（3）从属性。

法律义务从属于法律权利而存在，脱离法律权利而孤立存在的法律义务是没有意义的。义务人履行义务的内容由权利人的权利内容确定，履行义务的方式和程度由与它相对应的权利所决定。

（4）必为性。

法律义务主体必须从事某种行为或不从事某种行为（即作为或不作为），不能迟延履行，更不能拒绝履行，主体没有行为选择自由。其中，法定性是法律义务与其他义务的重要区别。法律上的权利与义务来源于法律规范的规定，受国家强制力保障实施。

同权利的享有是有限度的一样，义务的履行也是有限度的，具体体现在：①实际履行义务的主体资格的限制。如果义务主体不具备履行义务的行为能力，权利主体不得强迫该义务人履行义务。②时间的界限。超过了一定的时效或时间界限，义务就不存在。③利益的界限。权利人不可能无限制享有利益，义务人也不可能无限承担不利和损害。同权利人享受权利时必须履行义务一样，义务人在对国家、社会和他人承担义务的同时，也享有正当的权利。

在导入案例中，分析麻晓某是否有支付儿子医疗费和教育培训费用的法律义务时，首先应分析其承担义务的法律依据。根据《中华人民共和国民法典》（以下简称《民法典》）第一千零八十五条规定："离婚后，子女由一方直接抚养的，另一方应当负担部分或者全部抚养费。负担费用的多少和期限的长短，由双方协议；协议不成的，由人民法院判决。前款规定的协议或者判决，不妨碍子女在必要时向父母任何一方提出超过协议或者判决原定数额的合理要求。"那么抚养费包含医疗费和教育费吗？根据最高人民法院《关于适用〈中华人民共和国婚姻法〉若干问题的解释（一）》第二十一条的规定"抚养费包括子女生活费、教育费、医疗费等费用"。不应就此一概认为每月支付固定数额抚养费后，无须再支付其他费用。本案中儿子麻某某的医疗费和教育费支出较高，父亲承担的抚养费义务有没有限度呢？会不会超过父亲承担的能力呢？

法院认为，父母承担抚养费义务应着眼于未成年人的合理需求，既排斥奢侈性的抚养费请求，也避免过低的抚养费给付，遵循未成年人最大利益原则。因此，在每月支付的固定数额抚养费之外另行主张的大额子女抚养费用请求是否应予准许，首先应当考虑该请求是否符合未成年人的利益以及是否有相应的法律依据；其次，该请求是否属于因未成年人合理需求产生的支出，法律不鼓励超前的或者奢侈的抚养费需求；最后应考虑夫妻的经济能力与实际负担义务，相应费用若由一方负担是否会导致夫妻双方义务负担的不平衡。法院认为应考虑抚养费、教育费、医疗费的支出的原因与具体数额，同时兼顾夫妻双方的利益公平。因此，我国规定的抚养费包含教育费、医疗费，应理解为抚养费包含基本的教育费与医疗费，而不应包含为孩子利益客观必须支出的较大数额的医疗与教育费用。

二、法律义务的分类

法律义务由法律明文规定并以法律规范的形式而存在，同其他义务相比，法律义务更加明确、具体。与法律权利的分类相对应，法律义务也可划分为相对应的类别：基本义务和普通义务；一般义务和特殊义务；第一性义务和第二性义务；消极义务和积极义务以及个人义务、集体义务、国家义务。

消极义务和积极义务分别对应权利主体的行动权利和接受权利，消极义务又称不作为的义务。当权利主体有资格做某事或者以某种方式做某事时，义务主体处于避免做任何可能侵犯权利主体行动自由之事的消极状态，即不做任何可能侵犯权利主体行为自由和合法利益之事。凡是法律明确禁止的行为，社会主体都承担必须不作为义务。其特点是：不作为义务没有明确、具体的义务对象，但有明确、具体的禁止行为；其履行方式必须是义务人采取消极态度，即不干预、不阻止或者用可怕的结果威胁权利主体。该义务的不履行同样带来否定性的法律后果。

积极义务也称作为的义务。当权利主体拥有接受权时，义务主体处于给付或者作出某种对待的积极行动状态，即必须采取一定的积极行动来履行义务。其特点是：有明确的义务对象，它总是对特定主体积极作出某种行为；履行义务的行为往往具有给付性质，即义务人必须付出一定的代价；履行义务的内容不仅是有某种行为，而且还包括行为的质量和方式。积极义务是法律义务的主要形式。

三、法律权利与法律义务的关系

法律上的权利和义务的关系是权利义务理论的基本内容。从法理学的角度，可以把权利与义务的关系概括为下列几种关系：

（一）结构上的相关关系

权利和义务二者是互相关联的，即对立统一的。权利与义务一个表征利益，另一个表征负担；一个是主动的，另一个是被动的。它们是法这一事物中两个分离的、相反的成分和因素，是两个互相排斥的对立面。同时，它们又是相互依存、相互贯通的。相互依存表现为，权利和义务不可能孤立存在和发展，它们的存在和发展都必须以另一方的存在和发展为条件；相互贯通表现为权利和义务的相互渗透、相互包含以及在一定条件下的相互转化。因此，从对立统一关系的意义上可以说“没有无义务的权利，也没有无权利的义务”，权利与义务如果一方不存在了，另一方也就不能存在。

（二）数量上的等值关系

权利和义务在数量上是等值的。首先，一个社会的权利总量和义务总量是对等的。在一个社会，无论权利和义务怎样分配，不管每个社会成员具体享有的权利和承担的义务怎样不等，也不管规定权利与规定义务的法条是否相等，在数量关系上，权利与义务总是等值或等额的。其次，在具体法律关系中，权利义务互相包含。权利的范围就是义务的界限，义务的范围就是权利的界限。因而权利主体超越义务范围，要求义务主体去从事“超法义务”或“法外义务”是非法主张，义务主体有理由拒绝。除此以外，权利主体有资格要求义务主体不折不扣地履行义务，以保证其权利的实现。

（三）功能上的互补关系

秩序和自由都是社会的基本价值目标，因此义务和权利对一个社会来说都是必需的，缺一不可的。

法是以权利和义务双重机制来指引人们的行为，调处社会关系的，并且是在权利和义务的互动中运行的。权利和义务各有其独特的而总体上又是互相补充的功能。首先，权利直接体现法律的价值目标，义务保证价值目标和权利的实现。其次，权利提供不确定的指引，义务提供确定的指引。权利通常与某种对权利人有利的后果相联结，并给人们留下了较大的自我选择余地，其预设的法律后果带有较大的不确定性。义务总是与某种不利的、人们不希望发生的后果相连。为了避免这种结果的发生，人们必须依法行事，抑制法律禁止的行为，不容个人任意选择。所以，义务指引能够产生确定的结果。最后，义务以其特有的约束机制而更有助于建立秩序，权利以其特有的激励机制而更有助于实现自由。

（四）价值上的主次关系

从价值意义的角度来看，在法律体系及权利义务体系中，权利和义务的地位是有主次、主导与非主导之分的。由于各个历史时期的社会经济、文化、政治的性质和结构不同，法律的价值取向不同，权利与义务何者为本位也在历史地变化着。古代法律是以义务为本位，现代法律应当是以权利为本位。

权利本位有这样一些法律特征：

（1）社会成员皆为法律上平等的权利主体。

（2）在权利与义务的关系上，权利是目的，义务是手段，法律设定义务的目的在于保障权利的实现。权利是第一性的因素，义务是第二性的因素，权利是义务存在的依据和意义。

（3）在法律没有明确禁止或强制的情况下，可以作出权利推定，即推定为公民有权利（自由）去作为或不作为。

（4）权利主体在行使其权利的过程中，只受法律所规定的限制，而确定这种限制的目的又在于保证对其他主体的权利给以应有的同样的承认、尊重和保护，以创造一个尽可能使所有主体的权利都得以实现的自由、公平而且安全的法律秩序。也就是说，法律的力量仅限于禁止每一个人损害别人的权利，不能禁止他行使自己的权利。

总之，在人们享有法律权利、成为权利主体的前提下，应当承担与其权利相适应的法律义务，并在行使权利和履行义务的实践中体现权利与义务的一致性。

【拓展阅读】

一、法律义务与职责的区别

职责是指特定主体在其职务范围内所应承担的义务或责任。从本质来讲，它与法律义务是一致的，都是指承担一定的责任。承担一定的职责，就必定承担一定的法律义务。但是两者有很大区别：

（1）主体不同。职责的主体是特定的，以一定身份、职业或职务为条件；而义务主体与公民身份相连，具有普遍性。

（2）责任范围不同。职责的责任相对固定，发生和消灭由法律规定的职务范围来确定；义务的责任则具有不确定性，可以因约定发生，也可以因履行消灭。

（3）履行方式不同。职责没有不作为的履行方式，职责的不作为就是失职；义务的履行方式包括作为、不作为两种。

（4）来源不同。职责有的是由法律明文规定的，有的是由身份产生的；义务是依据法律产生的。

二、由义务本位向权利本位演进的法律发展规律

古代社会基本上都是倾向于义务本位，而现代社会基本上倾向于权利本位。法律发展规律之一就是由义务本位向权利本位演进。法律在价值选择上到底是义务本位，还是权利本位，还是权利义务并重，这是当代中国法学界争论的一个焦点。

义务本位是指法律作为社会控制、规范手段，主要通过义务性规范来实现自己试图达到的目的。从国家对社会的控制上看，法律对社会关系的保护主要是通过对违反义务者的行为矫正来实现的。提出这一观点的理由有：①禁忌、义务的出现和发展，是人类社会有序化的标志；②人类最初的法律规则主要由义务性规范构成；③在权利与义务关系中，义务是第一性的。从实效上讲，义务更重要，法律的重心在于约束，权利要以义务来保障。法律首先要稳定秩序，为此必须平均分配义务。由于义务以明确的语义指明人们必须为的事项和不为的禁区，因此，它为人们遵守、执行法律提供比权利更多的信息条件。

与义务本位相反的是权利本位，包括：①它是“法以权利为起点、轴心或重心”的简称；②它概括地表述了以权利为重心的现代法律制度特征；③它表现了权利与义务的特殊关系；④它代表了一种平等、横向的利益关系；⑤它反映了法律从义务本位向权利本位的历史演进。

还有人提出了权利义务并重的观点。

当今世界是一个权利时代，对权利的研究分析为学者所普遍关注。近代西方的工业革命和政治改革已完成了由义务本位向权利本位的转化，近几十年又已实现或正在实现个人权利本位向个人、社会权利本位的转变。我国的情况不同，法学界提出的关于权利义务关系的这三种观点，引起广泛热烈的争论，它们在各自的领域、层面上来讲都是正确的。但是面对当前我国政治、经济和社会生活的实际状况，一般认为，权利本位更容易被人们接受，更符合现实需要。这是由我国社会两个方面的重要现实决定的。一方面，市场经济模式的建立，对法律的要求主要是设定权利和保障权利。另一方面，人权受到国家、社会的普遍关注。法律权利就是人权在法律中的表现。虽然人权并不能完全转化为法律权利，但是重视法律权利无疑反映了对人权的尊重，还有对我国传统法律文化中权利地位的考虑。因此，从当代我国社会的现实和发展目标的要求来看，权利本位更值得倡导。

任务三　法律权力

【导入案例】

【案例一】

17世纪，英国国王詹姆士一世在位时，有一天，他在宫中突然感到无聊至极。因为他一直面对的只是军队的仪仗和众臣的朝拜，这让他觉得没有新鲜感。他需要进一步体验一下作为君王的威严和英明。怎么办呢？他突然想到一个号称“寻求正义的地方”——皇家法院。于是，他来到法院，决定亲自审理几个案件。

国王来到法院后，正好遇到普通诉讼法院首席大法官柯克爵士，于是对他说明来意。没想到，柯克却没有表现出激动，而是一脸平静，不卑不亢并略带遗憾地对国王予以拒绝，他说：“对不起，陛下，我很理解您的心情，但是，您没有这个权力。”接着柯克解释道：“陛下是一国的最高首脑，日理万机，内政外交都在陛下的驾驭和掌握之中。但是，陛下要审理案件，是万万不可的。因为法官处理案件动辄将涉及臣民之生命、继承、动产或不动产，只有自然理性是远远不够的，更需要人工理性。法律是一门艺术，在一个人能够获得对它的认识之前，需要长期的学习和实践。所以，臣以为您没有权力，也不能亲自审理案件。”国王被说得哑口无言，最后只得回宫。

【案例二】

1972年，美国共和党总统候选人尼克松竞选连任时，他的竞选助手为了偷取民主党竞选情报，深夜使用间谍技术开锁进入民主党在华盛顿水门大厦中的全国总部办公室，试图安装窃听器，被当场逮捕，引发了“水门事件”。1974年4月，美国联邦地区法院调查了1972年美国总统选举中的违法行为，对尼克松总统发出传票，命令他交出他和下级官员的相关通话录音。尼克松以总统享有行政特权为由予以拒绝。联邦最高法院裁决，“在任何情况下，总统都不享有绝对的、不受限制的行政特权”，裁定总统必须交出录音带。上交的录音带证明尼克松确实参与了掩盖“水门事件”的活动。国会随即启动弹劾程序，尼克松被迫引咎辞职。

问题：1. 案例一中国王是否有权力亲自审理案件？

2. 案例二中总统是否应当享有不受限制的特权？

【基本原理认知】

一、法律权力的含义

权力是人类社会发展到一定阶段的产物，它总是以不同的形式存在于各种社会形态之中。正是由于权力现象本身的复杂化，也带来了人们对权力含义理解的差异性。有人认为，权力是指影响或控制他人行为的力量。也有人认为，权力是指一个人（或一群人）按照他所愿意的方式去改变其他人或群体的行为的能力。不管人们如何定义权力，有一点是被人们广泛认同的，那就是权力总是包含着“支配”和“强制”之意。因此，权力是指特定主体因某种优势或资源而拥有的对社会或他人的支配和强制力量。这里的特定主体包括个人、组织和国家，通常是国家，称为国家权力。但社会组织或某个群体或公民个人也会成为权力的拥有者，从而形成社会权力或个人权力。

权力的影响力可能涉及社会的各个领域，不同领域还存在着经济权力、文化权力、军事权力等；不同主体还有个人权力、社会权力。由于国家生活的存在和运行，也是国家权力体系存在和运行的体现，因此，权力资源对国家生活和政治生活具有极端重要性。正是因为国家的运行彰显权力体系的决定性作用，人们对权力的理解自然更多指向政治上的强制力量（权力），即政治权力或公权力、公共权力。

在政治领域，权力行使的前提必须有权力正当性来源，否则是极不稳定的。在法治的框架下，权力的来源和构成取决于法律（宪法）的规定。因此，就现代社会而言，法是权力的直接依据，权力的来源、权力的范围、权力的行使都是基于法律的明确规定。从这一意义上讲，政治权力也是法律权力，法的内容中包含对权力的规定，权力是法的构成因素之一。

导入"案例一"说明，审理案件，依赖的是法律而不是权力。在司法领域，权力要服从法律。从这次君臣冲突之后，英国的司法成为职业法律家的垄断领域。在法治国家的任何领域，权力都要在法律的范围内行使，不存在超越法律的特权。正如导入"案例二"，即使贵为总统，也不享有绝对的、不受限制的特权，尼克松不得不接受弹劾而被迫下台。

二、法律权利与权力的关系

法律权利与权力存在密切的联系。一方面，法律权利依赖于权力。由于法律权利不具有强制性表征，因此权利的实现必须依赖国家权力、国家强制力这种手段与资源。没有国家强制力作后盾，法律权利的实现只是一种幻想，或者只能依赖个人的非理性权力才能实现；另一方面，法律权利制约着权力。权力以法律权利为基础，以实现法律权利为目的。权力产生权利，但强权不等于公理。如果权力缺乏让社会成员自愿服从的主动性，就会动摇权力的持续性、稳定性，因此权力必须获得合法支持。这就要把权力转化为合法的权利，把服从转化为义务，获得一定社会规范和价值观念的肯定，才能形成人们服从的基础。

二者有相同的地方，如都以追求一定的利益为目的；都有相应的法律规定和限制；都有相应的法律保障；其正确行使都会对社会产生良好的效果。但是法律权利与权力也有显著的区别：

（1）来源不同。法律权利是法律对既有权利确认的结果；而权力往往根据法律来配置或由一定政治组织赋予而产生。国家或一定组织的权力由法律进行分配而拥有，特定个人的权力是依赖国家或一定组织的赋予才产生的。

（2）要求不同。法律权利的实现并不要求权利相对人以服从为条件，也不体现权利人对其他人的支配，它仅仅是要求义务人必须履行法律义务，相互之间是一种完全平等的关系；而权力的实现必须以服从为条件，体现为支配他人，其主体之间则是服从与被服从、支配与被支配的不平等关系。

（3）追求利益的重点不同。法律权利追求的可能是政治利益、经济利益或其他利益，往往以维护国家、社会和个人利益并重；而权力追求的主要是政治利益，其主要使命是维护国家和社会利益。

（4）限制程度不同。法律权利的使用没有严格的限制，既可以依法行使，也可以转让和放弃，并且这种转让和放弃是具有合法性的；而权力只能依法行使，既不能随意转让也不能随意放弃，否则就属违法。

（5）实现的方式不同。法律权利的实现以国家的强制力保证作为后盾，而权力的实现往往直接伴随着国家强制力的实施。

（6）范围不同。法律权利的内容一般是根据法律的认定来确定，其范围非常广泛，法律权利主体具有普遍性；而权力的范围主要是根据权力主体的职责范围来确定，是非常有限的，权力主体则是特定的。

三、法律权利与权力的冲突

法律权利与权力又是互动的。从理论和应然的角度来说，权力来源于权利，权力的目的和功能是为权利的实现和保障服务的。因此，权力应当是一种义务，权力的本源在于权利，服务权利才是权力的灵魂。但在现实生活中，由于权力具有支配性、不平等性、强行性、扩张性等本身固有的特性，往往会出现权力运用不当、越权甚至滥用权力、侵犯权利、谋取私利的问题，也会出现与权利发生矛盾甚至冲突的问题。

随着人类文明的进步，法律的调整重心经历了从传统的权力与个人义务之间的服从关系到权力与权利的制约关系的重大转变。如何制约权力、保护权利始终是法治社会中法律重要的任务所在。如何正确平衡权利与权力之间的关系，既是现代法律调整的核心，也是最大的难题所在。

【拓展阅读】

法律权利与权力冲突的处理

社会发展规律说明了权利的产生早于权力。人民享有权利，让与或委托国家行使部分权力，即权力来源于权利。因此，在权利和权力发生冲突时，要遵循如下原则处理：

（1）合法性。权利和权力的行使前提都必须是法律规定的权利和法律授予的权力。由于权利和权力的不同属性，在行使时还要遵循："对权利，法不禁止即自由；对权力，法无授权即禁止"的规则，使权利和权力的行使获得合理性支撑。

（2）权利优先于权力。在权利和权力都合法的前提下，要保证权利优先得到保护。因为权力来源于权利，权力的目的在于维护和实现权利。因此不能因为权力而损害权利。

（3）进一步用法规范权利和权力。在国家、社会和个人真正融合之前，权利和权力的矛盾是无法避免的。就目前来讲，这种矛盾只有通过法律进一步规范使其最小化。比如，通过法律规定政府的职责和功能、个人享有的权利等。通过明确权利和权力，严格依法办事，从而避免矛盾。

【思考与练习】

一、问答题

1. 简述法律权利的含义及特点。
2. 简述法律权利的构成要素。
3. 根据权利对人们的效力范围的不同，可以把权利分为哪些类别？

4. 根据权利所体现的社会内容的重要程度的不同，可以把权利分为哪些种类？
5. 解决权利冲突的原则有哪些？
6. 法律义务的含义和特点。
7. 义务履行的限度具体表现在哪些方面？
8. 什么是消极义务和积极义务？
9. 法律义务与职责有何区别？
10. 简述法律权利和义务在结构上的相关关系。
11. 什么是法律权力？
12. 简述法律权利与权力的联系。
13. 法律权利与权力有什么相同点？
14. 简述法律权利与权力的区别。

二、选择题

1. 《宪法》规定，公民有劳动的权利，劳动者有休息的权利。这种权利属于(　　)。
   A. 普通权利　B. 救济权利　C. 相对权利　D. 基本权利
2. 债权属于（　　）。
   A. 对世权　B. 一般权利　C. 对人权　D. 基本权利
3. 按权利的效力范围的不同，可以将权利划分为（　　）。
   A. 基本权利和普通权利　B. 对世权和对人权
   C. 原有权利和救济权利　D. 行动权利和接受权利
4. 法律义务是指法律关系主体（　　）。
   A. 可以自己作出一定行为　B. 可以要求他人作出一定行为
   C. 可以要求他人不作出一定行为　D. 必须作出或不作出一定行为
5. 义务的分类中，第一性义务与第二性义务是依照（　　）而分。
   A. 义务之间的因果关系
   B. 义务所体现的社会关系的重要程度不同
   C. 义务对人们的效力范围不同
   D. 义务主体的不同
6. 按义务的效力范围不同，可将义务划分为（　　）。
   A. 基本义务与普通义务　B. 对世义务与对人义务
   C. 第一性义务与第二性义务　D. 消极义务与积极义务
7. 下列说法，不正确的是（　　）。
   A. 行使权利必须采用正当、合法的手段
   B. 履行义务必须采用不作为方式
   C. 遵守法律首先应该遵守宪法
   D. 不能只行使权利不履行义务

8. 法律关系的内容是法律关系主体之间的法律权利和法律义务，两者之间具有紧密的联系。下列有关法律权利和法律义务相互关系的表述中，没有正确解释这一关系的是（　　）。
   A. 权利和义务在法律关系中的地位有主次之分
   B. 享有权利是为了更好地履行义务

C. 权利和义务的存在、发展都必须以另一方的存在和发展为条件

D. 义务的设定目的是为了保障权利的实现

9. 法律权利追求的主要是（　　）。

A. 政治利益　B. 经济利益　C. 个人利益　D. 其他利益

10. 法律权利的使用（　　）。

A. 只能依法行使　B. 可以依法行使　C. 可以转让　D. 可以放弃

11. 现代社会，权利的直接根据是（　　）。

A. 道德　B. 宗教　C. 意志　D. 法

12. 法律权利的范围主要是根据（　　）来确定。

A. 法律的认定　B. 权力主体的职责范围

C. 权利主体的普遍性　D. 权力主体的特定性

13. 法律权利追求的主要使命是（　　）。

A. 维护国家、社会和个人利益并重　B. 维护国家和社会利益

C. 维护个人利益　D. 维护社会利益

14. 法律权利表现为（　　）。

A. 可以自己作出一定的行为　B. 可以要求他人作出一定的行为

C. 可以要求他人不作出一定的行为　D. 必须作出一定的行为

15. 法律权利具有（　　）特点。

A. 法律性　B. 自主性　C. 可为性　D. 求利性

16. 法律权利的特征是（　　）。

A. 由法律规范所规定，得到国家的认可和保障

B. 具有一定程度的自主性

C. 与利益紧密相连

D. 总是与义务人的义务相关联

17. 我国《宪法》规定，城市的土地归国家所有。它所规定的权利属于（　　）。

A. 基本权利　B. 国家权利　C. 集体权利　D. 绝对权利

18. 下列表述中，符合权利与义务的一般关系的是（　　）。

A. 法律权利和义务相互依存

B. 权利和义务具有一定的界限区别

C. 在任何历史时期，权利总是第一性的，义务总是第二性的

D. 权利是义务，义务也是权利

19. “没有无义务的权利，也没有无权利的义务。”这句话说明（　　）。

A. 权利和义务浑然一体

B. 权利和义务在价值上代表了相同的法律精神

C. 权利和义务在结构是不可分的

D. 权利和义务在总量上是相等的

20. 债权人有权要求债务人按照合同的约定或依照法律的规定履行义务。这是（　　）。

A. 绝对权利义务　B. 相对权利义务

C. 基本权利义务　D. 普通权利义务

21. 我国《宪法》规定，公民的住宅不受侵犯。禁止非法搜查或者非法侵入公民住宅。它所规定的义务属于（　　）。

A. 基本义务　B. 绝对义务　C. 相对义务　D. 普通义务

22. 法律义务的特点有（　　）。

A. 义务是由法律规范所规定的　B. 义务表现了人们行为的不可选择性

C. 义务与负担、约束是紧密相连的　D. 义务总是与权利相关联的

23. 法律权利与权力的联系表现在（　　）。

A. 法律权利依赖于权力　B. 法律权利不依赖于权力

C. 法律权利制约着权力　D. 强权即公理

24. 法律权力来源于（　　）。

A. 法律的配置　B. 一定政治组织的赋予

C. 法律对既有权力确认的结果　D. 个人的强大

25. 法律权力的主要使命是维护（　　）。

A. 国家利益　B. 社会利益

C. 个人利益　D. 国家、社会和个人利益并重

三、案例分析题

2005 年 1 月 24 日原告福建亚通公司与福耀公司、伟升（香港）有限公司共同合资成立本案第三人宝通公司，从事生产、销售 PE 双壁波纹管、PVC/PE 塑钢复合缠绕管及带材等业务，被告刘道敏在该公司任董事长，黄珊珊任董事。2005 年 7 月 27 日三方股东签订协议，约定：各股东或股东代表及其直系亲属在本公司业务区域内不得从事与本公司有竞争性产品的生产和销售业务，否则对本公司所造成的一切损失予以赔偿。2005 年 12 月 26 日经三方股东协商，对宝通公司进行清算，停止经营活动。

2005 年 7 月 26 日被告黄珊珊与福敏实业公司共同组建新公司——富裕管业，黄珊珊担任经理，该公司从事的业务与宝通公司相同。2005 年 9 月被告刘道敏以房产投资 400 万元，成为富裕管业股东，占 37% 的股份，黄珊珊占 15% 的股份，刘道敏为该公司执行董事，黄珊珊为监事，后刘道敏辞去执行董事职务。原告认为，宝通公司董事刘道敏、黄珊珊未经董事会同意，共同与他人注册成立富裕管业，生产经营与宝通公司同类的业务，违反对公司的忠实义务，请求法院判令：被告刘道敏、黄珊珊停止经营富裕管业，并将在富裕管业的股份转让给他人；将违法收入 1 元钱归宝通公司所有，富裕管业承担连带责任。本案在审理过程中，被告刘道敏、黄珊珊均辞去在宝通公司的董事职务。

问：本案公司董事是否违反忠实义务？

【扩展阅读文献】

1. 张文显：《法哲学范畴研究》，中国政法大学出版社 2001 年版。

2. 张恒山：《法理要论》，北京大学出版社 2002 年版。

3. 张恒山：《义务先定论》，山东人民出版社 1999 年版。

4. ［美］德沃金著，信春鹰、吴玉章译：《认真对待权力》，上海三联书店 2008 年版。

5. ［美］戈尔哈特 · 伦斯基著，关信平等译：《权力与特权：社会分层的理论》，浙江人民出版社 1988 年版。

学习情境：法律权利的冲突

【范例】

一、公民休息权与公民娱乐权问题

云南昆明一弹琴者不仅自己弹还进行教学，影响其他居民休息。被告辩称："钢琴声是最美妙的音乐，怎么会是噪音？"原告称："我们听音乐可以去音乐厅。被告不分昼夜弹琴干扰我们休息，影响我们身心健康。"法庭测量是否达到噪音标准，结果没有达到。但法庭还是认为侵犯居民休息权，要求弹琴者装隔音设备。

二、记者的采访权与公民的隐私权的冲突

比如说偷拍现象，这是新闻媒体中司空见惯的行为，对反腐有一定好处，但暗含许多问题。还有医生让实习生观摩治病的案例。这虽为医学惯例，但能否用更合理的方式进行？

【训练目的及要求】

结合范例和相关知识，通过训练，能够分析判断权利冲突现象的成因及其解决方法。

【训练方法】

参训学生分为原告、被告和法官三组，分别讨论原告、被告的权利主张及权利界限，弄清权利冲突产生的原因及其解决方法。

【训练步骤】

步骤 1：给出范例。

步骤 2：分组。

步骤 3：各小组形成本组的观点依据后，由原被告各派一名代表发表意见。

步骤 4：由法官组派代表作出综合分析（判决），对权利冲突的认定按不同的情况采取不同的原则并结合整个社会的现实状况和道德标准，辅以法理上的鉴别，使整个权利体系达到一种相对平衡的状态。

步骤 5：任课老师归纳小组意见并予以点评。

项目四　法具备的要素

【知识结构图】

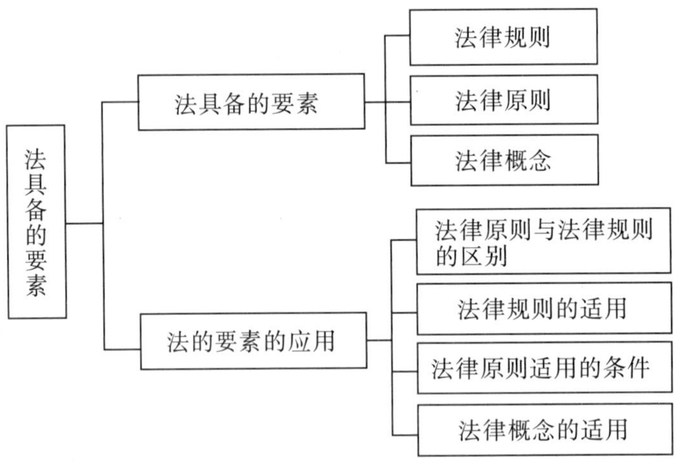

【知识目标】

1. 掌握法的要素的概念和分类
2. 掌握法的要素的具体构成

【能力目标】

1. 能区分法的不同构成要素
2. 能在具体案件中适用法的要素

任务一　法具备的要素

【导入案例】

【案例一】

原告莒县酒厂于1987年1月30日在国家商标局核准注册了圆圈图形喜凰牌商标一枚，用于本厂生产的白酒。此酒的瓶贴装潢上，除印有圆圈图形喜凰牌的注册商标外，还印有“喜凰酒”这一特定名称。被告文登酿酒厂生产的白酒，注册商标为圆圈图形天福山牌注册商标。被告文登酿酒厂为了与原告争夺市场，拿着原告商标标志“喜凰酒”的瓶贴装潢来到莱州市彩印厂，让其把喜凰牌注册商标更换为天福山牌注册商标，除将喜凰酒的“凰”字更换为“风”字外，其余均仿照印制。被告将印制好的天福山牌喜风酒瓶贴装潢于本厂生产的白酒。莒县酒厂得知这一事实后，起诉文登酿酒厂至法院。法院在审理该案件的过程中，认定为文登酿酒厂的行为构成不正当竞争，但当时《反不正当竞争法》还未出台，其他的法律如《商标法》等对这种情形并没有明确规定，最后法院判决文登酿酒厂的行为不仅违反了《民法通则》第四条关于公民、法人在民事活动中，应当遵循诚实信用原则的规定，侵害了莒县酒厂合法的民事权益。而且依照《民法通则》第七条的规定，被告人的这种行为，还损害了社会公共利益，扰乱了社会经济秩序，构成不正当的竞争行为，必须予以制止。原告所遭受的经济损失必须由被告来赔偿。

在该案中，法官在没有具体的法律规则可以适用的情形下，直接依据诚实信用的民法原则作为判案的依据，弥补了法律的漏洞，有效地解决了纠纷。

【案例二】

2003 年 12 月 12 日，北京市第一中级人民法院对原中央电视台文艺节目中心副主任兼文艺部主任赵安受贿案进行了审判。北京一中院审理查明，赵安于 1994 年至 2000 年期间，利用先后担任中央电视台文艺节目中心文艺部副主任、主任，中央电视台 1995 年春节联欢晚会“春兰杯”颁奖晚会总导演，2000 年春节联欢晚会总导演职务上的便利，多次接受词作者张俊以的请托，使张俊以创作的作品得以在上述晚会及赵安主管的各类文艺晚会上演出，使宣传张俊以的专题片得以在中央电视台播出。为此，赵安收受张俊以给予的 11 万人民币及价值人民币 50 万元的音像设备。法院认为，赵安身为国有事业单位中的工作人员，利用职务上的便利，非法收受他人财物，为他人谋取利益，其行为已构成受贿罪。鉴于赵安能坦白部分犯罪事实，且受贿的款、物已被全部追缴，可酌予从轻处罚。据此，法院以受贿罪判处赵安有期徒刑 10 年，并处没收个人财产人民币 20 万元。一审判决作出后，赵安不服提出上诉，2004 年 1 月 18 日，北京市高级人民法院对赵安案件进行了二审，并作出了维持原判的判决。

我国《刑法》第三百八十五条规定：“国家工作人员利用职务上的便利，索取他人财物的，或者非法收受他人财物，为他人谋取利益，是受贿罪。”法院正是依据这一条判处赵安受贿罪。在本案中，判断赵安是否构成受贿罪，主要看其是否属于《刑法》第三百八十五条中的“国家工作人员”。一般说来，人们对在国家行政、司法、立法机关担任职务的人属于“国家工作人员”没有疑问，但是对在电视台这样的事业单位中工作的人是否属于“国家工作人员”可能就会存在争议。在这种情况下，假如法律没有明确规定，法庭上控辩双方激烈的争斗和司法操作中各地的差异便无可避免。为了防止在受贿罪以及其他国家工作人员职务犯罪的认定上出现问题，《刑法》在第九十三条作出明确规定：“本法所称国家工作人员，是指国家机关中从事公务的人员。国有公司、企业、事业单位委派到非国有公司、企业、事业单位、社会团体从事公务的人员，以及其他依照法律从事公务的人员，以国家工作人员论。”

问题：1. 法律要素包括哪些？

2. 法律要素对于正确解决案件有什么意义？

【基本原理认知】

所谓法律要素，是指组成法律系统所不可缺少的各种因素。法的要素是与法的系统相对而言的。在系统论中，系统是各种要素相互联系、相互作用构成的有机整体。法的要素即指法的基本成分，是构成法的基本元素。在法的系统中，各要素相互独立却又相互关联。缺少其中任何一个要素，都会导致法的系统的不完整，并且使系统的整体功能难以发挥。

法的要素不同于法的渊源。法的渊源是法的外在表现形式，而法的要素是任何形态的法律都必须具备的基本成分。法的要素也不同于法的本质和特征。法的本质和特征是从宏观上回答“法是什么”这一基本理论问题，而法的要素则是从微观结构上进一步明确该问题，以获得更为清晰和明确的认识。在导入案例中，分别涉及法律规则、法律原则（诚实信用原则）和法律概念（国家工作人员的界定）。

在我国，法理学界对法的要素模式的归纳同样存在分歧。除法律原则、法律规则、法律概念三种要素获得大致认同外，有的学者认为还应包括权利和义务要素，也有学者认为应包括标准要素，还有学者认为应包括技术要素等。参考法理学界近年来的研究成果，我们认为法律规则、法律原则和法律概念三要素说具有较强的说服力。

一、法律规则

（一）法律规则的概念

法律规则是一种特殊的社会规范，它是国家制定或认可的并以国家强制力保障实施的、以权利与义务为内容的具有严密逻辑结构的行为准则或标准。法律规则是法律的具体表现形式，其必然体现出法律规范的共性：从来源上看，法律规则是国家制定或认可的规则；从内容上看，法律规则是以权利与义务为内容来调整人们行为的；从结构上看，法律规则具有严密的逻辑结构；从执行方面看，法律规则是以国家强制力为保障的；从后果来看，法律规则具有明确的责任与效果规定。

（二）法律规则的构成

法律规则具有严密的独特的逻辑结构。法律规则在逻辑上包括三个部分，也叫三要素，即适用条件、行为模式和法律后果。

适用条件，指法律规则中有关适用该规则的条件和情况的部分，即法律规则在什么时间、空间，对什么人适用以及在什么情境下法律规则对人的行为有约束力。它包含两个方面：①法律规则的适用条件。其内容包括法律规则在什么时间生效，在什么地域生效以及对什么人生效等；②行为主体的行为条件。以我国《消费者权益保护法》第五十三规定为例。该条规定“经营者以预收款方式提供商品或者服务的，应当按照约定提供。未按照约定提供的，应当按照消费者的要求履行约定或者退回预付款；并应当承担预付款的利息、消费者必须支付的合理费用。”在适用条件部分，规定了适用该规则的前提条件，“经营者以预收款方式提供商品或者服务的”就是规则的前提条件，只有符合该条件的，才能适用后面的规定。

行为模式，指法律规则中规定人们如何具体行为的方式，它是从人们大量的实际行为中概括出来的法律行为要求。根据行为要求的内容和性质不同，法律规则中的行为模式分为三种：

（1）可为模式。指在什么假定条件下，人们“可以如何行为”的模式。如我国《消费者权益保护法》第九条规定：“消费者享有自主选择商品或者服务的权利。消费者有权自主选择提供商品或者服务的经营者，自主选择商品品种或者服务方式，自主决定购买或者不购买任何一种商品、接受或者不接受任何一项服务。”这就是一条可为模式的规定，至于消费者是否行使权利以及如何行使，消费者可以自由选择。

（2）应为模式。指在什么假定条件下，人们“应当或必须如何行为”的模式。如我国《民法典》第一千零六十九条规定："子女应当尊重父母的婚姻权利，不得干涉父母离婚、再婚以及婚后的生活。""应当"的规定就是应为模式的规定，也是法律为子女规定的义务。

（3）勿为模式。指在什么假定条件下，人们"禁止或不得如何行为"的模式。如上述规定中的"不得干涉父母再婚以及婚后的生活"就是勿为模式的规定。从另一个角度看，可为模式亦可称为权利行为模式，而应为模式和勿为模式又可称为义务行为模式。它们的内容是法律规则的核心部分。

法律后果，指法律规则中规定人们在作出符合或不符合行为模式的要求时应承担相应的结果的部分，是法律规则对人们具有法律意义的行为的态度。根据人们对行为模式所作出的实际行为的不同，法律后果又分为两种：

（1）合法后果，又称肯定式的法律后果，是法律规则中规定人们按照行为模式的要求进行行为而在法律上予以肯定的后果，它表现为法律规则对人们行为的保护、许可或奖励。

（2）违法后果，又称否定式的法律后果，是法律规则中规定人们不按照行为模式的要求进行行为而在法律上予以否定的后果，它表现为法律规则对人们行为的制裁、不予保护、撤销、停止，或要求恢复、补偿等。如我国《消费者权益保护法》第五十三条规定的"未按照约定提供的，应当按照消费者的要求履行约定或者退回预付款；并应当承担预付款的利息、消费者必须支付的合理费用"，就是该条法律规则的法律后果部分。

当然，并非所有的法律规则都在同一个法律条文中表现，即一条法律规则的适用条件、行为模式和法律后果很可能在不同的法律条文，甚至在不同的法律中规定。

在理解法律规则的逻辑结构时，必须注意以下两个问题：

第一，任何一条完整意义的法律规则都是由前述三种要素按一定逻辑关系结合而成的。三要素缺一不可，缺少任何一种，不仅意味着该种要素的不存在，而且也意味着该法律规则是不存在的。

第二，在立法实践中，有时出于立法技术的考虑，为了防止法律条文过于烦琐，在表述法律规则的内容时，常常对某种要素加以省略。但是，省略并非不存在，被省略的要素存在于法律内在的逻辑联系之中，只是没有被明文表述出来而已。因为立法者相信，通过法律推理，这些未加明文表述的规则要素可以较容易地被人们发现。例如"夫妻之间互有继承遗产的权利"这一规定，其假定部分并没有被明文表述出来，但是，该规定只能在配偶已死且留有遗产的条件下（假定）才能适用，对于这些适用条件，可以很容易地按照法律内在的逻辑联系推导出来。不过，必须强调的是，对规则要素的省略不能是随意的，只有该要素可以被人们至少被那些法律专业人员毫无歧见地推导出来时，省略才是可取的，否则就会为了追求法律的简洁而损害了法律的明确性。另外还需注意，法律后果部分的省略原则上是不允许的，尤其是其中的制裁性规定绝不可以省略，否则法律就会丧失可操作性。而且这样一来，它所发布的禁令与道德宣言就没有任何区别了。

（三）法律规则的分类

对法律规则进行分类具有重要的理论和实务意义。从理论上讲，对法律规则的分类有利于对法律规则进行研究、编排，使其形成一个有机的协调的体系；从法律实务上讲，有利于对法律规则的理解，确定其效力等级、适用范围等。

1. 根据法律规则调整方式的不同，法律规则可以分为授权性规则、义务性规则和权义复合性规则

授权性规则，是指规定个人或组织可以作出某种行为，或要求他人（包括组织和个人）作出某种行为的法律规则。至于是否作出或是否要求某种行为，个人或组织有选择的自由。从内容上看，这类规则主要是对公民、法人或其他组织的权利授予。授权性规则是主体享有法定权利的依据，具有可选择性。

义务性规则就是规定个人或组织必须依法作出某种行为或不得作出某种行为和抑制某种行为的法律规则。义务性规则具有强制性而不具有可选择性。义务性规则分为两类：一类是命令性规则；另一类是禁止性规则。如我国《民法典·婚姻家庭编》中关于夫妻、父母与子女之间的有关义务的规定，我国《民法典·合同编》中有关承担违约责任的规定以及“总则编”中关于承担损害赔偿责任的规定等均属此类。

权义复合性规则就是规定个人或组织享有某些权利的同时，必须履行某些义务的法律规则，即该类规则兼具权利与义务两方面的内容，主要是对国家机关、具有国家权力性质的组织及其工作人员某种权力的授予和限制，具体表现为某种职权和职责。这类规则的特点是：一方面，主体有权按照法律规则的规定作出一定行为；另一方面，作出这些行为又是主体不可推卸的责任，否则将承担相应的法律责任。

2. 按照规则内容的确定性程度不同，可以把法律规则分为确定性规则、委任性规则和准用性规则

确定性规则，是指内容本已明确肯定，无须再援引或参照其他规则来确定其内容的法律规则。在法律条文中规定的绝大多数法律规则属于此种规则。

委任性规则，是指内容尚未确定，而只规定某种概括性指示，由相应国家机关通过相应途径或程序加以确定的法律规则。如我国《民族区域自治法》第七十三条规定：“国务院及其有关部门应当在职权范围内，为实施本法分别制定行政法规、规章、具体措施和办法。自治区和辖有自治州、自治县的省、直辖市的人民代表大会及其常委会结合当地实际情况，制定实施本法的具体办法。”此规定即属委任性规则。

准用性规则，是指没有明确规定行为规则的内容，但明确指出可以援引其他规则来使本规则的内容得以明确的法律规则。如我国《商业银行法》第十七条：“商业银行的组织形式、组织机构适用《中华人民共和国公司法》的规定。”此规定即属准用性规则。

3. 按照规则对人们行为规定和限定的范围或程度不同，可以把法律规则分为强行性规则和任意性规则

强行性规则，是指规定人们必须为一定行为或不为一定行为的法律规则。该规则的权利、义务具有绝对肯定形式，不允许当事人之间相互协议或任何一方任意予以变更。一般说来，义务性规则都是强行性规则。如我国《民法典》第一千零四十二条规定：“禁止包办、买卖婚姻和其他干涉婚姻自由的行为。禁止借婚姻索取财物。禁止重婚，禁止有配偶者与他人同居。禁止家庭暴力，禁止家庭成员间的虐待和遗弃。”

任意性规则，是指所规定的权利、义务具有相对肯定形式，允许法律关系主体在法律范围内自行决定或者双方商定适用的法律规则。任意性规则在民商法、婚姻法等私法法律部门中比较常见。如我国《民法典》第一千零八十七条规定：“离婚时，夫妻

的共同财产由双方协议处理；协议不成时，由人民法院根据财产的具体情况，按照照顾子女、女方和无过错方权益的原则判决。”但有的公法法律部门也有任意性规则，如我国《刑法》中的“告诉才处理”的法律规则。

（四）法律规则与法律条文

现代国家的规范性法律文件大都是以条文为基本构成单位的。法律规则是法律条文所表达的内容，法律条文是法律规则的文字表现形式，两者之间是形式与内容的关系。但法律规则和法律条文又是两个不同的概念。并不是所有的法律条文都直接规定法律规则，也不是任何条文都完整地表述一个规则。具体而言，大致有以下几类情形：①一个法律规则由同一个规范性法律文件的不同法律条文来表述；②一个法律规则分别由不同规范性法律文件的不同法律条文来表述；③一个法律条文能表述不同法律规则或其要素；④一个法律条文仅规定一个法律规则的某个或若干要素。

（五）法律规则的特点

1. 微观的指导性

法律规则是一种行为规范，它通过对权利义务的规定为人们的行为提供了各种模式，引导人们合法地行为、合法地解决纠纷，进而达到调整社会关系、缓冲社会冲突的目的。法律原则比较关注的是法律规则的精神实质、价值取向，从宏观上关注人们的行为。法律规则既蕴涵和体现了原则的价值取向和精神实质，又为人的行为提供了直接的微观指导。

2. 可操作性较强

正是由于法律规则的具体性和确定性，法律规则比法律原则更具有可操作性。如我国《民法典》第一千零七十一条规定：“非婚生子女享有与婚生子女同等的权利，任何组织或者个人不得加以危害和歧视。不直接抚养非婚生子女的生父或者生母，应当负担未成年子女或者不能独立生活的成年子女的抚养费。”依据该规定可以明确无误地加以适用。同时，法律规则包含着丰富具体的程序内容，使对法律行为或法律事件的处理更加程序化和理性化，更具可操作性。民事诉讼法、刑事诉讼法、行政诉讼法以及行政程序法就是如此。

3. 确定性程度较高

法律规则的确定性一方面表现为法律规则内容不但具体，而且比其他规范或规则更加确定。如发生一定的具有法律意义的行为或现象，人们依据具体明确的法律规则所作的关于性质、后果等的评价比较确定，差异相对较小，因为法律是国家主权范围内统一的、强制的行为规则，是人们评价一定行为和现象的强制性标准。而道德评价则可能因人而异，而且很难统一。另一方面，法律规则比法律原则具体，自由裁量的弹性和空间比较小，对一定行为与现象的评价比较确定，如违法与否、责任大小等。

二、法律原则

（一）法律原则的概念

法律原则是可以作为众多法律规则之基础或本源的综合性、稳定性的原理和准则。法律原则的出现具有历史必然性。在有成文法传统的国家，以条文形式固定下来的法律具有至上的权威，是法官执法和民众守法的依据。为了能使法律覆盖到社会生活的方方面面，立法者尽可能制定出完备的法律，并期望所有的法律问题能够在自身体系内通过逻辑推理的方式获得解决。然而，事实证明，法条本身并不是万能的，它们总会存在这样或那样的矛盾和疏漏。为了解决这些问题，使法律规则的结构更加紧密，在适用上更为灵活，立法者开始使用较为模糊的概念，如“诚实信用”“公序良俗”等来弥补法律规范的不足。在此基础上，立法技术的发展进一步引进了法律原则。在现代各国的法律制度中，法律原则已成为法律体系中不可缺少的一项重要制度，在立法、司法和守法的实践中也日益显现出其重要的地位。

（二）法律原则的分类

依据不同的标准，法律原则可作如下分类：

1. 根据调整范围的不同，可分为基本原则和具体原则

基本原则是法律对各种社会关系进行调整时所依据的最基本的准则。它体现了一国法律最基本的精神价值，是整个法律活动的指导思想和出发点，决定着法的统一性和稳定性。如“法律面前人人平等”的原则即属于法律基本原则。

具体原则是法律对某一领域的社会关系进行调整时所依据的准则。具体原则依所属法律位阶的不同而表现出不同的层次性，因而具有相对性。如民法的基本原则相对于宪法原则而言是具体原则，合同法原则相对于民法原则而言是具体原则。

2. 依据法律原则的内容不同，可分为实体性原则和程序性原则

实体性原则是指直接涉及实体法问题（实体性权利和义务等）的原则，如罪刑法定原则、契约自由原则等。

程序性原则是直接指涉及程序法（诉讼法）问题的原则，如回避原则、司法独立原则等。

3. 根据产生依据的不同，可分为政策性原则和公理性原则

政策性原则是一个国家或民族出于一定的政策考量而制定的一些原则，通常与该国的政治、经济、文化、国防等发展目标、战略措施等紧密相连，是它们的法制化体现。如我国《宪法》第二十五条的规定：“国家推行计划生育，使人口的增长和社会发展计划相适应”，就是一项政策性的原则。

公理性原则，即由法律原理（法理）构成的原则，是由法律上之事理推导出来的法律原则，因而公理性原则可以超越不同的政治制度和社会制度得到普遍认可，是严格意义上的法律原则。如刑法中的罪刑法定原则，行政法中的合法性原则，民法中的自愿、公平、诚实信用、公序良俗原则，诉讼法中的当事人诉讼地位平等、人民法院依法独立行使审判权原则，国际法中的和平共处五项原则等。

（三）法律原则的特点

（1）法律原则不预先设定任何确定具体的事实状态，也没有规定具体的权利、义务和责任。因此，与法律规则相比，法律原则的内容在明确化程度上显然低于法律规则。一般情况下，法律原则不能直接作为裁决纠纷的依据。但对于法律体系本身而言，法律原则却是具体规则和概念赖以存在的基础，是法律价值的集中体现，因而对整部法律都具有统摄作用。法律原则的概括性特征使其缺乏实际的可操作性，其在实践中的运作主要表现为具体法律规则对其精神的贯彻，以及在实际审判中法官对其精神的理解和把握等。

（2）法律原则的覆盖面比法律规则的覆盖面要大，因而法律原则的适用范围比法律规则广泛。法律原则的概括性特征也使法律原则具有广泛的适用性，它可以不局限

于某一具体的领域，也可以不受是否有明确的法律规则规定的限制和影响。法律原则的规定较为模糊，它关注的不仅限于条件和行为的共性，而且还涉及它们的个别性，以使其内涵和外延尽可能地涵盖该领域的所有事项。法律原则不预先设定明确、具体的条件和法律后果，而只是对行为和裁判提出一些概括性、原则性的要求，给审判实践预留出灵活适用的空间。

（3）法律原则具有相对稳定性。社会生活的复杂性使立法者不可能完全预测到社会发展的趋势。因此，随着社会的发展，法律也将适时地进行修改和变革。然而，法律的频繁修改会损害法律的权威，也会削弱民众守法的习性，进而影响社会的安定。但是无论法律条文发生如何的变化，只要法律原则不变，也就意味着这部法的本质不变，人们对法的总体趋势的预期不会发生改变。那么，在某些具体制度和规范的废除和修改不可避免的情况下，法律原则就成了维系法的稳定性和权威性的最重要的因素。

（四）法律原则的作用和功能

1. 在法律创制中，法律原则具有三个方面的重要作用

（1）法律原则直接决定了法律制度的基本性质、基本内容和基本价值倾向。立法者在制定法律之前，往往会形成制定该法的总的思想和指导原则，然后根据这些思路设计出具体法律的大致框架，进而拟定详细而明确的权利义务规范。这些总的思想和指导原则以法律的形式固定下来以后便成为法律原则。它是整部法律的核心和实质所在，也是我们从整体上认识法律的前提和出发点。如果没有对法律原则精神的准确把握，往往会使法律的制定没有明确而统一的目标；失去原则的统率，立法工作就会出现无序化。因此从立法的逻辑上来说，先有法律原则，才有具体的法律规范。

（2）法律原则是法律制度内部协调统一的重要保障。任何一个成熟的法律制度都包含着众多的法律部门和法律规则要素。这些法律部门及其所包含的规则要素所涉及的领域、目的和调整机制都不一致，而法律部门及其规则之间的渗透和交叉使问题进一步复杂化。尤其在现代社会，法律调整内容的日益细化和专业化不断催生新的部门法律分支，扩张后的法律体系不仅使法律规则的数量增加，而且使立法职能产生分化。各级各类不同的国家机关出于不同的管理需要制定的法律规则之间，时常会出现矛盾和冲突的情况。因而，如何保障法律自身的协调统一便成为一个突出的问题。这里包含两个方面的内容：一是不同法律部门之间的协调问题，二是同一部门体系内法律规则之间的协调问题。解决问题的关键都在于确立一定的原则和标准：不同法律部门之间除遵循上位法优于下位法的原则外，还必须根据位阶的不同区分基本原则和具体原则，使具体原则服从于基本原则，并使以具体原则为指导的法律规范整体不违背基本原则所确立的法律精神。同一部门体系内的法律规则也必须遵循共同的法律原则，使整部法律在价值取向上体现一致性。由此可见，法律原则在防止和消除法律制度内部矛盾和增强法制方面，发挥了独特的优势。

（3）法律原则对法制改革具有指导作用。由于法律原则是法律价值和精神的体现，其对法律规则的指导作用具有强制性，因此，一旦法律的基本原则发生变化或被赋予了新的含义，将会导致整个法律体系或规则产生实质性的变化。理论是改革的先导，这在实践中主要表现为，每一次改革浪潮的掀起，都是首先在指导思想和理论上有所突破，继而在实践层面上得以全面铺开。实行改革开放以来，中国的法制建设取得了巨大的进步。从计划经济向市场经济的转轨过程中，大批旧有的原则被废止或修改，

新的原则被制定。这种法律理念上的转变，直接导致了规则层面权利义务的分配和调整，从而使人们的行为方式和生存方式发生了深刻的变化。法律原则的变化，直接凸显出改革和发展的内在要求。

2. 在法律实施中，法律原则的功能主要表现在三个方面

（1）指导功能。法律条文本身会存在一定的局限性。这些局限性表现为：一是不合目的性，即法律的普遍性特征使法律只注意其适用对象的一般性而忽视其特殊性，从而有可能导致法律适用于个案时的不公平。二是不周延性，即立法者的认识活动受到认识规律和客观事物的制约，从而导致立法对社会生活涵盖面的不足。三是模糊性，即当立法者用有限的语言去描述无限丰富的社会现象时，就有可能造成法律概念和规则的多义和歧义。四是滞后性，即法律的稳定性与社会生活的变动不居的矛盾使法律或多或少地存在与社会生活条件脱节的现象。上述的局限性都足以造成我们适用和理解法律的困难。此时，就需要我们运用法律原则作为衡量和评判的标准，在诸多可能的解释和推理中找出最符合法律精神和价值的一种，降低法律适用中的不确定性和不合目的性。法律原则的指导功能，是指法律原则可以作为解释和推理的依据，为法律规则的正确适用提供指导。

（2）评价功能。法律原则的评价功能，是指法律原则可以对法律规则甚至整个实在法的效力进行实质的评判，说明实在法及其规则是否有效、是否正确、是否公正的理由，揭示法律规则缺乏正当的根据，指出法律规则的例外情形等。

（3）裁判功能。由于法律本身存在的局限性，使法律漏洞在世界各国都成为一种不可避免的现象。法律漏洞的含义并不仅限于法无明文规定的情况，还包括法律对某类社会现象的调整过时或法律本身的规定不合目的性。也就是说，只要现行法欠缺当前事态所必要的法律规则，就被视为存在漏洞。在这种情况下，法官不能以缺乏法律规定为由拒绝对当事人之间的争议作出裁决，或运用不合目的性的法律规定作出明显不合理的裁决。法官应当寻求法律原则的理论支持，从中推导出派生的法律规范，以此来否定或证明某种法律行为和法律关系。因而在某种程度上，法律原则意味着承认司法活动的创造性与能动性，是对法官自由裁量权的授予。法律原则的裁判功能意味着法律原则可直接作为规范标准用于案件的裁判过程。

三、法律概念

（一）法律概念的含义

法律概念，是对各种法律现象或法律事实加以描述、概括的概念。法律概念本身不是法律规则或法律原则，而是表述规则和原则之内容的工具。在这个意义上，法律概念不是完全独立的法的要素，而依附于法律规则或法律原则。由于法律概念是人们对某一类事物或行为共性的集中概括的反映，通过概念的描述，人们可以认识其所指称的事物，或通过对某一事物的定性分析，将之纳入不同属性的概念中去。因此，法律概念又是人们认识法律现象的逻辑起点。在概念定性分析的基础上，相应的法律原则和规则得以展开。

法律概念不同于日常的生活概念，它具有专门的法律意义。如作为日常用语的“死亡”就与作为法律概念的“死亡”有着明显的区别。传统法律以心跳、呼吸停止作为死亡的标准，但是现代社会一般倾向于采纳脑死亡作为死亡的标准。1968 年世界

上第一例人工心脏移植成功后，美国哈佛大学成立了第一个确定脑死亡标准的委员会。瑞士还颁布了《脑死亡法》来专门确定“死亡”的法律含义。法律上之所以对概念进行专门的界定，是因为考虑到法律实践中权利义务的确定、法律责任的承担在很大程度上依赖于对法律概念的解释。

法律概念虽然是对同一事物的质的规定，但是其内涵和外延并不是固定不变的，而是随着社会的发展、文明的进步和人们对法律认识的不断提高而发展变化的。而且法律概念在不同的国家、地区和不同的法律传统中，都会有着不同的表现形式，即使是共同适用的概念也会有着不同的理解。例如“合同”这一概念，在英美法系国家，通常指当事人承担债务的单方意思表示，而在大陆法系国家中主要指双方当事人之间的一种合意。

（二）法律概念的分类

1. 依据法律概念所涵盖范围的大小，可分为一般法律概念和部门法律概念

一般法律概念，是指适用于所有法律领域的概念。如原则、规则、权利、权力、义务、责任等。

部门法律概念，是指仅仅适用于该部门法领域的法律概念，它又可依具体部门法的不同，可分为民法概念、刑法概念、行政法概念、诉讼法概念等。

2. 依据法律概念描述的对象，可以分为主体概念、关系概念、客体概念、事实概念、其他概念

主体概念，是指用来表述各种法律关系主体的概念。包括自然人概念，如公民、外国人，当事人、代理人，共犯、从犯、中止犯等；法人或其他组织概念，如法人、社会团体、单位，立法机关、司法机关、审判机关等。

关系概念，是指用来表述法律关系主体之间相互关系的概念。包括权利或权利概念，如立法权、行政权，选举权、被选举权，所有权、债权等；义务及责任概念，如纳税义务、受教育义务，交付义务、履行义务，民事责任、行政责任，违约责任、侵权责任等。

客体概念，是指用来表达权利义务等所指向的对象的概念。如国家财产、集体财产，土地、金钱、商标，给付、资源等。

事实概念，是指用来表达引起法律关系产生、变更和消灭的事件和行为的概念。包括行为概念，如缔约、侵权，起诉、代理，许可、处罚等；事件概念，如出生、死亡、不当得利等。

其他概念，是指除上述概念以外的其他一切法律概念，因为上述四种概念并不能穷尽所有的法律概念，如公平、正当程序、法典、一般条款等等。

（三）法律概念的功能

法律概念对于法律的运作与法学研究具有重要意义。具体来讲，法律概念具有三大功能：

1. 表达功能

从表面上看，似乎法律概念不如法律规则和法律原则重要，其实不然。由于法律概念的不同，同一法律规则可能表达不同的含义；而表面上不同的法律规则或者原则，其含义则可能是相同的。法律概念为法律原则和规则的构成提供前提和基础，但从某种意义上来说，法律概念是为法律规则服务的。界定法律概念的目的是使法律规则和

原则得以适用，其最终的目的是解决纠纷。要求法律概念的用语精确、简练，使法律意义得到准确的传达，也是为了避免因规则使用的不正确而导致的结果不公。

2. 认识功能

法律概念既描述了事物和行为的“自然性质”，又确定了事物和行为的“法律性质”，因而为人们认识和理解法律提供了必要的前提。人们只有首先从法律概念入手，明确法律到底对哪些事物和行为作出了规定，没有作出规定的是禁止的还是流通的，是可为的还是不可为的；其次再对日常用语的概念与法律概念进行比对，找出它们之间的差别，从而指导自己的行为。

3. 改进、提高法律科学化程度的功能

立法是一项技术性很强的工作。它不仅要求法律条文具有明确性、可操作性和一定的超前性，还必须具备概括、简明的特点。那种“一事一规则”的立法方式是古代社会立法技术不高的表现，它必然会导致立法的重复、烦琐，造成法律条文的重叠和矛盾，也会让人们在法律面前无所适从。法律概念的使用，使对同一类事物和行为的调整归属于同一规则和原则，简化了立法程序，也减轻了人们的思维负担，避免了重复一些定式化的思维过程，为人们对新的现象进行归类和整理提供了便利。

【拓展阅读】

作为与法律系统相对应的法律要素，有如下特征：

（1）具有个别性、局部性，表现为一个个元素或个体。

（2）具有多样性和差别性。

（3）任何一个法律要素若被违反，同时也是法律系统被违反，会招致法律系统作为整体的反应。

（4）不可分割性。

借鉴这些研究成果，结合国内外、特别是我国的立法实践，可以把现代法律系统的要素简化为规则、原则和概念，其中规则在数量上占绝对多数。①

法的构成要素主要是规范，但不限于规范。一般地说，法由法律概念、法律原则、法律技术性规定以及法律规范四个要素构成②。

法的要素就是指构成法的基本元素……一般认为，法的要素包括：法律规则、法律原则、法律概念和技术性事项。③

所谓法律要素，指组成法律系统所不可缺少的各种因素……法律要素的具体内容包括法律原则、法律规范和法律概念三个方面。④

法律要素是指法律微观的、基本的必要元素。法律要素包括：法律概念、法律原则、法律技术性规定和法律规范。⑤

法的要素：在全面总结其理论得失的基础上，并参考国内的法学界关于法的要素问题

---

① 张文显：《法学基本范畴研究》，中国政法大学出版社 1993 年版，第 50～51 页。

② 沈宗灵：《法学基础理论》，北京大学出版社 1994 年第 2 版，第 33 页。

③ 李龙：《法理学》，武汉大学出版社 1996 年版，第 70 页。

④ 孙笑侠：《法理学》，中国政法大学出版社 1996 年版，第 17～20 页。

⑤ 乔克裕：《法理学教程》，法律出版社 1997 年版，第 44 页。

的观点，我们认为，法的要素可以分为以下三种，即法律规则、法律原则和法律概念。①

法是由若干要素构成的集合体，表现为一种特殊的社会制度体系或行为规范体系，但法的构成要素不仅仅限于法律规范。法的构成要素有四个：法律概念、法律原则、法律技术性规定和法律规范。②

任务二　法的要素的应用

【导入案例】

【案例一】

四川省泸州市某公司职工黄某和蒋某于1963年结婚，但是婚后妻子一直没有生育，后来只得领养了一个儿子。1994年，黄某认识了一个名叫张某的女子，并且在与张认识后的第二年同居。黄的妻子蒋发现这一事实以后，对其进行劝告但是无效。1996年年底，黄某和张某租房公开同居，以“夫妻”名义生活，两人依靠黄的工资（退休金）及奖金生活。

2001年2月，黄到医院检查，确认自己已经是晚期肝癌。在黄即将离开人世的这段日子里，张某面对旁人的嘲讽，以“妻子”的身份守候在黄的病床边。黄某在2001年4月18日立下遗嘱：“我决定，将依法所得的住房补贴金、公积金、抚恤金和卖泸州市江阳区一套住房售价的一半（即4万元），以及手机一部遗留给我的朋友张某一人所有。我去世后骨灰盒由张某负责安葬。”4月20日，黄的这份遗嘱在泸州市纳溪区公证处得到公证。

4月22日，黄去世，张根据遗嘱向蒋索要财产和骨灰盒，但遭到蒋的拒绝。张遂向纳溪区人民法院起诉，请求依据继承法的有关规定，判令被告蒋某按遗嘱履行，同时对遗产申请诉前保全。从5月17日起，法院经过4次开庭之后（其间曾一度中止，2001年7月13日，纳溪区司法局对该公证遗嘱的“遗赠抚恤金”部分予以撤销，依然维持了住房补贴和公积金中属于黄某部分的公证。此后审理恢复），于10月11日纳溪区人民法院公开宣判，认为：尽管继承法中有明确的法律条文，而且本案中的遗赠也是真实的，但是黄某将遗产赠送给“第三者”的这种民事行为违反了《民法通则》第七条“民事活动应当尊重社会公德，不得损害社会公共利益，破坏国家经济计划，扰乱社会经济秩序”，因此法院驳回原告张某的诉讼请求。

张某一审败诉后提起上诉。2001年12月28日上午，泸州市中院开庭审理了此案，并当庭驳回张某的上诉。

泸州市中院认为，按有关政策规定，抚恤金是死者单位对死者直系亲属的抚慰，黄死后的抚恤金不是他的个人财产，不属遗赠财产的范围；黄的住房补助金、公积金属夫妻共同财产，而黄未经蒋同意，单独对夫妻共同财产进行处理，侵犯了蒋的合法权益。故法院依法驳回张某的上诉，维持原判。

---

① 葛洪义：《法理学》，中国政法大学出版社1999年版，第96~97页。

② 赵震江、付子堂：《现代法理学》，北京大学出版社1999年版，第35页。

【案例二】

帕尔默是其祖父所立遗嘱中指定的财产继承人，他为了及早获得遗产，1882 年在纽约用毒药杀死了自己的祖父，他的祖父在现有的遗嘱中给他留下了一大笔遗产。帕尔默因杀人的罪行被法庭判处监禁几年，但帕尔默是否能享有继承其祖父遗产的权利成了一个让法官头疼的疑难案件。帕尔默的姑姑们主张，既然帕尔默杀死了被继承人，那么法律就不应当继续赋予帕尔默以继承遗产的任何权利。但纽约州的法律并未明确规定如果继承人杀死被继承人将当然丧失继承权，相反，帕尔默祖父生前所立遗嘱完全符合法律规定的有效条件。因此，帕尔默的律师争辩说，既然这份遗嘱在法律上是有效的，既然帕尔默被一份有效遗嘱指定为继承人，那么他就应当享有继承遗产的合法权利。如果法院剥夺帕尔默的继承权，那么法院就是在更改法律，就是用自己的道德信仰来取代法律。

审判这一案件的格雷法官亦支持律师的说法，格雷法官认为：如果帕尔默的祖父早知道帕尔默要杀害他，他或许愿意将遗产给别的什么人，但法院也不能排除相反的可能，即祖父认为即使帕尔默杀了人（甚至就是祖父自己），他也仍然是最好的遗产继承人选。法律的含义是由法律文本自身所使用的文字来界定的，而纽约州遗嘱法清楚确定，因而没有理由弃之不用。此外，如果帕尔默因杀死被继承人而丧失继承权，那就是对帕尔默在判处监禁之外又加上一种额外的惩罚。这是有违“罪行法定”原则的，对某一罪行的惩罚，必须由立法机构事先作出规定，法官不能在判决之后对该罪行另加处罚。

但是，审理该案的另一位法官厄尔却认为，法规的真实含义不仅取决于法规文本，而且还取决于文本之外的立法者意图，立法者的真实意图显然不会让杀人犯去继承遗产。厄尔法官的另外一条理由是，理解法律的真实含义不能仅以处于历史孤立状态中的法律文本为依据，法官应当创造性地构思出一种与普遍渗透于法律之中的正义原则最为接近的法律，从而维护整个法律体系的统一性。厄尔法官最后援引了一条古老的法律原则——任何人不能从其自身的过错中受益——来说明遗嘱法应被理解为否认以杀死继承人的方式来获取继承权。

最后，厄尔法官的意见占了优势，有四位法官支持他；而格雷法官只有一位支持者。纽约州最高法院判决剥夺帕尔默的继承权。

问题：1. 如何看待法律原则与法律规则的关系？

2. 案件在什么情况下可以直接适用法律原则？

【基本原理认知】

法律原则的适用是当代法哲学家们讨论的热点问题之一，也是法律实证主义理论和新自然法理论争论的焦点。近年来，我国法院在司法实践中也遇到“法律原则如何适用”的难题，四川泸州法院对“张某诉蒋某案”的判决引发了广泛的讨论，使法律原则的司法适用问题得到了一次集中性的关注。该案初审与终审两次判决均以“公序良俗”原则认定符合继承法规定的遗赠行为无效，其实质是透过该原则为继承法规则创制了一个例外。在帕尔默案件中，按照当时的法律规则，杀人者应当获得被害人的大笔遗产，但是这个依据现有法律规则作出的判决结果是法官们无法接受的，因为它明显的不正义。最后，经过激烈的讨论，法院抛开具体的法律规则，直接以“人不能从其错误的行为中获利”的法律原则为依据，剥夺了帕尔默的继承权。通过这样的法律推理方式，犯罪者没有“以本人的犯罪行为而获得财产”，从而使法律的正义得到了维护。

在不完备的法律体系中，很可能存在适用于某个个案的规则暂时缺位的情形，而即使再完备的法律体系，也往往存有漏洞。其实，任何一国的成文法都有其局限性，这是人的认识能力和语言本身的局限决定的（立法者是不可能制定出一部完美无缺的“万全法”的，因为社会生活是瞬息万变的；同时语言本身的确定性也是相对的）。如果我们过分拘泥于法条本身，而无视变化万千的社会生活和形形色色的案件事实，那么我们的法律就是僵死的法律，没有任何生命力。从上述案例中我们看到，通过法律原则或者说法律蕴涵的基本精神、基本价值，可以弥补成文法的局限性，既没有违背法治的合法性，也没有陷入严格的规则主义。从而赋予法治以弹性和灵活性。

可见，为了弥补法律漏洞以及增加法治的弹性，法律原则具有重要的意义。

一、法律原则与法律规则的区别

（1）从内容上看，法律规则一般由假定条件、行为模式、法律后果三部分构成，其内容明确而又具体，法律规则着眼于主体行为及各种条件的共性，目的是防止或削弱法律适用上的“自由裁量”；法律原则的着眼点不仅仅限于行为及条件的共性，而且还关注他们的个别性，其要求比较笼统模糊，它不预先设定明确的、具体的假定条件，更没有设定明确的法律后果。它只对行为或裁判设定一些概括性的要求或标准，为法官的自由裁量留下了一定的余地。

（2）从适用范围上看，法律规则适用于某一类行为；法律原则对人的行为及其条件有更大的覆盖面和抽象性，它们是从社会生活或社会关系中概括出来的对某一类行为、某一法律部门甚至全部法律体系均通用的价值准则，具有宏观的指导性，其适用范围比法律规则宽广。

（3）从适用方式上看，法律规则以“全有或全无”的方式适用于个案当中，要么适用，要么不适用。如果规则之间在适用上发生冲突，只能作出取舍：其中一个有效，与之相矛盾的必须修改或废除；法律原则不以全有或全无之方式应用于个案，不同的法律原则具有不同的强度，而这些不同强度的原则甚至冲突的原则可能存在于一部法律之中。当两个或两个以上的原则发生冲突时，必须根据案件的具体情况及有关的背景在不同分量的原则间作出权衡：分量较重的原则对案件的裁决具有优先的指导作用，但其他原则并不因此而无效。在其他案件中，各原则的分量可能会改变。如在某一特定的案件中，诚实信用原则与契约自由原则发生了冲突，法官针对具体案情，为保护弱势企业的利益、防止垄断的发生而选择了诚实信用原则。这一具体的个案并不排除在其他案件中，两个均势企业之间契约自由原则的适用。

二、法律规则的适用

法律规则是普遍的行为模式，具有可重复性。例如“禁止刑讯逼供，违者处以自由刑”这一法律规则在承认其法律效力的时间空间范围内可以重复适用；法律规则可以适用于一定的角色群或者适用于一定法域内的所有人，即法律规则不是针对特定的个人的，而是对具有相同特性的个体普遍适用的，也就是具有适用的普遍性。例如，效力及于全国的法律规则在符合规则设定条件的前提下对全国范围内的自然人或者法人均可适用，而效力及于某一地区的法律规则只对这一地区的自然人或者法人普遍适用。

在法律适用的过程中，对具体案件的裁决，法官必须首先适用法律规则，在有明确法律规则的情况下，不能以法律原则代替规则作为裁判的依据。即便是在法律规则存在漏洞的情形下，对法官直接运用法律原则行使自由裁量权的条件也应有所限制。“法律发现”的主要任务是法官要尽可能全面彻底地寻找个案裁判所应适用的法律规则。

三、法律原则适用的条件

法律原则不同于法律规则，后者有相对确定的行为规则（行为模式或权利义务的规定）和裁判规则（法律后果的规定：肯定后果和否定后果）。所以，从法理和逻辑上讲，我们不可能不讲情境总是优先选择法律原则作为法官裁判的依据。相反，愈确定、具体的规范愈有适用的优先性，这不仅符合事物的性质，而且也是人类的认识论和逻辑规律所要求的。况且，任何法律规范背后都有其不同的利益和价值基础，法律原则所代表的利益和价值也不是在任何时候都优越于法律规则所体现的利益及价值。法律原则在对法律规则进行实质评价时同样需要与支持法律规则的某个或某些原则进行比较，衡量它们所代表的利益和价值分量的轻重。那么，到底在什么情况下应当适用法律原则呢?

（一）穷尽规则

在通常情况下，法律适用的基本要求是：有规则依规则。由于法律规则的明确具体性使它能直接适用于对个案的裁判和对行为的指导；而法律原则的概括性使其在法的实践中往往仅具有宏观的指导作用，只有在出现法律漏洞时才能诉诸法律原则。因此，法律原则具有适用上的补充性。在审判工作中，对具体案件的裁决，法官必须首先适用法律规则，在有明确规则的情况下，不能以法律原则代替规则作为裁判的依据。即便是在有法律漏洞的情形，对法官直接运用法律原则行使自由裁量权的条件也应有所限制。“法律发现”的主要任务是法官尽可能全面彻底地寻找个案裁判所应适用的规则。当出现无法律规则可以适用的情况下，法律原则才可以作为弥补“规则漏洞”的手段产生作用。所以，从技术的层面看，若不穷尽规则的适用就不应适用法律原则。这可以表述为法律原则适用的一个条件规则：“穷尽法律规则，方得适用法律原则。”

（二）实现个案正义

在通常情况下，适用法律规则不至于要进行本身的正确性审查。但假如适用法律规则可能导致个案的极端不公正的后果，那么此时就需要对法律规则的正确性进行实质审查：首先通过立法手段；其次通过法官“法律续造”的技术和方法选择法律原则作为适用的标准。这样，我们就可以把这个条件用反面推论的方式确立为如下规则：“法律原则不得径行适用，除非旨在实现个案正义。”

（三）更强理由

判断何种规则在何时及何种情况下极端违背正义，其实难度很大，法律原则必须为适用第二个条件规则提出比适用原法律规则更强的理由，否则上面第二个条件规则就难以成立。在已存有相应规则的前提下，若通过法律原则改变既存之法律规则或者否定规则的有效性，却提出与适用该规则分量相当甚至比之更弱的理由，那么适用法律原则就没有逻辑证明力和说服力。据此，我们可以得出如下的条件规则：“若无更强理由，不适用法律原则。”

四、法律概念的适用

概念是一种认识过程中的工具，是认识之网上的纽结。法律概念是一种具有法律意义的概念，它是指表达法律和认识法律的认识之网上的纽结，即对与法律相关的事物、状态、行为进行概括而形成的法律术语。法律概念在法律运行和法学研究过程中具有重大的意义。只有借助法律概念，立法者才能制定出立法文件；只有借助法律概念，司法者才能对事物进行法律分析，作出司法判断；只有借助法律概念，民众才能认识法律，法学研究者才能描述法律、评价法律、改进法律。

一般来讲，对于专用的法律概念，法律条文通常会写出明确的定义，比如“公民”“法人”“正当防卫”“故意”“过失”等，法律条文都会明确地指出它们的含义。这种界定方式非常严格，其权限属于专门的立法机构。但是，法律概念纷繁复杂，一一作出界定是十分困难的，同时也是不现实的。于是，一些法律概念需要在“法律适用过程”中加以澄清。在“法律适用过程”中界定法律概念，是不可避免的。因为法律词语和现实生活的关系非常复杂，不断演变。作为法律词语的法律概念，就像法律本身一样，具有普遍性，其所面对的具体案件的事物、行为、状态，则是仅仅具有具体性。在法律的适用过程中，普遍性和具体性的关系，需要法律适用者的辨别认识，需要法律适用者在其中建立相互连接的逻辑桥梁。界定法律概念是件必须做的工作。法律概念的界定，往往影响着法律规则和法律原则的内容。例如，“法律面前人人平等”原则的核心内容是“平等”，赋予平等不同的含义就常常改变了这一原则本身。美国宪法第十四条修正案的“平等保护”原则至今未变，但早期甚至允许奴隶制的存在，林肯解放黑奴后长期理解为“隔离而平等”，直到 20 世纪 60 年代后才将种族、性别的歧视理解为“不平等”。另外，一个法律概念的外延改变也常常会改变法律规则或原则本身。例如，对“公务员”概念的外延的改变将会影响到大量公务员的权利义务的法律规则与原则。

【拓展阅读】

美国的德沃金通过着眼于原则在法律适用上不同于规则的特征，在逻辑上区分原则与规则，从而突破性地推进了人们对原则的认识。在他看来，原则在适用上区别于规则的逻辑特性主要有以下两点：

首先，规则是以一种所谓“全有或全无”（all-or-nothing）的方式应用于个案，即一个规则对该案判决要么完全有效，产生其法律效果；要么完全无效，不发挥任何作用。而且一个完整的规则必须能包括所有的例外，例外也是其构成要件的一部分，为此在理论上而言，例外可以穷尽；与此不同，原则应用于个案时并不要求必须作出某一特定的决定，不会产生适用规则那样的确定性结果，而毋宁是支持某个判决的理由，在具体个案中可能有另一个原则比其优越而优先适用。但是该案对于此原则只是个“反例”（counter-instances），即两个原则之间的优先关系没有因此固定下来，而且无法像规则的例外那样被完整地罗列出来。

其次，原则还包含了规则所没有的一个维度，即所谓“分量的维度”（dimension of weight），而此种区别表现在两种规范冲突时的不同处理方式上，即两个规则冲突时，必有一个规则无效而被排除在法秩序之外，因此就涉及规则的效力问题，而两个原则冲突时则不涉及效力问题，只是在个案中分量较大的原则具有优先性，但这又并不会导致分量较小的另一原则无效，后者只是暂居幕后，而不会被排除于法秩序之外，而且这两个原则的优先顺位在另一个案中也可能会反转过来。

德国法理性论者阿列克西，则对德沃金的原则理论作了批判性的继承，并构建了更为精致的原则理论。简略地说，阿列克西认为德沃金提出的规则与原则的第一个区别过于简单，因为规则的例外可能是基于某个原则而创制的，而原则的“反例”又正如德沃金所承认的那样是无法穷尽的，这就使得规则的例外同样也无法穷尽，因此规则无法完全以“全有或全无”的方式得以适用。鉴于此，阿氏另辟蹊径，指出原则区别于规则的关键点在于，原则乃是基于法律和事实的可能性要求尽最大可能实现其内容的规范，为此他把原则定义为“极佳化诫命”（optimization requirements）和“理想应然”（ideal ought），其根据就在于，此种规范的内容只能以或多或少的方式、以不同的程度来实现，因为其实现不但取决于事实上的可能性而且依赖于法律上的可能性；而法律上的可能性则是由与其相对立的原则和规则所决定的。与此不同，规则作为“实际应然”（real ought）只有履行或是不履行、实现或是不实现这两种情况。

在此基础之上，阿列克西进而以“初显特征”（prima-facie character）的不同来区分原则与规则，认为：由于原则要求尽最大可能实现在法律和事实上的可能性，为此，原则并不是确定性的（definite）要求，而只是“初显的”（prima-facie）要求；与原则的这一特征不同，规则具有确定性的特征（definite character），也就是说规则包含了一个法律和事实可能性范围之内的当为决定；尽管该决定可能与法律和事实上的不可能性相冲突，并将因此导致规则的无效，但是，只要它不与这种可能性相冲突，那么规则就能得到确定性的适用。这其实意味着规则的确定性特征也是初显的，而不是绝对的，在具体个案中，一个例外也有可能被纳入规则里，此时，该规则就该个案来说丧失了确定性特征。然而，即便如此，规则的初显特征也与原则的初显特征截然不同。因为在一般情况下，规则可以对案件作出确定的论断，即使在特殊个案中，规则也不会因为与其相冲突的原则 P1 比其背后支撑的原则 P2 更有分量而自动失效，事实上，P1 除了需要与 P2 相衡量之外，还必须与一些诸如“通过正当权威所制定的规则必须遵守”、“不得无理由地偏离一贯的法律实践”等“形式原则”（formal principles）相衡量；而与规则不同，原则在个案中则可能因与其相冲突的另一原则有更大的分量而直接退让。

【思考与练习】

一、问答题

1. 法律原则与法律规则的区别是什么？
2. 法律规则的分类有哪些？
3. 法律原则的功能表现在哪些方面？
4. 法律规则的特点是什么？

5. 法律概念具有哪些功能？

6. 直接适用法律原则的条件是什么？

二、选择题

1. 下列关于法律原则的表述，错误的是（　　）。

A. 法律原则不仅着眼于行为及条件的共性，而且关注它们的个别性

B. 法律原则在适用上容许法官有较大的自由裁量余地

C. 法律原则是以“全有或全无的方式”应用于个案当中的

D. 相互冲突的法律原则可以共存于一部法律之中

2. 法律规则是法律的基本构成因素。下列关于法律规则分类的表述，可以成立的是（　　）。

A.《中华人民共和国律师法》第十四条规定：“没有取得律师执业证书的人员，不得以律师名义执业，不得为牟取经济利益从事诉讼代理或者辩护业务。”此规定为义务性规则

B.《中华人民共和国中小企业促进法》第三十一条规定：“国家鼓励中小企业与研究机构、大专院校开展技术合作、开发与交流，促进科技成果产业化，积极发展科技型中小企业。”此规定为强行性规则

C.《宪法》第四十条规定：“中华人民共和国公民的通信自由和通信秘密受法律的保护。除因国家安全或者追查刑事犯罪的需要，由公安机关或者检察机关依照法律规定的程序对通信进行检查外，任何组织或者个人不得以任何理由侵犯公民的通信自由和通信秘密。”此规定为命令性规则

D.《医疗事故处理条例》第六十二条规定：“军队医疗机构的医疗事故处理办法，由中国人民解放军卫生主管部门会同国务院卫生行政部门据本条例制定。”此规定为准用性规则

3. 下列选项中，不属于法律规则构成要素的是（　　）。

A. 假定　　B. 行为模式　　C. 法律后果　　D. 概念

4. 学生甲和学生乙就法、法律规范的概念展开讨论。学生甲的论点是：①法与法律规范的概念完全相同，因为法的构成要素等同于法律规范的构成要素；②所有的法和法律规范都是通过法律条文来表述的；③表述法和法律规范内容的文件被称为“规范性法律文件”。学生乙的论点是：①法的要素不能等同于法律规范的构成要素；②并不是所有的法都表示为法律条文形式，但所有的法律规范都是通过法律条文来表达的；③同一个法律规范可以通过一个法律条文来表述，也可以通过若干个法律条文来表达。对上述论点进行分析，下列选项正确的是（　　）。

A. 学生甲的论点①和论点②　　B. 学生甲的论点③和学生乙的论点③

C. 学生乙的论点①　　D. 学生乙的论点②

5. 下列表述不属于法的规则的是（　　）。

A. 公民的权利能力一律平等

B. 民事活动应当自愿、公平、等价有偿、诚实信用

C. 合同的当事人应当按照合同的约定，全部履行自己的义务

D. 党必须在宪法和法律范围内活动

6. 法律规定：“以暴力干涉他人婚姻自由的，告诉的才处理。”这一规定属于法律

规则的（　　）。

A. 委任性规则　B. 准用性规则　C. 强行性规则　D. 任意性规则

7. 下列关于法律原则和法律规则的说法，正确的是（　　）。

A. 由于法律原则的效力高于法律规则，在裁判具体案件时，法律原则比法律规则具有更加直接的适用性

B. 在裁判一个具体案件时，某一法律规则要么完全适用，要么完全不适用，不存在第三种选择

C. 应当承认，当遇到具体案件需要权衡不同原则时，有些原则是具有较高的强度的。比如，“诚实信用”原则被称为民法中的“帝王条款”。当其他民法中的原则与之冲突时，必须服从于它

D. 法律规则要比法律原则的适用范围窄。某一法律规则只能适用于某一类型的行为，而法律原则则可以适用于某一法律部门，甚至整个法律体系

8. 我国法律规定：“结婚必须男女双方完全自愿，不许任何一方对他方加以强迫或任何第三者加以干涉。”该规定属于的规则是（　　）。

A. 命令性规则　B. 禁止性规则　C. 强行性规则　D. 任意性规则

9. 从立法的角度来看，法的要素中法律原则要素的作用是（　　）。

A. 直接规定了法律制定的基本性质、内容选择和价值取向

B. 有助于指导法律解释和法律推理

C. 有助于保障法制统一

D. 可以指引立法改革

10. 《民法通则》第七条规定：“民事活动应当尊重社会公德，不得损害社会公共利益，破坏国家经济计划，扰乱社会经济秩序。”对这条规定，下列理解不正确的是（　　）。

A. 这一条的内容是法律规则

B. 一切民事案件均可以优先适用这一条文

C. 这一条的内容所反映的是正义的价值

D. 在处理民事案件时可以采取“个案平衡原则”适用这一条文

【扩展阅读文献】

1. 苏晓宏：《法理学基本问题》，法律出版社 2006 年版。

2. 刘星：《法律是什么》，中国政法大学出版社 1998 年版。

3. 葛洪义：《探索与对话：法理学导论》，法律出版社 2000 年版。

学习情境：法的要素的应用

【范例】

【范例一】

王某与同村的张某因为琐事打架，王某不慎失手将张某打死。王某的父母向张某的父母求情，并表示愿意赔偿张家40万，希望张家不要向公安机关报案。考虑到两家是世交，关系一直很好，王家又愿意赔偿，在经过一番讨价还价之后，张某的家人答应接受赔偿，不向公安机关报案，两家“私了”此事。后来村里有人向公安机关举报。公安机关介入此案，在查明事实后，移交给检察机关提起公诉，法院经过审理之后，认为王某犯有过失杀人罪，判处有期徒刑3年。

【范例二】

案件发生在两千多年以后即4299年春末夏初的纽卡斯国。那年5月上旬，该国洞穴探险者协会的维特莫尔等五位成员进入位于联邦中央高原的石灰岩洞探险。但当他们深入洞内时发生了山崩，岩石挡住了石灰岩洞的唯一出口。五位探险者发现受困后就在洞口附近等待救援。由于探险者未按时回家，他们的家属通知探险者协会，一个营救队伍火速赶往出事地点。

由于洞穴地点地处偏远，山崩仍在继续，营救工作的困难大大超出了事前的预计，而在营救过程中的一次山崩更是夺去了10名营救人员的生命。与此同时，洞穴内五位探险者的情况也不容乐观。他们随身所带的食物有限，洞内也没有可以让他们维持生命的动物或植物，探险者很可能会在出口打通前饿死。就在被困的第20天，营救人员获知探险者随身携带了一个可以收发信息的无线设备。洞外人员迅速通过通信设施与受困的探险者取得了联络。

当探险者问到还要多久才能获救时，工程师们的回答是至少需要10天。受困者于是向营救人员中的医生描述了各自的身体状况，然后询问医生，在没有食物的情况下，他们是否有可能再活10天。当医生给出否定的回答后，洞内的通信设备沉寂了。八小时后，通信恢复，探险者要求再次与医生通话。维特莫尔代表本人以及四位同伴询问，如果吃掉其中一个成员的血肉，能否再活10天。纵然很不情愿，医生还是给予了肯定的答复。维特莫尔又问，通过抓阄决定吃掉他们中的哪一个是否可行。这当然是医生无法回答的问题。当政府官员和牧师都不愿意回答这一问题时，洞内就再没有传来任何消息。在探险者被困洞穴的第32天，营救终获成功。但当营救人员进入洞穴后，人们才得知，就在受困的第23天，维特莫尔已经被他的同伴杀掉吃了。

根据四位生还者的证词，在他们吃完随身携带的食物后，是维特莫尔首先提议吃掉一位同伴的血肉来保全其他四位，也是维特莫尔首先提议通过抓阄来决定吃掉谁，因为他身上刚好带了一副骰子。四位生还者本来不同意如此残酷的提议，但在探险者们获得外界的信息后，他们接受了这一建议，并反复讨论了保证抓阄公平性的数学问题，最终选定了一种掷骰子的方法来决定他们的命运。掷骰子的结果把需要牺牲的对象指向维特莫尔，于是他被同伴吃掉了。

四位探险者获救后因营养失调而住院治疗。出院后，四位获救者被指控谋杀维特莫尔。初审法庭经过特别裁决确认上面所述的事实，根据纽卡斯国刑法的规定，法官判定四位被告谋杀维特莫尔的罪名成立，判处绞刑。四位被告向纽卡斯国最高法院提出上诉。

【训练目的及要求】

结合范例和相关知识，通过训练，能够初步掌握法律要素的具体运用。

【训练方法】

参训学生分为两组，一组对案件如何判决提出意见，另一组对案件的判决进行评价。

【训练步骤】

步骤 1：给出范例。

步骤 2：分组。

步骤 3：运用法律要素对案件作出判决。

步骤 4：对案件的判决结果进行评价。

项目五　我国法的渊源的原理与应用

【知识结构图】

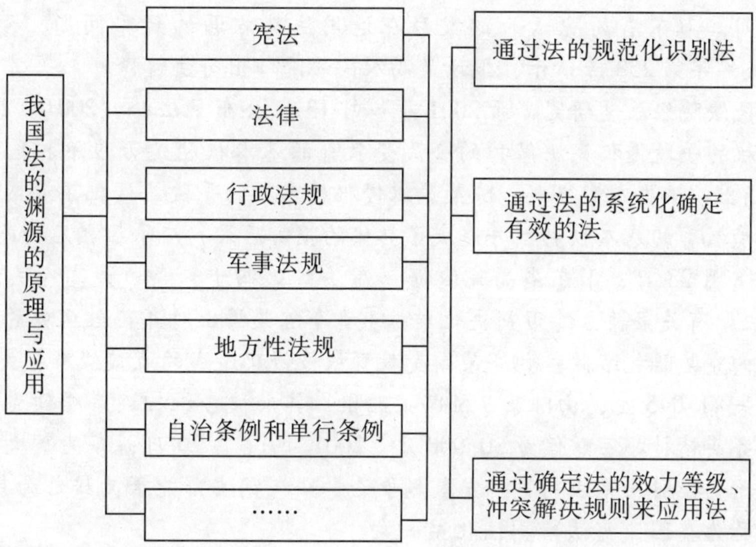

【知识目标】

1. 掌握法的不同表现形式（法的渊源）
2. 掌握法的效力等级及效力冲突规则

【能力目标】

1. 能对社会法律现象适用的法律渊源作出判断
2. 能解决法的渊源适用过程中的效力冲突问题

任务一　法的渊源的原理

【导入案例】

【案例一】

齐某、陈某均系山东省某市八中1990届初中毕业生。陈某在1990年中专预考时成绩不合格，失去了升学考试资格。齐某则通过了预选考试，并在中专统考中获得441分，超过了委培录取的分数线。随后，山东省某商业学校发出录取齐某为该校1990级财会专业委培生的通知书。但齐某的录取通知书却被陈某领走，并以齐某的名义到该商业学校报到就读。1993年毕业后，陈继续以齐某的名义到中国银行某市支行工作。1999年1月29日，齐某在得知陈某冒用自己的姓名上学并就业的情况后，以陈某及陈某某（陈某之父）、某市八中、某市商业学校、某市教委为被告，向枣庄市中级人民法院提起民事诉讼，要求被告停止侵害，并赔偿经济损失和精神损失。

1999 年 5 月，枣庄市中院作出一审判决。法院认为，陈某冒用齐某姓名上学的行为，构成对齐某姓名权的侵害，判决陈某停止侵害，陈某等被告向齐某赔礼道歉并赔偿精神损失费 35 000 元，但驳回齐某其他诉讼请求。齐某不服，认为被告的共同侵权剥夺了其受教育的权利并造成相关利益损失，原审判决否认其受教育权被侵犯，是错误的。遂向山东省高院提起上诉，请求法院判令陈某等赔偿各种损失 56 万元。

二审期间，山东省高院认为该案存在适用法律方面的疑难问题，于 1999 年以〔1999〕鲁民终字第 258 号请示，报请最高人民法院作出司法解释。

最高人民法院经反复研究，于 2001 年 8 月 13 日公布了法释〔2001〕25 号《关于以侵犯姓名权的手段侵犯宪法保护的公民受教育的基本权利是否应承担民事责任的批复》，明确指出：根据本案事实，陈某等以侵犯姓名权的手段，侵犯了齐某依据宪法规定所享有的受教育的基本权利，并造成了具体的损害后果，应承担相应的民事责任。

2001 年 8 月 23 日，山东省高院依据《宪法》第四十六条、最高人民法院批复和《民事诉讼法》有关条款，终审判决此案：①责令陈某停止对齐某姓名权的侵害；②陈某等四被告向齐某赔礼道歉；③齐某因受教育权被侵犯造成的直接经济损失 7 000 元和间接经济损失 41 045 元，由陈某、陈某某赔偿，其余被告承担连带赔偿责任；④陈某等被告赔偿齐某精神损害赔偿费 50 000 元。2001 年 11 月 20 日，齐某案执行完毕。[①]

该案由于直接引用宪法判案引发激烈争论——《宪法》能否直接作为判案的依据？而该案也被称为我国《宪法》司法化第一案。

【案例二】

2003 年 6 月，原告张某在芜湖市人事局报名参加安徽省公务员考试，报考职位为芜湖县委办公室经济管理专业。经过笔试和面试，综合成绩在报考该职位的三十名考生中名列第一，按规定进入体检程序。2003 年 9 月 17 日，张某在芜湖市人事局指定的铜陵市人民医院体检的报告显示，其乙肝两对半中的 HBsAg、HBeAb、HBcAb 均为阳性，主检医生依据《安徽省国家公务员录用体检实施细则（试行）》确定其体检不合格。张某随后向芜湖市人事局提出复检要求，并递交书面报告。同年 9 月 25 日，芜湖市人事局经请示安徽省人事厅同意，组织包括张某在内的十一名考生前往解放军某医院进行复检。复检结论仍为不合格。依照体检结果，芜湖市人事局依据成绩高低顺序，改由该职位的第二名考生进入体检程序。并以口头方式向张某宣布，其由于体检结论不合格而不予录取。

2003 年 10 月 18 日，张某在接到该通知后，表示不服，向安徽省人事厅递交行政复议申请书。2003 年 10 月 28 日，安徽省人事厅作出《不予受理决定书》。同年 11 月 10 日，张某以被告芜湖市人事局的行为剥夺其担任国家公务员的资格，侵犯其合法权利为由，向法院提起行政诉讼。请求依法判令被告的具体行政行为违法，撤销其不准许原告进入考核程序的具体行政行为，依法准许原告进入考核程序并被录用至相应的职位。

① http://zhidao.baidu.com/question/43405143.html。

法院审理后认为，国家行政机关招录公务员，由人事部门制定一定的标准是必要的，国家人事部作为国家公务员的综合管理部门，根据国务院《国家公务员暂行条例》，制定了《国家公务员录用暂行规定》这一部门规章，安徽省人事厅及卫生厅共同按照规章授权目的和范围行使权力，制定《安徽省国家公务员录用体检实施细则（试行)》，该规范性文件与上位法并不冲突，即未突破高阶位法设定的范围，也未突破高阶位法的禁止性规定。因此，依照《关于执行〈中华人民共和国行政诉讼法〉若干问题的解释》第六十二条第二款规定，《安徽省国家公务员录用体检实施细则（试行)》属合法有效的规范性文件，可以参考适用。

被告芜湖市人事局根据《安徽省国家公务员录用体检实施细则（试行)》的规定，委托解放军某医院对考生进行体检，应属于行政委托关系，被委托人所实施的行为后果应由委托人承担。因解放军某医院的体检不合格的结论违反《安徽省国家公务员录用体检实施细则（试行)》规定，芜湖市人事局作为招录国家公务员的主管行政机关，仅依据解放军第八六医院的体检结论，认定原告张某体检不合格，作出取消原告进入考核程序资格的行政行为主要证据不足，依照《中华人民共和国行政诉讼法》（以下简称《行政诉讼法》）第五十四条第二项第一、二目之规定，应予撤销，但鉴于2003年安徽省国家公务员招考工作已结束，且张某报考的职位已录用该专业考试成绩第二名的考生，故该被诉具体行政行为不具有可撤销内容，依据最高人民法院《关于执行〈中华人民共和国行政诉讼法〉若干问题的解释》第五十六条第四项之规定，对原告其他诉讼请求应不予支持。

据此，法院依据最高人民法院《关于执行〈中华人民共和国行政诉讼法〉若干问题的解释》第五十七条第二款第二项之规定，判决确认，被告芜湖市人事局在2003年安徽省国家公务员招录过程中作出取消原告张某进入考核程序资格的具体行政行为，主要证据不足。①

问题：1. 我们如何解决社会上发生的案件（依据什么规则)？

2. 怎样正确适用解决各种案件所依据的规则？

【基本原理认知】

在现实生活中，我们时刻会面对纷繁复杂的法律现象、面对多样化的社会纠纷。在法治社会，我们需要用法分析法律现象、解决社会纠纷，特别是法官，更应用法审理案件。当我们用法分析法律现象、解决社会纠纷的时候，我们首先要找到我们应适用的法。要找到我们应适用的法，就必须知道法来自哪里、表现为什么形式。明确法来自哪里，实际上就是要解决法的来源问题，也就是法的渊源，或叫作法源。法的渊源我们通常理解为法的外在表现形式，即法是以我们看得到的什么形式表现出来的，它所强调的是法的形式渊源、效力渊源。只有确定法的外在表现形式，理顺它们的效力等级，我们才能从法的渊源中找到我们所需要的法并确定它的等级进行应用。

在导入案例中，我们会发现，案例一所涉及的判案依据有我国的《宪法》、《民事诉讼法》、最高人民法院《关于以侵犯姓名权的手段侵犯宪法保护的公民受教育的基本权利是否应承担民事责任的批复》；案例二所涉及的析案依据和判案依据分别有《国家

① http：//news. sohu. com/2004/04/02/32/news219713299. shtml。

公务员暂行条例》《国家公务员录用暂行规定》《安徽省国家公务员录用体检实施细则（试行）》《行政诉讼法》《关于执行〈中华人民共和国行政诉讼法〉若干问题的解释》。

这些依据是如何来的？我们应当选择哪些依据来分析案件、解决案件呢？这就需要我们通过对法的渊源的认识来解决这些问题。实际上，导入案例中所涉及的析案依据和判案依据是不同机关制定的，其中《宪法》《民事诉讼法》《行政诉讼法》是最高国家权力机关制定的；《关于以侵犯姓名权的手段侵犯宪法保护的公民受教育的基本权利是否应承担民事责任的批复》《关于执行〈中华人民共和国行政诉讼法〉若干问题的解释》是最高人民法院通过的；《国家公务员暂行条例》是国务院制定的；《国家公务员录用暂行规定》是国家人事部制定的；《安徽省国家公务员录用体检实施细则（试行）》是安徽省人事厅及卫生厅共同按照规章授权目的和范围行使权力而制定的。

这表明，在我国，表现为不同形式的法——法的渊源——主要是由我国不同机关依法制定的表现为不同名称的制定法。也就是说，我国是一个多元化的法的渊源体系：我国法的渊源，首先是具有立法权的不同立法机关制定的具有不同名称的法律。目前，我国不同立法机关制定的表现为不同名称的制定法主要是指：宪法、法律、行政法规、军事法规和军事规章、地方性法规、自治条例和单行条例、部门规章和地方政府规章、特别行政区法、国际条约和国际惯例。此外，法的渊源还可以表现为司法解释、国家政策、国家认可的习惯、特别行政区的判例。

一、宪法

宪法作为我国的法的渊源，是我国最高国家权力机关——全国人民代表大会——制定和修改的。它规定了国家的根本制度和根本任务，规定了公民的基本权利和义务，是国家的根本大法，一切国家机关和武装力量、各政党和各社会团体、各企业事业组织都必须遵守宪法。一切违反宪法的行为，都必须予以追究。任何组织或者个人都不得有超越宪法的特权。我国的现行宪法是1982年12月4日第五届全国人民代表大会第五次全体会议通过的，随后又先后经过1988年、1993年、1999年、2004年和2018年五次修正。

不过，宪法作为我国法的渊源，并不是法院判案的直接依据。它主要是作为制定其他法律的依据，其次是作为一切行为主体的活动准则。案例一只是一个特例，不具有普遍性。

二、法律

这里所说的法律，是狭义的法律，专指全国人民代表大会及其常设机关——全国人民代表大会常务委员会——所制定的规范性法律文件。

作为狭义的法律，包括：

（1）基本法律。即全国人民代表大会制定或修改的刑事、民事、国家机构的和其他的基本法律，如我国的《民事诉讼法》。

（2）基本法律以外的法律。即全国人民代表大会常务委员会制定和修改的除应当由全国人民代表大会制定的法律以外的其他法律，也包括在全国人民代表大会闭会期间对全国人民代表大会制定的法律进行的部分补充和修改，如我国的《教师法》。根据我国2015年修正后的《立法法》第八条的规定，能够由全国人民代表大会及其常务委员会制定法律的事项包括：①国家主权的事项；②各级人民代表大会、人民政府、人民法院和人民检察院的产生、组织和职权；③民族区域自治制度、特别行政区制度、基层群众自治制度；④犯罪和刑罚；⑤对公民政治权利的剥夺、限制人身自由的强制措施和处罚；⑥税种的设立、税率的确定和税收征收管理等税收基本制度；⑦对非国有财产的征收、征用；⑧民事基本制度；⑨基本经济制度以及财政、海关、金融和外贸的基本制度；⑩诉讼和仲裁制度；⑪必须由全国人民代表大会及其常务委员会制定法律的其他事项。

（3）全国人民代表大会及其常务委员会制定具有规范内容的决议和决定。如《关于禁毒的决定》。

全国人民代表大会及其常务委员会制定的法律的名称经常冠以《中华人民共和国……法》的字样，或冠以《关于……的决议》《关于……的决定》的字样。

三、行政法规

作为我国法的渊源的行政法规，是指国务院制定的规范性文件，也就是国务院作为我国的最高国家行政机关，在法定职权范围内，根据宪法和法律制定的有关国家行政管理的规范性法律文件。另外，国务院可根据全国人民代表大会及其常务委员会的授权决定制定行政法规，这种现象属于授权立法。

行政法规作为法律规则，比法律调整的事项更具体，涉及国务院为执行法律而进行的国家行政管理活动中的各种事项，以及国务院行使行政管理职权涉及的各种事项，行政法规都要进行调整。行政法规在效力上低于宪法和法律而高于地方性法规和规章。理论上，授权立法的效力高于行政法规。

根据《立法法》的规定，行政法规由总理签署国务院令公布。根据国务院修订的2018 年 5 月 1 日起施行的《行政法规制定程序条例》的规定，行政法规的名称一般称“条例”，也可以称“规定”“办法”等。国务院根据全国人民代表大会及其常务委员会的授权决定制定的行政法规，称“暂行条例”或者“暂行规定”。

四、军事法规

军事法规是中央军事委员会制定的规范性法律文件。军事法规是有关军事方面的行为规范，其效力仅及于军事方面。当然，从本质上看，军事权属于行政权的表现之一，军事法规也就属于行政法规。

五、地方性法规

地方性法规，是指由地方国家机关依法制定和修改的规范性法律文件。不过，能够制定和修改地方性法规的地方国家机关，在我国是指省、自治区、直辖市以及国务院批准的较大的市、省会市、自治区首府市的人民代表大会及其常务委员会。

地方性法规的地位和法律效力低于宪法、法律和行政法规，不得违反宪法、法律和行政法规。另外，地方性法规只在本行政区域内有效，超出本行政区域，则不能适用该地方性法规。

六、自治条例和单行条例

自治条例和单行条例是民族自治地方的人民代表大会制定的在民族自治地方适用的规范性法律文件。民族自治地方的人民代表大会有权依照当地民族的政治、经济和文化的特点制定自治条例和单行条例。自治条例是民族自治地方的人民代表大会制定的涉及民族自治的综合性的规定，类似于民族自治地方的地方“宪法”；单行条例则是民族自治地方的人民代表大会制定的涉及民族自治领域某一方面事项的具体规定。

自治条例和单行条例要报上一级人大常委会批准后生效。自治条例和单行条例的效力低于宪法、法律、行政法规。但自治条例和单行条例可以依据当地民族的特点，对法律和行政法规的规定予以变通，但不得违背宪法、法律、行政法规的基本原则，也不得对宪法、法律、行政法规专门就民族自治地方所作的规定予以变通。

七、行政规章

行政规章是有关行政机关在各自的权限范围内制定的在本部门辖区内具有法律效力的有关行政管理的规范性文件，包括部门规章、地方政府规章和军事规章。其中，部门规章是指国务院所属的各部、各委员会以及中国人民银行、审计署和具有行政管理职能的直属机构制定的各种行政性的规章、命令或指示；地方政府规章是省、自治区、直辖市以及国务院批准的较大的市、省会市、自治区首府市的人民政府制定的适用本行政区域内的规范性法律文件；军事规章是中央军事委员会下属各总部、各兵种、各军区制定的在军事领域实施的规范性法律文件。规章的名称一般称“规定”“办法”，国务院各部门和地方人民政府制定的规章不得称“条例”。

行政规章的效力低于宪法、法律、行政法规、上级和同级地方性法规，不得同宪法、法律、行政法规、上级和同级地方性法规相抵触。行政规章之间发生冲突，依据《立法法》和冲突规则来解决。

八、特别行政区法

特别行政区法，包括特别行政区基本法、在特别行政区实施的全国性法律及特别行政区立法机关依法制定和认可的在特别行政区具有普遍约束力的法律。特别行政区基本法，目前是指《香港特别行政区基本法》和《澳门特别行政区基本法》；在特别行政区实施的全国性法律，是指在特别行政区基本法附件中列举的全国性法律，其他的全国性法律不能在特别行政区实施。特别行政区法在特别行政区内适用，是特别行政区审理案件的法的渊源。

九、国际条约和国际惯例

国际条约是两个以上国家或国际组织缔结的国际性的协议。其名称多种多样，既可以是“条约”，也可以是“宪章”“公报”“公约”“联合宣言”等。国家条约在缔结国和参加国之间具有法律约束力。

国际惯例是国际交往过程中形成的共同遵守的不成文的习惯，也包括国际法院等各国际仲裁机构所作出的判例中体现或确认的国际法则。在国际交往中，一般把国际惯例作为国际条约的重要补充。

我国目前已经缔结或参加了多个国际条约，也承认某些国际惯例。所以，对我国缔结、参加的国际条约以及承认的国际惯例，是我国法的渊源。

十、司法法规

在我国，司法法规是最高人民法院制定的有关法院内部管理、运作等方面的规范性法律文件。司法法规一般是根据法律的具体授权而形成，是一种授权立法。如根据《民事诉讼法》制定《人民法院诉讼收费办法》、根据《人民法院组织法》制定《人民法院法庭规则》等。

司法法规不同于司法解释。司法解释是最高人民法院、最高人民检察院单独或联合就法律的理解和适用所作的具体说明。司法法规涉及的是法院运作及内部管理的某些程序性、操作性事项，一般与公民、法人的权利、义务无关；司法解释作为对法律的具体说明，实质上是以解释名义造法，其内容直接作为司法系统审理案件的依据，能够对公民、法人的权利、义务产生直接的影响。但由于司法解释实质上是以解释名义造法，并且该解释能够作为审理案件的依据，所以，司法解释是不是我国法的渊源，又有不同观点。

十一、政策

政策，是指国家政权机关、政党组织和其他社会政治集团为了实现自己所代表的阶级、阶层的利益与意志，以权威形式标准化地规定在一定的历史时期内，应该达到的奋斗目标、遵循的行动原则、完成的明确任务、实行的工作方式、采取的一般步骤和具体措施。[①] 这里所说的政策，包括国家政策和政党政策，即分别由国家和政党制定的政策。

国家政策目前是我国法的渊源之一。不过国家政策是我国法的一种补充渊源，只有当法律没有规定的时候，才适用国家政策。政党政策，从法的形式渊源意义上不属于法的渊源，但从法的政治渊源、思想渊源意义上，属于我国法的重要渊源之一。[②]

十二、国家认可的习惯

习惯是在长期社会生活历史中形成的、为大家内心所确信的、凝结着社会大众的普遍性的价值判断准则。[③] 我国各地存在着不同的风俗习惯，在案件审理过程中，只有遵循当地的风俗习惯，才能做到案结事了。这决定了各地处理案件，特别是基层法院处理案件，应考虑风俗习惯。我国《民法典》第十条亦规定，处理民事纠纷，应当依照法律；法律没有规定的，可以适用习惯。可见，习惯是我国处理案件的法的渊源之一，我国很多的基层法院都有用习惯判案的实践。例如：

江苏省泰州市的姜堰市法院首开全国先河，将善良民俗习惯引入司法裁判。由于婚姻给付彩礼这一民间习惯由来已久。一旦结婚不成，就涉及彩礼的返还，彩礼数额

① http：//baike. baidu. com/view/15030. htm。

② 朱力宇：《法理学原理与案例教程》，中国人民大学出版社 2007 年版，第 79 页。

③ http：//www. js. jcy. gov. cn/readnews. asp？nid =9757。

越大，矛盾冲突也增多。按照《婚姻法司法解释（二）》第十条［注：现最高人民法院关于适用《中华人民共和国民法典》婚姻家庭编的解释（一）第五条］的规定："当事人请求返还按照习俗给付的彩礼的，如果查明属于以下情形，人民法院应当予以支持：①双方未办理结婚登记手续；②双方办理结婚登记手续但确未共同生活；③婚前给付并导致给付人生活困难。"但这个法律规定同姜堰当地习惯之间存在明显的冲突。当地的习惯是只有女方反悔才返还彩礼，男方反悔，女方家不返还彩礼。法庭上，坚持习惯规则的当事人质疑法律的正当性，有的判了也是案结事不了，根据法律的处理方式受到坚持习惯的当事人的抵制。法官开始在案件的处理中采用"酌情返还"的方式，允许习惯在一定的范围内继续发挥效力，这虽在一定程度上缓和了法律同习惯之间的冲突，却带来了一个严重的新问题——"同案不同判"。根据姜堰市法院的统计，该院2001年以来，判决返还礼金最低的比例为32%，最高的比例为100%。同一法院判决返还彩礼的比例相差68%。"同案不同判"刺痛了姜堰市法院的神经，必须要在全市法院形成针对婚约财产纠纷案件的统一裁判标准。于是2004年10月28日，姜堰市法院通过了《婚约返还彩礼纠纷案件裁判规范意见》。该意见考虑了"男方回女方，彩礼不退还"的习惯，在同等条件下，对男方和女方提出解除婚约分别规定了相差20%的返还比例：如女方提出的，彩礼价值在2 000元以上至1万元以下的，按照80%返还；价值在1万元以上至2万元以下的，按照90%返还。而男方提出的，分别按照60%和70%返还。①

由于习惯只是作为特定地区的习惯，不具有普遍性。因此，习惯作为我国法的渊源，必须要慎重适用：首先，习惯应当是能得到人们普遍认可的善良风俗；其次，习惯适用的前提必须是我国的法律、政策没有明文规定；最后，只能在认可该习惯的当地适用。

【拓展阅读】

法的渊源并不仅仅只从法的形式渊源这个角度去理解。法的渊源还可以从以下几个方面去理解：

（1）法的历史渊源，指引起法律产生的特定历史背景中的特定事件和行为；

（2）理论渊源，指法律产生所依据的哲学基础和理论原则；

（3）本质渊源，指法产生的根本原因；

（4）文件渊源，指记载法律规则与原则的权威性法律文件；

（5）材料渊源，指形成法律的材料来源。②

法的渊源可以根据不同的标准进行类型划分：

（1）根据法的渊源的载体形式不同，法的渊源分为成文法渊源和不成文法渊源。成文法渊源，是指以系统的规范性法律文件表现出来的渊源。不成文法渊源，是指不是以系统的规范性法律文件表现出来的渊源。在国外属于英美法系的国家，判例是一个重要的不成文法的渊源。

---

① http：//www. js. jcy. gov. cn/readnews. asp？nid =9757。

② 李瑜青、苗金春：《法理学》，科学出版社2008年版，第24页。

（2）根据历史上法的存在形式，法的渊源分习惯法、判例法、制定法、协议法和法理。习惯法，是指对历史上形成的习惯，经过国家的认可，使其具有法律效力，成为习惯法。判例法，是指司法机关及其人员通过对案例的判决，形成对以后审理活动具有强制性和指导性的法律规则，成为判例法。制定法，是指由具有立法权的国家机关通过立法程序所产生的系统性、规范性法律文件。协议法，是指平等主体之间通过协商指定的法律，多指国际法。法理，是指学者通过分析、研究，所形成的对法律实践具有实际影响甚至具有直接法律约束力的有关法的各种学理性说明、阐述和解释。法理在历史上曾作为法的渊源。

（3）根据法是否具有明确的法律效力和表现形式，法的渊源分为正式渊源和非正式渊源。这是法的渊源的最重要的分类形式。正式渊源，是指由立法主体制定或认可的，具有明确的法律地位和效力，以明确条文显示的法律形式，包括制定法、判例、习惯等。非正式渊源，是指虽具有法律意义，但不是由立法主体制定或认可的，也没有明确的法律地位和效力，并且没有法律要求的正式形式的学说、法理等。

任务二　我国法的渊源的应用

【导入案例】

据《北京青年报》2005 年 7 月 21 日报道，2005 年 6 月黑龙江省第十届人民代表大会常务委员会第十五次会议对修改后的《黑龙江省母婴保健条例》（以下简称《条例》）进行了审议，于6 月 24 日通过，并予以公布施行。据了解，原《条例》中“本省实行婚前医学检查制度”，“准备结婚的男女双方，应当接受婚前医学检查和婚前健康教育，凭婚前医学检查证明，到婚姻登记机关办理结婚登记”，“婚姻登记机关在办理结婚登记时，应当查验并留存男女双方婚前医学检查证明。没有婚前医学检查证明的不予办理结婚登记”等条款经与会代表审议后认为无不妥，不做修改，意味着今后该省将按照新修订《条例》的相关规定执行。对此，黑龙江省卫生厅相关负责人表示，该《条例》的公布施行意味着从现在起，该省将再次开始施行带有强制性质的婚检制度。①

与此相关的规定是：于 1994 年 10 月 27 日中华人民共和国第八届全国人民代表大会常务委员会第十次会议通过的《母婴保健法》第十二条规定，男女双方在结婚登记时，应当持有婚前医学检查证明或者医学鉴定证明；1980 年 9 月 10 日第五届全国人民代表大会第三次会议通过 2001 年 4 月 28 日第九届全国人民代表大会常务委员会第二十一次会议修订的《婚姻法》没有规定婚姻登记中的强制婚检制度；2003 年 8 月 8 日国务院令第 387 号发布的《婚姻登记条例》依据我国《婚姻法》的有关规定，也没有婚姻登记中的强制婚检制度。

问题：1. 根据本案如何看待法的渊源的关系？

2. 对法的渊源适用过程中的效力冲突如何解决？

① http：//www. shanghailaw. gov. cn/fzbChinese/page/researchreport/legalconsultreport/legalconsultreport20053297. htm。

【基本原理认知】

前面介绍的我国法的渊源的基本原理，让我们对我国法的渊源有了一个基本的认识。但如何寻找法的渊源去分析、解决法律现象，还需要明确法的渊源的适用规则。

在导入案例中，明显地存在着法律的冲突：一是《婚姻法》、《婚姻登记条例》和《母婴保健法》之间的冲突；一是《婚姻登记条例》和《黑龙江省母婴保健条例》之间的冲突。在这样的冲突下，如何看待《黑龙江省母婴保健条例》在黑龙江省境内对婚检现象的适用？

导入案例中法律的冲突实质上是法的效力冲突。由于我国的法是由具有不同级别的国家机构制定的，这些不同级别的国家机构对法的内容规定不一，效力冲突也就在所难免。只有解决了法的效力冲突，才能确定适用的法，进而正确适用法律解决法律现象。这是一个如何适用法的渊源的问题。

对于如何适用法的渊源，首先应当是分清不同立法机关制定的不同的法律，其次是要知道哪些法律是有效的、能够适用的，最后是确定在不同效力等级、不同形式的法律当中选择适用哪种。法的渊源的这些适用规则，我们分为规范性法律文件的规范化、规范性法律文件的系统化、确定法的效力适用规则。

一、规范性法律文件的规范化（规范法律文件）

规范性法律文件的规范化，是说为了不使法律处于混乱状态，必须使规范性法律文件规范化，即要确定不同层次的有权制定法律的机关、确定不同层次立法机关制定的法律各有专有名称、明确不同层次立法机关制定的法律的效力、保证法律术语的统一性和语言表达的规范性。其中，确定不同层次的有权制定法律的机关、确定不同层次立法机关制定的法律各有专有名称、明确不同层次立法机关制定的法律的效力是关键，它能有助于我们准确地找到法并适用法。目前，可以说我国已经基本实现了规范性法律文件的规范化。这从对我国法的渊源的介绍可以看出来。让我们在这里归纳一下：

立法机构	对应　法的渊源·法律名称
↓	
全国人大及其常委会	宪法、法律：中华人民共和国……法
国务院	行政法规：……实施细则（条例）
国务院各部、委	部门规章：……办法（规定）
省级人大及其常委会、 设区的市的人大及其常委会	地方性法规：……省……条例（规定） ……市……条例（规定）
省级人民政府、 设区的市的人民政府	地方政府规章：……省……办法（规定） ……市……办法（规定）
民族自治地方的人大	自治条例和单行条例：……条例（规定）
特别行政区的立法机关	特别行政区法：……特别行政区……法

只有上述国家机构才有权制定特定的法律，只有这些特定的法律才可能是我们分

析、处理法律现象所应依据的法律。

二、规范性法律文件的系统化

对规范性法律文件加以规范化后，只是确定了哪些国家机构有权制定法律、哪些规范性文件可以作为法的渊源供我们选择。但这并没有解决哪些法律是有效的法律的问题。我们分析、处理法律现象所依据的法律应当是有效的法律，因此，我们还需要通过规范性法律文件的系统化工作确定由我国不同的国家机构制定的法哪些是有效的。只有有效的法才能作为我们解决法律问题的依据。这些工作所表现的方法为：法律清理、法律编纂和法律汇编。

（一）法律清理

法律清理，是指由制定或颁布法律的国家机关，对其所制定或颁布的一定时期和范围的法律通过审查、整理，确定对其废除、修改或继续有效的活动。

通过法律清理，明确哪些法律是需要废除的，哪些法律是需要修改的，哪些法律是继续有效的。需要废除的要宣布废除，在以后解决法律现象时不再适用；需要修改的应立即修改，并按修改后的法律继续适用；继续有效的则仍作为解决法律现象的依据。

例如：全国人民代表大会常务委员会在2009年6月27日进行了一次法律清理，即2009年6月27日第十一届全国人民代表大会常务委员会第九次会议通过了《全国人民代表大会常务委员会关于废止部分法律的决定》，该决定废止了下列法律和有关法律问题：

一、公安派出所组织条例（1954年12月31日第一届全国人民代表大会常务委员会第四次会议通过）；

二、城市街道办事处组织条例（1954年12月31日第一届全国人民代表大会常务委员会第四次会议通过）；

三、华侨申请使用国有的荒山荒地条例（1955年8月6日第一届全国人民代表大会常务委员会第二十次会议通过）；

四、全国人民代表大会常务委员会批准国务院关于华侨捐资兴办学校办法的决议及华侨捐资兴办学校办法（1957年8月1日第一届全国人民代表大会常务委员会第七十八次会议批准）；

五、全国人民代表大会常务委员会关于授权国务院改革工商税制发布有关税收条例草案试行的决定（1984年9月18日第六届全国人民代表大会常务委员会第七次会议通过）；

六、全国人民代表大会常务委员会关于惩治偷税、抗税犯罪的补充规定（1992年9月4日第七届全国人民代表大会常务委员会第二十七次会议通过）；

七、全国人民代表大会常务委员会关于加强对法律实施情况检查监督的若干规定（1993年9月2日第八届全国人民代表大会常务委员会第三次会议通过）；

八、全国人民代表大会常务委员会关于严惩组织、运送他人偷越国（边）境犯罪的补充规定（1994年3月5日第八届全国人民代表大会常务委员会第六次会议通过）。

国务院在2010年12月29日第一百三十八次常务会议上通过了《国务院关于废止和修改部分行政法规的决定》，对行政法规进行了自1983年以来的第五次全面清理，对截至2009年年底现行的行政法规共691件进行了全面清理。经过清理，对7件行政法规予以废止，对107件行政法规的部分条款予以修改。

上述清理工作表明：上述废止的法律和有关法律问题自2009年6月27日以后就不再适用，截至2009年年底废止的7件行政法规不再适用，107件行政法规的部分条款按修改后的规定适用。

（二）法律编纂

法律编纂是国家立法机关的专门立法活动，是指国家立法机关按照法定权限和程序，对属于某一法律部门的全部现行法律进行集中清理和修改，废除过时的法律，消除现行法律中的冲突和重复，补充新的内容，从而形成体例完整合理、内容一致的新的法律的活动。如果形成的是法典，则叫法典编纂。

法律编纂是针对某一法律部门的立法活动。如将民法部门所涉及的所有民事法律进行清理和修改，最后使各民事法律的内容相互之间协调一致、体例完整合理，实现民法部门的系统化。作为一项立法活动，法律编纂只能在专门的国家权力机关领导和组织下，有计划地进行。

（三）法律汇编

法律汇编也叫法规汇编，是指国家机关或其他组织将现行的有关法律按照一定的标准或目标进行分门别类、汇编成册的活动。比如，按照法律颁布的时间、按照工作的需要或者查阅方便等。

由于法律汇编只是按照一定的标准或目标把现行法律加工整理装订成册，并没有改变法律的内容，所以，法律汇编并不是立法活动。也正基于此，除了国家立法机关可以进行法律汇编外，其他国家机关、社会团体，甚至教学、研究部门都可以进行法律汇编。

可以说，法律汇编是一种常见的规范性法律文件的系统化活动。法律汇编活动也多种多样：比如，2005年8月化学工业出版社出版了《食品法律法规文件汇编》；2009年8月西南财经大学出版社出版了《中华人民共和国现行税收法律法规汇编》；2010年11月中国法制出版社出版了专门针对司法考试的《2011国家司法考试法律法规汇编》（其他出版社也有类似书籍的出版）；几乎每年人民出版社都出版《中华人民共和国法律汇编》等。

到2021年1月底，我国现行法律共274件。全国人大常委会法工委发言人、研究室主任臧铁伟表示，民法典从2021年1月1日起施行，婚姻法、继承法、民法通则、收养法、担保法、合同法、物权法、侵权责任法、民法总则等9部民事法律已同时废止。2020年全国人大及其常委会制定法律9件，修改法律12件，通过有关法律问题和重大问题的决定12件。中国现行有效法律数量发生较大变化，目前宪法1件，按法律部门分类，还有宪法相关法46件、民法商法23件、行政法92件、经济法75件、社会法25件、刑法1件、诉讼与非诉讼程序法11件。①

三、确定法的效力适用规则

确定了由我国不同的国家机构制定的有效的法的范围后，还不能具体适用法律。

① 中国人大网，https：//www. sohu. com/a/446239756_120056527。

我国的多元化的法的渊源体系决定了对同一法律现象，可能涉及多个不同的国家机构对此都有规定。看下面的案例：

2003年5月27日，洛阳市中级人民法院在审理一起种子赔偿纠纷案时，遭遇法律冲突问题。在庭审中，就赔偿损失的计算办法，原告（汝阳县种子公司）与被告（伊川县种子公司）争议激烈，原告主张适用《中华人民共和国种子法》（以下简称《种子法》），以"市场价"计算赔偿数额；被告则要求适用《河南省农作物种子管理条例》，以"政府指导价"计算。经审判，洛阳市中级人民法院下达（2003）洛民初字第26号民事判决书，原告和被告都不服判决，向河南省高级人民法院提起上诉。洛民初字第26号民事判决书写道："《种子法》实施后，玉米种子的价格已由市场调节，《河南省农作物种子管理条例》作为法律位阶较低的地方性法规，其与《种子法》相抵触的条（款）自然无效。"此判决一出，开始在河南、继而在全国引起轩然大波。

河南省人大认为"洛民初字第26号民事判决书中宣告地方性法规有关内容无效，这种行为的实质是对省人大常委会通过的地方性法规的违法审查，违背了我国人民代表大会制度，侵犯了权力机关的职权，是严重违法行为"。要求河南省高院对洛阳市中院的"严重违法行为作出认真、严肃的处理，对直接责任人和主管领导依法作出处理"。洛阳市中院党组根据要求作出决定，撤销判决书签发人民事庭赵广云的副庭长职务和李慧娟的审判长职务，免去李慧娟的助理审判员，该决定最终未履行。①

该案件的审理，涉及《种子法》和《河南省农作物种子管理条例》两个法律，依据不同的法，会有不同的审理结果：依据河南人大常委会制定的《河南省农作物种子管理条例》，乙公司只需依国家指导价赔偿甲公司经济损失7万元即可；而依据全国人大常委会制定的《种子法》，乙公司则要依市场自由价赔偿甲公司经济损失约70万元。到底是适用《种子法》，还是适用《河南省农作物种子管理条例》呢？

该案中，就涉及两部法律：全国人大常委会通过的《种子法》和河南人大常委会制定的《河南省农作物种子管理条例》。究竟适用哪部法律？这实际上涉及对法的效力适用规则的确定，即确定法的效力等级、确定法的效力冲突规则。确定了法的效力适用规则，也就确定了适用的法律。

（一）确定法的效力等级

确定法的效力等级，也就是确定法的效力层次，或称之为确定法的效力位阶。在我国，由于制定法律的国家机构的级别不同，法的渊源在效力方面是有等级差别的。对此，我国《宪法》和《立法法》都有规定。因此，我们应根据制定法律的国家机构的级别不同来确定法的效力等级。根据我国《宪法》和《立法法》的有关规定，我国法的效力等级如下：

处于第一等级的是宪法。我国《宪法》第五条第三款规定：一切法律、行政法规和地方性法规都不得同宪法相抵触。我国《立法法》第八十七条也规定：宪法具有最高的法律效力，一切法律、行政法规、地方性法规、自治条例和单行条例、规章都不得同宪法相抵触。可见，宪法在法的效力等级体系中，处于最高的法律地位，其他法

① http：//www.docin.com/p－22207229.html。

律都必须以宪法为最终依据。

处于第二等级的是法律、国际条约。这里的法律是指狭义的法律，即全国人大及其常委会制定、修改的规范性文件，国际条约是我国参加或缔结的国际性的重要协定。根据我国《立法法》第八十八条第一款的规定：法律的效力高于行政法规、地方性法规、规章。所以，法律的地位仅次于宪法，处于第二等级。缔结国际条约是全国人大常委会的职权，因此，其效力等级与法律相同。

处于第三等级的是行政法规。根据我国《立法法》第八十八条第二款的规定：行政法规的效力高于地方性法规、规章。

处于第四等级的是地方性法规、规章。地方性法规、规章相对于宪法、法律、行政法规，处于第四等级，不得同宪法、法律、行政法规相抵触，但地方性法规、规章本身基于制定机构的不同，又有等级划分。根据我国《立法法》第八十九条的规定：地方性法规的效力高于本级和下级地方政府规章。省、自治区的人民政府制定的规章的效力高于本行政区域内的设区的市、自治州的人民政府制定的规章。根据我国《立法法》第九十一条的规定：部门规章之间、部门规章与地方政府规章之间具有同等效力，在各自的权限范围内施行。此外，从《立法法》的规定来看，省级人大及其常委会制定的地方性法规与国务院各部、委的部门规章效力同等。

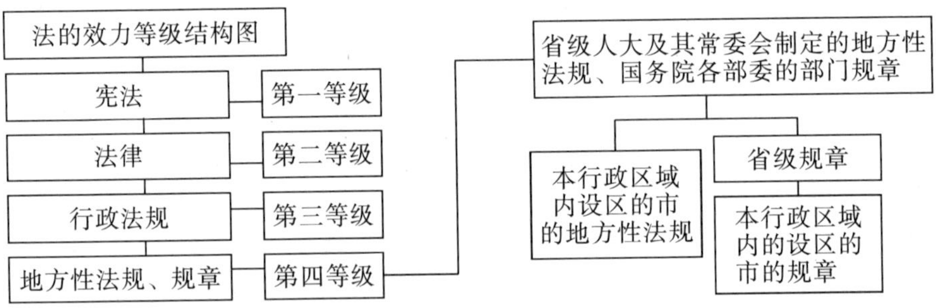

法的效力等级结构图

（二）确定法的效力冲突规则

对于法的效力冲突，我们可根据下列适用规则来解决：

（1）按照“上位法优先于下位法”的原则来解决。

确定了法的效力等级以后，我们可以按照法的效力等级确定法的渊源的适用，即按照“上位法优先于下位法”的原则确定应适用的法律。也就是说，如果两部法律发生冲突，而这两部法律又处于不同的等级，则按照上一等级的法律来适用。比如，洛阳市中级人民法院审理的种子赔偿纠纷案中，就是全国人大常委会制定的法律——《种子法》和河南人大常委会制定的地方性法规——《河南省农作物种子管理条例》的冲突。按照法的效力等级规则，法律的效力高于地方性法规，应适用法律，即按照《种子法》来审理该纠纷。该案的审理没有问题，只是语言表达的效果有问题，或者说技术处理上欠考虑。

（2）按照法的类型来解决。

根本法优先于普通法。根据法的地位、效力、内容和制定程序，可将法分为根本法和普通法。根本法即一个国家的宪法，其内容是一个国家具有根本性的问题，其制定和修改程序比普通法严格。因此，宪法具有最高的效力和地位。普通法是根本法以外的其他法律，其效力和地位低于宪法。普通法不能和宪法相抵触。当二者发生冲突时，以宪法为准。

新法优先于旧法。新法和旧法是指同一机关对同一个问题作出规定的法律有时间先后之分，最新规定该问题的法律叫新法，这之前规定该问题的法律则称之为旧法。新法对旧法规定内容的重新规定，意味着对旧法相同内容的废除，因此，对该问题的解决，自然应按照新法而不是旧法。我国《立法法》第九十二条也规定：同一机关制定的法律、行政法规、地方性法规、自治条例和单行条例、规章……新的规定与旧的规定不一致的，适用新的规定。这一规则也可称为后法优先于前法。

特别法优先于一般法。根据法律适用的效力范围，可将法律分为一般法和特别法。一般法是针对一般的人、事项、地域和时间生效的法律，如《刑法》《民法典》等。特别法则是针对特定的人、事项、地域和时间生效的法律，如《妇女权益保障法》《民族区域自治法》《紧急状态法》等。一般法和特别法具有相对性，是相对而言的，即作为一对范畴互为一般法和特别法，如超出这对范畴，则会改变。如《民法典》和《公司法》相对而言，《公司法》是《民法典》的特别法，但超出这对范畴，《公司法》与《个人独资企业法》作为一对范畴，《公司法》则是《个人独资企业法》的一般法。由于特别法针对特定的人、事项、地域和时间生效，更具有针对性，所以，其优先于一般法适用。我国《立法法》第九十二条对此也作出：同一机关制定的法律、行政法规、地方性法规、自治条例和单行条例、规章，特别规定与一般规定不一致的，适用特别规定。依此规定，同新法优先于旧法一样，只有同一机关制定的法律发生冲突，才依此规则。

国际法优先于国内法。根据法的创制和适用主体的不同，我们可以把法分为国内法和国际法。国内法是一国立法机关制定或认可，在该国领域内适用的法律。国际法是国家缔结或参加的、调整国家之间关系的法律。当一国缔结或参加了某国际法后，意味着该国承认该国际法，并愿意受该国际法的约束，因此该国际法应优先于国内法适用，否则，这种缔结或参加没有任何意义。只有一国对其缔结或参加的某国际法有保留条款，或没有参加某国际法，该保留条款或国际法才不对该国有约束力，涉及该保留条款或国际法规定的事项时，不适用该保留条款或国际法，而是适用国内法。

（3）同一等级的法的效力冲突，按照《立法法》的规定来解决。

涉及同一等级的法的效力冲突，则依据《立法法》的相关规定来处理。即依据第九十四条，法律之间对同一事项的新的一般规定与旧的特别规定不一致，不能确定如何适用时，由全国人民代表大会常务委员会裁决；行政法规之间对同一事项的新的一般规定与旧的特别规定不一致，不能确定如何适用时，由国务院裁决。依据第九十五条，地方性法规、规章之间不一致时，由有关机关依照下列规定的权限作出裁决：同一机关制定的新的一般规定与旧的特别规定不一致时，由制定机关裁决；地方性法规与部门规章之间对同一事项的规定不一致，不能确定如何适用时，由国务院提出意见，国务院认为应当适用地方性法规的，应当决定在该地方适用地方性法规的规定；认为应当适用部门规章的，应当提请全国人民代表大会常务委员会裁决；部门规章之间、部门规章与地方政府规章之间对同一事项的规定不一致时，由国务院裁决。根据授权制定的法规与法律规定不一致，不能确定如何适用时，由全国人民代表大会常务委员会裁决。

【拓展阅读】

一、法的效力、法的实效、法的效果

在法的适用过程中，一般会考虑这样一些问题：什么样的法才可以适用？法实施的实际状况如何？有没有达到理想的效果？这实际上涉及三个问题，也就是法的三个相关概念：法的效力、法的实效、法的效果。法的效力是指法的约束力。法的适用以法具有效力为前提。只有生效从而具有普遍约束力的法才能够适用。法制定出来，甚至公布于社会，如果还没有生效，就没有约束力，就不具备适用的条件，也就不能作为解决冲突的依据。只有生效从而具有普遍约束力时，法才能够适用。法生效后，是否被适用，适用的实际状况如何，则涉及法的实效问题。法生效后，如果没有被适用，意味着法并没有实质有效，法只是一纸空文。法的实施有没有达到预期的目的，即有没有达到立法目的，则是一个法律效果问题。法的实施只有达到立法目的，法才能实现理想的效果，否则，法不能实现理想的效果，甚至被废除。可见，法的效力、法的实效、法的效果是法的实施过程中分析法的三个不同阶段。

二、法的分类

按照不同的标准，可以对法进行类型划分。

（1）根据法的内容、地位、效力和制定程序的不同，可以把法分为根本法和普通法。宪法是一国的根本法，规定该国涉及国家、社会和公民生活中带有根本性的问题，具有最高的法律地位和效力，制定程序比普通法严格。普通法只规定某类社会关系，其地位、效力低于宪法，制定程序没有宪法严格。一国的普通法不能违背宪法。

（2）根据法的创制方式和表现形式的不同，可以把法分为成文法和不成文法。成文法是指一国的有立法职权的国家机关，按照法定的权限和程序，制定出来的以系统的、规范化的文字为表现形式的法；不成文法是指不须经过正式的立法程序，不以文字形式表现，或虽有文字形式但不具有系统性、规范化特点的法，如判例。

（3）按照法的适用范围的不同，可以把法分为一般法和特别法。一般法是指对一般人、一般事项、一般时间、一般范围适用的法；特别法是指对特定的人、特定的事项有效，或者在特定的时间、特定的范围适用的法。在法的适用上，特别法优于普通法。

（4）根据法规定的具体内容的不同，可以把法分为实体法和程序法。实体法是指以权力、权利、义务为内容的法。如民法、刑法、婚姻法等；程序法是指规定实体法规定的权力、权利、义务如何实现的法。如民事诉讼法、刑事诉讼法、行政诉讼法等。

（5）根据法的创制和适用范围的不同，可以把法分为国内法和国际法。国内法是由国内有权机关制定，在该国内适用的法；国际法是由国家或国际组织创制，对该国家或国际组织有效的法。

（6）根据法的历史类型，或法体现的阶级性质的不同，可以把法分为奴隶制法、封建制法、资本主义法、社会主义法。它们分别代表奴隶主阶级、封建地主阶级、资产阶级、无产阶级的利益。

（7）在一些国家和地区还存在对法的特殊分类，如公法和私法，这是按照法所保护的权益以及行使权利的性质不同进行的划分。公法所保护的是社会整体利益，以国家权力的行使为主要特点，如宪法、行政法、刑法等；私法所保护的是个人利益，以个人权利的行使为主要特点，如民法等。此外，作为特殊分类的形式还有：普通法和衡平法，联邦法和联邦成员法。

三、法系

根据法的历史传统，可以将法分成不同的法系。我们一般把具有某种共同的历史渊源、存在较为一致的历史传统、具有相同或相近的法律制度和法律文化的若干国家或地区的法律体系的总称，称为法系。一般认为，历史上曾存在过五大法系：中华法系、大陆法系、英美法系、印度法系、伊斯兰法系。其中大陆法系和英美法系是当今世界上的两大主要法系。以法国、德国为代表的大陆法系和以英国、美国为代表的英美法系在法的渊源、法的分类、法典化、法律推理、诉讼程序的适用、法律术语等方面截然不同。

【思考与练习】

一、问答题

1. 我国法的渊源有哪些？
2. 如何判断法的效力等级？
3. 法的效力出现冲突时如何解决？

二、选择题

1. 下列属于我国制定法的渊源的是（　　）。

A. 法律　　B. 行政法规　　C. 法理　　D. 判例

2. 甲公司因抄袭某外国公司在中国的子公司的知识产权被诉至法院。法院依据《中华人民共和国著作权法》和《伯尔尼保护文学艺术作品公约》判决甲公司败诉，承担民事责任。针对法院的判决，说法正确的是（　　）。

A. 《中华人民共和国著作权法》是我国法的渊源

B. 《伯尔尼保护文学艺术作品公约》是我国法的渊源

C. 《伯尔尼保护文学艺术作品公约》不是我国法的渊源

3. 规范性法律文件的系统化活动包括（　　）。

A. 法律清理　　B. 法律编纂　　C. 法律汇编　　D. 法律解释

4. 下列属于立法活动的是（　　）。

A. 法律清理　　B. 法律编纂　　C. 法律汇编　　D. 法律解释

5. 下列关于法的效力的排序，正确的是（　　）。

A. 宪法、法律、地方性法规、行政法规

B. 宪法、法律、行政法规、地方性法规

C. 宪法、法律、省级人大指定的地方性法规、部门规章

D. 宪法、法律、部门规章、省级人大指定的地方性法规

6. 同一等级的法的效力冲突解决规则，正确的是（　　）。

A. 法律之间对同一事项的新的一般规定与旧的特别规定不一致，不能确定如何适用时，由全国人民代表大会常务委员会裁决

B. 行政法规之间对同一事项的新的一般规定与旧的特别规定不一致，不能确

定如何适用时，由国务院裁决

C. 地方性法规、规章之间不一致时，由有关机关依照下列规定的权限作出裁决：同一机关制定的新的一般规定与旧的特别规定不一致时，由制定机关裁决；地方性法规与部门规章之间对同一事项的规定不一致，不能确定如何适用时，由国务院提出意见，国务院认为应当适用地方性法规的，应当决定在该地方适用地方性法规的规定；认为应当适用部门规章的，应当提请全国人民代表大会常务委员会裁决

D. 部门规章之间、部门规章与地方政府规章之间对同一事项的规定不一致时，由国务院裁决

E. 根据授权制定的法规与法律规定不一致，不能确定如何适用时，由全国人民代表大会常务委员会裁决

【拓展阅读文献】

1. 周旺生：《法的渊源的价值实现》，《法学家》2005 年第 8 期。

2. 周旺生：《法的渊源与法的形式界分》，《法制与社会发展》2005 年第 8 期。

3. 周旺生：《重新研究法的渊源》，《比较法研究》2005 年第 7 期。

4. 杨忠文、杨兆沿：《法的效力等级辨析》，《求是学刊》2003 年第 11 期。

5. ［法］勒内·达维德著，漆竹生译：《当代主要法律体系》，上海译文出版社 1984 年版。

学习情境一：我国法的渊源的识别

【范例】

【范例一】

秋菊打官司

村民万某和村长因琐事发生争吵，村长朝万某的身上踢了几脚，万某受伤，治疗了一段时间仍不见好，万某的妻子秋菊同村长商量。由于没有结果，秋菊就告到了乡上，乡里的李公安出面调停，让村长付给万某 200 元钱。村长不服气，在点钱给秋菊的时候，仍说着气话。秋菊不愿接受，又告到了县上。县公安局让她写个状子递上，秋菊花钱请人写了状子，公安局收下了，数日后送达了处理意见，给秋菊的通知是由村长转交的。县上的处理意见同乡里的处理意见大体相同，村长仍没有给秋菊一个说法。秋菊还是不服，又告到了市里。市公安局复议维持县公安局的处理意见。秋菊还是没有得到自己要求的一个说法。于是请教律师，律师说还可以提起行政诉讼。秋菊就同吴律师签订了委托代理合同，开庭的时候，才知道与她对簿公堂的，不是村长，而是市公安局的严局长，秋菊虽不同意，审判还是进行了。一审判决，维持市公安局的复议决定。吴律师对秋菊说，官司输了，还可以上诉。秋菊委托他继续做自己的代理人。二审法院接受上诉后，经审查，认为本案已超出一般民事纠纷的范围。因为拍片结果证明万某肋骨断了两根，已构成轻伤害。在秋菊的小孩过满月那天，全村人都

围在一起喝酒，村长却被一辆警车带走了，呼啸的警笛声中，秋菊满脸的迷惑不解。①

【范例二】

“店堂告示”在法律裁判中的作用与局限性

消费者马某在G市一百货商场未付款就拿走价值120元的商品，商场以店堂告示“偷一罚十”为依据，要求对马某罚款1 200元，并指出这是行业常规。双方僵持到中午，马某最终同意前往银行取款，接受商场依“偷一罚十”的规定罚款1200元。

后来，马某以名誉权受到损害为由提起诉讼。被告主张原告自愿接受罚款，该民事法律行为合法有效，原告则坚持自己拿走商品是一时疏忽，不构成偷窃，商场无权对其进行处罚，商场的行为已经对其名誉造成损害。

G市L区法院认定“偷一罚十”的店堂告示无效，判处商场立即把罚款退还原告。G市中级人民法院作出终审判决，认定原告已你经构成非法占有他人财物，仍判处商场立即把罚款退还原告，但是对于未付款即将商品带出商场的原告，除了要求分摊诉讼费用以外，并不罚款或要求悔过。②

【训练目的及要求】

结合范例和相关知识，通过训练，能够初步判断各法律现象适用何种法的渊源，如何适用。

【训练方法】

参训学生分为两组，一组学生运用法的渊源对社会法律现象作出处理，另一组学生评价法的渊源的适用是否正确。

【训练步骤】

步骤1：分组。

步骤2：熟悉范例。

步骤3：各组运用法的渊源理论对该范例涉及的法的渊源进行分析。

步骤4：对学生法的渊源的适用训练进行评判。

学习情境二：我国法的渊源的应用

【范例】

【范例一】

阿道夫·埃希曼案

阿道夫·埃希曼曾经是纳粹德国屠杀犹太人的主要参与者。这个人主要参与制定

① http：//blog. sina. com. cn/s/blog_4fb1b54401000ckp. html。

② https：//www. wenmi. com/article/pz2oji04kda7. html。

了屠杀犹太人的“最终解决”方案，亲手将80万波兰犹太人送入集中营，欠下了300万条人命。1950年，他带着家人，秘密抵达阿根廷，深居简出，依靠狡诈多变的手段和分布广泛的关系网，一次次逃脱了盟国和犹太复仇者的追捕。1951年9月1日，以色列全国性的情报安全机构摩萨德建立。该机构的首要任务是把在逃的纳粹战犯缉拿归案。1957年秋末，追寻这些纳粹的猎手们终于在阿根廷首都布宜诺斯艾利斯市郊的奥利沃斯区发现了埃希曼的蛛丝马迹。摩萨德首脑伊塞·哈雷尔一接到情报，很快派出干练的侦察员于1958年1月前往布宜诺斯艾利斯郊区进行调查。不料，狡猾的埃希曼离开了原住址而不知去向。几经周折，摩萨德最终确定了阿道夫·埃希曼的踪迹，并通过特遣行动小组于1960年5月在布宜诺斯艾利斯将阿道夫·埃希曼绑架回以色列。

对此，阿根廷指责以色列在阿根廷领土上非法行使权力，从而侵犯阿根廷主权，要求以色列把阿道夫·埃希曼送还阿根廷，并由以色列惩处执行诱拐任务的人。以色列对这件事表示遗憾，并认为那些人的行为具有特殊性质，进而为其辩护。双方引起争端。阿根廷将争端提交联合国安理会处理。以色列认为：必须根据阿道夫·埃希曼罪行的不寻常和绝无仅有的性质以及拘捕阿道夫·埃希曼的那些人的善良动机，来考虑单独一次的破坏阿根廷法律的行为。阿根廷否认道德上的理由——哪怕作为例外——可以推翻实在国际法的绝对效力，强调“单独一次破坏法律秩序将导致其全部结构垮台”①。

【范例二】

生育权案

已怀孕4个多月的李女士因与丈夫杨某感情不和，独自到医院做了人工流产。杨某震怒之余，将妻子告上法院，称妻子在没有经过他同意的情况下，擅自流产，侵犯了他的生育权。法院认为，李女士的行为侵犯了杨某的生育权，应赔偿丈夫精神损失费5 000元。

【训练目的及要求】

结合范例和相关知识，通过训练，能够初步判断如何正确适用法。

【训练方法】

参训学生分为若干组，每一组对法的适用情况作出归纳，然后提出来进行小组之间的交流、讨论。

【训练步骤】

步骤1：分组。

步骤2：熟悉范例。

步骤3：运用法的适用理论对法律现象作出评价。

步骤4：对法的正确适用方面的训练进行最后评判。

① 张文显：《二十世纪西方法哲学思潮研究》，法律出版社1996年版，第411－412页。

单元二

法作为社会存在的理解

项目六　法的价值目标及实现

【知识结构图】

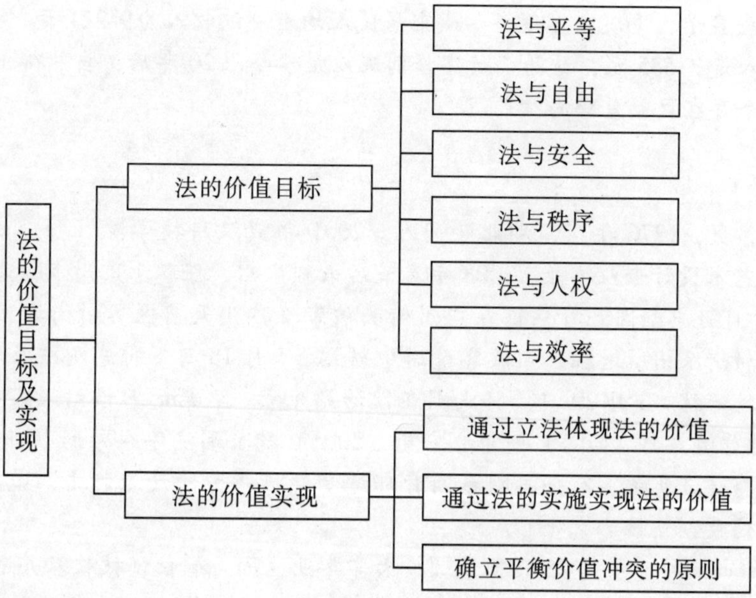

【知识目标】

1. 掌握法的基本价值要素
2. 掌握法的价值冲突解决原则

【能力目标】

1. 能对具体法律规定体现的价值目标作出判断
2. 能解决在具体案件的法律适用中不同法律价值的冲突问题

任务一　法的价值目标

【导入案例】

【案例一】

2005 年 12 月 15 日的一场车祸，让年仅 14 岁的重庆市江北区某中学女生何某和另外两个同伴离开了人世。一辆大货车将一辆三轮车轧在了下面，三轮车上的何某和两个同伴当场被轧死。然而，何某的两个城镇户口的女同学的家人得到了 20 万元赔偿金，而户口在江北农村的何某家人仅得到 5 万元赔偿金。为什么会出现这种“同命不同价”的现象？因为 2003 年 12 月 4 日通过的最高人民法院《关于审理人身损害赔偿案件适用法律若干问题的解释》中明确规定：死亡赔偿金按照受诉法院所在地上一年度城镇居民人均可支配收入或者农村居民人均纯收入标准，按 20 年计算。该解释自 2004 年 5 月 1 日起施行，而所有交通事故中的人身损害赔偿都得遵照该规定执行。按此规定，何某户口在江北区的农村，赔偿的标准是2004 年度的重庆市全年农村居民人均纯收入；其他孩子是城市居民，应基于重庆市全年城市居民的人均可支配收入来计算。统计数据显示，重庆市当年全年城市居民人均可支配收入为9 221 元，全年农村居民人均纯收入是2 535 元，这两个数字分别乘以赔偿年限20 年后，自然得出近20 万元和5 万元两个存在巨大差距的结果。

【案例二】

孙志刚，男，1976 年生，湖北黄冈人。2001 年武汉科技学院（原武汉纺织工学院）艺术系艺术设计专业毕业，2003 年春节后来到广州，任职于广州市达奇服装公司。同年3 月17 日孙志刚因无暂住证在广州街头被带至广州天河区黄村街派出所。次日，孙志刚被黄村街派出所送往广州收容遣送中转站。3 月 18 日，孙志刚被收容站送往广州收容人员救治站。3 月 20 日，孙志刚在救治站死亡。之后的尸检结果表明，孙志刚死前72 小时曾遭毒打。后来广州市公安局（2003）穗公刑法字 4 号刑事科学技术法医学鉴定书，同样证实被害人孙志刚系因背部遭受钝性暴力的反复打击，造成背部大面积软组织损伤致创伤性休克死亡。

《南方都市报》于4 月25 日刊登《一大学毕业生因无暂住证被收容并遭毒打致死》一文。5 月14 日，华中科技大学法学院法学博士俞江与腾彪、许志永两位法学博士以中国公民的名义，向全国人大常委会上书，指出人身自由是由《宪法》所规定的根本权利，是神圣不可侵犯的。建议对《城市流浪乞讨人员收容遣送办法》进行违宪审查。5 月23 日，我国著名法学专家贺卫方、盛洪、沈岿、萧瀚、何海波联合上书全国人大常委会，提请就孙志刚案及收容遣送制度实施状况依照《宪法》启动特别调查程序。

2003 年6 月9 日，广州市中级人民法院就孙志刚被故意伤害致死案作出一审判决：主犯乔燕琴被判处死刑；第二主犯李海婴被判处死刑，缓期两年执行；其余十名罪犯胡金艳、乔志军、李文星、何家红、韦延良、李龙生、吕二朋、张明君、周利伟、钟辽国分别被判处有期徒刑三年至无期徒刑。6 月9 日，孙志刚案涉及的原广州市公安局天河区分局黄村街派出所民警李耀辉，原广州市脑科医院江村住院部副主任张耀辉，原广州市收容人员救治站负责人彭红军，医生任浩强，护士邹丽萍、曾伟林等6人，以玩忽职守罪，被广州市天河区人民法院和白云区人民法院分别判处有期徒刑2年至3年。6月10日，孙志刚被故意伤害致死案中涉及的其他23名违反党纪政纪的有关责任人员，经广州市委、市政府同意，已由广州市纪委、市监察局和有关单位给予党纪、政纪严肃处分。6月20日，国务院总理温家宝签署国务院第381号令，公布施行《城市生活无着的流浪乞讨人员救助管理办法》，该办法自2003年8月1日起施行。1982年5月12日国务院发布的《城市流浪乞讨人员收容遣送办法》同时废止。6月22日，新华社授权播发《城市生活无着的流浪乞讨人员救助管理办法》全文。6月27日，孙志刚案件终审裁定在广东省高级人民法院公开宣布，(2003) 粤高法刑一终字第387号刑事裁定书裁定孙志刚案维持原判。7月21日，国务院民政部门发布《城市生活无着的流浪乞讨人员救助管理办法实施细则》(民政部令2003年第24号)，本实施细则自2003年8月1日起施行。8月1日，《城市生活无着的流浪乞讨人员救助管理办法》及其《城市生活无着的流浪乞讨人员救助管理办法实施细则》即日起正式实施。

问题：1. 你认为案例一中最高人民法院的司法解释是否违反了平等原则？为什么？

2. 你认为《城市流浪乞讨人员收容遣送办法》和《城市生活无着的流浪乞讨人员救助管理办法》两部法律的价值取向有何区别？

【基本原理认知】

法作为一种满足人们多种需要而创制的规范体系，它所确认和保护的价值是多样的，也就是说，它的价值目标具有多元性，是多元目标所构成的体系。价值目标的多元性，源于人们需要的多元性，利益的多元性。在导入的“案例一”中，依据最高人民法院作出的司法解释，重庆市江北区某中学女生何某因车祸死亡，在死亡赔偿金上与两位城镇户口的同学相差3倍。这种仅因户籍所在地不同的悬殊待遇有悖于人们对公平正义的理解。人生而平等，生命无贵贱之分，但法律却允许基于不当理由的区别对待，许多民众认为“同命不同价”有悖于“法律面前人人平等”的原则，社会的呼声催生了《民法典》第一千一百八十条的规定：“因同一侵权行为造成多人死亡的，可以以相同数额确定死亡赔偿金。”在“案例二”中，因孙志刚之死引起人们关注的《城市流浪乞讨人员收容遣送办法》，的确与我国《宪法》中规定的“中华人民共和国公民的人身自由不受侵犯”等规定不协调。应该说，这部法律更多着眼于行政管理的便宜和效果。而因该案件催生出台的《城市生活无着的流浪乞讨人员救助管理办法》则明显地注重对在城市生活无着的流浪、乞讨人员的基本生活实施救助。在不同的国家、不同的历史阶段、不同的法律中有不同的价值追求，究竟怎样的法才是“正义的化身”呢？

从法的词源来看，它与人们追求正义的需要密切相关。如“法”的中文词源，据许慎的《说文解字》分析，与上古时期的神兽裁判有关，其意为“平之如水，从水；触不直者去之，从去”。而拉丁文 Jus、法文 Droit、德文 Rechit、俄文 Право 等，也都包含“平”“正”“直”的意思。在西方，古罗马法学家乌尔比安对“法学”一词的定义是：“人和神的事务的概念，正义和非正义之学。”可见古今中外，正义皆为法所追求的最高价值目标。

美国著名的法律哲学家埃德加·博登海默认为，平等、自由、安全是“构成正义的三个基本成分”[①]，他认为“正义的要求包括了防止不合理的歧视待遇、禁止伤害他人、承认基本人权、提供在职业上自我实现的机会、设定义务以确保安全和有效履行必要的政府职责、确立一个公正的奖惩制度等等”[②]。

历史唯物主义认为，正义在实质上“始终只是现存的经济关系在其保守方面或在其革命方面的观念化、神圣化的表现”[③]。可以说，就是一定的经济关系所决定的利益要求的理论抽象化和神圣化的表现。由于正义源于生活的经济关系所决定的人们的利益，因此正义具有两个重要属性，即历史性和阶级性。在人类发展的不同历史阶段，由于经济关系的内容、特点不同，社会中会有不同的正义观。而博登海默在描述“正义的普洛透斯之脸”的同时，也指出：任何一个社会制度都不可能完全无视正义基本价值要素中的某一个价值，但在其重要性排序上可能会优先考虑其中的某一个价值——如封建制度给予了安全观念以突出的地位，却降低了自由、平等的重要性；资本主义时代，将增进自由视为政府政策的首要任务；而在社会主义国家，人们试图消灭收入和财产地位上的差别，最终目的是平等满足人们的需要。[④]

博登海默认为，“一个法律制度若要恰当地完成其职能，就不仅要力求实现正义，而且还须致力于创造秩序”。他指出：“一个法律制度若不能满足正义的要求，那么从长远的角度来看，它就无力为政治实体提供秩序与和平。另一方面，如果没有一个有序的司法秩序制度来确保相同情况获得相同待遇，那么正义也不可能实现。”因而，博登海默主张“法律应当是正义与秩序的综合体”。

在其他的一些学者看来，法律的价值要素还包括诸如人权、民主、效率等方面。

一、法与平等

平等是人们社会关系的一种状况，它通常被表述为人们在社会生活中的地位或状态相同。事实上，平等乃是一个具有多种不同含义的多形概念，它所指的对象可以是政治参与的权利、收入分配的制度，也可以是不得势的群体的社会地位和法律地位。它的范围涉及法律待遇的平等、机会的平等和人类基本需要的平等，它还可能关注在使用刑法时维持罪行与刑罚间某种程度的均衡问题。[⑤]

应该说，平等是法律概念所固有的一种属性。法律规则把人、物和事件归于一定的类别，并按照某种共同的标准对它们进行调整。从这个意义上讲，法律平等就是“凡是法律视为相同的人，都应当以法律所确定的方式来对待”，即法律待遇平等。这里关键涉及一个分类标准的问题。这种分类标准实际上是由立法者确定的。而立法者由于自身的局限性和利益要求，可能对分类标准的确定并不合理，但是法律规则本身并未包含防止立法者采用不合理的分类标准的措施。因此，依据不合理的分类标准所

---

① ［美］博登海默著，邓正来译：《法理学：法律哲学与法律方法》，中国政法大学出版社 1999 年版，第 325 页。

② ［美］博登海默著，邓正来译：《法理学：法律哲学与法律方法》，中国政法大学出版社 1999 年版，第 270 页。

③ 《马克思恩格斯选集》第 2 卷，人民出版社 1972 年版，第 539 页。

④ ［美］博登海默著，邓正来译：《法理学：法律哲学与法律方法》，中国政法大学出版社 1999 年版，第 257 页。

⑤ ［美］博登海默著，邓正来译：《法理学：法律哲学与法律方法》，中国政法大学出版社 1999 年版，第 285 页。

制定的法律规则，带给人们的“平等的法律待遇”实际上并不具有正义性。

我们纵观历史，发现在人类文明史上，不平等的记载要远远多于平等的记载。恩格斯曾在分析人类平等的发展史时说道：“在最古老的自发的公社中，最多只能谈得上公社成员之间的平等权利，妇女、奴隶和外地人自然不在此列。在希腊人和罗马人那里，人们的不平等比任何平等受重视得多。如果认为希腊人和野蛮人、自由民和奴隶、公民和被保护民、罗马的公民和罗马的臣民（指广义而言），都可以要求平等的政治地位，那么这在古代人看来必定是发了疯。”① 究其原因，并不是人们不具有正义感，相反人们要求的这种“不平等”是基于当时人们的这样一种正义观念，即不同等级的人应当得到不同对待，相同等级的人才应得到相同的对待。因此，这里还是一个分类标准的问题，即将人们分为不同等级和类别的标准是否具有合理性？这是一个最为本质和关键性的问题。博登海默就认为，平等应当是“对于那些被当时、当地的普遍观点认为是处于平等地位或基本相似地位的人，应视为相同的情形，而予以平等对待”。而将哪些情形或人视为相同或不同的情形，从而在法律上同等对待或区别对待，往往是依客观的生产状况、社会现实状况以及人们现有的认识和理解水平而定的。②

社会主义的平等观认为：“平等应当不仅是表面的，不仅在国家的领域中实行，它还应当是实际的，还应当在社会的、经济的领域中实行。”③ 因此，社会主义所要求和最终要实现的平等是消灭阶级，为人们的全面发展提供相同的条件。在对平等的研究中，人们通常将平等的状况分为两大类，即社会活动中机会的平等和实际社会生活状态的平等。

机会平等，其基本含义是人们在社会活动中，基于制度的安排，对争取各种福利享有同样的机会，它的制度表现就是法律上的权利和义务的平等。但这种平等并不意味着社会成员在社会生活实际内容上享有平等，即不会享有相等的福利；相反，它会造成实际生活中的不平等。而强调实际福利的平等则是要求一种结果的平等，即实际社会生活状态的平等。受社会资源的有限性的制约，结果平等是无法实现的。

二、法与自由

在一个正义的法律制度所必须予以充分考虑的人的需要中，自由占有一个显要的位置。要求获得自由乃是人类根深蒂固的一种欲望。

形式意义上的自由是一种不被约束的状态或从约束状态中解脱出来的结果。从没有法律约束方面来看，人是生而自由的。但从最初的人类受制于大自然的角度讲，人是生而不自由的，钻木取火被认为是人第一次从自然界获得自由。后来人制造出生产工具，随着生产力的发展，人类逐渐从必然王国走向自由王国。

因而，理解自由的含义，应把握自由的以下几个方面的属性：①自由具有历史性。它是历史发展的产物，人类历史的发展过程，就是从不自由到自由的过程；②自由具有物质制约性。人们只有借助一定的物质生产力，才能得到一定的自由，包括对自然

---

① 《马克思恩格斯选集》第3卷，人民出版社1972年版，第143页。

② ［美］博登海默著，邓正来译：《法理学：法律哲学与法律方法》，中国政法大学出版社1999年版，第290页。

③ 《马克思恩格斯选集》第3卷，人民出版社1972年版，第146页。

的自由和社会中的自由；③自由具有社会性。自由是主体与自然界的关系，也是主体间的关系。人们只有通过联合劳动，才能从自然界中获得生存和发展的自由，这一事实本身已经决定了每个人的自由只有在社会关系中才能获得，人们不能离开社会关系，不能离开人们的交往与合作而获得自由。

从自由的以上属性出发，我们认为自由虽然是主体的自主状况，但绝不是主体的任性，自由往往伴随着约束。自人类进入文明时代以来，自由都伴随着法律的确认和调整。许多思想家，特别是一些资产阶级启蒙思想家，都在一定程度上正确解释了自由与法的关系。

17 世纪英国的思想家约翰·洛克宣称，“法律的目的并不是废除或限制自由，而是保护和扩大自由”。[①] 18 世纪法国的著名思想家孟德斯鸠认为，自由并不是愿意做什么就做什么，“在一个有法律的社会里，自由是一个人自由地去做他可以做的事情（法律保障了他的这种自由），而不是被迫地去做他不应该做的事情”。“自由是做法律许可的一切事情的权利；如果一个公民能够做法律所禁止的事情，他就不再有自由了，因为其他人也同样会有这个权利。”[②]

以上是人们常常引用的关于法与自由的经典论述，这些观点对于我们认识法与自由的关系有重要的参考意义。但是我们要认识到，自由是人类改造自然和社会的成果，而法律的自由，则是这种文明成果的法律化。法律将重要的行为自由确认下来，使其成为法律权利，并予以特别保护，在法律之外，人们仍有广阔的自由空间。有人认为，在实现法治的社会中，一切自由都在法律的范围之内，法律之外不存在自由，这种观点是错误的。为了保证社会活动的正常进行，保证人们对自由的享有，法律需要将社会中的重要的自由确认下来，使之成为法律权利，并提供相应的法律保护手段。当这种自由受到侵害时，国家就有义务采取保护性措施。但是法律不可能将社会中的全部自由都纳入法律调整和保护的范围，这是因为：首先，法律是相对静止和稳定的，而社会自由是随着人们改造自然和社会的活动不断发展的，在社会的发展中，总会有新的自由超越现存的法律制度；其次，从社会调整的经济性角度来讲，法律的调整需要很大的成本，如果法律不分巨细地将所有社会活动都纳入法律调整的范围，那么对法律的投入就会大到让社会难以负担的地步；最后，如果将所有社会自由都纳入法律调整的范围，规定人们只能作出法律明确授权的行为，那么，就可能造成社会的超组织状态，阻碍社会的发展。所以，法律对自由的确认，一般是将重要的自由确认为法律权利，同时规定法律不禁止的即为许可。英国的哲学家和社会学家赫伯特·斯宾塞提出“每个人都有为所欲为的自由，只要他不侵犯任何他人所享有的同等自由”，[③] 这段表述被称为著名的“斯宾塞公式”或“自由平等法则”，也可以看作是衡量人们可以在多大程度上享有自由，或者法律能够在多大程度上限制人们自由的一个标准。一般来说，只有当个别人的自由侵害到别人（社会）利益时，才应当限制其自由，这也是立法的限度。

---

① ［英］洛克著，叶启芳、瞿菊农译：《政府论》（下篇），商务印书馆 1982 年版，第 35 页。

② ［法］孟德斯鸠著，袁岳编译：《论法的精神》（上册），商务印书馆 1982 年版，第 154 页。

③ ［美］博登海默著，邓正来译：《法理学：法律哲学与法律方法》，中国政法大学出版社 1999 年版，第 95 页。

三、法与安全

安全的基本含义是指利益受到保护，免受威胁和侵害。安全对人们的生存和发展来说，都是一种非常重要的价值。没有安全，人们便无法生存，更无法发展。“从最低限度来讲，人之幸福要求有足够的秩序以确保粮食生产、住房以及孩子抚养等基本需要得到满足；这一要求只有在日常生活达至一定程度的安全、和平及有序的基础上才能加以实现，而无法在持续的动乱和冲突状况中予以实现。”①

由于安全涉及的是利益的保护，因此，安全的内容是多方面并具有层次性的。从个人的角度来讲，它包括人身安全和财产安全，也包括其他利益的安全，这三者在重要性的排序上往往是递减的。一般来说，人们最注重的安全是生命健康的安全，其次才是财产的安全。在现代社会中，由于社会生活的多方面展开，人们的利益也越来越多样化，对这些利益保护的需要也成为人们的一种要求。这就要求我们将安全作为法的一个重要的价值目标予以确认和维护。

四、法与秩序

秩序是与无序相对的。秩序是指事物运动的确定性、连续性和规则性状态。而无序表现为事物变化反复无常，不可预测和不可认识的状态。

秩序是普遍存在的。自然界的有序性——自然规律，已经被自然科学证实，如春夏秋冬的周而复始、水往低处流等。而社会秩序是指一定的社会结构、社会组织和社会成员，在社会活动和社会变化中所处的位置，具有一定的确定性和稳定性，社会活动及社会变化是具有连续性和规则性的。社会秩序的内容包括很多方面，如经济秩序、政治秩序、文化秩序等，而法律规范调整形成的结果称为法律秩序。

秩序是人们在社会活动中所追求的重要价值之一，社会秩序对于社会的存在和发展，对于人们各种利益的实现来说，都具有重要意义。

一方面，秩序使社会活动可认识和可预测，提供了人们社会交往和合作的可能性。由于人们的利益总是存在于人们的社会关系中，而社会关系则是人们互相交往与合作的产物，因而，人们只有通过交往和合作，才能实现自己的一切需求。如果人们的活动不可认识，活动的结果无法预见，那么，人们就不可能实现合作。正是秩序保证了社会活动的可认识和可预测性，提供了人们社会交往和合作的基础，因此，也提供了社会存在和发展的基础。

另一方面，一切价值的实现都依赖于秩序。社会秩序是社会活动的形式结构，是社会活动的状态，而人们的实质性需求，如对自由、平等、安全的享受，对经济效益的取得，都只有在秩序之中才能实现。因此，秩序对于人们追求和实现其他价值来说，具有工具性和中介性的意义。没有秩序，其他价值就无法实现。

五、法与人权

人权是现代法最基本的价值之一。从一般意义上讲，人权是人的价值的社会承认，

---

① ［美］博登海默著，邓正来译：《法理学：法律哲学与法律方法》，中国政法大学出版社 1999 年版，第 293 – 294 页。

人们在对人权的探究过程中，形成对人权的不同层次的理解和界定。我国法学界对人权的界定着眼于宪法规定的“公民的基本权利”。所谓基本权利，是指人的先天既存的和后天能够实现的价值在法律上的承认。

人权对于人的重要性，已经成为文明社会的共识。没有人权的社会，人的价值也就无从体现。肯定人的价值的一般方法是肯定人的人权，而抹杀人的价值的常用方法则是否定、剥夺、压制或践踏人的人权。

六、法与效率

效率原本是经济学意义上的价值，它是指从一个既定的投入量中获得最大的产出，即以最少的资源消耗取得同样多的效果，或以同样的资源消耗取得最大的效果。一切经济活动主体在经济活动中都会追求效率，因为它意味着收益的增加。对于一个社会来说，效率意味着整个社会财富的增加。因此，效率是社会生活中不可缺少的重要价值，也是法律所追求的目标。效率作为法律追求的一种价值目标，是通过制度构建来实现的，如利用法律制度确认各种权利，利用法律手段消除各种不利因素的制约，促进资源配置最优状态的形成等。

在实践中，往往存在着效率和公平两种价值的冲突。面对这两种价值冲突，我们过去几乎都是以“效率优先，兼顾公平”的思路来解决，但实际效果往往是无法做到兼顾，只好以牺牲公平来成全对效率的追求。效率优先、兼顾公平，在一定范围内可能是成立的，但从整个社会制度设计的层面来看，它是根本不可能被适用的。尽管作为个人，对正义的渴望未必会大于对物质财富的渴望或对其他事物的渴望，但是对于一个社会整体而言，正义同人们对物质财富的追求相比，有更大的价值——人们正是在一定的体现着正义的制度下，才能进行协作劳动、共同生产，而个人所追求的物质财富正是在协作劳动、共同合作的条件下才能获得。正因为如此，对一个社会而言，对正义的追求应置于首要地位。任何制度设计，都要以正义为优先价值取向。人类经济史表明，效率实际上只是真正具有正义性的社会整体制度的副产品。正如美国学者约翰·罗尔斯所言：一个社会无论效率多高，如果它缺乏公平，则我们不能认为它就比效率低但比较公平的社会更加理想。

【拓展阅读】

法的其他价值及价值目标体系

以上我们分析了法的六个方面的价值要素（或价值目标）：平等、自由、安全、秩序、人权和效率。实际上，法的价值不仅仅局限于这些方面，还包括其他一系列的价值要素，如法治、权利和民主价值等。

法的法治价值。法治是一个非常重要但又难以准确界定的概念，它意指所有的权威机构，包括立法、行政、司法等都要服从于包含至高无上的价值理念的法律制度。要注意的是，作为法的价值的法治，当然不是指法律制度，法律制度早已存在，法治是近代社会的产物。法治是法发展的理想，依法治国是法发展的必然趋势。

法的权利价值。权利是在一定社会中产生的，并以社会的一定承认为前提，由其享有者自主享有的权益，是一定社会的产物。法的权利是权利的一种，是在法律社会中产生、存在，并以特定法的形式予以许可和保障的权利主体自主享有的权益。权利是法的基本目的，法通过制约权力、实现义务和协调权利来保障权利的实现。

法的民主价值。法是国家意志的体现，准确地讲，法是统治阶层的整体意志、共同意志的体现。法的本质与“多数人决策”的民主内涵完全一致，即法是多数人的统治。这种多数随着时代的改变而有所不同，或者是绝对多数，或者是相对多数，但必须是统治阶级内部的多数，所以，可以说民主是法的本质内在要求。离开了民主，法就会失去其应有的本质，就难以成为真正的法。可以说，民主是法产生的前提、存在的依据，是法的理想和追求。

法的价值目标体系，是指法的各种具体价值目标之间的相互联系和关系。各种具体价值目标的排序和权重当然是主观指向意义上的。但因为人们的需要而有共性，所以法理学界对法的具体价值目标的阐述仍然是共性多于差异性。

美国著名的综合法理学派代表人物博登海默认为，可以根据两个基本法律概念来分析法律制度：秩序和正义。秩序表现为法律制度的形式结构，正义表现为法律制度的实质目的，而正义包括了自由、平等、安全、共同福利等更具体的目的。法律就是秩序和正义的综合体。我国张恒山教授在博登海默的理论框架的基础上提出，法的价值目标的内容包括“秩序”和“正义”这两大基本价值。秩序是法所追求的形式价值目标，正义是法所追求的实质价值目标。正义要通过秩序来体现。正义又包含安全、自由、平等、效率这四大主要价值。四者又相互交错、相互联结，共同构成正义的内容。本书基本上遵循了这样的理念，原因在于：第一，秩序确实是人类最需要的基本价值，无论是自然秩序还是社会秩序，都是人类最基本的需要。社会秩序能给人们提供安全、自由、平等、人权、效率等价值在形式上的满足，这种形式上的满足潜存着在实质上提供上述满足的可能性。第二，任何社会秩序总是包含着某种正义精神。人们总是根据自己对正义的理解去遵循某种行为规则，从而形成社会秩序；人们是否接受、遵循某种法律规则体系，也主要取决于人们自身对正义价值的理解和追求，取决于这种法律规则体系所要构建的社会秩序是否符合人们所理解的正义精神。

由此可见，将“秩序”视为法的外在形式属性，将“正义”视为法的内在本质属性，因而认为正义体现法的主要精神，其内容又主要包括平等、自由、安全、人权、效率等价值——以这种思路去构建法的价值目标体系，确实有着较大的适应性和包容性。

任务二　法的价值实现

【导入案例】

【案例一】

王某是一个在宁夏石嘴山某工地打工的农民工。2005 年 5 月，他向包工头吴某讨要自己的 5 000 元工资，吴某只给了王某 50 元，还以各种理由拒绝支付其余工资。王某找当地劳动行政部门要求解决，劳动行政部门建议其到法院起诉。王某到法院起诉时，被法院工作人员告知需要 3 个月到 6 个月的时间才能够受理案件，建议其去找劳动行政部门解决。王某又找到劳动行政部门。经过劳动行政部门调解后，吴某答应给王某工钱，但后来并没有给王某剩余的工钱，反而找了个借口将王某开除。王某因其父亲治病急需用钱，遂于2005年5月11日晚，与弟弟一起准备到吴某处要回剩余的工钱。兄弟俩到吴某住处讨要工资时，吴某一直没有开门。住在旁边的苏某才、苏某刚、苏某兰、吴某华还有吴某的妻子过来让他俩走。吴某华骂王某哥俩像狗，并对其拳打脚踢。苏氏父子也对兄弟二人连踢带打。"为什么我活着总是让人欺负?!"愤怒的王某拿出随身携带的折叠刀，将苏某刚、苏某才、吴某华、苏某兰相继捅倒在地，又见吴某之妻汤某扶着被捅伤的苏某刚蹲在墙根处，王某持刀又将汤某捅伤，最终酿成四死一伤的惨案。王某杀了人后没有逃跑，而是投案自首。"他们这样欺压民工，却受不到法律的制裁，我就是要杀了他们。我杀了他们，并不是我想的，这是命运的安排吧。"对于自己的所作所为，王某没有后悔，"反正我也不想活了，我这样活着太累了!"后王某被宁夏石嘴山市中级人民法院判处死刑。①

【案例二】

原告：李某。被告：小李，系原告之子。

2003年9月，在李某诉张某离婚一案中，法院判决婚生子小李由其母张某抚养，其父李某每月承担抚养费430元。2005年8月下旬，李某到某大学读博士研究生，原工作单位从当年9月1日起停发了李某的工资。原告李某将其子小李诉至法院，以学费和生活费已不堪重负等原因无力支付其子小李的抚养费为由，请求法院依法判决免除其支付抚养费的义务（庭审中，原告变更诉讼为请求判令原告每月给付被告抚养费减少为50元）。

法院认为，不能免除原告抚养孩子的义务，但基于原告读博期间没有工资而又不能明显影响被告生活这一现实问题，根据被告的实际需要和父母双方的负担能力等因素，原告在读博期间可以适当减少每月支付给被告的生活费数额。依照我国《婚姻法》第二十一条、最高人民法院《关于人民法院审理离婚案件处理子女抚养问题的若干具体意见》第七条、第十五条及相关法律的规定，判决如下：原告李某在校读博士研究生期间，每月支付生活费150元给被告小李。一审结束后，被告小李以法院判决不当为由提起上诉，二审法院认为一审法院减少生活费数额幅度不当，变更为原告李某在校读博士研究生期间，每月支付生活费230元。

问题：1. 王某只是想要讨回工钱，找回属于自己的"正义"，却酿成了重大血案，最后被判处死刑。在这起案件中，法律和正义冲突了吗？为什么？

2. 李某的继续受教育权和儿子的受抚养权各属于什么性质的权利？你认为法院的判决是否合理？

【基本原理认知】

法的价值追求通过法的制定，在法律原则和法律规范中加以体现。而法的价值追求是通过法在现实生活中的具体实施才最终得以实现的。同时，在法学理论界和司法实务界明确有关解决法的价值冲突的原则有利于某些疑难案件的解决。

① http://news.sohu.com/20050905/n226867603.shtml。

一、通过立法体现法的价值

（一）平等价值在我国的立法体现

社会主义平等指的是消灭阶级、消灭剥削，使人们具有全面发展的相同条件。社会主义平等是人们长期追求的目标，社会主义经济制度的建立，为这种平等的出现和发展奠定了坚实的基础，而社会主义平等的追求，也是社会主义进一步发展的条件。因此，通过立法确认和保护社会中已有的平等，促进这种平等的发展，应当是我国立法的重要目标之一。如果我国的法律不保护这一价值目标，那么我国的法律就有悖于社会主义法的本质。

在我国的法律体系中，从宪法到各部门法，都确认了社会成员已获得的平等的社会地位。法律面前人人平等，已成为我国社会主义法治的一项基本原则。

但是我们还应当看到，我们在当前社会中所实现的平等，相对于社会主义的发展目标来说，还是最低限度的，因而还有很大的局限性。我国现阶段只是基本上（而不是完全）解决了人们在社会地位上的平等问题，比如，受生产力发展水平的制约，社会中还存在一定范围和程度的剥削现象。如果从人们实际生活状况和平等的发展条件来看，我们与目标的差距就更大，在城乡间、地区间和社会分工之间都还存在着较大的差别，人们还远不具有全面发展的相同条件。这种状况的存在，与我国处于社会主义初级阶段的客观事实有很大的关联性。

基于以上原因，在我国法律所规定的一部分公民权利中，其所保证的基本上是人们在社会地位上的平等，还不是每个人社会福利的均等；其所提供的基本上是人们在社会活动中的机会平等，而不是社会生活内容的实际平等，更不是每个人全面发展条件的平等。法律上平等与实际的平等仍存在距离。同时，因为每个人实际能力存在差别，在这一前提下，法律提供的机会平等就会造成和扩大人们在实际生活中的差别。

当然，我们还应看到，在法律提供机会平等的同时，对于机会平等带来的实际差别，我们的法律制度也包含着有效的限制性措施，比如，超额累进的个人所得税立法，最低工资额立法，失业救济立法以及其他社会福利立法，都在防止贫富差别的扩大，保证每一个社会成员的基本生活条件及基本发展条件方面发挥着重要的作用。

（二）自由价值在我国的立法体现

从理论上讲，社会主义法律应当体现自由。社会主义制度下的自由，是人类长期改造自然和社会的结果，是人类文明进步的结晶，它表现为广大人民群众在经济、政治、文化和社会生活各领域的自主状态。作为人类社会最具进步性的法律，社会主义法就应当确认和保证广大人民群众已经获得的自由，将确认这些自由和促进这些自由的发展作为自己的价值目标。只有这样，社会主义法才能最大限度地确认和保护广大人民的利益，社会主义法也才能真正符合自己的本质。因此，保护公民的自由、排除对公民自由的各种妨碍，应当是社会主义法的基本职能之一。这项基本职能的实现，需要我们从宪法到各部门法，从实体法到程序法，从法的创制到法的运作等各个环节上予以完善，“法典就是人民自由的圣经”（马克思语）。

从社会实际出发，自由需要法律确认和调整。由于人们利益的差别和对自由认识的差别，自由仍需要法律确认和调整，如果没有法律确认和调整，一些人就会滥用并扩展自己的自由，进而损害他人的自由甚至自己的自由。要保证社会成员都能享用自由，就需要用法律来规范，以权利义务的形式确定各主体自由的范围和享有自由的形式，以排除对自由的滥用。比如，我们在规定所有权的各项权能时，还规定了权利的行使不得损害社会和第三人的利益，这种规定在保证了所有者自由的同时，也保证了社会和他人的自由。又比如，法律防止主体滥用一些自由进而损害自己更为重要的利益，禁止吸毒、禁止决斗等，都是保证主体自身自由的法律措施。

我国法律对自由的确认，一般是将重要的自由确认为法律权利，同时规定法律不禁止即为许可。也就是说，法律将重要的行为自由确认下来，使其成为法律权利，并予以特别保护，在法律之外，人们仍有广阔的自由空间。

（三）安全价值在我国的立法体现

为了维护广大人民群众各方面的利益，保证我国各种制度和社会秩序不受侵害，维护国家主权和领土的完整等，需要我们将安全作为社会主义法的一个重要的价值目标予以确认和维护。在立法方面，对安全价值的确认和维护，主要通过制定调整性规范和保护性规范这两类规范来完成。通过调整性规范，法律确认国家的性质、国家政权的组织形式、主权及领土的有关内容；确认社会生活及活动中的各种制度及秩序；确认公民的生命、健康、名誉、财产及其他各种权利和自由。通过这些确认，法律提供了社会中各种主体享有利益的活动范围，这一范围也正是各种利益得到安全保障的范围。通过保护性规范，法律规定了各种违法行为的法律责任，表明一旦有违法行为发生，违法者除了要对受害者予以应有的赔偿外，还要受到国家追加的惩罚。保护性规范中所规定的损害赔偿，维护了法律所确认的主体利益的完整性；保护性规范中所规定的追加惩罚，是国家对违法者的一种惩戒，是通过教育违法者悔过自新和警戒社会上的不稳定分子，进而维护社会安全的重要措施。

（四）秩序价值在我国的立法体现

经法律确认和保障的社会秩序，就是法律秩序。它是经法律调整的社会活动的有序状态。法律秩序与其他非法律属性的秩序（如道德秩序）相比，具有以下特点：

（1）法律秩序的形式，是人们在法律上的权利义务关系。因为法律秩序的形成，是法律以权利义务的形式调整人们的行为而产生的结果。比如，在行政管理活动中，良好的管理秩序，在形式上就表现为行政主体和行政相对人的权利义务关系。

（2）法律秩序的内容，是具有普遍性和稳定性的社会联系。法律秩序是一种社会秩序，也就是说，法律秩序是有实在的社会内容的，是人们在社会生活中的实在联系，并不是人们单纯在法律上的联系。同时，在法律秩序中，人们的各种联系具有普遍性和稳定性的特点。普遍性是指在法律的空间效力范围内，在社会生活的同一方面，无论人们的个性因自然和社会环境导致了何种差别，但人们在该生活领域的交往与合作的方式，都具有广泛的同一性。稳定性是指在法律的时间效力范围内，人们进行社会交往与合作的方式具有固定不变的特点，不会因时间的变化而变化。

（3）法律秩序具有强制性。法律秩序是一种强制性秩序，它体现的是国家意志的要求，并由国家强制力保证，破坏法律秩序即会引起国家的强制性制裁。

通过立法构建良性的法律秩序，对于人们利益的实现具有重要的意义。人们各种正当的利益要求，只有在社会活动的有序状态中才能实现。另外，法律秩序本身还有一个效率的问题，即法律秩序作为人们追求一定价值（如平等、自由、安全等）的工具，它在达到人们的目标方面发挥作用的程度。高效率的法律秩序又可以称为积极的法律秩序，这种法律秩序使人们的利益得到了最大实现；低效率的法律秩序又称消极的法律秩序，这种法律秩序虽然没有使人们的利益要求得到最大满足，但表述在法律中的人们的根本利益没有受到侵害。这两种法律秩序的形成，主要是通过制定调整性法律规范和保护性法律规范来实现的。现实社会中的法律秩序，不可能是单纯的积极的法律秩序或消极的法律秩序，而往往是两者的综合。

（五）人权价值在我国的立法体现

人权与法律有着十分密切的联系。没有法律对人权的确认、宣布和保障，人权要么只能停留在道德权利的层面，要么经常面临受侵害的危险而无法救济。人权价值在我国的立法体现主要表现为：

（1）人权的宪政保障。确认和保障人权是宪政的核心价值和主要功能。所谓宪政，简单地说，就是以宪法确认和保障人权，约束和限制公共权力。以宪法的形式确认和保障人权，也是近现代民主、宪政、法治的显著特征。

人权的宪政保障在人权的国内法保护中居于首要的、基础的地位。这是由宪法的地位所决定的。宪法是一个国家的根本大法，只有宪法首先对人权给予保护，才能使整个法律体系都对人权给予保护。一项人权只有为宪法所确认和保障，才能确立起崇高的法律地位和权威，才能有效地排除各种不法侵犯。

（2）人权的立法保护。人权的立法保护包括两方面的内容：其一是实质上的保护。法律规定了法定人权的内容和范围，为人权的享有和实现提供了法定的标准。人权的法定化和制度化随着社会的发展逐步完备成熟，法定化和制度化的人权规则是人权主体请求司法救济和行政保护的文本依据，也是司法机关进行司法裁判、行政机关采取保护措施的权威文本。其二是程序上的保护。法律规定了人们享有和实现人权、司法机关对人权案件的审判、行政机关对人权采取保护措施的原则、程序、方式、方法，为人权享有、实现、救济和保护提供了有效的措施和可行的方式。这样既可以使人权按照法定的程序、方式得到实现、救济和保护，又可以防止国家机关对人权的侵害。另外，对国家机关职责的法定化和制度化，使国家机关及其工作人员必须认真对待人权受到侵害的行为和状态，进而也间接地保护了人权主体对人权的实现和享有。

（六）效率价值在我国的立法体现

社会主义法律追求效率这一价值，表现在制度建设方面，就是利用法律制度确认各种权利，调动社会各个方面的积极性投入经济建设，利用法律手段消除各种不利因素的制约，促进资源最优配置状态的形成。具体地讲，可以从以下几个方面着手：

（1）通过立法确认市场主体的地位，确认和保护市场主体的各种财产权利及其合理的利益要求。一般来说，立法对市场主体地位及其财产权利界定得越清晰，市场运作的动力就越大，就越有可能促进经济效益的提高。

（2）通过立法确认和保证市场主体在市场活动中的机会平等。只有在市场活动中具有平等的机会，市场主体才可能在竞争中根据价格信号和自己利益实现的效率，自主地投入、撤出或转移自己的资本，由此导致社会资源在地区间、行业间以效率为导向的流动和分布，最终实现社会资源配置的最优化和高效性。

（3）通过立法降低市场主体的交易成本和经济活动的社会成本。一般来说，对于市场个体，交易成本越高，其经济效益就越低；对整个市场活动而言，社会成本越高，市场配置资源所得到的经济效益就越低。在市场活动中交易成本是不可能消除的，但利用法律的有效安排，可以使交易成本最小化。因此，应通过立法尽可能降低交易成本，在对权利的配置方面，应当考虑让权利产生最大的社会经济效益。

（4）承认和保障人们在经济活动中形成的差别，但要将其控制在适当的范围内。由于各市场主体的具体条件不同，机会平等必然带来实际结果的不平等，出现贫富差别。在立法上我们不能否定这种差别，因为适度的差别是一种行为激励因素，能促使主体选择有效率的行为。但是差别过大则不利于社会的稳定和发展。为了将这种差别控制在适当的范围内，我们可以通过加强社会福利方面的立法来改善社会中劣势人群的境遇，或在税收制度方面进行立法，遏制人们收入的过大差距。

二、通过法的实施实现法的价值

法在被制定出来以后至实施之前，只是一种“纸上的法律”，如果没有法的实施，这种纸面上的法律永远不能变为现实中的法律，这样的法律对于人们的生活毫无意义。人们制定法律，就是希望法律发生作用并达到一定的目的。如果法律不能被实施，即使法律本身蕴涵的价值再大也无从实现。法的实施就是将体现在法律文件中的立法者的意图加以实施，立法者寓以法律规范背后的价值理念也在法的实施过程中得到了贯彻和实现。因而对于实现法的价值目标，法的实施与立法同等重要。从这个意义来看，法的实施决定了法律的价值目标是否能够最终得以实现。当然，准确实施法律以实现法的价值，是以法律规范（或法律原则）本身是良性的和明确的、不存在价值取向方面的瑕疵和冲突为前提的。在导入“案例一”中，王某杀人案的酿成，与我国司法、行政程序解决拖欠农民工工资问题的低效和不力不无关系。

此外，为了避免不同的法的价值目标发生冲突，还需要在实践中确立平衡法的价值冲突的基本原则。如果法律规范的内容表述不清或具有歧义，需要通过法律解释明确法律规范的具体内容。如果法律规范之间发生冲突，一般要根据效力原则来选择适用的法律规范，如下位法与上位法冲突无效，特别法与一般法冲突应优先适用特别法等。如果在法律规范（或法律原则）之间的冲突不宜根据效力原则来解决，或者两者的效力等同的情况下，则需要通过制定价值冲突解决原则来选择适用的法律规范（或法律原则）。如在导入“案例二”中，我们应当区分李某的继续受教育权和其子的受抚养权孰轻孰重，即在两者发生冲突的情况下，应当优先保护的是未成年人的受抚养权，但也应当适当地顾及李某享有的继续受教育的合法权利。所以，法院的判决有其合理性。

三、确立平衡价值冲突的原则

在实践中，法的各种价值发生冲突的情况是客观存在的，也是非常复杂的。法的价值冲突有自由与秩序的冲突、平等与效率的冲突、安全与自由的冲突等。例如，为了维护社会治安，可能需要限制某些特定人群的自由；为了刺激经济效益，可能会允许某种程度的不平等。法的价值之间产生冲突的原因是复杂的。首先，社会是由不同的个体组成的，而不同的个体会有不同的利益诉求。即使同一个人在不同的情况下也会产生不同的需求。其次，由于人们在社会生活中的地位、角色不同，存在着人们之间的利益区别和差异，这就决定了人们对法的价值的不同认识。法的价值主体除了公民之外，还包括了国家、国家机关、企业单位、事业单位、社会团体这些不同主体。

法的价值主体的多元性必然导致多元的价值观念并存，不同的法的价值主体具有不同的价值愿望、价值要求、价值标准，这就必然导致相互间在价值取向上的矛盾和冲突。再次，文化背景之间的差异，宗教、道德观念的冲突都可能构成法律价值冲突的原因。

当法的价值发生冲突时，一般应遵循以下几个原则对法的价值进行选择：

（一）价值位阶原则

我们可以将法的价值要素根据其重要性程度的不同，分为基本价值要素和非基本价值要素。如平等、自由、安全、秩序应归于法的基本价值要素，而效率、利益等应属非基本价值要素。那么在价值的选择上，我们会更多地倾向于基本价值要素。同时，即使同属于基本价值要素，我们还可以将自由、平等两个价值要素在重要性排序上置于安全和秩序二者之上，因为自由和平等是根植于人性中的人最本质的要求，而安全与秩序的存在只是为人们更好地享受自由和权利提供了可能性。在价值的选择上，我们会更多倾向于自由和平等二者。当然这种分类排序必须是以当时、当地的人们的普遍共识为依据。

（二）个案平衡原则

这是指在处于同一位阶的法的价值之间发生冲突时，必须综合考虑具体案件中主体的特定情形、需求和利益，以使个案的解决能够适当地兼顾各方的利益。

（三）比例原则

比例原则，是指为保护某种较为优越的法的价值须侵害另一种权益时，不得逾越此目的所必要的程度。即选择行为应当兼顾目标实现与其他相关权益价值，在某种价值的实现必须以其他价值的损害为代价的情况下，应当使被损害的价值降低到最小限度。例如，为了维护公共秩序，必要时可以实行交通管制，但应尽可能实现最小损害或最少限制，以保障人们的交通自由。

【拓展阅读】

追求正义的自然法学派

自然法学派是西方法学史上历史最悠久的一个流派。从古希腊、罗马开始，历经中世纪及资产阶级革命，直至当代，虽有波折，却经久不衰，至今仍具有强大的影响力和生命力。

一、自然法学派的发展脉络

（一）古代的自然法学说

自然法学说最早可以追溯到古希腊、罗马时期。早在公元前 5 世纪，古希腊诡辩学派及其代表人普洛泰哥拉斯就认为“人为万物的尺度”。正义是主观的，一切取决于人是怎样认识和评价客观存在的事物，法律与国家制度是人类任意创造出来的，因而没有客观性。苏格拉底从“神为万物的尺度”出发，认为法律可以分为制定法和不成文法两种。制定法是市民行为的准则；不成文法则为世界人类行为的准则，是神的立法。神的立法在人的立法之上。正是由于这一主张，苏格拉底被尊为自然法学说的创始人。此后，柏拉图承认自然法的存在。亚里士多德主张有自然法和成文法之分，成文法必须适合自然法才是正义的。斯多葛学派认为自然法代表人类理性，是永恒不变的，并把自然法的概念加以普遍化。

古罗马法学家西塞罗发展了自然法学说。他认为，自然法的实质就在于纯正理性，这种理性就是正义的表现，自然法的效力是普遍的，并且是不变的和永久的。在罗马和雅典不会有不同的法律，在现在及将来也不会有不同的法律，所有的只是一种永久不变适用一切时代一切国家的法律。自然法是一切事物的主宰，而神就是自然法的创造者。《查士丁尼法典》接受了自然法学说，并将法律分为自然法、万民法和市民法三大类，以自然法为最基本的法律。自然法出自万物的本性，它不仅决定人的行为，而且也决定动物的行为，它是笼罩整个宇宙的正义，在自然法面前，一切生灵都是平等的。万民法是各个民族共有的法律，是“出于自然理性而为全人类制定的法”。市民法是指每一个民族自己所制定的法律，是根据它所在的国家而命名的。

（二）中世纪的自然法学说

在中世纪的西欧，罗马教廷有很大的势力，神学凌驾于一切之上，哲学、政治学和法学都隶属于神学。罗马帝国时期的奥古斯丁曾提出早期的神学法律思想，认为上帝的永恒法处于最高地位；自然法体现人的灵魂中的善良品质，但在人类犯有“原罪”后已不复存在；世俗政府及其法律是人类堕落后的产物，用以控制人类的罪恶本性，维护和平以及教会权力；教会作为永恒法的捍卫者，有权干预世俗政府及其法律事务。与奥古斯丁早期的粗糙的神学法律思想不同，托马斯·阿奎那提出了系统而完整的神学法律理论。他认为法律“不外乎是对于种种有关公共幸福的事项的合理安排，由任何负有管理社会之责的人予以公布”①。他还指出：“法律不是别的，而是一种由管理社会的人所公布的、以共同福利为目的的理性的命令。”② 阿奎那按照神与人两大类型，把法律分为永恒法、神法、自然法和人法四种。

（1）永恒法是神的自然法，是上帝用来统治整个宇宙的大法，是最高的法律。各种法律都来源于永恒法。

（2）神法，即《圣经》，是神的成文法，是一切人类法律的源泉，是主宰人类的法律。

（3）自然法是上帝用来统治人类的法律。阿奎那认为：“与其他一切动物不同，理性的动物以一种非常特殊的方式受着神意的支配；他们既然支配着自己的行动和其他动物的行动，就变成神意本身的参与者。所以他们在某种程度上分享神的智慧，并由此产生一种自然的倾向以从事适当的行动为目的。这种理性动物之参与永恒法，就叫作自然法。”③ 由此可见，自然法是永恒法的一部分，它受永恒法的制约。

（4）人法是对自然法的确认，是人的成文法，它是通过国家机关根据自然法最终是根据永恒法制定的法律。在对人法下定义时，阿奎那采用逻辑推理的方法：“在推理时，我们从天然懂得的，不言自明的原理出发，达到各种科学的结合，这类结合不是固有的，是运用推理的工夫得出的；同样地，人类的推理也必须从自然法的箴规出发，仿佛从某些普遍的、不言自明的原理出发似的，达到其他比较特殊的安排。这种靠推理的力量得出的特殊的安排就叫做人法。”④

① ［意］阿奎那著，马清槐译：《阿奎那政治著作选》，商务印书馆1963年版，第106页。

② ［意］阿奎那：《神学大全》第2卷第1章，转引自张宏生等：《西方法律思想史》，北京大学出版社1983年版，第95页。

③ ［意］阿奎那著，马清槐译：《阿奎那政治著作选》，商务印书馆1963年版，第107页。

④ ［意］阿奎那著，马清槐译：《阿奎那政治著作选》，商务印书馆1963年版，第107页。

（三）古典自然法理论

自然法学说在十七、十八世纪进入全盛时期。为了替新兴的资产阶级作辩护，格劳秀斯、霍布斯、洛克、孟德斯鸠、卢梭、潘恩等一大批启蒙思想家和政治活动家，继承和发展了自然法学说，形成了古典自然法理论。

古典自然法理论和当时同样盛行的天赋人权论以及社会契约论有密切的联系，古典自然法学派的代表人物几乎都在不同程度上主张这两种理论。他们一般都认为，人类在组成国家之前生活在自然状态之中，受体现人的理性的自然法支配，以后根据理性的要求，订立契约，成立国家。十七、十八世纪的自然法理论继承了古代和中世纪的自然法学说，将自然法与抽象的正义观念并列。认为自然法是永恒不变、普遍适用的。在内容上，古典自然法理论一反古代、中世纪将自然法归结于自然和宇宙的理性，特别是神的理性或者神的意志的做法，强调自然法以人的理性、人性和人的权利为基础，并认为根据自然法，可以制定出详尽的、普遍适用的法典。近代自然法学说的创始人格劳秀斯对自然法的客观性作了详尽的论述，认为自然法是不可改变的，就是上帝自己也不能变更。他说："上帝自己，不能使二加二不等于四；也不能把理性上认为恶的变成不恶的。……所以就是上帝自己也不得不受自然法的支配。"① 这些理论，沉重地打击了宗教神学，促使法学摆脱神学的桎梏，为法学成为一门独立的学科创造了有利条件。

（四）新自然法学派

自 19 世纪初开始，伴随着资产阶级政权的建立，自然法思想长期处于衰落状态。到了 19 世纪末 20 世纪初，却出现了自然法的复兴。施塔姆勒提出了"内容可变更的自然法"学说，他认为法律在逻辑上应先于社会和经济现象而存在。至于法律内容，则可以随时代的推移和社会状况的变化而变化。第二次世界大战后，随着法西斯政权的崩溃，强调实在法应从属于正义之类价值准则的自然法学进一步兴起，并流行于美国和西欧。美国的圣母大学甚至于 1947 年设立自然法学院，并于 1956 年创办《自然法论坛》双月刊，成为研究自然法的中心。富勒、罗尔斯、德沃金等人成了新自然法学派的代表。

二、自然法学说的历史作用

自然法的思想和观点，几乎贯穿在整个西方法律思想发展史中。虽然在不同的历史时期，不同的思想家、法学家对自然法有不同的解释，但他们一致认为，在制定法之外，存在高于制定法的自然法，制定法应服从于自然法。按照历史唯物主义的观点来看，自然法理论只是一种理论假设，并不是真正描述历史过程的理论。尽管如此，我们也不能否定自然法学说在西方法学史上以至整个法学发展史上的影响和作用。自然法学说在其历史演变过程中，每一次的起落都与其所处的历史条件和时代背景紧密相连。在不同的历史时期，自然法学说曾经为不同的阶级服务，并对社会发展起着不同的作用。其中，古典自然法学为《独立宣言》《人权宣言》以及近代资产阶级民主、法治提供了理论基础；促进了法律的统一；提高了法律在社会生活中的地位；推动了民法、刑法和诉讼法等法律部门的重大改革，提出了私有财产神圣不可侵犯、契约自

① ［荷］格劳秀斯著，［美］A. C. 坎贝尔英译，何勤华等译：《战争与和平法》（三卷集），上海人民出版社 2005 年版，第 1 卷，第 1 章。

由、罪刑法定、无罪推定和司法独立等一系列新的法律原则；创立了宪法、国际法等新的法律，对近现代法学的发展作出了巨大的贡献。

【思考与练习】

一、问答题

1. 你认为法律应当优先体现的是机会平等还是结果平等？为什么？
2. 分析“你的权利止于我的鼻尖”这句西方法学名言。
3. 为什么自由需要法律保障？
4. 你对“在法律之外，人们仍有广阔的自由空间”这句话如何理解？
5. 请对“效率优先，兼顾公平”这句话进行剖析。

二、选择题

1. 关于法律与自由，下列选项正确的是（　　）。
   A. 自由是至高无上和神圣的，限制自由的法律就不是真正的法律
   B. 自由对人至关重要，因此，自由是衡量法律善恶的唯一标准
   C. 从实证的角度看，一切法律都是自由的法律
   D. 自由是神圣的，也是有限度的，这个限度应由法律来规定

2. “法学是关于神和人的事物的知识，是关于正义和非正义的科学”，该定义出自（　　）。
   A. 中世纪法学家　　B. 古希腊法学家
   C. 古罗马法学家　　D. 古印度法学家

3. 法所具有的价值是广泛的，最基本的价值包括（　　）。
   A. 秩序　　B. 利益　　C. 效率　　D. 正义

4. 在法的价值序列中，（　　）是其他价值实现的前提。
   A. 秩序价值　　B. 正义价值　　C. 自由价值　　D. 效率价值

5. 在现代法律实践中，当法的价值发生冲突时，通常采取的原则是（　　）。
   A. 价值排序原则　　B. 秩序优先原则
   C. 个案平衡原则　　D. 比例原则

6. 人权的原则有许多，下列不属于人权的原则的是（　　）。
   A. 尊重人的价值和尊严原则　　B. 基本的人道主义待遇原则
   C. 合理性原则　　D. 平等原则

7. 下列诸项中需要而且可能转化为法律利益的利益包括（　　）。
   A. 生命资源　　B. 爱情关系中的利益
   C. 安全资源　　D. 国家制度资源

8. 下列诸项中属于个人利益的是（　　）。
   A. 缔约自由　　B. 言论自由　　C. 生命利益　　D. 财产利益

三、案例分析题

（1）根据《工人日报》1998 年 7 月 12 日报道，1996 年深圳市福田区法院控告《民主与法制》杂志社，认为该杂志社所报道的关于该院审理《工人日报》“侵犯”某企业官员名誉权一案中，侵犯了该院的“名誉权”，于是诉至深圳市中级人民法院。结

果深圳市中级人民法院判决该杂志社败诉，赔偿5 000元。

（2）1960年3月，《纽约时报》刊登了一则政治广告，描述了全美各地的黑人团体和青年学生举行的抗议种族歧视活动，以及他们所遭受的恐怖主义报复。文中特别提到亚拉巴马州的蒙哥马利市政府动用军警以镇压黑人抗议活动。4名市政官提起诽谤诉讼，声称《纽约时报》损害了他们的名誉。案子一直打到最高法院，布坎南法官认为，对公共问题的争议应该健康进行、不受阻碍，并广泛公开；它可能包括对政府及其官员的激烈、辛辣且有时尖锐的攻击。对于政府官员来说，宪法仅处罚那些"实际恶意"的行为：被告明知陈述是错误的，或满不在乎地罔顾陈述是否错误，否则官员就不能对有关其官方行为的评论错误而获得赔偿。

问题：你认为上述案例哪种处理方法较为合理？试用法律与自由的关系原理进行分析。

【扩展阅读文献】

1. ［美］博登海默著，邓正来译：《法理学：法律哲学与法律方法》，中国政法大学出版社1999年版。
2. ［美］约翰·罗尔斯著，何怀宏译：《正义论》，中国社会科学出版社2001年版。
3. ［英］洛克著，叶启芳、瞿菊农译：《政府论》，商务印书馆1982年版。
4. 梁治平：《法辩：中国法的过去、现在与未来》，中国政法大学出版社2002年版。
5. 季卫东：《法治秩序的建构》，中国政法大学出版社1999年版。
6. 刘星：《西方法学初步》，广东人民出版社1998年版。

学习情境：法的自由价值与秩序价值何者为优

【范例】

2007年7月18日，一场特大暴雨袭击了济南市，部分地区受灾，造成人员伤亡。其中市中心最繁华的地下商场银座，在半小时内变成了黑暗的水箱，虽然官方称无一人伤亡，但网上出现了各种说法。很多关于银座商场淹死人的传闻开始在民间和网上四处传播，商场坚定而又迅速的辟谣反被当成极力掩盖事实真相的行为，双方就这样在舜网论坛上掀起了一场论战。

山东舜网论坛的网民"红钻帝国"是一名普通网友，于7月16日下午注册，在"7·18"暴雨前就已经在跟帖了。7月21日下午1点多，"红钻帝国"开始积极参与"路路畅通"板块的济南暴雨讨论。到7月22日下午1点回最后一个帖子，整整一天时间里她发了200多个回帖，但并未发过主题帖。在"银座商场进水是否有人被淹死"的问题上，她认为肯定有人死了，只不过真相没有公布出来。她在回帖中转载了其他网友的现场描述，还引述了自己朋友的说法，不过也承认自己并未亲眼看到尸体。银座商场高管报警后，警方找到了这个在婚纱影楼工作的23岁女孩，以"散布谣言，故意扰乱公共秩序”为由，对她实行了治安拘留。警方称，他们是依据《中华人民共和国治安管理处罚法》第二十五条第一项对其进行治安拘留的，该条目明确规定，符合“散布谣言，谎报险情、疫情、警情或者以其他方法故意扰乱公共秩序的”，将“处五日以上十日以下拘留，可以并处五百元以下罚款；情节较轻的，处五日以下拘留或者五百元以下罚款”。

【训练目的及要求】

结合所给案例和相关知识，通过辩论，初步掌握解决法的价值冲突的原则和思路。

【训练方法】

参训学生分为两组，一组以言论自由价值为优立论，一组以社会秩序价值为优立论，进行辩论比赛。

【训练步骤】

步骤 1：分组。

步骤 2：熟悉范例。

步骤 3：辩论。

步骤 4：总结。

项目七　法具有的功能及实现

【知识结构图】

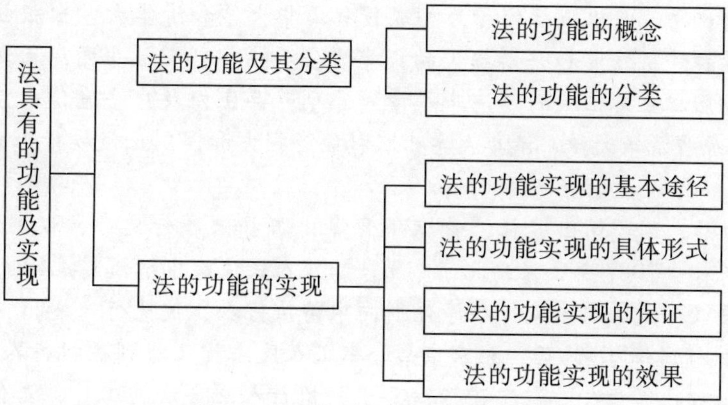

【知识目标】

1. 掌握法的功能的具体表现
2. 掌握法的功能实现的具体形式

【能力目标】

1. 能够理解具体案件的解决对法的功能实现所起的作用
2. 能够联系实际对某一法的功能实现的效果作出评价

任务一　法的功能及其分类

【导入案例】

清华大学是我国著名的高等学府之一，“清华”是清华大学的简称已经成为人们的共识。1998 年，清华大学申请的“清华”商标被核准注册。

2003 年 11 月，清华大学出版社出版了由孙瑞玲主编的《清华幼儿英语》，面向 3 ~7 岁的幼儿。2005 年 6 月，团结出版社出版了《清华早读》系列幼儿教育用书，还包括教师用书、小字卡以及配套磁带、光盘等。配套磁带和光盘均由青少年音像出版社出版发行。在《清华早读》（幼儿用书）的封面和第一页中，教师用书的封面、封底和第一页中除书名为“清华早读”外，还均标有“清华”文字和由华表等图案组合而成的图标，在小字卡的第一页和最后一页也标有该图标，在磁带和光盘的外包装以及磁带和光盘上均标明“清华早读”字样，在磁带和光盘的外包装上还标有“清华”文字和华表等图案的组合图标。2006 年第一期的《学前教育》和《幼儿教育》期刊上，刊登了《清华早读》系列产品的广告，此外，团结出版社和青少年音像出版社还以印刷品的形式发布《清华早读》系列产品的广告，在这些广告中均标有“清华”文字和由华表等图案组合而成的图标。

清华大学、清华大学出版社认为，团结出版社和青少年音像出版社未经清华大学和清华大学出版社许可，在《清华早读》图书、光盘、磁带、字卡、教师用书及宣传中，擅自将“清华”名称、“清华”商标在其出版物上作为名称及标识的最显著部分使用，侵犯了清华大学的商标专用权，构成不正当竞争，故诉至法院。

2006年9月，北京一中院作出一审判决，认定“清华”为驰名商标，以团结出版社和北京市青少年音像出版社的行为构成侵犯清华大学和清华大学出版社注册商标专用权，应当承担停止侵害和赔偿损失的民事责任为由，判令被告团结出版社、北京市青少年音像出版社在其出版的《清华早读》系列产品上以及广告宣传中停止使用“清华”，并赔偿原告清华大学、清华大学出版社经济损失和因制止侵权行为的合理开支共计30余万元。

判决生效后，因团结出版社、青少年音像出版社未履行义务，权利人清华大学、清华大学出版社于2007年2月向北京市第一中级人民法院申请强制执行。执行过程中，北京市第一中级人民法院依执行程序分别向申请执行人、被执行人发出“受理案件通知书”和“执行通知”。此后，北京市第一中级人民法院又找到被执行人团结出版社、青少年音像出版社负责人进行了谈话，要求被执行人配合法院工作，支付赔偿款及诉讼费；同时，必须按照判决在《清华早读》系列产品以及广告宣传中停止使用“清华”的行为。

在法的强制力的威慑下，两被执行人表示愿意积极履行判决确定的义务。随后，被执行人团结出版社向法院交付案款15万元，青少年音像出版社交付案款15万元及案件受理费10 260元。上述案款30余万元已全部发还给申请执行人清华大学、清华大学出版社。

问题：本案的处理体现了法的何种功能？法的强制力是否在所有案件处理过程中都会发挥作用？

【基本原理认知】

法的功能研究是法理学中的一个重要问题。在我国法学界，有关法理学和法社会学的教科书中，一般都有对法的功能问题的论述。有的学者将法的功能与法的作用两个概念等同，而有的学者却对这两个概念作了仔细的区分。我们认为，法的功能和法的作用应当是独立的两个概念，正确区分二者有其必要性。

一、法的功能的概念

法的功能，亦即法的功用和效能，是指法作为一个体系或部分，在一定的立法目的的指引下，基于其内在结构属性，能够通过法的运行造成一定客观后果的可能性。

法的作用，是指法律在现实中对人或者社会所产生的实际影响的总称。法的功能与法的作用的区别表现在以下几个方面：

（一）法的功能具有内在性，而法的作用是外在的

法的功能是法所具有的，法一经产生就具有确定性的功能。也就是说，在确定特定的法以后，法的功能也确定了，法的实施就是检验法能否实现既定功能，或实现的

程度如何。法的作用是法的本质、法的目的在现实社会生活中的外化体现，也是法的功能在现实社会中的外化体现。法的作用如何，取决于现实社会对法的实施的实际状况。

（二）法的功能是一个应然性概念，而法的作用是一个实然性概念

法的功能是应然的，其关注的是法本身应当如何影响社会关系，只是法对社会关系进行影响的一种可能性；而法的作用关注的是法在实际上怎样影响社会关系，是法作为社会关系调整器对社会产生的实际影响。

（三）法的功能是确定的，而法的作用具有不确定性

在法的内容确定后，其内在结构性就决定了法具有怎样的功能。而法的作用除了受法的本质、属性和功能制约外，还会受实施法的主体状况、社会条件以及各种客观因素的影响。因而，相对于法的功能来说，法的作用是一个变量，具有不确定性。

在以上导入的案例中，我们可以说我国的《知识产权法》对商标侵权行为规定的不利的法律后果，是该法对此种行为所固有的否定性评价功能。但这种功能的实现要通过对具体案件的司法适用才能体现出来。同时，法的强制性功能也只是在判决中确定的义务人不履行义务，由法院强制执行的过程中才表现为一种外在的强制力的作用。

二、法的功能的分类

我们根据不同的标准可以将法的功能分为不同的种类。

根据法的范围不同，可以将法的功能分为整体功能和部分功能。法的整体功能是将法作为一个整体来看，其所具有的功能。如把法整体看作一个规范体系，研究法律规范与道德规范、宗教规范在功能上的区别。而法的部分功能是指不同法律部门或不同法律形式的法在其作用范围内各自具有的功能。

根据法的功能在法律功能体系中的地位不同，可以将法的功能分为基本功能与辅助功能。法的基本功能，是指法直接满足一定的主要目标要求的功能；而法的辅助功能，则是保证实现法的基本功能所附加的功能。

根据法的客观后果是否与立法意图相符合，可以将法的功能分为显性功能与隐性功能。法的显性功能，是指法的客观后果合乎立法者的本来意图，或者说是由立法者有意安排出来的；法的隐性功能，则是指法对社会的影响后果是看不见的或者是立法者没有预见的，即这种后果超出了立法者的本来意图。

另外，根据美国著名的功能主义流派的代表人物默顿的观点，还可以将法的功能划分为正功能、反功能和非功能。法的正功能，是指该法能够激发社会成员的积极性，法的实现将有助于社会体系的良性运作，促进社会关系的协调、稳定，从而适应社会的需要；法的反功能，是指法的实现将引发社会内部的关系紧张，分割社会体系内部的协调、稳定局面，降低社会系统的活力；法的非功能，是指该法的存在对社会既无积极影响，也无消极后果，处于一种“具文”状态，而无实际效果。

以上分类在学理上较为重要。我们在此主要关注法作为一种行为规范，其功能的具体表现。从这个角度来看，法具有如下几个方面的功能：

（一）行为指引功能

法的行为指引功能是法所具有的，能够为人们的行为提供一个既定的模式，以引导人们在一定的条件下如何行为的一种功用和效能。

一般来说，指引有两种情况：一种是确定性的指引，即通过规定法律义务，要求人们作出或不作出一定的行为；一种是不确定性的指引，即通过授予法律权利，给人们创造选择的机会。从立法的意图来看，这两种指引所包括的法律后果都是促使人们行为时所考虑的因素。但不同的是，就确定的指引来说，法的目的是防止人们作出违反法所指明的行为；而就不确定的指引来说，法的目的是鼓励人们从事法所容许的行为。

法作为规范的指引是一种一般指引，即通过一般的或普遍的法律规定对同类或普遍的社会活动主体的行为进行指引。在具体适用法律文件意义上讲法的指引，多为个别指引，即通过具体的法律规定，对特定的社会活动主体，包括自然人和法人的行为进行指引。

（二）行为评价功能

法的行为评价功能是指法所具有的，能够衡量人们的行为是否合法或有效并给予法律意义上的评价的一种功用和效能。

法作为一种行为标准和尺度，具有判断、衡量人们的行为的作用。虽然在现实生活中，法并不是唯一的评价人们行为的标准，除了法律规范外，还有宗教规范、道德规范、风俗习惯和社会团体的规章等也具有对行为的评价作用。但是，法对行为的评价却与其他规范、规章等具有不同的特点：

（1）法的评价具有比较突出的客观性。也就是说，哪些行为是正当的，哪些行为是不正当的，什么行为可以做，什么行为不能做，在法律规范中有明确的规定。因此，法对行为的评价大体上说来是不会因人而异的。当然，在利用法律规范对行为进行评价时，评价者对规范的理解也可能发生细微的、有时甚至是重大的差别。不过，这种差别在其他评价标准中就更为明显和经常。

（2）法的评价具有普遍的有效性。在同一个社会，由于人们的道德观念和宗教信仰不同，或者由于所处地区的风俗习惯或所在单位的规章制度不同，每个人对一定的行为所作的评价只有在与该人具有相同标准的那些人中间才是有效的。对法律规范来说则不同，不论人们的主观愿望如何，只要他们的行为进入了法律行为的范畴，法律规范的评价对他们来说就是有效的，如果他们的行为与法律规定不符，就会得到否定的法律评价。

（三）行为后果预测功能

法的行为后果预测功能，是指根据法对人们某种行为的肯定或否定的评价以及相应的法律后果的规定，人们可以预先估计他人将有怎样的行为以及行为后会有怎样的后果，从而作出自己的行为选择和安排的一种法的功用和效能。

法的行为后果预测功能使人们可以预先知晓人们相互间将如何行为，特别是国家机关及其工作人员将如何对待人们的行为，进而根据这种预知来作出行动安排和计划。在社会生活中，每个人的行为都可能对他人的行为产生影响，同时也可能受到他人行为的影响。在这种复杂的互动关系中，如果没有一定的公认的规则，就去据以预测自己行为和安排的后果，社会生活就会陷入无序状态。法的行为后果预测功能有助于全社会确立法律意识，在社会活动中自觉服从法律，严格依法办事。

（四）教育功能

法的教育功能是指法所具有的通过法的宣传和实施，对人们的思想、法律意识、行为产生影响的功用和效能。法的教育功能是法的重要功能之一。

法的教育功能的实现，主要有三种方式：第一，人们通过对客观存在的法律规则的了解和学习，将法律的要求作为自己的内心信仰和行为准则，以实现法的教育功能；第二，通过对各种违法犯罪行为的否定、惩罚和制裁，教育违法犯罪者，在其以后的行为和社会活动中自觉服从法律，依法行事；第三，通过对人们的合法行为及其法律后果的肯定、保护和鼓励，从而对一般人的行为起示范作用，指明行为的正确方向。通过法律对各种先进人物、模范行为的嘉奖与鼓励，为人们树立良好的法律上的行为楷模，实现法的教育功能。

（五）强制功能

法的强制功能是指法能运用国家强制力保证自己得以充分实现的功用和效能。法的强制功能是法的不可缺少的主要功能，它是法的其他功能得以实现的保证。不以法律强制作为后盾的法律规则无异于道德建议，没有成为法的内容的必要和意义。而且，没有强制功能，法的指引功能就会降低，评价功能就会大打折扣，预测功能将会失去，教育功能也会受到严重的影响。

任务二 法的功能的实现

【导入案例】

【案例一】

高某是一位中学英语老师，他在来京进修期间，在北京某图书中心购买了一本名为《走向法庭》的图书。等他回到住处后，却发现所购之书缺少了10余页。第二天中午，高某乘坐公共汽车前往该图书中心退书，同时要求对方承担退书往返交通费。图书中心表示同意退书，但拒绝支付1元交通费，高某为此向东城区消协投诉，但未能解决，遂返回原籍后再次来京，将该图书中心告到法院，要求赔偿因退书而支出的往返公共汽车票1元钱，及诉讼期来京所花费的交通、住宿费800余元，另提出赔偿精神损失1元钱。该案件经过一审、二审后高某胜诉，北京某图书中心退还其购书款19.6元，并一次性赔偿高某1 300元。

问题：你怎样看待高某为1元钱打官司的行为？

【案例二】

2009年10月21日上午，许某驾车沿天津市红桥区红旗路由南向北行驶，遇王老太在红旗路上由西向东跨越中心护栏，后王老太倒地受伤。

据许某回忆，当时王老太横过半条马路，准备跨越护栏时被牵绊，落地两步就咕咚摔倒在地。“就在我眼前，看着就疼！”许某表示，怕王老太出危险，当时他立即停下车，从车里翻出创可贴给王老太包扎上，并拨打了120。这时，王老太拿起电话，说了一句让许某从头凉到脚的话“我在马路上让车给撞啦！”王老太的说法与许某的说法迥异。王说，当天她爬中心护栏时，许的车撞到自己腿部，自己被撞弹起后，趴在车前部，又倒在地上。

天津市天通司法鉴定中心出具的具体情况说明为“不能确定小客车与人的身体接

触部位”。人民医院对王老太伤情的诊断是“无法确定原告伤情的具体成因，但能够确定原告伤情系外伤所致”。2011 年 6 月 16 日，天津市红桥区人民法院就此事作出判决，王老太因跨越中心隔离护栏属违法行为，对事故的发生负有不可推卸的责任，许某被判决承担 40% 的民事责任，赔偿 108 606.34 元，其中包括王老太残疾赔偿金 87 454.8 元。

法院判决的理由是“不能确定小客车与王老太身体有接触，也不能排除小客车与王老太没有接触。被告发现原告时只有四五米，在此短距离内作为行人的原告突然发现车辆向其驶来，必然会发生惊慌错乱，其倒地定然会受到驶来车辆的影响”。

问题：天津市红桥区人民法院的判决书作为“具体的法律”，对人们有着怎样的影响作用?

【基本原理认知】

法律功能只是法律发生功效的一种能力，是一种可能性而非现实性状态。法律制定出来，不会自动地发挥出自身的功能。法的功能的实现必须通过法的实施。但法的功能实现，简称法的实现，并不等同于法的实施。法的实施是一个法理学的问题，是指法律规范的要求在社会生活中获得贯彻的活动和过程；而法的实现，是指法律实施活动完成的静态结果，即法律通过人们的适用和遵守而产生一定的效果，使法律功能在现实社会中得到具体的发挥。在导入的“案例一”中，高某为一元钱打官司看似是对司法资源的一种浪费，但他的这种积极维权的行为，是消费者自我保护意识增强的表现。高某的最终胜诉表明：只要是合法的权利，即使再小也会得到国家的保护和救济。该案件的意义应当更多的是激励人们运用法律积极行使权利，尤其是在当今我国，运用法律比遵守法律的意义应该更为重大。在“案例二”中，法院以“日常生活经验”和“社会情理”的角度分析论证判决理由，虽然有一定的合理性，但这种以“人性恶”（即人都是自私自利的）为推论前提的思维方式，却很有可能挫伤人们扶危救困的积极性，不利于理想法律效果的实现。

一、法的功能实现的基本途径

法律是通过对人们的行为进行规范而发挥功用的。作为法的构成要素中的核心要素，法律规范在逻辑结构上一般认为也是由前提条件、行为模式和法律后果三要素构成的。法律对人们行为的要求集中体现在行为模式的有关权利和义务的规定中。法的功能的实现要求人们遵循法律规范设定的行为模式，在自身意志的支配下，按照行为模式的要求作出合法行为，正确地行使权利、履行义务，将行为模式中规定的权利和义务转化为现实生活中的权利和义务。与合法行为相反，违法行为不能使法的功能转化为现实，而只能破坏法律所确立和保护的社会关系。法律后果作为法律规范的构成要素之一，由于它本身并不包含对人们行为的直接要求，而只是对人们的行为在法律上的意义作出评价和处理，因而，法律后果的适用并不能直接使法的功能得以实现，而只是为法的功能实现提供了一种保障。肯定性法律后果的适用促进人们按照行为模式的要求作出合法行为，否定性法律后果的适用则抑制人们违反行为模式的要求作出违法行为。

因此，只有合法行为，才能把法律规范对人们行为的要求转化为现实，合法行为乃是法的功能实现的基本途径。合法行为既受主体自身因素和与主体选择特定行为直接相关的环境因素的直接制约，又受主体行为发生的社会大环境的间接制约。当然，实现不同的法律规范有不同的要求，这要视行为模式的不同状况而定。总的说来，法律在把主体的行为引导到合法的轨道上时，应通过控制主体行为的变量因素而实现。同时，为了保证合法行为激励模式在社会中有效地发挥作用，法律还要设立对违法行为的惩罚模式。肯定性或否定性法律后果的适用，只是对人们的行为选择的事后处理，虽然其本身并不直接实现着法，但它保证着法的实现，具体体现出法律对行为的鼓励和制裁。

人们的行为是法律规范的直接调整对象。法律规范之所以要对人们的行为进行调整，是为了通过行为的中介作用，对特定的社会关系产生影响，把特定的社会关系纳入有序的状态之中。从微观意义上看，法的功能的实现就是法律规范中的权利和义务要求的实现，其直接目标在于把人们的行为纳入一定的模式和准则之中，根本目的在于借助行为的模式化，防止社会关系出现紊乱和失调，使社会关系保持一定的规则性和秩序性。法律秩序的重要性，首先体现在一定的规则和秩序是社会发展的必备条件，没有一定的规则和秩序，社会就会陷入混乱，就无法向前发展。其次，从根本上来说，这种规则和秩序正是一定的生产方式得以巩固的形式。美国法律社会学教授赛德曼在谈及法律秩序的作用时指出："从广义上说，在一个有序的社会中，法律秩序是解决社会问题的主要工具……法律秩序和所有社会学系统一样，发挥着多种功能：它平息争执，产生公共规范，用某些系统的价值观教育人民，为职业阶层提供受雇的机会，等等。"因此，法的功能的实现在宏观上是指一个国家法的总体规划的落实，各种法律规范都在社会生活中得到贯彻，从而建立起法律秩序；而且只有法的功能得以实现才能形成法律秩序。

二、法的功能实现的具体形式

法的功能的实现形式根据不同的标准可以有不同的分类。如根据法律作用于社会关系的具体化程度的不同，将法的功能的实现形式分为通过具体法律关系的法的实现和不通过具体法律关系的法的实现；根据实现活动的内容，将法的功能的实现形式分为他律性的法的适用和自律性的法的遵守。这些也是法的功能实现的重要途径。以上两种分类在法学教科书中多有论述，在此不再赘言。由于立法的任务就是分配权利和义务，法律以权利和义务这两个沟通媒介连接社会结构的各个部分和社会功能的各个领域。由于法律在微观结构上就是有关权利和义务的规范，所以从这个角度来讲，法的功能的实现就是各个法律规范的具体落实。而根据法律规范中行为模式对人们具体的要求的不同，可以把法律规范分为授权性规范和义务性规范两种不同的类型。人们按照这两种类型的法律规范的要求作出合法行为，其具体方式是各不相同的，由此形成了法的功能实现的两种具体的微观形式：权利的行使和义务的履行。

关于权利的概念，法学界有不同的提法。有人将权利界定为法律关系主体所具有的某种权能；有人则把权利解释为利益；也有人认为法律权利是法律所允许的权利人为了满足他的利益而采取的并由其他人的法律义务所保证的一种行为尺度。应该说，以上观点都是从不同的角度对法律权利的诠释，都具有其合理性。在此，我们可以简单地将法律权利理解为是一种"法律关系主体所享有的作出某种行为的可能性"。

具体而言，法律规定的法律关系主体享有的作出某种行为的可能性包括三个方面：第一，权利主体自己实施某种行为的可能性，即积极行为的权利；第二，权利人请求他人履行义务的可能性，即要求他人作为或不作为的权利；第三，在义务人不履行义务时，权利人诉诸法律，要求得到保护的可能性。这三个方面完整地构成了权利的内容，其中积极行为的可能性是权利的中心内容。但是，这种积极行为的权利只有在义务人不侵犯权利人的利益或者按照权利人的要求履行一定义务的情况下，权利人的利益才能得到保证。同时，当义务人不承担义务，因而使权利人的利益受到损害时，权利人求助于国家，被侵犯的权利才能得到保护。所以，如果没有后面的两种可能性，法律权利就是一句空话。

由权利的结构所决定，权利人对权利的行使也有三种不同的情况：一是行为权的行使，即权利人根据法律规范的规定自行作出某种行为，无须他人采取一定的行为予以协助和配合。如所有权人依法自行占有、使用、收益和处分自己所有的财产，任何人不得妨害；二是请求权的行使，即权利人根据法律规范的规定请求他人为一定行为或者不为一定行为，以满足自己的权利要求。如债权人要求债务人履行债务；三是保护权的行使，即权利人因他人的行为受到不法侵害，不能行使其权利时，通过提起诉讼或仲裁等方式要求有关部门予以保护。如所有权人要求法院判令不法占有人返还财产、债权人要求法院判令债务人履行债务等。实体权利只有通过适当的程序才能实现，程序规则的功能，就是为实体权利的实现服务的。

权利行使是把法律规范中规定的权利转化为现实生活中的权利，以满足权利人的某种利益要求。权利人是否行使法律授予的权利，作出某种行为，由权利人自主决定。如果权利人选择行使权利，那么他会得到肯定性法律后果，法律确认权利人行使权利的行为有效，并予以保护。如果权利人放弃法律授予的权利，拒绝作出某种行为，一般情况下，也不会因此而得到否定性法律后果。但是，如果在一个社会中，大量的社会成员都放弃行使法律的权利，则很难说这个社会中的法律得到了很好的实现。尤其是在当今我国，运用法律比遵守法律的意义应该更为重大。当人们能够积极而谨慎地行使权利时，法律也就更接近现实了。

法律义务是与法律权利相对的一个概念。我们可以将法律义务理解为“法律为满足社会共同生活需要和某些具体情况下个体的正当利益需要而规定的，法律关系主体应当为或不为的一种行为”。一般来说，法律义务的履行分为两种情况：积极义务的履行和对禁令的遵守。

积极义务的履行是命令性规范，即规定积极作为义务的义务性法律规范实现的方式。命令性法律规范要求人们在法律上主动承担一定的积极义务，必须作出某种行为，它的实现是通过义务人履行积极义务的合法行为完成的。这种行为在形态上表现为积极的作为，不可放弃。

对禁令的遵守是禁止性法律规范的实现形式。禁止性法律规范要求人们在法律上承担一定的义务，这种义务是消极的，即不得作出某种行为。它的实现是通过义务人遵守禁令的合法行为完成的。这种行为在形态上表现为消极的不作为。

积极义务的履行和对禁令的遵守是把法律规范中规定的义务转化为现实生活中的义务，以满足整个社会或他人的某种利益要求。对义务人来说，履行积极义务，作出某种行为或者遵守禁令，不作出某种行为，都是法律规范的强制要求。义务人忠实地履行积极义务或者遵守禁令，那么他将得到肯定性法律后果，法律肯定其行为的有效性，并予以保护，在少数场合，还会予以奖励。反之，如果义务人不依法履行积极义务或者不遵守禁令，那么他将得到否定性法律后果，法律否定其行为的效力，并予以撤销或制裁。可见，法律责任的落实是法的功能实现的一个重要环节。

三、法的功能实现的保证

法律是由国家制定或认可并由国家强制力保证实施的行为规范体系。德国著名的功利主义法学代表人物耶林说过："法没有强制力就等于一缕不发亮的光，一把不着火的柴。"在法律的实施过程中，国家强制力扮演着极为重要的角色，是法的功能实现的最后一道防线。

在法律运作机制正常的情况下，即社会关系参加者自觉地遵守法律时，国家的强制力隐而不发，它只是作为一种潜在的力量对人们的意志产生影响，以引导人们自觉接受法律的调整，按照法律规范的要求自愿作出合法行为。一旦法律运作机制失常，例如，有义务人不履行义务的情况出现或者有违反法律的犯罪行为发生，国家强制力就会表现出来，有关的国家机关和组织就会运用国家政权的力量，强制义务人履行义务或责令违法犯罪者承担相应的法律责任，以保证法律运行过程不被打断。在这种情况下，法的功能的实现表现为他律性。然而，国家强制力是法的功能实现的保证力量之一，并不意味着应该把国家强制力当作保证法律实现的主要手段。人们应当树立这样的信念：法律除了要由国家制定或认可外，还必须得到至少是形式上的社会公认，这是法律实现的社会基础，也就是说，法的功能的实现主要在于人们的主动接受，而不是被迫服从。

应该指出的是，法律必须在某种程度上以符合社会中多数人的价值观念与社会伦理为前提，这是法的功能实现的社会根源，而强制力既是保证法律实现的最后一道防线，也应当是法律实现的一种例外。在运用国家强制力的场合，人们是被迫才选择合法行为的，其主动性和积极性没有得到有效的发挥，因而，法律的实现往往是不充分的。而且国家强制力的运用需要投入一定的人力、物力和财力，这必然提高法律实现的成本，不符合法律运行的经济性原则。

当然，一定的国家强制力的适用，乃是保证法的功能得以实现的不可缺少的措施。只有对拒不履行义务或者违法犯罪的人实行国家强制，强迫他们依法行事，法的功能实现才会有可靠的保障。

四、法的功能实现的效果

（一）法的功能实现效果的概念和分类

法的功能实现的效果，简称法律效果，是指法律为了实现其目的而通过调整社会关系所产生的实际结果对整个社会所发生的客观影响或效应。

正如法律实施不等于法律实现，法律效果也不等于法律效力。法律效力是指法律的约束力，主要与法的制定主体和程序相关。而法律效果乃是法律效力得到实现或发生实效后所产生的社会影响。

法律效果的产生过程就是法的目的实现的过程。所有的法律背后都存在立法的目的。法律目的表明了用法律调整社会关系的预定目标，是法律效果预先的观念模型和超前反映。根据实施法律的活动所引起的结果是否能与预期的法律目的相吻合，就可以评价法律效果的优劣。离开法律目的则难以对法律效果作出一致的评价。法律目的在法律实施活动中得到切实贯彻后，作为法律实施活动的结果就属于法的功能实现的优质结果。在此要注意区分法律社会学中的法律目的与一般法理学中所提出的自由、平等、理性等抽象的法律价值目的。法律社会学中作为衡量法律效果标准的法律目的是具体的，应当是在经验上可以得到检验的。

实际上，法律目的对法律效果的预先设定并不总是能够实现。根据各项法律的实施是否实现预期的目的，可以将法律效果划分为三种：一是理想法律效果，即法律有效地调整了社会关系，完全达到了预期的法律目的。这是人们在法律活动中追求的最佳目标。二是满意法律效果，即法律的调整虽然由于现实环境和立法者的某些局限性，以及法律实施中的某些失误，而存在一定程度的不足，但基本上达到了法律的预期目的，比较有效地调整了社会关系。法律调整不可能总是做到完全准确、合理，所以，理想和满意法律效果应当都是适宜法律效果，也可以说是法律的正效果。三是不满意法律效果，即由于主观上的重大失误，在立法上和法律实践中，对影响法律效果的关键因素缺乏认识或认识不足，或者由于客观实际情况的重大变化，从而使法律调整违背或基本上没有达到法律的目的。不满意法律效果属于法律的负效果。

理想法律效果的取得必须先有最佳法律目的的指引。法律目的是各种法律实践活动的基础。最佳法律目的首先应具备科学性，即如实反映社会经济关系、政治政策以及其他社会状况的发展变化对法律提出的客观要求，防止把毫无客观根据的主观意图以法律的形式强加给社会；其次，法律目的的设定必须具备可行性，切忌无视某些社会关系和社会行为的性质，人为地把它们纳入法律调整的范围内，切忌对某些社会关系的调整提出过高的、不可能实现的要求，防止法律目的的确立超出法律调整的实际可能性；最后，为了努力使各项法律对社会关系的调整都取得理想效果，在要求各项法律自身有具体目的指引的同时，还要求整个法律体系有一个总目标进行统率。由于法律调整的社会关系是相互联系和相互制约的，因此，不仅各项法律目的之间应当相互配合，而且各项法律目的还应当与总目标相一致和协调，使各项法律之间建立目的联系，在调整社会关系中构成有机整体。可见，法律效果作为法律实践的产物，具有整体性和综合性的特征。

将法律效果分为以上三类的主要意义在于：我们可以在法律实施活动中，自觉预测可能妨碍法律实施的主要的因素，寻求和创造实施理想法律效果的最适宜条件和最佳可能性，避免出现法律的负效果。

当然，对法律效果还可以进行其他的分类，如根据法律效果的地域范围，将其分为整体法律效果和局部法律效果；根据法律效果持续的时间，分为长期效果、中期效果和短期效果；根据法律效果的内容，分为法律的社会效果、法律的经济效果和法律的政治效果。

（二）影响法的功能实现效果的因素

影响法的功能实现效果的因素有哪些方面呢？我们可以从以下三个方面来分析影响法的功能实现效果的基本因素：

（1）立法因素。首先，法律调整范围和对象是有限的，一些社会关系领域是法律不宜介入或无力介入的。即使属于法律调整的领域，法律要正确发挥其功能，取得理想的法律效果，还必须对法律功能如何设定及其实现机制作出适当的安排；其次，法律功能的充分发挥还需要立法做到法律规范之间、法律部门之间以及法律制度之间具有内在的统一性，而且注意做到法律体系与其他规范之间的相互协调。

（2）司法因素。法的功能实现于社会之中，法的功能的实现效果最终体现到社会实践之中。因为即使法律自身设定了完备的功能，也安排了完善的实现步骤，但如果法律的实施者不按法律的规定行事，则法律只是徒然存在，不能发挥任何作用。在法的实施中，司法机关扮演着举足轻重的角色。在我国，随着市场经济的建立，体制转换过程中所产生的矛盾必然要求通过法律手段来解决，这就对司法公正提出了更高的要求。公正是司法的灵魂，是保障公民权利、维护社会正义的最后一道屏障。英国哲人培根在专论司法问题时指出："一次不公的判决比多次不平的举动为祸尤烈。因为这些不平的举动不过弄脏了水流，而不公的判决则把水源败坏了。"由于司法工作的质量涉及司法机关在国家机关中的地位、司法工作人员的素质等方面的因素，我国的体制改革，尤其是司法体制改革就需要从这些方面的完善来着手和推进。

（3）社会因素。社会因素主要指执法者和社会公众对法律功能的认知程度及使用能力。一个社会中不同地区，执法者以及不同社会阶层的人对不同法律的认知程度及使用能力参差不齐，必定会使不同的法律在不同的地区、不同阶层中有着不同的实现效果。但对法律的认知，并不意味着善于运用法律，法的功能的实现效果的好坏，更取决于社会主体对法律的运用程度。只有人人都熟悉并善于运用法律，法律功能的实现效果才能够达到最理想化的状态。

【拓展阅读】

一、法的社会作用

法的作用指法对人的行为及社会关系和社会生活所发生的实际影响，体现为法的规范作用和社会作用两个方面。法作为由国家制定的社会规范，具有告示、指引、评价、预测、教育和强制等规范作用，这方面的作用可以说与法的功能在很大的程度上具有同一性，是法的功能正常发挥的外化结果。而法的社会作用则是从法的比较隐蔽的本质和目的出发来分析的，是一个更为复杂的问题。由于法的社会作用与法的本质具有较大的关联性，因而有必要把法的社会作用分为阶级对立社会中法的社会作用和社会主义社会中法的社会作用来分析。

（一）阶级对立社会中法的社会作用

在阶级对立的社会中，法的社会作用大体上可以归纳为维护阶级统治和社会公共职能两个方面。应当指出的是，在阶级对立社会中法的这两个方面的社会作用是一致的，这是因为：首先，统治阶级就是掌握国家政权的阶级，而国家政权是"整个社会的正式代表"；其次，维护阶级统治的作用，即恩格斯所说的政治统治，"到处都是以执行某种社会职能为基础，而且政治统治只有在它执行了它的这种社会职能时才能维持下去"。

（二）当代我国法的社会作用

就我国当代社会而言，法的社会作用是相当广泛的。在我国的现阶段，法的总体作用就是为建设有中国特色的社会主义服务。而有中国特色社会主义的基本特征可以概括为：经济上实行社会主义市场经济，政治上实行社会主义民主政治，社会生活中实现社会主义精神文明，对外关系实行开放、和平和合作。与此相适应，我国法的基本作用和主要作用就是：第一，保证、引导和推进社会主义市场经济；第二，保证、引导和推进社会主义民主政治；第三，保证、引导和推进社会主义精神文明；第四，保证、引导和推进对外开放，维护世界和平。

二、法的作用的局限性

法以其特有的规范作用和社会作用对社会生活产生着深刻的影响，但是我们不能就此认为“法律是万能的”。我们应当认识到法作为一种社会关系调整器具有其局限性，主要表现在以下几个方面：

（1）法只是诸多社会调整方法中的一种。

（2）法的作用范围不是无限的，也并非在任何问题上都是适当的。

（3）法对千姿百态、不断变化的社会生活的涵盖性和适应性不可避免地存在一定局限性。

（4）在实施法所需人员条件、精神条件和物质条件不具备的情况下，法不可能充分发挥作用。

【思考与练习】

一、问答题

1. 如何理解“强制力既是保证法律实现的最后一道防线，也应当是法律实现的一种例外”这句话的含义？

2. 影响法的功能实现效果的因素主要有哪些？

3. 法的规范作用与社会作用有哪些？如何认识两种作用之间的关系？

4. 法的作用有哪些局限性？

二、选择题

1. 某林区村民于小林为盖房欲去山上伐几棵国有林木。其父对他说，未经许可去伐国有林木属乱砍滥伐，是违反《森林法》的，于小林依从了父亲的劝导。该事例说明法的（　　）。

A. 引导功能　　B. 评论功能　　C. 教育功能　　D. 强制功能

2. 学者们认为，法律不是万能的，其作用是有限的，其理由在于：①法律重视程序，不讲效率；②法律调整外在行为，不干预人的思想观念；③法律强调稳定性，避免灵活性；④法律反映客观规律，不体现人的意志。下列选项正确的是（　　）。

A. ④③①　　B. ①④②　　C. ②　　D. ③

3. 关于法律的作用的说法，正确的是（　　）。

A. 正因为法律能够指引人们的行为方向，才表明其是一种带有价值倾向和判断的行为标准

B. 法律的规范作用是基于法律的规范性特性进行考察的，法律的社会作用是基于法律的本质、目的和实效进行分析的

C. 实现法律作用的过程总是与运用国家权力联系在一起的

D. 在法治社会中，法律的作用是不容低估的，法律以其独特的方式对人类生

活发生着重要的影响

4. 下列有关说法，错误的是（　　）。

A. 法律对人们的行为或者社会关系，既产生正面作用，也产生副作用

B. 法律对人们的行为或者社会关系，只能产生积极作用，没有消极作用

C. 法律的规范作用在任何性质的社会都是相同的

D. 法律的社会作用在任何性质的社会都是相同的

【扩展阅读文献】

张文显：《法理学》（第三版），高等教育出版社、北京大学出版社 2001 年版。

学习情境：法的功能实现效果分析

【范例】

2000 年 5 月 20 日早上 8 时 30 分左右，一头野生羚牛闯入陕西省洋县四郎乡田岭村村民文宏明（化名）家，将文宏明顶倒在地，其妻吉某亦被困屋中。当地有关部门闻讯展开营救。根据我国《野生动物保护法》第十六条规定，禁止猎捕、杀害国家重点保护野生动物。因科学研究、驯养、繁殖、展览或者其他特殊情况，需要捕捉、捕捞国家一级保护野生动物的，必须由国务院野生动物行政主管部门批准。由于野生羚牛是国家一级保护动物，因此当地有关部门不敢擅自捕杀，只能逐级请示；当日下午1 时 20 分才从陕西省林业厅传来指示，可以击毙羚牛；下午 4 时 20 分，羚牛终于被击毙，而此时文宏明已经死亡，其妻吉某亦因伤势过重抢救无效死亡。

【训练目的及要求】

结合范例和相关知识，通过训练，使学生能够认识到影响法的功能的实现的各种因素。

【训练方法】

参训学生分为两组，一组学生运用所学知识对案件作出处理结论，另一组学生对处理结果是否实现立法目的进行分析。

【训练步骤】

步骤 1：分组。

步骤 2：熟悉范例。

步骤 3：运用有关知识对案件作出处理结论。

步骤 4：对处理结果进行法律效果分析。

项目八　法具有的效力

【知识结构图】

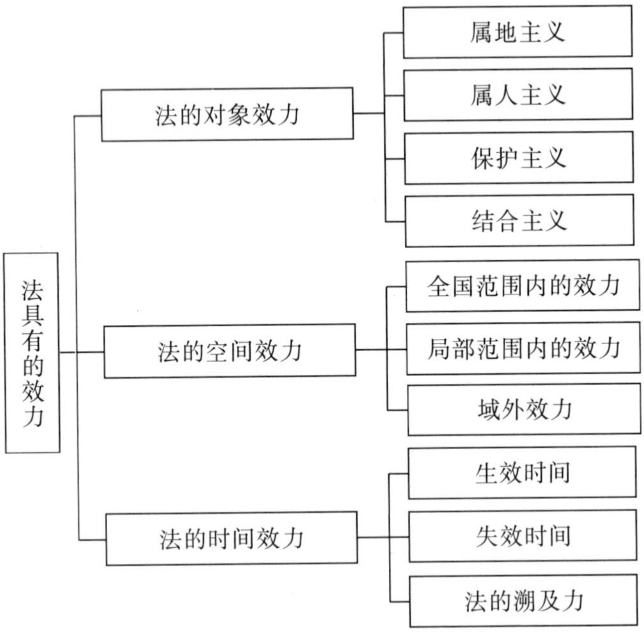

【知识目标】

1. 法的效力
2. 法的对象效力
3. 法的空间效力
4. 法的时间效力

【能力目标】

能够运用法的效力理论解决实际问题

【导入案例】

【案例一】

阮某，系无国籍人，组织武装控制了缅甸边境一些地方种植罂粟，建立毒品加工厂，并将毒品销往北美地区。后阮某进入我国境内旅游观光，被我公安机关抓获。

【案例二】

被告人，托马斯·尼克，男，30岁，英国商人。被告人托马斯·尼克于1998年3月5日下午，至中国银行某市分行市中支行，用变造的某国护照和银行旅行支票，采取签署上述某国护照上爱西·玛瑟姓名的手法，骗兑得3 242美元（折合人民币2.68余万元），人民币1.12余万元。同年8月30日上午，被告人至某饭店外币兑换处，仍采用上述手法，骗兑得人民币 7 512 元。当日下午，被告人又至中国银行某市分行营业处外币兑换处，再次采用上述方法，企图骗兑人民币 1.8 万余元，后因被该行工作人员察觉当场抓获而未得逞。

请问：对于上述案例，我国法院是否有管辖权？

【基本原理认知】

法的效力有广义与狭义两种理解。广义的法效力，指的是法的约束力与强制力，即凡是由国家制定与颁布的法律，包括规范性法律文件与非规范性法律文件等都对人的行为和具体的事件产生约束力与强制力。狭义的法律效力则仅指由国家制定和颁布的规范性法律文件的效力。法律效力包括法律规范适用在哪些地方，适用于哪些人，在什么时间发生效力。法律效力是实施法律时必须解决的前提问题，如在司法过程中需要把哪些法律规范适用于哪些具体案件，不能把适用于特殊人群的法律规范用来约束普通人，也不能把仅适用于特殊地区的法律规范适用于普通地方。

法的效力的范围通常包括法律对人的效力、对事的效力和对时间的效力。它指的是法对什么人、在何种空间、在何种时间范围有效，从而发挥法的约束力和强制力。例如：对于外国人在国外对我国公民犯罪该如何处理？如果我国法律对此没有规定，则会对我国国家和公民的利益造成损害。如果我国法律对此均有规定，则有可能与外国的管辖权有冲突，所以在处理这类案件时，就必须注意到法的效力问题。

一、法的对象效力

法的对象效力指的是法对人的效力，指的是法适用于哪些人。历史上各国法律大致有以下几种：

（1）属地主义，即一国法对它所管辖的领土内的一切人都有约束力和强制力，不论他是本国人还是外国人，一律适用本国法。

（2）属人主义，即本国法律只适用于具有本国国籍的人，不论他是在国内还是国外，都受本国法律的约束，而对于在本国领域内的外国人则一概不适用。

（3）保护主义，即任何人只要损害了本国或本国公民的利益，不论行为人的国籍和居住地，都要受到本国法律的追究。

（4）结合主义，即以属地主义为基础，以属人主义、保护主义为补充。我国采用这一原则。根据这一原则，我国法的对象效力包括两方面：①对中国公民和组织的效力。法律适用于中国领域内的所有的公民、国家机关、武装力量、政党、社团、企事业单位。中国公民在中国领域外原则上仍受中国法的保护，并履行中国法所规定的义务。当中国法与所在国的法律发生冲突时，要区别具体情况，既要维护中国主权，又要尊重他国主权。②对外国人、无国籍人的效力。中国法对外国人、无国籍人的适用有两种情形：一是对在中国境内的外国人和无国籍人，一般情况下适用中国法律，除法律上另有规定不适用中国法的情形外，如享有外交特权和豁免权的外国人犯罪应当追究刑事责任时，按照国际惯例通过外交途径来解决；二是外国人、无国籍人在中国领域外对中国或中国公民犯罪，按我国刑法规定最低刑罚为 3 年以上有期徒刑的，可以适用我国刑法，但是按照犯罪地的法律不受处罚的除外。

本国人	中国领域内	中国领域外
属地主义 + 属人主义	一律适用中国法律	原则上，仍受中国法律保护，同时也有遵守中国法律的义务 各国法律规定不一样，发生法律冲突时，本着维护我国主权和尊重外国主权的原则，根据国际条约和国际惯例来确定法律适用 但有的法律会明确规定特定的人只适用本国法
外国人、无国籍人 属地主义 + 保护主义	适用中国法律，除非法律另有规定	如果侵害了我国国家或公民的权益，或者与我国公民发生法律交往，也可以适用我国法律

备注：享有外交特权、豁免权的人，在居留国犯罪，不适用居留国法律，而是适用本国法，或者通过外交等途径解决。

例如导入“案例一”涉及刑法的对象效力问题。它解决的是国家刑事管辖权的范围问题。

解决刑事管辖权的范围问题采取的原则，归纳起来，主要有以下几种：①属地原则。该原则的含义是以地域为标准，主张凡是发生在本国领域内的犯罪，不论犯罪人是本国人还是外国人，均适用本国刑法。②属人原则。该原则的含义是以人的国籍为标准，主张凡是本国公民，不论在本国领域内还是在领域外犯罪，都适用本国刑法；反之，非本国公民犯罪，均不适用本国刑法。③保护原则。该原则的含义是以侵害的对象是否本国国家或公民的利益为标准，主张凡是侵害本国国家的利益或者公民利益的，不论犯罪发生在本国领域内还是领域外，也不论犯罪人是本国人还是外国人，均适用本国刑法。④普遍管辖原则。该原则的含义是以保护国际社会共同利益为标准，主张凡是侵害了国际公约、条约所维护的各国共同利益的，不论犯罪人是本国人还是外国人，也不论犯罪发生在本国领域内还是领域外，均适用本国刑法。

“案例一”涉及对普遍管辖原则的适用。我国《刑法》第九条规定：“对于中华人民共和国缔结或者参加的国际条约所规定的罪行，中华人民共和国在所承担条约义务的范围内行使刑事管辖权的，适用本法。”根据这一规定，凡是我国缔结或者参加的国际条约所规定的罪行，无论犯罪人是中国公民还是外国人，犯罪的行为或结果发生在什么地方，是否侵害了我国国家或者公民的利益，我国在承担条约义务的范围内，凡是不引渡给有关国家的，都适用我国刑法。毒品犯罪属于公认的国际犯罪，我国也加入了一系列关于毒品犯罪的国际公约。据此，外国人犯有毒品犯罪进入我国的，除因双边司法协助引渡外，均适用我国刑法。在本案中，阮某虽为无国籍人，且其进入我国境内也不是为了从事毒品犯罪，但是根据普遍管辖原则，我国有权对阮某案行使刑事管辖权。

二、法的空间效力

法的空间效力是指法律在哪些地域有效力，适用于哪些地区。一般来说，一国法律适用于该国主权范围所及的全部领域，包括陆地、水域及领土和领空。此外，还包括延伸意义上的领土，即本国驻外大使馆、领事馆、在本国领域外的本国船舶和飞行器。

法的空间效力一般有以下几种情况：

（1）在全国范围内生效：全国性法律，如宪法、法律、行政法规等可以在全国范围内有效。

（2）在局部区域内生效：一些地区性法律在一国区域内有效，如民族自治地方的法和特别行政区域的法，这些法只在特定的地区有效力。

（3）域外效力：有些法不仅在国内，而且在特定条件下也可以在本国以外的领域发生效力。如《刑法》第七条规定："中华人民共和国公民在中华人民共和国领域外犯本法规定之罪的，适用本法，但是按本法规定的最高刑为3年以下有期徒刑的，可以不予追究。"

例如，导入"案例二"中涉及的问题就是：我国法院对此案是否有管辖权。根据我国法律及《刑法》的相关规定，外国人在我国犯罪，除享有外交特权和豁免权者之外，都由我国司法机关依照中国法律判处刑罚。本案被告人系外国公民，且不具有外交特权和豁免权，其在我国的犯罪行为，应依照我国刑法的属地管辖原则，由我国司法机关依法惩处。就本案的具体情况而言，行为人在主观上具有非法获利的犯罪故意，在客观方面又实施了伪造护照、虚构身份、持有伪造的某国银行旅行支票骗兑钱财的行为，已符合我国刑法关于票据诈骗罪的犯罪构成要件的规定。因此，我国人民法院依照我国刑法对行为人的行为可以行使管辖权。

三、法的时间效力

法的时间效力指的是法何时生效、何时失效、法律对其颁布实施前的事件和行为是否具有溯及力的问题。

（1）法的生效时间：法的生效时间指的是法何时开始发生法律效力，一般根据法律的具体性质和实际需要来决定。主要包括以下几种情形：①自法律颁布之日起生效，如我国1982年颁布的《宪法》。②由该法规定一个具体日期作为生效时间，如《立法法》颁布于2000年3月15日，但规定自2000年7月1日生效。③由专门决定规定该法的具体生效时间。如我国特别行政区的法的生效时间是由全国人大以决定的形式规定其生效时间的。

（2）法的失效时间：法的失效时间指的是法律效力的终止。我国法律效力终止的形式有以下几种：①新的法律颁布后，原有的法律失去效力。如1982年通过的《全国人民代表大会组织法》施行后，原先制定的同名法律自然失去效力。②新法律取代原有法律，同时宣布旧法律作废。如我国《公务员法》规定"1993年8月14日国务院公布的《国家公务员暂行条例》自本法施行之日起废止"。③法律本身规定的有效期届满而失去效力。如国务院颁布的《1993年发行国库券条例》。④由有关机关颁布专门文件宣布废止某个法律。如1956年卫生部颁布的《关于废除〈中医师暂行条例〉的通令》。⑤法律已完成其历史任务而自行失效。如《土地改革法》《惩治反革命条例》。

（3）法的溯及力：法的溯及力又称法溯及既往的效力，是指新的法律颁布后，对其生效前的事件和行为是否适用的问题。如果适用，则具有溯及力；如果不适用，则不具有溯及力。一般情况下，我国法律坚持"法的溯及既往"的原则。但我国刑法则采取了有条件地溯及，即"从旧兼从轻"的原则，即如果当时的法律和现行刑法都认为是犯罪，并根据现行刑法内有关追诉时效的规定应当追诉的，原则上适用当时的法律；但如果新的法律不认为是犯罪或是罪轻的，可以适用新法。从旧兼从轻原则适用中有几个细节问题必须注意：①如果新、旧刑法的规定完全相同的，适用旧法即行为时法，不适用新法（没有溯及力）。如甲在1996年8月杀害了乙，直到1998年8月才被抓获归案、被公诉到法院。其间《刑法》发生了修订变化，1979年颁行的《刑法》经修订后于1997年10月1日生效。甲杀害乙时（行为时），有效的法律是1979年的《刑法》（行为时法）；审判甲杀害乙案件时，有效的法律是修订后的1997年《刑法》（行为后法、审判时法）。这样便产生了一个问题：对甲适用哪部《刑法》？修订前刑法与修订后刑法的规定相同的，适用修订前刑法（旧法）定罪处罚。②犯罪行为由新法生效以前继续到生效后的，适用新法，也就是适用现行的1997年刑法典。如甲在1997年6月绑架了乙，直到1997年10月3日才把人质乙释放。对此案，应该适用旧法还是新法呢？应当适用1997年刑法典。因为甲的犯罪行为延续到了1997年10月1日以后，属于在现行刑法生效后发生的犯罪。③犯罪行为由刑法生效以前连续到刑法生效以后，如果新、旧刑法都认为是犯罪的，适用新法。这种情形多出现于毒品犯罪案件。如甲在1997年9月30日以前连续多次走私、贩卖毒品，到了新法生效以后，他又多次走私、贩卖毒品。那么在1999年5月将甲某抓获后交付审判时如何适用法律？假如甲有5次是在新法生效以前实施的，有2次是在新法生效以后实施的，处理这7次犯罪的时候适用旧法还是新法呢？因为甲的多次走私、贩卖毒品的犯罪是连续到新法生效以后的，只要新法和旧法都认为犯罪的，适用新法。即使新法处罚较重的，也要适用新法，但在量刑上可以酌情从轻处罚。①

再如我国《国籍法》第十七条规定：本法公布前，已经取得中国国籍或已经丧失中国国籍的，继续有效。也就是说，本法公布前已经取得中国国籍的，不论他们取得中国国籍的条件是否符合本法规定的条件，他们仍然具有中华人民共和国成员的法律资格；本法公布前已经丧失中国国籍的，不论他们丧失中国国籍的情况是否符合本法规定的丧失中国国籍的条件，他们已经丧失了作为中华人民共和国成员的资格。已经取得或丧失了中国国籍的公民要求重新处理他的国籍问题是不符合本法规定的。如果他们要求恢复中国国籍，应当按照本法第十三条的规定办理。本案是涉及《国籍法》第十七条的规定是否具有溯及既往的效力的问题。法一般不具有溯及既往的效力，这是法律的一个基本原则，正如比赛规则不可以在比赛开始之后再作修改。

① http：//www.edu1488.com/article/2010－10/09101416.shtml。

【拓展阅读】

法为什么有效？小偷之所以受到惩罚，仅仅是因为刑法典中有这样的规定吗？在市区的60公里最高时速的限制，只在警察逮捕违反交通规则的人时有效，而在免于惩罚的时候就无效吗？通常，只在国家机关对违反规范的行为进行处罚时，公民才认识到法律规范的效力。但是，法律规范之所以具有效力，并不只是在于国家机关对它的强制性实施。

法的效力基础问题是法学和司法的核心问题。德国法学家魏德士将法的效力分为三类：一是“法律效力”（应然效力），即法应当有效，因为法是由国家制定并由国家实施的；二是“现实效力”（实然效力），即如果法得到真正地遵守，那么它就存在；三是“道德效力”（认可效力或确信效力/接受），这表明了遵守法律的道德基础，如果法律规范是出于法律确信而被人们自愿遵守，那么它就具有道德效力。而国家制定的法律只有得到人们的接受，才能获得完全的持久的效力。只有公民接受法，法才能得到自觉遵守，而不必由立法者的权力工具和调整工具来强制保障。也只有这样，法律文化才能产生。①

【思考与练习】

一、问答题

1. 如何理解法的效力？

2. 如何运用法的效力理论解决实际问题？

二、选择题

1. 下列关于表述法的效力的选项，正确的是（　　）。

A. 法律不经公布，就不具有效力

B. 一切法律的效力级别高低和范围大小是由刑法、民法、行政法等基本法律所规定的

C. 法律仅仅适用于将来，没有溯及力

2. 《最高人民法院关于贯彻执行〈中华人民共和国民法通则〉若干问题的意见（试行）》第一百八十四条规定：“外国法人以其注册登记地国家的法律为其本国法，法人的民事行为能力依其本国法确定。外国法人在我国领域内进行民事活动，必须符合我国的法律规定。”该条款的解释体现的是（　　）。

A. 属人主义原则　　B. 属地主义原则

C. 保护主义原则　　D. 属人主义和属地主义之折中原则

3. 我国法律的空间效力适于我国（　　）领域。

A. 领水及底土　　B. 在领域外的我国船舶和飞机

C. 领陆　　D. 驻外使、领馆

4. 某外国商人甲在我国领域内犯重婚罪，对甲应如何处置（　　）。

A. 适用我国刑法追究其刑事责任　　B. 通过外交途径解决

C. 适用该外国刑法追究其刑事责任　　D. 直接驱逐出境

---

① ［德］魏德士著，丁晓春、吴越译：《法理学》，法律出版社2005年版，第332－343页。

5. 下列关于中国刑法适用范围的说法，错误的是（　　）。

A. 甲国公民汤姆教唆乙国公民约翰进入中国境内发展黑社会组织。即使约翰果真进入中国境内实施犯罪行为，也不能适用中国刑法对仅仅实施教唆行为的汤姆追究刑事责任

B. 中国公民赵某从甲国贩卖毒品到乙国后回到中国。由于赵某的犯罪行为地不在中国境内，行为也没有危害中国的国家或者国民的利益，所以，不能适用中国刑法

C. A 国公民丙在中国留学期间利用暑期外出旅游，途中为勒索财物，将 B 国在中国的留学生丁某从东北某市绑架到 C 国，中国刑法可以依据保护管辖原则对丙追究刑事责任

D. 中国公民在中华人民共和国领域外实施的犯罪行为，按照刑法规定的最高刑罚为 3 年以下有期徒刑的，也可以适用中国刑法追究刑事责任

【扩展阅读文献】

1. 莫纪宏：《论国际法与国内法关系的新动向》，《世界经济与政治》2001 年第 4 期。

2. 葛洪义：《法理学》（修订版），中国政法大学出版社 2002 年版。

学习情境：如何运用法的效力理论

【范例】

2003 年 3 月间，日本幸辉株式会社（以下简称会社）成员广边功（日本籍）与珠海市某酒店联系，计划在该酒店举行会社表彰活动，后因非典疫情而推迟。8 月底，广边功与该会社的高桥俊至、福永孝治（均为日本籍）到珠海与该酒店签订了接待协议，并向酒店部门副经理刘某晶提出届时组织“三陪女”为会社成员提供嫖宿、陪侍等服务。酒店总经理助理叶某得知后，决定借机谋利，遂联系明某和张某英，由其串联多处娱乐场所的“妈咪”，暗中网罗了一批“三陪女”。

9 月 16 日下午，会社一行 200 多人从珠海入境并于当晚召开表彰会后，部分成员挑选了“三陪女”并带回酒店嫖宿，18 日上午 8 时许，会社成员全部离境。

2003 年 12 月 17 日珠海市中级人民法院以组织卖淫罪判处被告人叶某、明某无期徒刑，并处没收财产；以组织卖淫罪分别判处被告人刘某晶、张某英有期徒刑 15 年和 12 年，并处罚金；以组织卖淫罪、协助组织卖淫罪分别判处其余 10 名被告人 2 年至 10 年不等的有期徒刑，并处罚金。另检察机关已对广边功、高桥俊至、福永孝治等 3 名日本人以涉嫌组织卖淫罪的罪名，通过国际刑警组织对上述人发出红色通缉令。①

问题：广边功等 3 名日本人在我国领域内犯罪是否适用我国刑法？

---

① 本案例引自：http：//edu. 21cn. com/sifa/g_77_171054 - 1. htm。

【训练目的及要求】

结合范例和相关知识，通过训练，使学生能够认识到法的效力的具体运用。

【训练方法】

参训学生分为两组，一组学生运用法律效力理论对范例作出判断，另一组学生评价判断是否正确。

【训练步骤】

步骤 1：分组。
步骤 2：熟悉范例。
步骤 3：运用有关知识对案件作出处理结论。
步骤 4：评判。

项目九　法与社会的相互关系

【知识结构图】

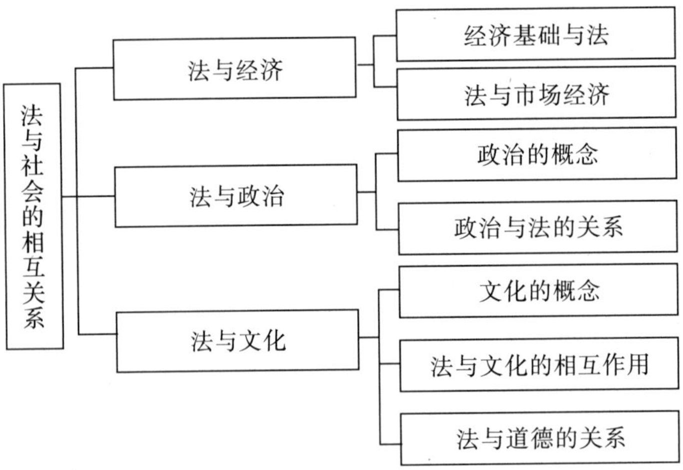

【知识目标】

认识法与经济、政治、文化等社会现象的相互关系

【能力目标】

能够结合经济、政治、文化等社会现象来认识、理解和评价法律

任务一　法与经济

【导入案例】

开始时，印第安人狩猎完全是为了自用（例如吃肉），没有想到出售，正是因为自用，加上资源颇为丰富，印第安人之间的狩猎没有产生过矛盾。没有矛盾，印第安人自然没有想到划分狩猎边界。狩猎边界，是个“产权”问题，进而言之，是个法制问题。后来，一个有意思的现象出现了，有人逐渐开始用动物皮毛换取其他物品，这是皮毛贸易。重要的是，当皮毛贸易出现以后，随着贸易的不断扩大，人们开始竞相争夺动物资源。动物资源的“丰富含义”，经由这里，不久转向了“匮乏含义”。此时的狩猎，其目的不仅是为了自用，也是为了出售。最后，印第安人发现，为了彼此利益的最佳安排，制定狩猎边界是必须的，于是，在印第安人的社群中，“产权”的概念出现了，法制度出现了。[①]

① 刘星：《法理学导论》，法律出版社 2005 年版，第 54 页。

问题：从印第安人的皮毛贸易导致狩猎边界的划分来分析法与经济的关系。

【基本原理认知】

法是社会的制度形式，是人类社会生活的产物，因而与其他社会现象有着密切的联系，与法的联系最为直接和密切的是经济、政治、文化等。

一、经济基础与法

（一）经济基础与法的关系

什么是经济？简单说来，就是指一个社会的经济生活。关于法与经济的关系，从传统上看，法与经济之间的内在联系和相互作用往往被西方学者忽略，传统上认为法面对的是“公平”问题，经济面对的是“效益”问题，法与经济几乎被看作两种完全不相干的现象。直至20世纪初，随着制度经济学和经济分析法学的出现，法与经济的关系才受到重视。[①] 但在此之前，马克思主义法学就十分重视研究法与经济之间的关系。马克思主义认为：任何一种社会形态，都是由特定的经济基础和上层建筑所构成的统一体。一方面，法作为上层建筑的组成部分之一，归根到底是由社会的物质生活条件决定的，也就是说，作为经济基础的“生产力和生产关系的总和”决定着法的产生、性质和发展变化；另一方面，法并不是完全被动地反映经济关系的要求，相反地，它要积极地反作用于物质生活条件，反作用于社会的经济基础。

1. 经济基础决定法

“案例一”引自“新制度经济学”学者哈罗得·得姆塞兹（Harold Demsetz）《关于产权的理论》一文，目的是要说明产权划分在经济发展中的重要地位。“每一既定社会的经济关系首先表现为利益”[②]，人类在追逐利益的过程中必然会产生对立和摩擦，这种对立和摩擦会造成资源的浪费甚至是巨大的浪费。因此，法在承认和保护人们的物质利益的同时，还要权衡和调节各种利益冲突，以便把对立和摩擦减少到最低限度。法的整个运行过程实际上就是对各种利益进行平衡、选择、取舍，并通过权利和义务对这些不同利益进行权威性、规范性调整的过程。狩猎边界的划分实际上就是确定“产权”，也就是确定“生产资料归谁所有”，财产权利的承认（产权关系的明确）是有效、和平地利用自然资源的前提。新制度经济学认为，产权安排直接影响资源配置效率，一个社会的经济绩效如何，最终取决于产权安排对个人行为所提供的激励。人们只有获得了对资源的占有权和使用权，物有其主，并排除他人对自己财产的侵犯或夺取，财产所有者才有信心和动机投入资源、创造财富。所以，任何一个国家的法律都是以财产权为核心的，这是人类经济生活对法的内容的首要要求。在我国，《物权法》历经了13年的酝酿和广泛讨论，创造了中国立法史上单部法律草案审议次数最多的历史纪录，可见其重要性。《物权法》的根本意义在于为我们的市场经济生活找到了一个产权的制度基础。《物权法》是一部社会主义市场经济中界定、确认和保护产权的基础性法律，从而奠定了产权保障的法律基础，它连接了财产关系、经济关系，维护公民的基本经济权利，维护市场主体的经济权利，协调利益主体之间的关系。

---

① 葛洪义：《法理学》（第三版），中国政法大学出版社2007年版，第95页。

② 《马克思恩格斯选集》第3卷，人民出版社1995年版，第209页。

经济基础除了要求法界定产权关系外，还要求通过法来确定社会财富的分配，也就是确定“产品如何分配”的制度。人们在作用于自然界，以及利用自然界来生产物质生活资料的过程中，不是彼此孤立的，往往需要彼此协同互动。这就必然发生如何对大家合作的成果（即产品）进行分配的问题，公平合理的收入分配制度有利于调动合作者的积极性，有利于使分配本身成为扩大再生产，创造更多的社会财富。在我国，为了加快经济发展，较快地提高生产力，同时又保持社会稳定，改革开放以来，我国根据经济发展的需要，逐步确立了“坚持以按劳分配为主体，多种分配方式并存的制度”，并将其写入宪法，极大地调动了劳动者的积极性、创造性，促进了经济的发展。

经济基础决定法的内容，也决定法的变迁和发展。如我国在计划经济时代，1979年制定的《刑法》中规定了“投机倒把罪”，将一些市场交易行为定义为“投机倒把”。在我国进行改革开放，实行社会主义市场经济后，1997年，我国《刑法》作了修改，取消了这个罪名。

要正确地理解经济基础对法的决定作用，必须注意到：第一，经济基础对法的决定作用并非绝对的。经济基础对法的决定作用是从根本的意义上说的，并非每一项具体的立法都由经济决定。“法亦当以经济而充实其内容，但其内容亦不全为经济所独占。”[①] 第二，经济基础并非法的唯一决定因素。除了经济因素外，对法产生影响甚至在某种条件下起决定作用的还有其他因素，这些因素包括：历史传统、道德意识、民族心理、政治体制、意识形态、国家结构、国家环境等。正是由于各种因素的综合作用，使得即使是同一经济基础之上的法也千差万别，各具特色。

2. 法反作用于经济基础

法是由经济基础决定的，但这并不意味着法只是消极地反映经济基础。恩格斯指出：“政治、法律、哲学、宗教、文学、艺术等的发展是以经济发展为基础的。但是，它们又都互相影响并对经济基础发生影响。并不是只有经济状况才是原因、才是积极的，而其余一切都不过是消极的结果。”[②] 美国法学家博登海默认为：“在为建设一个丰富而令人满意的文明的努力奋斗过程中，法律制度发挥着重要而不可缺少的作用。当然，法律并不能直接进行或增进文明大厦的建设；它也不能命令人们成为发明家或发现家，去设计城市建设的新方法，或去创作优秀的音乐作品。然而，通过为人类组织确立履行更高任务的条件，法律制度就能够为实现社会中的‘美好生活’作出间接贡献。”[③] 而新制度经济学家远远不满足于这种说法，美国经济学家道格拉斯·C. 诺思（Douglass C. North）在研究中重新发现了制度因素的重要作用，他的新经济史论和制度变迁理论使其在经济学界声名鹊起，成为新制度经济学的代表人物之一，并因此获得了1993年度诺贝尔经济学奖。他认为：“制度因素是经济增长的关键，一种能够对个人提供有效激励的制度是保证经济增长的决定性因素。”[④] 实践证明，市场经济条件下，法对经济基础的作用尤其显得突出，现代市场经济对法律有着内在的、本能的、强烈的需求，甚至可以说“市场经济就是法治经济”。根据市场经济的基本特征和内在需

---

① 郑义波：《法学绪论》，（台北）三民书局股份有限公司1981年版，第13页。

② 《马克思恩格斯选集》第4卷，人民出版社1972年版，第506页。

③ ［美］博登海默著，邓正来译：《法理学：法律哲学与法律方法》，中国政法大学出版社1999年版，第393页。

④ 卢现祥、朱巧玲：《新制度经济学》，北京大学出版社2007年版，第46页。

要，制定和实施适应市场经济需要的法律，才能推动市场经济的发展。历史上不乏相反的例子证明法律对市场经济的作用也可能按反向运作，在中国明清及近代以后，就有“重农抑商”等打击商品经济的法律政策，将商品经济扼杀在萌芽之中。

（二）科学技术与法的关系

在近现代社会，科学技术越来越作为由社会和国家组织起来的第一生产力作用于社会生产和生活，在生产力中占据着非常重要的地位。科技的发展对法的内容和形式等产生了深刻的影响，一方面，科学技术为立法提出了新问题，为司法提供了新技术，科技促进法观念的更新，导致新的法律制度的出现。如知识产权法制度、产品质量法制度、民法上无过错责任原则的出现都是大工业社会生产力高度发展在法上的直接表现。另一方面，法也规范管理着科技活动，促进科技成果的商品化，推动人们创作新技术、新思想、新知识。此外，针对科学技术带来的弊端（如环境、伦理问题等），各国法律也在积极规范和抑制科技发展所带来的不良后果。

二、法与市场经济

市场经济作为市场在资源配置中起基础作用的经济运行方式，是当今社会最佳的经济模式。我国《宪法》第十五条规定：“国家实行社会主义市场经济。”我国必须尊重市场经济本身的内在规律，构建适应社会主义市场经济发展要求的法律制度，引导和规范市场经济的良性发展。市场经济的运行，市场秩序的维护，国家对经济活动的宏观调控和管理，以及生产、交换、分配、消费等各个环节，都需要法律的引导和规范。在经济全球化的背景下，国内法律也需要与国际惯例和国际协定接轨。社会主义市场经济法律制度主要包括以下几个方面：

（1）市场经济是权利经济，必须建立保障人权、物权（即产权）等权利的法律制度，调动人们的积极性、创造性，促进生产力的进步。生产力的基本因素有三个，即劳动者（人）、劳动资料（物）和劳动技能（智）。只有这三个要素得到保护，并且能够自由地结合，生产力才能发展。这三个要素分别是由人权、智权（如知识产权）保护的。只有充分尊重和保护这些权利，才能够解放和发展生产力。社会主义市场经济的顺利运行，首先要保障各类市场主体享有独立的、平等的法律地位，使其依法享有法定权利，切实履行法定义务，并对自己的行为的结果承担相应的责任；其次财产权是市场交往的基础，所以，在市场经济中，必须建立充分尊重和保护市场主体财产权的法律制度，确认和保护产权关系，鼓励人们高效地占有、使用和转让（交换）财产，增加社会财富。

（2）市场经济是自由竞争的经济，要求法律提供公平、自由竞争的规则，规范交换和竞争行为，激发和保证持续的效率。竞争是最基本的市场机制，而竞争必须遵循自由、公平的准则。但是经济主体的自私、贪婪必然导致经济主体会不择手段实施扰乱市场经济正常运行的行为，因此，通过建立合同法律制度、反不正当竞争和反垄断法律制度、证券法律制度等法律制度，来确保经济交往中市场主体地位的平等和意志自由，排除权力的不当干预和超经济强制，保证市场经济的良性发展。

（3）市场经济需要政府的宏观调控。市场经济本性上是自由的经济，本能地抗拒国家或政府的过度干预，但单凭市场主体的逐利本性，仅仅依靠市场自发的机制并不能保障市场秩序的有效、合理发展，为了弥补市场的失效，政府必须对经济进行适度干预和宏观调控，以保证市场经济的正常运行。

（4）市场经济是竞争型经济，竞争的结果必然是优胜劣汰。成熟的市场经济体制，不仅需要建立在有效率的资源配置基础上，而公平问题、特别是社会公平也需要摆在重要位置。毕竟，人类发展和社会进步的根本目标在于社会的富足与和谐。特别是对于生产力水平相对落后的国家和地区，其经济发展仍旧坚持发挥市场配置资源基础性功能而把效率放在突出的位置，因此更需要运用包括税收在内的政府调控手段，渐进式地突出公平的主体地位，缩小社会贫富差距、促进社会公平，完善社会保障法律制度，给社会上的弱者（包括失业者、丧失劳动能力者、妇女、儿童、老人等）提供社会保障，使所有公民公平、公正地享有宪法赋予的各项基本权利。

【拓展阅读】

20 世纪 60 年代以来，以科斯为代表的新制度经济学在经济学理论中的影响力日益增加，成为西方经济学界一个引人注目的理论现象。当代制度经济学从人的实际出发来研究人，研究实际的人在由现实制度所赋予的制约条件中的活动，研究制度演进背景下人们如何在现实世界中作出决定和这些决定又如何改变世界，它所探讨的问题是那些现实世界提出来的问题。尽管新制度经济学理论对许多现实的经济问题还没有提供完整的答案，但是其理论所蕴含的智慧却能给我们某些启迪。尤其是在传统的计划经济向市场经济转变的过程当中，新制度经济学为经济理论研究提供了一种全新的思路及颇有价值的方法。新制度经济学包括四个基本理论：交易费用理论、产权理论、企业理论、制度变迁理论。

任务二　法与政治

【导入案例】

“一国两制”，即“一个国家，两种制度”，是邓小平为了解决香港、澳门、台湾等历史遗留问题，实现中国统一的目标而创造的方针政策。“一国两制”既坚持了中国必须最终走向统一的目标，又兼顾了海峡两岸暨香港、澳门不同的政治现实，以和平的方式来逐步实现国家统一，从而达到中华民族整体利益的最大化。1984 年，中英签署了关于香港问题的《中英联合声明》；1987 年，中葡签署了关于澳门问题的《中葡联合声明》。香港于 1997 年 7 月 1 日回归中国，按《香港基本法》实行“一国两制”；澳门于 1999 年 12 月 20 日回归中国，按《澳门基本法》实行“一国两制”。通过这一系列法律，将“一国两制”法律化、制度化，为“一国两制”的实践提供了制度上的保障。

问：从上述我国“一国两制”的政治实践，分析法与政治的关系。

【基本原理认知】

一、政治的概念

什么是政治？虽然古往今来，众说纷纭，但我们还是能从中发现关于政治的共同认识。

第一，政治具有公共性，人既然在社会中生存，政治和每一个人都有关系，任何一个人都不可能是超政治的。古希腊思想家亚里士多德认为：“人天生是一种政治动物，在本性上而非偶然地脱离城邦的人，他要么是一位超人，要么是一个鄙夫。”①

第二，政治具有管理性。政治是治理国家、管理公共事务的活动。“法国学术界比较权威的观点是，政治本意为治理国家，是人类社会治理的方法与实践。”②

第三，政治具有权威性。政治既然以管理国家和社会事务为内容，处理各种社会关系，就需要一定的权力，这是不言而喻的。因此，许多人认为政治的核心是国家权力。德国学者马克斯·韦伯将政治定义为“争取分享权力或影响权力分配的努力”③。马克思主义认为，政治是不同阶级（在近现代社会通过各自的政党及其政策）围绕着国家政权而进行的各种活动，其实质是阶级关系。

关于政治，孙中山认为：“政治两字的意思，浅而言之，政就是众人之事，治就是管理，管理众人之事便是政治。有管理众人之事的力量，便是政权。今以人民管理政事，便叫做民权。”④ 由此可见，国家的政治活动关系着国家的前途、社会的安定、人民的福祉。

二、政治与法的关系

政治与法的关系是通过政治的载体——国家、政党等来实现的。国家就是一个政治社会。一般来说，国家是指国家政权和行使政权的国家机构体系。国家又是由政府、人民和领土所组成并拥有主权的政治实体。政党作为一定阶级或阶层的政治代言人，在近现代国家的政治生活中，扮演着极为重要的角色，现代各国的政治活动几乎都离不开政党。因此，只有通过认识国家与法的关系、政党与法的关系，我们才能够真正地认识政治与法律的关系。

（一）国家与法的关系

1. 法离不开国家

在国家这一前提下法是国家意志的体现，法律的立、改、废，离，不开国家行为。法律的产生、存在和发展都以一定国家的存在和发展为前提，没有国家就没有法。法律之所以具有普遍的约束力，其原因在于有国家强制力为保障。法律形式也深受国家形式的影响。例如，在单一制国家里，一般由国家最高权力机构行使国家立法权，全国只有一部宪法；在联邦制国家里，除了联邦的最高权力机关及其制定的宪法和法律外，各成员国（或州）还有自己的最高权力机关，在不违背联邦宪法和法律的情况下

① 苗力田：《亚里士多德全集》第9卷，中国人民大学出版社1994年版，第6页。

② 张文显：《法理学》（第三版），高等教育出版社、北京大学出版社2007年版，第367页。

③ ［德］马克斯·韦伯著，冯克利译：《学术与政治》，生活·读书·新知三联书店1998年版，第55页。

④ 《孙中山选集》（下），人民出版社1956年版，第661－662页。

可以制定自己的宪法和法律。国家的性质对法的内容和性质产生决定性的影响，如在君主专制国家，法律体现的是以君主为代表的统治阶级的意志，而在民主共和国家，法律体现的是人民大众的意志。

2. 国家不能无法而治

各个取得政权的统治集团，都是用法律确认本国现存政权的合法性，使自己的统治合法化、固定化。在现代民主法治国家，通过宪法和法律，确定国家的政治，经济等基本制度；规范国家权力的行使和划分，保障公民政治权利的实现；组建国家机构并赋予其法律权威性，从而实现国家的对内、对外职能。国家的基础一步步由血缘、族类向法律过渡，这是国家发展的历史趋势。“美国人不是通过种族、宗教或任何其他显著的特性联结在一起的，而是通过共同忠诚于《独立宣言》《宪法》和《权利法案》，通过共同接受公民身份的权利和义务的共同性而联结在一起的。”① 国家权力必须在宪法和法律的界限内运行，即使国家要对宪法和法律加以修改，也必须遵循宪法和法律的规定的程序和法制原则。

（二）政党与法的关系

1. 政党的政策影响法的内容

政党的政策是政党在政治活动中为实现一定的目的而作出的政治决策，包括路线、方针、规范和社会措施。其中，执政党的政策对法律的制定和实施能够产生重要的影响，影响程度的高低直接取决于该国的政治体制、政治结构和政治形势。任何一项法律的创制都具有一定的政策背景，都要受到执政党政策的影响。“即使在西方国家，每一项法律规则也都具有或明确或模糊的政策背景，否则是几乎不可能理解法律是如何产生或在实践中是如何适用的。实际上，许多制定法都有意地寻求推进重建社会生活的某些经济或社会的政策。”② 诚然，政策与法有着密切的关系，但政策和法律各有所长，政策往往缺乏法律规范所具有的稳定性、明确性和系统性，但政策却有着法律所不具备的灵活性，法律的制定与实施离不开政策的指导，政策的贯彻和实现也离不开国家法律的推动和保证，因此不能将政策与法律等同起来，也不能将二者对立起来，不能以政策代替法律，削弱法律的权威和作用，但也不能忽视政策在一定情况下的指导作用。

2. 政党的行为必须受法律的约束

在民主社会，政治统治就是法律统治，法律把政党的活动以及政党之间的政治斗争限制在法律的范围之内，保持社会的政治稳定。现代政治以法律来规范执政党的政治统治，形成一种法治秩序。正如我国《宪法》第五条规定：“一切政党、社会团体和个人都必须遵守宪法和法律，不能有超越宪法和法律的特权。”

3. 法律是和平解决政治问题的手段

在政治活动中，政治斗争在所难免，但政治斗争处理不当，尤其是当政治斗争涉及国家政权更替的问题时，更是关乎国家命运。把政治问题纳入法律的轨道，当政治问题成为法律问题时，用法律的手段而非暴力的手段来规范、解决政治纷争乃至斗争，从而理性地解决政治分歧，避免国家动荡甚至战争，维护国家乃至世界的和平。“在美

---

① ［美］比尔·克林顿著，金灿荣等译：《希望与历史之间》，海南出版社 1997 年版，第 90 页。

② ［德］K. 茨威格特、H. 克茨著，潘汉典等译：《比较法总论》，法律出版社 2004 年版，第 519 页。

国，几乎所有的政治问题迟早都要变成司法问题。因此，所有的党派在它们的日常论战中，都要借用司法的概念和语言。”① 如在当代，和平与发展成为世界政治生活的主题，法律在解决国家、民族争端甚至国际争端中越来越发挥着重要的作用。如引例所述，在我国，在对香港、澳门地区恢复行使主权的过程中，1990 年 4 月 4 日通过《香港特别行政区基本法》和 1993 年 3 月 31 日通过的《澳门特别行政区基本法》，对和平解决政治矛盾和党派纠纷，维护国家统一，发挥了显著的功能。基本法把“一国两制”的伟大政治构想制度化、条文化，由此使人们打消顾虑、增强共识、和平共处。“一国两制”是我们以法律手段解决政治问题的典范，也为将来解决我国台湾问题、实现祖国统一提供了宝贵的经验。

【拓展阅读】

什么是法政治学？

法学与政治学具有天然的联系。如果说人类的一切知识最早是被总括在哲学领域的，那么法学知识不仅被总括在哲学领域之中，还在很长的历史时期都被总括在政治学领域之中。早在古希腊，苏格拉底、柏拉图、亚里士多德等就开始了政治学研究，直至政治学被作为一个独立学科的知识领域，即被普遍认可为政治学的一门独立的社会科学。而法学虽然也萌生在古希腊和古罗马，但是与政治学相比较，还是相对较晚。只是由于法学的细密化发展，法学知识和法学理论的不断累加，以至政治学无法完全囊括的时候，法学才从政治学中分离出来。

首先，许多法律现象都是政治现象。重大法律问题，都是政治问题。在任何时代，国家的政体和国体问题，都是重大的政治问题。国体问题直接关涉一个国家的阶级本质与阶级归属，是从阶级划分意义上对于国家的本质定性。政体问题关涉统治者组织政权的基本方式，以及政治运作的基本体系。而这些重大的政治问题无一不是法律问题。在现代法律体系中，宪法具有最高的法律地位，号称国家的根本大法。其内容首要解决的就是国家的国体和政体的问题。它首先规定的就是谁掌握国家政权和怎样组织国家政权。

除此之外，其他许多法律问题也同样可能是政治问题。例如对外贸易，参与国际经济合作的法律问题，应该说比国体和政体等问题要平常得多，但是它们也是政治的问题。在现代，是否加入世界贸易组织，看起来是一个国际经济活动的问题，但其内在地包含着深刻的政治因素。当今世界的各个国家也都把是否加入世界贸易组织，以及在世界贸易组织中的活动，作为本国参与国际政治的活动之一，深受国际政治的影响，并与国际政治联系在一起。一国是否允许本国企业有对外的进出口贸易权，这在表面上首先是企业法人的进出口法律权利，实际上它表示着一个国家的开放程度、民主程度、自由程度。由此看来，它也不是一个单纯的经济或法律的问题。

其次，许多政治现象都是法律现象。特定的政治现象或特定的法律现象未必具有双重的属性。但是大量的政治现象都是与法律现象交叉或重叠的。就选举来说，选举当然是政治现象，但是只要是属于国家范畴的选举都和法律密切相关。什么人拥有选举权，什么人拥有被选举权，选举需要经历怎样的程序，选举出现的问题如何解决，

① ［法］托克维尔著，董果良译：《论美国的民主》（上），商务印书馆 1988 年版，第 310 页。

选举中的舞弊如何制裁，选举的结果具有怎样的效力等等，都是政治现象和政治问题，也都是法律问题。关于选举的法律所要解决和回答的也就是这些问题。就权力来说，无疑是极为重要的政治现象，但是随着政治民主的发展，所有的权力的获得都必须有法律上的根据，并经过法定的程序。所有的权力的行使都必须具有法律的依据。依法行使权力，是法治的基本要求，也是权力被正当行使的标志和标准。

政治现象与法律现象的这种密切的关系，使得法学与政治学的联系十分紧密，基于政治现象与法律现象、政治学科与法律学科的密切关系而产生的法政治学，既属于政治学的范畴，也属于法学的范畴，是法学与政治学之间的边缘学科，并在政治学和法学中独树一帜，成为一个相对独立的研究领域和学术空间。①

任务三　法与文化

【导入案例】

事件过程：

2006 年 11 月 20 日，南京市民彭宇陪同一名在路上跌到的徐姓老太太前往医院检查，检查结果表明徐姓老太太股骨骨折，需进行人造股骨头置换手术。徐姓老太太随即向彭宇索赔医疗费，彭宇自称是乐于助人，怎么反倒被指成是肇事者，拒绝了老人的要求。后在各种调解失败后，于2007 年 1 月 4 日在鼓楼区法院提出民事诉讼。

2007 年 9 月 5 日，南京市鼓楼区法院主审法官王浩对彭宇案作出了一审判决，称"彭宇自认，其是第一个下车的人，从常理分析，他与老太太相撞的可能性比较大"，并判断"如果被告是做好事，根据社会情理，在老太太的家人到达后，其完全可以说明事实经过并让老太太的家人将她送到医院，然后自行离开。但彭宇未作此等选择，他的行为显然与情理相悖"。对此案的结论是："本案中，发生事故时，老太太在乘车过程中无法预见将与彭宇相撞；同时，彭宇在下车过程中因为视野受到限制，无法准确判断车后门左右的情况，故对此次事故，彭宇和老太太均不具有过错。""本案应根据公平原则合理分担损失，本院酌定被告补偿原告损失的40% 较为适宜。被告彭宇在此判决生效的 10 日内一次性给付原告人民币 45 876 元；1 870 元的诉讼费由老太太承担1 170 元，彭宇承担700 元，裁定彭宇补偿原告40% 的损失，即45 876 元，10 日内给付。"后在官方的调解下，此案以庭外"和解"告结。和解结果并未对媒体公布，相关细节不得而知。

事件争议：

事件最大的争议来自法院的判定书，一些观点认为其判定大量地使用"常理推定"，而未进行事实认定。中国民事诉讼准则明确规定"谁主张谁举证"，而法院却在原告方未能提出有力证据的情况下，运用"自由心证"的逻辑推理分析判定彭宇应承担责任。为彭宇作证的陈先生在得知结果后情绪激动地说："朋友们，以后还有谁敢做好事？"

另一些观点则认为"疑罪从无"适用于刑事案件中，证据不充分则是无罪，而民

---

① 卓泽渊：《法政治学的学科定位》，http：//www. china. com. cn/chinese/zhuanti/xxsb/1122629. htm。

事诉讼不适用“疑罪从无”“无罪推定”。民法中即使理由证据不充分，法官也可从职业道德、职业素养出发，依照逻辑推理和日常生活经验，推定案件中各方的责任，民事审判追求高度的概然性。

事件影响：

闹得沸沸扬扬的南京“彭宇案”最终判决结果的影响，以及同类事件的不断发生，使“看见老人摔倒在地，是扶还是不扶”成为难题，越来越多的市民开始持有“不敢扶”“扶不起”的观点。抨击社会冷漠、号召互帮互助的声音，似乎也因此而显得弱了许多。而更让人们担心的是，本来已经脆弱的社会良知因此再遭打击。当再有老人真正需要帮助时，身边还会有热心的手伸出来吗?[①]

请问：根据上述案例，分析道德与法律之间的关系。

【基本原理认知】

一、文化的概念

文化这个概念很常用，但也很难给它一个明确的定义，原因是文化是人类社会发展的一种综合现象，其内涵极为丰富广泛，几乎无所不包。有的认为文化是指人类在长期历史实践过程中所创造的精神现象的综合，包括社会意识形态及与之相适应的制度和组织机构。[②] 还有人认为文化不仅包括人类社会的精神文明，还包括人类社会所创造的物质文明如生产方式、技术水平的情况等。无论从哪种对于文化的定义，我们都可以发现文化是人类社会发展的一种综合现象，在内容上它由多种因素构成。文化的因素包括物质设施，精神方面的知识、价值体系、社会组织的方式、语言、社会组织等。文化的各个因素还可以进一步划分，比如，观念部分包括价值、知识、态度、偏好等；制度部分可以分为法律、政治、经济等；规则部分可分为习惯、道德、宗教、法律等；而且这些因素彼此之间是相互影响的，文化是一个多种因素有机联系的综合体。

二、法与文化的相互作用

（一）文化对法的决定作用

文化是一个大的系统，法是其中的一个组成部分。文化与法的关系是部分与整体的关系，只有把法放到文化的大背景下考察，才能够更好地认识法、理解法。任何国家的法都不可能凭空产生，它的产生必然有一定的文化基础。即文化是法产生和存在的条件，法是一定社会文化的组成部分和表现。法国思想家孟德斯鸠在《论法的精神》一书中就把法律看作一种社会文化现象，强调地理环境、历史、政治、道德、商业等因素对于法律的影响。我国有学者甚至提出研究法律的原则应是“用法律去阐明文化、用文化去阐明法律[③]”。文化对法的决定作用可以从以下几个方面去理解：

第一，构成一个社会文化基础的物质文明对这个社会的法具有决定性的作用，对

---

① http：//www. hudong. com/wiki。

② 张文显：《法理学》（第三版），高等教育出版社、北京大学出版社 2007 年版，第 378 页。

③ 梁治平：《法辨：中国法的过去、现在与未来》，中国政法大学出版社 2002 年版，第 11 页。

此，我们在法与经济的关系中有详细的阐述。

第二，构成一个社会文化重要因素的精神文明对这个社会的法具有决定性的作用，表现在法所包含的价值标准通常受社会中居主导地位的价值标准的影响，法律规则通常来自社会中通行的重要规则。对此，我们将在下面以法与道德、法与宗教的关系为例加以阐述。

文化对法的决定作用是任何立法者所不能抗拒的，若要超越文化条件立法，其法律会与整个社会的需要相冲突，这种法律不仅难以产生实效，而且还会造成社会的混乱。

（二）法对文化的作用

第一，法促进社会文化事业的发展。

第二，法认可和强化社会上居支配地位的价值标准和行为模式。

三、法与道德的关系

法与道德的关系，是法与文化关系中的一项重要内容。两者都是调整社会关系的重要方式，在运用法律调整社会关系时，人们不能不认真对待和处理好两者之间的关系。

（一）道德的概念

道德是人们关于善与恶、美与丑、正义与非正义、公正与偏私、崇高与卑下、诚实与虚伪、光荣与耻辱等的认识和观念，也包括与这些观念相对应的伦理行为规范的总和。它以人们的自我评价和他人评价为特点调整人们的内心和行为，因此，它是靠社会舆论、社会习俗和人们的内心信念来保证实现的。

（二）法与道德的区别

1. 产生的社会条件不同

法律的产生晚于道德。法律是人类社会发展到一定阶段的产物，随着国家的产生而产生。道德则随着人类社会的出现而产生，是人类早期社会最主要的社会控制手段。

2. 形成的方式和表现形式不同

法律是由国家制定或认可的，是国家意志的体现，通常表现为人们通过“自觉”的方式创制的规范性法律文件，具有明确的内容。道德则是人们在长期的社会生活中“自发”地形成的，没有特定的表现形式，一般存在于人们的社会意识之中，并通过人们的言论和行为表现出来。

3. 调整的范围不同

道德与法律调整的社会关系的范围有重合之处，但也有各自不同的调整范围，法律维护的是社会最基本的秩序与稳定，主要调整那些对建立社会秩序具有重要意义的公共社会关系，如国家与公民之间的权力与权利的划分问题。道德则是建构国家的精神文明体系，几乎涉及社会关系的各个领域，道德中的某些领域是法律管辖范围之外的，如人们在友谊、爱情等私人生活方面的许多关系。

4. 实施方式不同

法律主要作用于人的外部行为。当然，法律也会关注人的主观方面，也要考虑人行为时的动机、目的、心理态度等主观方面的因素，但考察的侧重点始终在于行为及其后果。因此，法律是以国家强制力作为实施的后盾。道德主要作用于人的内心世界，因此，道德规范得以实现并不是靠外部的物理性强制与威胁，而是人们的内在态度、人们的良知等精神力量，实际上是通过社会成员的自觉性来发挥作用的。

（三）法与道德的联系

1. 道德对法律的创制和实施具有指导、促进作用

任何社会的法律都必须顺应社会公认的道德观念的要求，否则它就难以有效地发挥作用。因此，道德是最高的法律，法律是最低的道德。因此，立法者在制定法律时，必须以基本的道德原则为指导，努力反映道德的基本要求，有时甚至把一些重要的道德规范直接上升为法律规范。

徒法不足以自行，道德又是法律正常运转的社会基础，是法律顺利实施的有力保障。只有一个国家的官员和公民具备了良好的道德素质，才能严格依法办事，遵纪守法，促进社会和谐。正如孔子所说："道之以政，齐之以刑，民免而无耻；道之以德，齐之以礼，有耻且格。"

2. 法律对道德的实施具有保障作用

国家通过立法、司法手段，赋予道德的基本原则和要求以法律的强制力，将人们最基本的道德义务转化为法律义务，通过国家强制力迫使人们遵守道德的基本原则和要求，通过法律的实施活动，达到道德所要求的惩恶扬善的目的，从而起到维护社会秩序的作用。

引例中南京"彭宇案"的判决事实上在社会上引起了巨大反响，可见人们对有关社会公德纠纷的司法判决的关注。事实上，无论是在"彭宇案"之前或之后，同类的事情在全国时有发生，这说明我国某个阶段的社会道德状况令人担忧。在助人为乐者已稀，受助者又以怨报德时，如何通过司法判决处理这种影响社会道德风气的案件呢？司法判决对社会道德、社会风气有着重要的引导和示范作用，一个好的判决，可能弘扬社会道德、引领好的社会风气，而一个错误的判决则可能加速公民公益心的流失和崩溃。法律包括司法活动应当弘扬和保障社会公德，根据此案判决的社会效果来看，不仅没有弘扬助人为乐的道德风尚，反而使本已脆弱的社会道德再遭打击。

3. 在建立良好的社会秩序的过程中，法律与道德缺一不可

需要注意的是，道德领域与法律领域还是独立的，它们均有各自的作用与价值，法律不是万能的，道德也不是万能的。虽然两者密切联系，相互影响，但法律不能取代道德，道德也不能取代法律，法律与道德的关系应该是相辅相成、取长补短，而不是取彼舍此。如果使法典彻底道德化，变成"道德法典"，这反而更不利于社会的发展。所以道德立法应该有一定的限度，不是所有的道德都可以上升为法律，只有属于"社会公德"范畴的道德才有可能上升为法律。

4. 法律与道德在一定程度上可以相互转化

法律与道德在一定程度上是可以相互转化的。随着时代和社会的变迁，那些越来越为一般人所接受的、大家都应该必须遵守的道德可以转化为法律，那些对社会的重要性越来越弱、不一定所有人都能接受都必须遵守的法律可以转化为道德。法律与道德是可以"双向流动"的，即道德可以转化为法律，同时，法律也可以转化为道德，如"通奸"以前属于法律范畴，但由于时代的变迁，"通奸"现在已转化为道德范畴，即法律上不会再受到惩罚，但在道德上会受到社会与自己内心的谴责。正如博登海默所说："一些在过去曾被认为是不道德的因而需要用法律加以禁止的行为，则有可能被

划出法律领域而被归入个人道德判断的领域之中。”① 法律与道德的相互转化，适应了不同时代、社会的需要，从根本上保证了国家的法律与道德与时俱进、相互协调、和谐发展。

【拓展阅读】

对于道德和法律的关系，在西方法哲学界，是一个长期争论不休的热点问题：

一、自然法学派认为：只有符合人类道德的法律才是法律，不合乎道德的法律根本就不是法律。即恶法非法，道德与法律不可分。该学派所谓“自然法”就是指人类普遍的道德原则，包括正义、公平、平等、自由等，他们认为国家制定的法律应该合乎自然法，否则就不是法律。古罗马法学家西塞罗就道出了“法是善的促进者和恶的抑制者”的名言，点明了法律与道德的潜在联系。自然法学说对近现代西方各国的立法实践产生了深刻的影响，各国制定的宪法典几乎都把正义、公平、平等、自由等道德原则转化成了法律原则。

二、分析法学派认为：法和道德无关或至少两者没有必然的内在联系；实然的法和应然的法之间没有必然的联系；恶法亦法，不道德的法也有法的实在性。奥斯丁说：“法律的存在是一回事，它的优缺点，是另一回事。”现代的新分析法学派虽然没有绝对反对法律与道德之间的联系，但不以是否符合道德作为判断法律效力的依据。新分析法学派主要代表——著名法哲学家哈特的一个基本论点是：虽然法律在一定程度上会受到道德的影响，但不能因此说法律必须完全合乎道德，不合乎道德的法律不是法律，就可以取消它的法律资格，法律之所以为法律并不取决于法律是不是合乎道德，即使不合乎道德的法律也有自身存在的价值。

【思考与练习】

一、问答题

1. 简述科学技术对法律的作用。
2. 简述法与经济基础的关系。
3. 联系实际，试论社会主义市场经济与法制建设的关系。
4. 为什么科技进步必然需要法制的保护?
5. 法对政治体制改革的作用主要有哪些?
6. 试述我国社会主义法与党的政策的区别。
7. 请欣赏电影《纽伦堡审判》，并结合你对法律与道德的关系的认识，写一篇观后感。
8. 请运用所学法律知识和基本原理分析说明“凡是法律所奖励的，也都是道德所彰扬的；凡是道德所谴责的，也都是法律所制裁的”这句法谚。
9. 请运用所学法律知识和基本原理分析说明“法律对不仁无可奈何”这一苏格兰法谚。

二、选择题

1. 有些国家的经济制度或经济发展水平相同，它们的法律却千差万别。这种现象

① ［美］博登海默著，邓正来译：《法理学：法律哲学与法律方法》，中国政法大学出版社 1999 年版。

表明（　　）。

A. 经济条件不是法的内容的唯一决定因素

B. 法的物质制约性原理不具有普遍性

C. 经济以外的因素有时也对法的本质起最终决定作用

D. 一国法律的具体表现形式与该国的经济制度无关

2. 下列不属于社会的物质生活条件的是（　　）。

A. 地理环境　　B. 人口　　C. 生产方式　　D. 利益

3. 关于法和经济基础的关系，理解正确的是（　　）。

A. 经济基础和法没有必然联系

B. 法可以自发地从经济基础中产生

C. 法对经济基础没有反作用

D. 经济基础并非唯一决定法的因素

4. 被恩格斯称之为“商品生产者社会第一个世界性的法律”的是（　　）。

A. 希腊法　　B. 印度法　　C. 中国古代法　　D. 罗马法

5. 对法与国家的关系有如下几种表述，正确的是（　　）。

A. 法律形式直接受国家形式的影响

B. 国家的存在以法的存在为前提条件

C. 法律规定国家的性质及组成，国家的性质决定法律的性质

D. 国家机构必须依靠法律来组织、建立和发展

6. 关于法对政治的作用，下列选项中，表述错误的是（　　）。

A. 法可以反映一定阶级和集团的政治目的

B. 每一具体的法都有相应的政治内容

C. 法可以对危害掌权阶级的行为采取制裁措施

D. 法可以确定各阶级、阶层在国家生活中的地位

7. 法与政策具有辩证统一的关系。下列关于法与政策关系的论述，正确的为(　　)。

A. 法律与国家政策、执政党政策彼此之间没有本质上的矛盾

B. 执政党的政策是法律的核心内容和基础

C. 在执行法律时，既要严格依法办事，也要考虑国家政策和执政党政策

D. 法律是实现国家政策和执政党政策的最重要的手段

8. 在法和政治的关系中，正确的提法是（　　）。

A. 每一具体的法都有政治上的内容

B. 政治的发展变化往往直接导致法和法治的发展变化

C. 法对政治有完全的依附性

D. 法可以完全独立于政治，不受政治制约

9. 对于权利和义务，道德（　　）。

A. 两者并重　　B. 只重视权利

C. 只重视义务　　D. 规定内容明确、具体、肯定

10. 道德和法律的区别是（　　）。

A. 法律调整人的内心，道德调整人的外部行为

B. 法律具有外界强制力，道德不具有外界强制力
C. 道德调整的范围比法律调整的范围广
D. 道德比较具体，而法律则比较抽象

11. 法律规范应当（ ）。
A. 与道德完全一致
B. 与道德完全分开
C. 具有最低程度的道德内容
D. 以符合道德为最重要准则

三、案例分析题

某中级人民法院在判决词里用了“社会影响极坏，不杀不足以平民愤”的表述。请据此分析道德考量在中国司法审判中的影响。

【扩展阅读文献】

1. 卓泽渊：《法理学》，法律出版社2004年版。
2. 周永坤：《依法治国建设社会主义法治国家理论研讨会述评》，《法制与社会发展》1997年第2期。

学习情境：法与社会的相互关系的应用

【范例】

2000年美国总统大选上演了一场好莱坞经典大片式的悲喜剧。围绕着佛罗里达州（Florida）的选票计算，总统大选出现了前所未有的戏剧性局面，美国共和党与民主党经历了36天的“世纪司法大战”，打得难解难分，天昏地暗。经过36天的总统难产之后，最后一锤定音的居然是最高法院！在这场司法大战中，人们没有看到半个月前在欧洲的南斯拉夫、在非洲的科特迪瓦总统大选中出现的两位总统候选人同时宣布自己获胜的情形以及随之而来的混乱，看到的却是对法律的尊重。

布什诉戈尔案主要涉及以下几个内容：①对联邦及州选举法规的解释；②美国总统的选举程序；③州司法机关在有争议的选举中有关的司法行为。换句话说，它涉及了最高法院对州及联邦各级政府行为的审查。应该说，这些都是最高法院司法审查的范围。经历了36天的诉讼大战后，戈尔在承认败选的演说中所表现的君子风度和对宪法法治的尊重让人们再一次领略了美国法治的精彩和无奈。他说：“现在最高法院已经说话。尽管我不同意法院的判决，但我接受它。”这句话充分显示出最高法院在美国人心目中至高无上的权威地位：它作出的判决可能会出错，可能会不被失败者内心认可，但却会被无条件地接受。针对戈尔的认输讲话，《纽约时报》专栏作者托马斯·弗里德曼有精彩的评论。尽管他认为最高法院的判决带有政治倾向，但他却深信，美利坚民族对宪政法治的信仰是美国强大的关键，因为“判决的失败者接受法治以及法治背后的制度为最终的、合法的原则”，“只有通过这种方式，只有当我们重申我们对法律制

度的忠诚，甚至即使它对我们不利时，制度才能长存、改进并在失误中总结教训”。①

【训练目的及要求】

结合范例和相关知识，通过训练，能够初步掌握法与政治的相互关系的具体运用。

【训练方法】

参训学生分为四组，分别对案件发表看法。

【训练步骤】

步骤1：给出范例。

步骤2：分组。

步骤3：运用法与政治的相关知识对案件发表看法。

步骤4：总结。

① 任东来：《总统难产引发的司法大战——布什诉戈尔案（2000）》，http：//www.dffy.com/blog/a/biglaw/7946.html。

单元三

法的创制与实现

项目十　法的创制

【知识结构图】

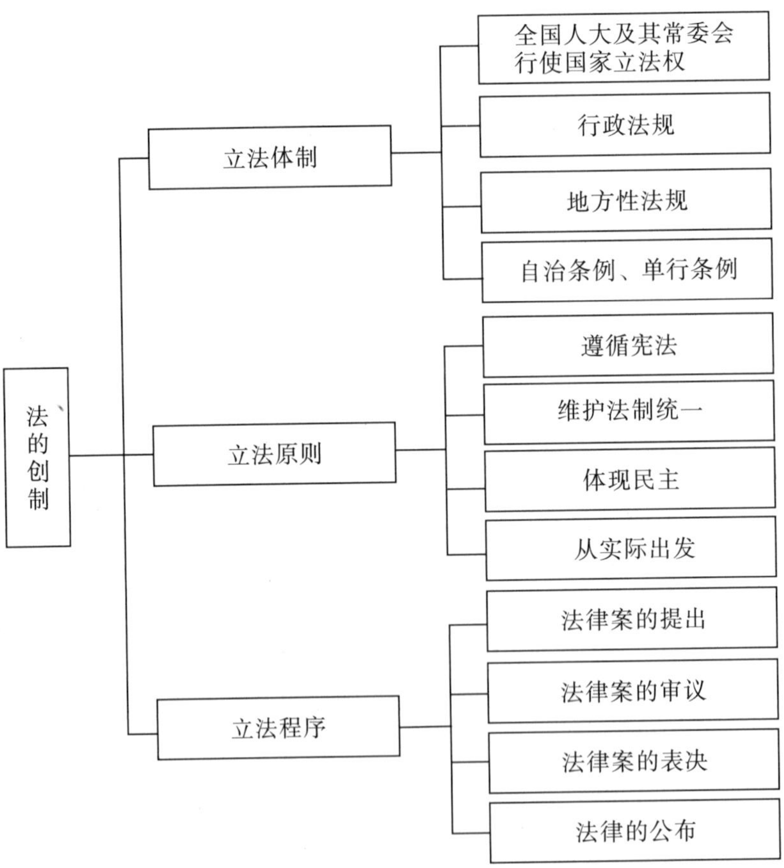

【知识目标】

1. 掌握法的创制的概念及基本形式
2. 掌握我国法的创制的基本原则
3. 掌握我国的立法程序

【能力目标】

1. 能对我国立法权由何主体行使作出判断
2. 能对我国的某一立法工作处于何种阶段作出判断

任务一 立法体制

【导入案例】

【案例一】

河北省第九届人民代表大会常务委员会第十一次会议曾于1999年9月24日批准了唐山市第十一届人民代表大会常务委员会第九次会议通过的《清东陵保护管理办法》。2002年2月20日，保定市人大常委会向河北省人大常委会提出《关于〈清东陵保护管理办法〉适用于清西陵的请示》，省人大法工委经请示、研究后认为：首先，清西陵是我国规模宏大、保存完整、品种齐全的清代皇室陵墓群之一，保存了大量珍贵的文物古迹。1961年清西陵与清东陵同时被列为我国第一批全国重点文物保护单位。2000年11月一起被列入世界文化遗产名录，2001年1月又同时被评为首批国家4A级旅游景区。从清西陵的文物价值和急需保护程度上来看，与清东陵的地位同等重要。对清西陵的保护与管理急需纳入法制轨道，以便更加符合《保护世界文化和自然遗产公约》的要求。因此，加快清西陵保护和管理的法制建设是十分必要的。其次，当时我国《地方各级人民代表大会和地方各级人民政府组织法》第四十四条第（四）项规定：县级以上的地方各级人民代表大会常务委员会"讨论、决定本行政区域内的政治、经济、教育、科学、文化、卫生、环境和资源保护、民政、民族等工作的重大事项"，经省人大常委会批准的地方性法规的适用范围，由甲地扩大到乙地属于本行政区域内的重大事项，省人大常委会可以作出相应决定，因此，省人大常委会有权就批准的地方性法规作出扩大适用范围的决定。第三，经请示全国人大常委会法工委，其答复是：①省人大常委会可以作出适用的决定。②如果两个陵区有大的不同之处，可以作一个简单的修正案。③最好为清西陵专门制定一个保护管理办法。在此之前，《福州市流动人口计划生育管理办法》《合肥市城市道路交通管理办法》《南京市外商投资企业工会条例》制定后，为使其适用于省内无立法权的其他城市，三市所在的省人大常委会均请示全国人大常委会法工委并获同意。第四，由于保定市人大及其常委会无立法权（当时），若由省人大常委会专门就清西陵保护管理制定一部法规，程序复杂、周期较长、立法成本较高，而由省人大常委会作出决定，将清东陵的保护管理办法适用于清西陵的保护管理，在所规范的诸方面基本上不存在问题，只是两个陵区的保护范围不同，这可以在决定中作出规定，清西陵的保护管理范围由河北省人民政府确定。于是，2002年9月28日《河北省人民代表大会常务委员会关于〈清东陵保护管理办法〉适用于清西陵保护管理的决定》得以通过，并明确清西陵的保护范围和建设控制地带按规定程序报省人民政府确定。

【案例二】

2003 年 4 月 16 日，对于葫芦岛市劳动教养院劳教人员张某来说是最黑暗的一天，他的生命在这一天戛然而止。抹辣椒面、上老虎凳，天天大刑伺候，张某连续一个月遭受如此折磨后含恨而死。7 月 8 日，葫芦岛警方正式宣布，这一恶性案件彻底查清，9 名涉案劳教人员被批捕。7 月 30 日，劳教院院长王某元和副院长姚某因此案被正式免职。张某生前所在劳教大队中队长郎某双和内勤常某涉嫌体罚虐待被监管人员罪，被检察院依法刑事拘留。

2003 年 10 月 15 日，葫芦岛市中级人民法院对此案作出一审判决，认为：涉案劳教人员张某立等人无视国法，在劳动教养改造期间不思悔改，竟持械故意伤害他人身体，且致人死亡，其行为均已构成故意伤害罪。因此依照《刑法》有关规定，判决被告人张某立犯故意伤害罪，判处死刑，剥夺政治权利终身；其他被告人犯故意伤害罪，分别判处无期徒刑或有期徒刑。[①]

问题：1. 立法主体与立法机关之间的关系为何？省级地方立法机关有哪些立法权？

2. 权力机关如何面对非立法主体需要通过立法解决的问题？

3. 这个案件及这类案件发生的原因（从立法权限方面分析）是什么？

【基本原理认知】

立法权是国家权力体系的重要组成部分。现代国家都把实行法治奉为“治国安邦”的基本原则和追求目标。

在导入案例中，“案例一”涉及的是有立法权的国家权力机关如何面对非立法主体需要通过立法解决的问题。我国地方人民代表大会及其常务委员会立法职权的内容范围是比较宽泛的，除了有权就经济、教育、科学、文化、卫生、民政、民族这些比较确定的重大事项制定地方性法规外，“政治”的重大事项也在地方立法的权限之内，其内容涉及政权建设、政法工作和社会权益等。“案例一”中涉及的清西陵保护问题就属于地方的重大文化类事项，通过省级地方人民代表大会常务委员会以决定的方式有效地加以解决。“案例二”中涉及的是制定劳动教养制度的立法权限问题。劳动教养制度的制定是基于“矫正”的刑法理念和根据情节轻重不同区别对待的思路，像许多良法美意一样，其设计初衷是好的。但是，它也反映了行政权力过大、司法权与行政权界限不清的问题。按照我国《宪法》《立法法》《行政处罚法》以及有关国际公约规定，唯有依照法律确定的根据和程序，才能限制和剥夺公民的人身自由。一个行政机关无权设定限制人身自由的罚则。人身自由是公民最重要的权利。只要有公民——无论他们犯了什么错——在法律之外失去人身自由，他们的处境就是不公平的。可见严格遵守立法权限，各级机关根据法律法规的规定和授权，就相应的立法事项，制定法律、法规和规章，至少可以从制度层面杜绝类似于“案例二”的案件再次发生。

由此可见，为了满足各个领域实现法律调控的需要，立法活动常常会突破一个机关或部门的范畴，而涉及整个国家系统，以至出现议会立法、行政立法和司法立法等横向层面上的立法现象，以及出现中央立法和地方立法等纵向序列上的立法现象。在这个立法系统中，要想使各自的立法行为获得合法性，并在此基础上获得更大的自由

---

① http：//news. qq. com/a/20031029/000126. htm。

度，就不能不解决立法权限的划分问题。立法权限是指“包括一个国家中现行全部有关需要由立法加以调整和控制的事项的权力范围”。立法权限的划分是一项浩大的系统工程，关涉国家政治生活的各个方面，对社会经济等其他领域也具有重大影响。若立法权限划分不当，可能出现重复立法，出现权力运作的不平衡或过度倾斜，出现中央过分集权或地方过分分权的状况；而在多数情况下，无论出现哪种情况，都会给国家的安定及社会的发展带来损害。

立法体制，主要是立法权限划分的制度。具体来讲，包括两方面：一是中央与地方立法权限的划分，二是中央各国家机关之间立法权限的划分。由于各国的政治制度、经济发展状况、历史文化传统、民族状况等情况不同，因此，各国对立法权限的划分也不尽相同。我国宪法和有关法律对立法权限的划分作了决定，总的来说还是比较有原则的。但在实践中，还是出现了一些越权立法、与上位法相抵触的现象，在一定程度上损害了国家法制的权威性，影响了国家法制的统一。我国《立法法》以《宪法》为依据，总结多年来的立法经验，对立法工作应当遵循的基本原则，法律、行政法规、地方性法规、自治条例和单行条例、规章各自的权限范围、制定程序和适用规则等问题，作了比较具体的规定。

一、全国人大及其常委会行使国家立法权

全国人大修改宪法，制定和修改刑事、民事、国家机构的和其他的基本法律。全国人大常委会制定和修改除应当由全国人大制定的法律以外的其他法律；在全国人大闭会期间，对全国人大制定的法律进行部分补充和修改，但是不得同该法律的基本原则相抵触。1982 年宪法赋予全国人大常委会制定法律的权力，是我国立法体制的一个重要改革。四十年来，我国的多数法律是由全国人大常委会制定的。

为了保证国家必要的集中统一，《立法法》规定下列十一个方面的事项属于全国人大及其常委会的专属立法权，且只能由法律规定：一是国家主权的事项；二是各级人民代表大会、人民政府、人民法院和人民检察院的产生、组织和职权；三是民族区域自治制度、特别行政区制度、基层群众自治制度；四是犯罪和刑罚；五是对公民政治权利的剥夺、限制人身自由的强制措施和处罚；六是税种的设立、税率的确定和税收征收基本制度；七是对非国有财产的征收、征用；八是民事基本制度；九是基本经济制度以及财政、海关、金融和外贸的基本制度；十是诉讼和仲裁制度；十一是必须由全国人大及其常委会制定法律的其他事项。

二、行政法规

根据《立法法》的规定，行政法规可以就下列两个方面的事项作出规定：一是为执行法律的规定需要制定行政法规的事项；二是《宪法》第八十九条规定的国务院行政管理职权的事项。此外，国务院还可以根据实际需要，经全国人大及其常委会授权，对属于全国人大及其常委会专属立法权而尚未制定法律的事项，制定行政法规，但犯罪和刑罚、对公民政治权利的剥夺和限制人身自由的强制措施和处罚、司法制度等事项除外。这些事项只能由法律作规定，不能由行政法规作规定。

此外，国务院各部、委员会、中国人民银行、审计署和具有行政管理职能的直属机构，可以根据法律和国务院的行政法规、决定、命令，在本部门的权限范围内，制

定规章。

另外，《立法法》规定，中央军事委员会有制定军事法规的权力，中央军事委员会的各总部、各军兵种、军区有制定军事规章的权力。

三、地方性法规

省、自治区人民政府所在地的市、经济特区所在地的市和其他经国务院批准的较大的市的人大及其常委会根据本市的具体情况和实际需要，在不同宪法、法律、行政法规和本省、自治区的地方性法规相抵触的前提下，可以制定地方性法规，报省、自治区人大常委会批准后施行。根据《立法法》的规定，地方性法规可以就以下两个方面的事项作出规定：一是为执行法律、行政法规的规定，需要根据本行政区域的实际情况作具体规定的事项；二是属于地方性事务需要制定地方性法规的事项。同时，《立法法》还规定，除应当由全国人大及其常委会制定法律的事项外，其他事项国家尚未制定法律或者行政法规的，省、自治区、直辖市和设区的市、自治州根据本地方的具体情况和实际需要，可以先制定地方性法规。在国家制定的法律或者行政法规生效后，地方性法规同法律或者行政法规相抵触的规定无效，制定机关应当及时予以修改或者废止。

海南省、深圳市、厦门市、汕头市、珠海市人大及其常委会按照全国人大的授权，根据经济特区的具体情况和实际需要，遵循宪法的规定以及法律和行政法规的基本原则，制定法规，在各自的经济特区范围内实施。

四、自治条例和单行条例

自治区的自治条例和单行条例，报全国人大常委会批准后生效；自治州、自治县的自治条例和单行条例，报省、自治区、直辖市的人大常委会批准后生效。自治条例和单行条例可以依照当地民族的特点，对法律和行政法规的规定作出变通规定，但不得违背法律或者行政法规的基本原则，不得对宪法和民族区域自治法的规定以及其他有关法律、行政法规专门就民族自治地方所作的规定作出变通规定。

此外，省、自治区、直辖市人民政府以及省、自治区人民政府所在地的市、经济特区所在地的市和其他经国务院批准的较大的市的人民政府，可以根据法律、行政法规和本地方的地方性法规，制定规章。规章的内容不得与法律、法规相抵触。

【拓展阅读】

授权立法

授权立法，又称委任立法或委托立法。《立法法》第九条规定：“本法第八条规定的事项尚未制定法律的，全国人民代表大会及其常务委员会有权作出决定，授权国务院可以根据实际需要，对其中的部分事项先制定行政法规，但是有关犯罪和刑罚、对公民政治权利的剥夺和限制人身自由的强制措施和处罚、司法制度等事项除外。”被授权机关不得将该项权力转授给其他机关。法律制定后，相应立法事项的授权终止。经济特区所在地的省、市的人民代表大会及其常务委员会根据全国人民代表大会的授权决定，制定法规，在经济特区范围内实施。

关于授权立法的位阶问题，学者们普遍给予肯定的答复。但是，对于如何确定授权立法的位阶，学者们存在着重大分歧。有学者持“代理说”，认为授权立法的位阶与授权机关根据职权制定的法文件的位阶相同；有学者持“准法律说”，认为根据职权而制定的法文件是介于授权机关根据制定的法文件与被授权机关根据制定的法文件的一种具有新的效力等级的法文件；有学者持“特别法说”，认为根据授权法制定的法规、规章可作为特别法对外，使特别法在其适用的特别领域有权，并使与特别法相冲突的法在特别法适用范围以外的其他领域继续有效；有学者持“转移说”，也认为授权立法的位阶与被授权机关根据职权制定的法文件的位阶相同，与“代理说”不同，其认为由于授权行为的发生，原本属于授权机关的立法权已转移至被授权机关。①

任务二　立法原则

【导入案例】

【案例一】

十届全国人大五次会议于2007年3月16日上午高票通过《中华人民共和国物权法》。这部法律历经了13年的酝酿和广泛讨论，创造了中国立法史上单部法律草案审议次数最多的纪录。这部法律被认为对于推进经济改革和建设法治国家都有着重大意义，标志着社会主义市场经济进一步完善，政治文明迈出了重要一步。从《物权法》制定过程中，可以得出如下几点启示：

(1) 宪法原则是制定基本法的基本依据。中国正在建立和完善的社会主义市场经济，是从计划经济体制中改革演变而来的。在这种体制演变过程中，私有财产概念逐步从提出试点、鼓励发展到政策规范，尤其是2004年3月，十届全国人大二次会议通过宪法修正案，增加了“公民的合法的私有财产不受侵犯”的规定，使私有财产权上升为宪法权利，这是重大的制度变迁和制度创新。因此，宪法原则是制定基本法的基本依据，也是指导下位法的基本精神。

(2) 立足于中国转型经济和转型法律。中国的经济中，有许多概念、制度在世界上是独一无二的，既是中国的创造，也是中国的特色，如集体经济、土地经营权承包制、农村宅基地制度、房产70年使用权制度等。《物权法》，既要体现基本经济制度，又要处理好老百姓的切身利益，要使《物权法》成为老百姓的护身符。脱离了中国这些特有概念、制度，物权法可能就不是中国的法律。

(3) 民主立法表达人民意愿。在《物权法》的整个立法过程中，对有争议的热点问题，对涉及制度创新的重大问题，对事关老百姓切身利益的问题，采取了广泛征求意见、下基层调研、召开座谈会的形式，积极听取人大代表、专家学者、普通老百姓的意见。在此基础上，使有争议的问题逐步达成共识，对涉及重大制度的问题尽量慎之又慎。

(4) 基于现状与发展来平衡各利益集团关系。《物权法》是各种利益集团相互妥协、相互平衡的结果。为保障中国社会的稳定发展，对一些制度改革，应通过试点、推广、总结经验，待经济条件和制度条件成熟时，再通过立法程序上升为法律。《物权

---

① http：//www. law. ruc. edu. cn/lab/ShowArticle. asp？ArticleID = 16401。

法》，在民主立法和技术设计上，可以说是一个立法标杆。

【案例二】

据陈斯喜、蔡定剑、吴国舫同志撰写的一份关于在对全国各地已开展立法听证的情况进行全面调查基础上提出的地方立法听证调查报告显示：《立法法》颁布实施前后，许多地方人大和政府在制定地方性法规、规章的过程中，进一步深入贯彻民主立法原则，采取立法听证会的方式，扩大公民参与立法的途径，取得了可喜的效果。截至2001年10月底，先后有20个省、市举行立法听证活动27次，共听证了28部法规、规章。在地方人大立法听证活动中，由人大常委会组织的有7次，由法制委员会组织的有5次，其他委员会组织的有5次，由法制委员会或者法制工作机构与其他委员会联合组织的有3次。

通过听证制定和修改的28部法规、规章，所调整的社会关系十分广泛，涉及经济管理与市场秩序、城市建设与管理等方面的法规草案（其中河北省一次听证会听证了两个法规草案）。广东、上海等10个省、直辖市的人大常委会、专门委员会或者工作机构举行立法听证活动12次（其中广东省、上海市各举行2次），武汉、沈阳等6个较大市的人大常委会、专门委员会或者工作机构举行立法听证会8次（其中武汉市、沈阳市各举行2次），安徽、厦门等5个省、市人民政府或者政府部门举行立法听证会7次（其中湖南省、安徽省各举行2次）。各地基本做法是：①决定举行听证会。②拟定听证会工作方案。③制定立法听证规则。④发布举行听证会的通告。⑤接受公民和组织报名，决定并通知参加听证会的人员。⑥举行听证会。⑦制作听证会报告。

各地举行立法听证的成功经验，主要有以下几点：①抓住本地重大的、人民群众普遍关心的立法事项举行立法听证会。②选择法规、规章中分歧较大的焦点问题作为听证的主要内容。③切实贯彻公开原则，充分发挥媒体作用。④制定公正的听证陈述人遴选原则，保证各种不同意见有平等的发表机会。⑤制作好听证报告书，为立法提供参考。立法听证经过多方的探索和尝试，已取得了初步效果。实践表明，立法听证对提高立法质量，增强公民民主意识，促进立法民主化、科学化，发挥了重要作用。[①]

问题：1. 从以上材料分析，物权法立法过程如何体现了我国立法的基本原则？

2. 如何看待立法听证制度所体现的立法的民主原则？

【基本原理认知】

有立法权的国家机关在进行立法活动时要讲原则。因为立法活动作为国家政权活动中尤为重要的活动，不能没有准绳以遵循。立法遵循一定的原则，便有助于立法者采取有效的方式把一定的意志上升为国家政权意志，使所立的法能有效地实现立法者的目的。立法遵循一定的原则，便有助于立法者站在一定的思想理论高度来认识和把握立法，使立法能在经过选择的思想理论指导下，沿着有利于执政者或立法者的方向发展。立法遵循一定的原则，便有助于立法者从大局上把握立法，集中地、突出地、强调地体现立法者的某些重要意志；有助于立法者协调立法活动自身的种种关系，统

① http：//kczx. gzhu. edu. cn/course_center/files_ upload/c9157f67 - 7ffd - 4300 - a3f8 - 0e870220ea7a/content/48b12dbc - cd1c - 4c25 - 9151 - 0ad4088966c4/COLUMN_5/default. htm。

一立法的主旨和精神，使各种立法活动以及立法同它所调整的对象之间能保持统一。

在导入案例中，“案例一”中《物权法》的制定过程可以说是我国立法史上的里程碑，坚持民主立法、科学立法，尽可能协调各方意见、兼顾各方利益，是其立法过程中最鲜明的特点，而这些恰恰体现了我国的立法原则。“案例二”中的立法听证制度可以说是立法民主原则的体现。过去，我们常常把法律的多少作为衡量民主发展的标志，现在看来，这是很不全面的。举行立法听证，是一种充分听取公众意见，确保法律规范能够体现民意的做法。从形式上来看，立法听证会需要听取来自各个阶层、不同地区陈述人的意见，需要对民意进行重新归纳和筛选。不同观点的呈现，恰恰反映了中国民主发展的现实性和未来中国法治建设的必要性。民主与法治的发展必然会带来以下结果：第一，重要法律案讨论的过程将会越来越长，争论将会越来越激烈，有些法律案甚至不会获得通过。单从立法环节来看，这样的结果可能不尽如人意，但是，恰恰就是在争吵声中，中国的民主进程大大加快；第二，当公众意识到法律是一种最重要的利益分配制度的时候，他们会千方百计地寻找自己的代言人，并且希望这些代言人能够发挥作用，在法律的制定过程中充分满足自己的愿望，公民参政议政的热情将会不断高涨；第三，法律的制定由于广泛吸收了社会各阶层的意见，因而不再被少数精英分子尤其是法学精英垄断，法律的民意基础将会大大扩大，法律的执行成本和普及宣传的成本将会大大降低；第四，由于法律真正成为公民普遍意志的反映，执政者的权力受到了广泛约束，行政机关工作人员侵犯公民权利的事件将会减少。

《立法法》总结我国立法的基本经验，把它作为立法必须遵循的基本原则，以法律的形式规定下来。立法必须遵循的基本原则，也是代表审议法律案必须遵循的基本原则。这些原则主要是：

一、遵循宪法

宪法是国家的根本大法，是治国安邦的总章程，具有最高的法律效力。依法治国，归根结底是依照宪法治国。维护法治的权威，首先是维护宪法的权威。宪法明确规定：“一切法律、行政法规和地方性法规都不得同宪法相抵触。”遵循宪法的基本原则，是立法必须始终遵循的一条最重要的原则。

宪法对党和国家在社会主义初级阶段的基本路线作了完整、准确的规定，这就是“一个中心，两个基本点”，即以经济建设为中心，坚持四项基本原则，坚持改革开放。四项基本原则，就是坚持社会主义道路，坚持人民民主专政，坚持中国共产党的领导，坚持马克思列宁主义、毛泽东思想、邓小平理论和“三个代表”重要思想。宪法的基本原则，是宪法的灵魂，是立国之本，是全国各族人民团结奋斗的共同基础。无论是制定法律，还是制定行政法规、地方性法规、自治条例和单行条例，都必须始终坚持和维护宪法的基本原则。

此外，宪法的各项规定，也都是立法必须严格遵循的，任何立法都不能同宪法相抵触。

二、维护法制统一

我国是一个统一的多民族的单一制国家。维护法制统一，是维护国家统一的重要保证。《宪法》规定：“国家维护社会主义法制的统一和尊严。”维护法制统一，首先要从立法做起。一切立法活动，都必须从国家整体利益出发，以最广大人民群众的根本利益为依归，不得以部门利益、地方利益等局部利益凌驾于国家整体利益之上，不得在立法中搞“上有政策，下有对策”。所有的法律、行政法规、地方性法规、自治条例和单行条例都不得同宪法相抵触，下位阶的法不得同上位阶的法相抵触，同位阶的法之间也要互相衔接和一致。为此，我国进一步完善了行政法规、地方性法规备案审查制度。如果出现与宪法和上位阶的法相抵触或同位阶的法之间不一致的，根据《立法法》的规定，有关国家机关有权依法予以改变或者撤销。

三、体现民主

我国的立法必须充分反映人民的意志，体现广大人民的根本利益，这是衡量立法质量的最根本标准。党的十一届三中全会以来，我国在提高立法质量方面，不断探索和积累了许多行之有效的做法和经验。

人民群众参与国家立法活动，主要包括两个方面：一是人民群众通过民主选举各级人大代表，由人大代表代表人民参与立法工作，反映人民的意见和要求；二是国家机关在立法活动中，采取各种有效的措施，包括将草案向社会公布，公开征求群众意见和召开座谈会、听证会、论证会等各种形式，广泛听取人民群众的意见，以使制定出来的法律、法规真正体现人民的意志，反映最广大人民群众的根本利益。

四、从实际出发

立法必须从调整社会关系的客观实际出发，符合实际需要。坚持立法从实际出发，最根本的是坚持从我国的国情出发。我国地域辽阔、人口众多，各地经济、文化发展不平衡，正处于并将长期处于社会主义初级阶段，改革开放将是一项长期的方针政策，这就是我国的基本国情。在立法中，必须从我国的国情出发，落实科学发展观，认真总结自己的经验，将经过实践证明行之有效的成功做法和经验上升为法律。外国的经验只能起参考借鉴作用，决不能照抄照搬。

坚持立法从实际出发，要落实到科学、合理地规范社会关系。一方面，要科学、合理地规定公民、法人和其他组织的权利与义务，做到权利与义务相统一。另一方面，要科学、合理地规定国家机关的权力与责任，做到权力与责任相一致。只有这样，才能提高法律、法规、规章的质量和效能。

【拓展阅读】

中外立法原则之异曲同工处

立法总是时代的反映，作为立法的内在精神品格的立法原则，总要与时俱进。每一历史时代，甚至每一历史时期的不同阶级，都会有相应的立法原则。如西欧中世纪产生了以神学世界观作为立法指导思想，以及由这个思想的一些原理、观点构成的立法基本原则。中世纪结束后，西方立法则以新的世界观即法学世界观作为立法指导思想，这个世界观的一些原理、观点也相应成为立法的基本原则。可见，各国立法和各时期立法都有自己的原则。

孟德斯鸠曾说：“为某一国人民制定的法律，应该是非常适合于该国人民的；所以如果一个国家的法律竟能适合另外一个国家的话，那只是非常凑巧的事。”他在追寻法的精神的过程中，详细深入地阐述了立法对于国情的依赖性。继而萨维尼在《论当代立法和法理学的使命》中，梅因在《古代法》和《民治政府》中，都以他们的历史方法陈述了国情对于一国立法的重要性。思想家们关于要求立法同国家诸如自然地理、文化背景等实际情况联系起来，而在实际的立法当中，这一原则也得到了很大程度上的贯彻。著名的《法国民法典》颁布之后风靡了整个欧洲，一百多年后当德国开始着手制定民法典时，有声音建议立法者比照《法国民法典》的框架来制定，但立法者考虑到两国国情的差别，还是坚持了符合自己国情的体系，这样的坚持也使得《德国民法典》成为历史上可以和《法国民法典》相媲美的伟大创造。

同样，中国的思想家也有同样的见解，强调立法者要充分考虑本国国情、民俗来制定法律。商鞅曾有论证："观俗立法则治，查国事本则宜。不观时俗，不察国本，则其法立而民乱，事剧而功寡。"充分强调了国情对立法的重要性，商鞅本人在为秦国立法时也充分考虑到了秦国的国情，促使了变法的顺利进行。此外，韩非也说："凡天下之治，必因人之情"，此后很多思想家关于此点都有过论述，而中国的立法也都遵循着"察过而治"的原则。如我国当代刑事立法中"死缓"制度的设立，就是考虑到我国现在的国情而制定的一种属于我们自己的独特的刑罚立法，并取得了良好的效果。

任务三　立法程序

【导入案例】

【案例一】

任何领域的立法，都与当时社会经济生活的变化密不可分。对个人信息的法律保护来说，也不例外。我国对个人信息予以专门法律保护，其实自2000年就开始了相关探索。彼时，全球范围内的计算机普及正在加快，无论是政府机构，还是大型跨国公司，通过计算机大规模处理公民个人信息的现象越来越普遍，立法机构已开始意识到，传统的"隐私权"保护已很难有效解决大规模的个人信息非法收集和利用问题。

2001年，我国成立了国家信息化领导小组，下设国务院信息化工作办公室，主要负责推动国家的信息化相关立法。2003年以来，国务院信息化工作办公室开始着手部署个人信息保护法立法研究工作。不过，此后受机构改革、立法资源制约等因素影响，个人信息保护法的立法进程逐渐陷入停滞。

2010年之后，全球移动互联网快速发展，加之大数据、人工智能、物联网、云计算、区块链等新一代信息科技迅速勃兴，这不仅加速改变了人们的社会生活方式，也给个人信息的保护带来了新的挑战。从世界范围来看，有统计显示，从2010年到2019年，全世界共有62个国家起草了新的个人信息保护法。

据中国互联网络信息中心最新统计报告，截至2021年6月，我国网民总体规模超过10亿，网站数量和App数量分别超过420万个和302万款。在此背景下，各大互联网平台已成为除国家机关外，市场上最大、最重要的个人信息收集者，因此，个人信息保护法审议和通过的每一步举动，都牵动着整个互联网行业的神经。但从法律规制层面看，尽管我国刑法、民法、网络安全法、消费者权益保护法、电商法等法律法规都对个人信息保护作出原则性的规定或给出相关指导意见，但这些法律法规存在太过分散、内容不集中、阐述不清晰、适用不明确、处罚不具体等问题，不法分子利用个人信息侵害公众生活安宁、生命健康和财产安全的案件也不时发生。尤其是2016年山东考生徐某玉遭遇电信诈骗不幸去世一事，更是引发了全社会对个人信息保护状况的焦虑和关注。针对滥用个人信息侵害公民个人权益的乱象，监管部门一直不断加大打击力度，但大规模的个人信息泄露事件仍不时出现：某酒店被曝5亿条开房记录泄露，基本覆盖了国内最常出差的人；浙江省1 000万条学籍数据疑似泄露，样本数据经核实与真实信息基本一致……在这种情况下，个人信息保护法被规划的第一类项目，在立法序列上出现了“跳跃式前进”。2020年10月，个人信息保护法（草案）公布，开始面向社会公开征求意见。

此后，草案多次修改，对个人信息保护与利用规则不断进行完善，2021年8月20日通过了个人信息保护法，最终构建了以“告知—同意”为核心的个人信息处理规则。①

【案例二】

个人所得税工薪所得减除标准立法听证会——《立法法》规定听证制度以来全国人大常委会立法中的第一次听证会于2005年9月27日上午在北京举行。

为期一天的听证会就当时个人所得税工薪所得的减除标准从800元提高到1 500元是否合适，听取各方面的意见和建议。据了解，听证人、陈述人和旁听人的人选都已确定。部分全国人大常委会委员和全国人大代表，以及全国人大法律委员会、财经委员会和全国人大常委会法工委的相关人员将作为本次听证会的听证人。30名陈述人中，20名公共陈述人从递交报名申请的4 982人中遴选而来，其他10名陈述人，分别是来自草案起草部门财政部、国家税务总局和国务院法制办的代表各1人，全国总工会的代表1人，部分东、中、西部省、自治区财政或税务部门的代表各1人以及有关的专家学者3人。此外，从报名申请中选出的20名旁听人将在现场旁听，并可向听证会送交书面意见。由于个人所得税减除标准涉及广大工薪收入者的切身利益，全社会普遍关注，全国人大法律委员会、财经委员会和全国人大常委会法工委于8月底，向社会发布了关于举行个人所得税工薪所得减除费用标准听证会的公告，征求听证陈述人和旁听人人选，截止时间为9月5日。本次听证会由全国人大法律委员会、财经委员会和全国人大常委会法工委负责人各一人共同主持。听证会现场将设记者区，各主要新闻媒体的记者参加听证会的现场报道。据了解，此次听证会将作为个人所得税法修正案草案立法过程中的重要参考。②

问题：1. 我国个人信息保护法出台经过体现出我国的哪些立法程序和特点？

2. 在现实中人民群众如何能参与到立法听证中？

【基本原理认知】

合理、完善的立法程序，是提高立法质量的重要保证。法律制度如果不能反映民

① 马树娟：《个人信息保护的“法”时代到来》，腾讯网，https：//new. qq. com/rain/a/20211008A06KZ400，原载于《法制与新闻》2021年9月下期。

② http：//www. ce. cn/xwzx/gnsz/gdxw/200509/26/t20050926_4801290. shtml。

意，或者不是经过民主的程序产生的，那么法律制度越多，公民所受到的损害就越大。

在导入案例中，“案例一”《个人信息保护法》的立法过程反映了我国坚持科学立法、民主立法、依法立法，积极推进国家安全、科技创新、防范风险等重要领域立法，健全国家治理急需的法律制度、满足人民日益增长的美好生活需要必备的法律制度。及时跟进、研究、制定数字经济、互联网金融、人工智能、大数据、云计算等相关法律制度，抓紧补齐短板，以良法善治保障新业态新模式健康发展。着力实现政府立法质量和效率并重并进，增强针对性、及时性、系统性、可操作性，努力使政府治理各方面制度更加健全、更加完善，建设法治政府、法治社会。

“案例二”则涉及立法听证程序，体现了立法民主原则。在立法过程中广泛听取社会各方面的意见，并及时通过媒体向社会公开听证会内容，有利于促进公民知情权的实现，推进民主立法。在多年的立法实践中，全国人大及其常委会形成了一系列广泛听取人民群众意见的工作方法和程序。主要表现为：①在起草法律草案的过程中，吸收有关方面的专家参加起草班子，并召开各种形式的座谈会、论证会、研讨会，就法律草案涉及的问题，广泛听取各方面的意见；②凡是提请全国人大常委会审议的法律案，在提请常委会会议初审时，由法律委员会和全国人大常委会法制工作委员会将法律草案发至中央有关部门和各省、自治区、直辖市人大常委会征求意见，各省、自治区、直辖市人大常委会在当地广泛征求各方面的意见，并将意见报全国人大常委会；③在审议法律案的过程中，法律委员会和有关专门委员会以及法制工作委员会要召开各种座谈会、论证会、听证会，邀请有关部门、单位、专家参加，并到基层进行调查，广泛听取各方面的意见；④对与人民群众利益密切相关的法律，常委会会议初审后，在报纸上公布草案，在人民群众中广泛征求意见。这些行之有效的做法，对于保障人民参与国家的立法活动，起到了积极的作用。国务院制定行政法规的活动，地方人大制定地方性法规的活动，行政机关制定规章的活动，同样要采取各种行之有效的措施，广泛听取人民群众的意见。人民群众对国家立法活动的积极参与，充分体现了国家的一切权力属于人民，体现了人民当家作主的社会主义民主原则。

由此可见，程序是民主的保证。根据《立法法》和有关法律的规定，全国人大及其常委会制定法律的基本程序，包括法律案的提出、法律案的审议、法律案的表决、法律的公布四个阶段。

一、法律案的提出

（一）有权向全国人大提出法律案的主体

有权向全国人大提出法律案的主体包括两个方面：一是有关国家机关，即全国人大主席团、全国人大常委会、国务院、中央军委、最高人民法院、最高人民检察院、全国人大各专门委员会，可以向全国人大提出法律案，由主席团决定列入会议议程；二是一个代表团或者30名以上代表联名，也可以提出法律案，由主席团决定是否列入会议议程，或者先交有关的专门委员会审议、提出是否列入会议议程的意见，再决定是否列入议程。专门委员会审议的时候，可以邀请提案人列席会议，发表意见。

法律规定上述两类主体可以直接向全国人大提出法律案，在实践中，属于全国人大立法权限范围的基本法律的制定，一般都是在全国人大举行会议之前，先向全国人大常委会提出，经过常委会审议后，再提请大会审议。实践证明，这一做法对提高立法质量具有重要的作用。因此，《立法法》明确规定，向全国人大提出的法律案，在全国人大闭会期间，可以先向全国人大常委会提出，经常委会会议审议后，提请全国人大审议。

（二）有权向全国人大常委会提出法律案的主体

有权向全国人大常委会提出法律案的主体也包括两个方面：一是有关国家机关，即委员长会议、国务院、中央军委、最高人民法院、最高人民检察院、全国人大各专门委员会，可以向常委会提出法律案，由委员长会议决定列入常委会会议议程，或者先交有关的专门委员会审议、提出报告，再决定列入常委会会议议程。如果委员长会议认为法律案有重大问题需要进一步研究，可以建议提案人修改完善后再向常委会提出。二是常委会组成人员十人以上联名，可以向常委会提出法律案，由委员长会议决定是否列入常委会会议议程，或者先交有关的专门委员会审议、提出是否列入会议议程的意见，再决定是否列入常委会会议议程。不列入常委会会议议程的，应当向常委会报告或者向提案人说明。专门委员会审议的时候，可以邀请提案人列席会议，发表意见。

二、法律案的审议

审议法律案，是立法过程中的一个重要阶段。全国人大及其常委会审议法律案的过程，实质是充分发扬民主、集思广益的过程。

（一）全国人民代表大会审议法律案的程序

全国人民代表大会审议法律案的主要程序：一是在会议举行前一个月将法律草案发给代表，以便代表进行认真研究，准备意见；二是在大会全体会议上听取提案人作关于法律草案的说明；三是各代表团全体会议或小组会议对法律草案进行审议；四是有关的专门委员会对法律草案进行审议，提出审议意见，然后由法律委员会根据各代表团和有关的专门委员会的审议意见，对法律草案进行统一审议，向主席团提出审议结果的报告，并提出法律草案修改稿。

全国人大审议法律案，一般经过一次会议审议后即交付表决。法律案在审议中有重大问题需要进一步研究的，经主席团提出，由大会全体会议决定，可以授权常委会进一步审议，作出决定，并将决定情况向全国人大下次会议报告；也可以授权常委会根据代表的意见进一步审议，提出修改方案，提请全国人大下次会议审议决定。这种情况，在实践中曾发生过几次。比如，1987 年 4 月六届全国人大五次会议在审议了《村民委员会组织法（草案）》后，由于代表对村民委员会的性质等重大问题有较大分歧，会议决定原则通过该草案，授权全国人大常委会根据宪法关于村民委员会是基层群众性自治组织的规定，参照大会审议中代表提出的意见，进一步调查研究，总结经验，审议修改后予以颁布试行。据此，1987 年 11 月六届全国人大常委会第二十三次会议在对草案进行审议修改后通过了《村民委员会组织法（试行）》。

（二）全国人大常委会审议法律案的程序

全国人大常委会审议法律案的主要程序：一是在常委会会议举行的 7 日前将法律草案发给常委会组成人员，以便常委会组成人员进行认真研究，准备意见；二是在常委会全体会议上听取提案人作关于法律草案的说明，由提案人委托的人对制定该法律的必要性、可行性、立法的指导思想和基本原则以及法律草案的主要内容作出说明；

三是常委会分组会议对法律草案进行审议，在此基础上，必要时可以召开联组会议进行审议；四是有关的专门委员会对法律草案进行审议，提出审议意见，然后由法律委员会根据各常委会组成人员、有关的专门委员会的审议意见和其他各方面的意见，对法律草案进行统一审议，向常委会提出审议意见的汇报或者审议结果的报告，并提出法律草案修改稿。

（三）关于三审制

全国人大常委会审议法律案的一个重要特点就是一般实行三审制，即一个法律案一般应当经过三次常委会会议审议后，才能交付表决。实践证明，实行三审制，对于充分发扬民主，保证常委会组成人员有充分的时间对法律案进行深入审议，提高立法质量，具有重要意义。同时，根据实际情况，《立法法》又规定了三种例外情况：其一，如果各方面对法律案的意见比较一致的，可以经两次会议审议后交付表决；其二，对调整事项较为单一或者部分修改的法律案，如果各方面意见比较一致的，也可以经一次会议审议后即交付表决；其三，如果法律案经常委会三次会议审议后，仍有重大问题需要进一步研究的，由委员长会议提出，经联组会议或者全体会议同意，可以暂不付表决，交法律委员会和有关的专门委员会进一步审议。

根据《立法法》规定和实践做法，三次审议之间的主要分工是：一审，在常委会全体会议上听取提案人关于法律草案的说明，然后在分组会议上对法律草案进行初步审议。一审着重审议制定该法律的必要性、可行性和法律的框架结构是否合理等问题；二审，在常委会全体会议上听取法律委员会关于法律草案修改情况和主要问题的汇报，然后在分组会议上对法律委员会提出的法律草案修改稿（称“二次审议稿”）进行全面、深入的审议。二审重点审议法律草案二次审议稿对若干主要问题的规定是否合适、可行；三审，在常委会全体会议上听取法律委员会关于法律草案审议结果的报告，然后在分组会议上对法律委员会提出的新的法律草案修改稿（称“三次审议稿”）再次进行深入的审议。三审的审议重点是，各方面提出的对法律草案中若干主要问题的意见是否得到妥善解决，对没有采纳的意见是否有充分、合理的解释和说明。根据常委会的分组审议意见，法律委员会在当次会议中再次召开会议，对法律草案进行必要的修改，提出法律草案建议表决稿，交分组会议作最后的审议。如果常委会组成人员对建议表决稿没有大的不同意见，则由委员长会议提请常委会全体会议表决，以全体常委会组成人员过半数为通过。

（四）关于广泛听取各方面意见的制度

在立法过程中，除了人大代表和常委会组成人员参加审议讨论、提出意见外，还要广泛听取各个方面的意见，这是我国立法工作必须遵循的一条重要原则和基本经验。《立法法》总结实践经验，对广泛听取各方面意见的制度，作出了比较全面的规定。主要包括书面征求意见、座谈会、听证会、论证会、向社会公布法律草案公开征求意见等几种制度。

书面征求意见和座谈会简便易行，可以根据法律草案需要研究主要问题，有针对性地确定书面征求意见和参加座谈会的机关、组织和专家，便于对有关问题进行比较深入的研究，因此是我国立法实践中最经常运用的两种方式。

论证会，是就法律草案中专业性、技术性较强的问题，邀请有关方面的专家从科学性、可行性角度进行研究，提出论证意见。论证会制度主要是解决立法的科学性问题，论证意见具有较高的权威性，对立法具有重要影响。为了保证论证意见的客观、公正，举办单位在邀请论证会参加人员时，应当使持各种不同意见的专家都有代表参加，发表意见。论证结论实行少数服从多数，由同意论证结论的人员签署，并附少数人的不同意见及其理由，以供立法机关作出全面判断。

听证会，是面向社会公开举行听取意见会的一种方式。听证会的主要特点：一是公开、透明。举行听证的时间、地点、内容一般事先向社会公布，如果公民有意愿出席听证会发表意见，可以报名参加。听证会一般公开举行，允许公众旁听和新闻媒体采访、报道。但如果公开举行会损害国家安全、社会公共利益，则可以不公开举行；二是充分、客观。听证会的组织者应当在报名参加听证会的公民中选择提出各种不同意见的代表参加听证会，以使各种不同意见都得到比较充分的反映和表达；三是程序性强。听证会参加人员往往比较多，为了使参加人员都有平等的机会发表意见，也为了提高听证会效率，听证会一般都要制定听证规则，对听证会的发言顺序、发言时间、会场纪律等作出规定，以保证听证会有秩序地进行。听证会结束后，应当将听证记录整理成听证报告书，提交常委会作为参阅资料。

向社会公布法律草案公开征求意见，是立法发扬民主的又一重要方式。对于一些重要的法律案，特别是与人民群众切身利益密切相关的法律案，除采取以上几种方式征求意见外，还采取向社会公布法律草案的方式，公开听取各方面的意见，实践证明这是一种行之有效的好办法。全国人大常委会曾先后向社会公布了《宪法》修改草案、《民法典（草案）》、《村民委员会组织法（草案）》、《个人信息保护法（草案）》等十多部法律草案，公开征求各方面的意见，收到了很好的效果。

三、法律案的表决

列入全国人大会议审议的法律案，经法律委员会统一审议提出的法律草案修改稿，交各代表团进行审议，然后由法律委员会根据各代表团的审议意见进行修改，提出法律草案建议表决稿，由主席团提请大会全体会议表决，由全体代表的过半数通过。

列入全国人大常委会审议的法律案，经法律委员会统一审议提出的法律草案修改稿，交常委会进行审议，由法律委员会根据常委会组成人员的审议意见进行修改，提出法律草案建议表决稿，由委员长会议提请常委会全体会议表决，由全体常委会组成人员的过半数通过。

所谓全体代表或全体常委会组成人员，是指实有全体代表或全体常委会组成人员，不是指代表名额或常委会组成人员名额，也不是指到会的全体代表或全体常委会组成人员。所谓过半数，是指赞成票超过全体代表或全体常委会组成人员的半数。若赞成票刚好是半数，不属于过半数。

四、法律的公布

法律的公布，是立法的最后一道程序，是法律生效的必要条件。经全国人大及其常委会通过的法律，由国家主席签署主席令予以公布。签署公布法律的主席令载明该法律的制定机关、通过和施行日期。

法律签署后，及时在全国人大常委会公报和在全国范围内发行的报纸上刊登。以常委会公报上刊登的法律文本为标准文本。所谓标准文本，就是凡发现各种法律文本之间不一致的，均以常委会公报上刊登的法律文本为标准，以维护法制统一，保证法律的正确贯彻实施。

【拓展阅读】

法律案与法律草案

法律案，是指依法享有提案权的机关或个人向立法机关提出的关于制定、修改、废止某项法律的议案。根据《立法法》的规定，提出法律案应当同时提出法律草案文本及其说明，并提供必要的资料。其中，法律草案文本是法律案中最重要的内容，它以条文的形式体现立法目的、指导思想、原则和所要确立的法律规范。起草法律草案，是立法工作的基础性环节。

根据中央国家机关起草法律草案的实践，法律草案的形成过程，一般包括以下几个环节：

（1）立项，作出立法决策。自八届全国人大常委会以来，每届全国人大常委会制定五年立法规划，每年还制定年度立法计划。通过制定立法规划和立法计划，将需要制定法律的项目列入规划和计划，并列明提出法律草案的大致时间。立项是作出立法决策的重要形式。五年立法规划经反复讨论、征求意见后报中央批准实施。如果没有列入规划和计划，经过充分调查研究和论证，认为需要制定法律的，也可以作出立法决策，组织起草。在作出立法决策时，应当初步明确制定该法律的必要性、可行性和立法目的，立法应当把握的主要原则和要解决的主要问题。

（2）建立起草班子，开展起草工作。立法列项后，根据提出法律案的时间要求，承担起草任务的机关或部门即着手起草工作的部署和安排，建立或指定专门的起草人员，组成固定或相对固定的起草工作班子。起草班子一般由来自于与立法事项有关的领导、专家和实际工作者组成。

（3）进行调查研究。开展调查研究，是法律草案起草工作的重要方面。调查研究的形式包括召开各种座谈会、专题研讨会、到基层调查、收集各方面的资料等。调查研究的内容主要包括：一是现行有关法律、法规、规章、政策对立法事项的规定；二是有关国家和地区的相关规定和做法；三是立法事项的理论研究情况；四是实践中的主要做法、成功经验和存在的问题；五是实际工作部门、专家学者对立法事项的意见和建议等。

（4）形成草案框架和对主要问题的意见。在调查研究的基础上，通过分析研究，进一步明确立法目的，并按照逻辑结构拟出法律框架以及对主要问题的意见，确立起草思路。确定法律框架和对主要问题的意见，是草拟法律条文的前提和基础。为了使法律草案框架和对主要问题的意见基本可行，有时还要在一定范围征求意见和进行论证，并报起草机关的领导审定，以确保起草工作建立在良好的基础上。

（5）起草条文。确定框架和对主要问题的解决方案后，在研究明确法意的基础上，着手起草法条，即运用立法技术，科学地表达需要确立的法律规范。起草出来的法律草案，最初一般称“试拟稿”，供在一定范围内研究讨论。“试拟稿”经起草部门或单位初步讨论同意，报送有关主管机关批准同意后，形成“征求意见稿”或“讨论稿”，发各方面征求意见。对于起草工作中的一些重大、复杂和敏感的问题，起草班子还要及时向上级请示报告，以作出正确决策和判断。

（6）征求各方面意见。“征求意见稿”或“讨论稿”形成后，通常广泛征求有关方面的意见。形式主要有两种：一是将征求意见稿或讨论稿印发有关方面书面征求意见；二是召开座谈会、论证会和听证会征求意见。

（7）形成送审稿并对送审稿进行审查。征求意见稿经反复讨论修改后，形成送审稿，报提案机关讨论通过。形成送审稿前，起草单位通常要就法律草案中的重大问题，向上级机关请示报告或正式征求有关方面的意见。提案机关不同，对送审稿的审查程序也有所不同。比如，由国务院部门起草的法律案，在送审稿形成之后、国务院决定提出议案之前，先交国务院法制办审查修改。经国务院法制办审查修改，协调各方面的意见后，报国务院决定。军队各总部起草的法律案，报中央军委决定前，交中央军委法制局审查修改。

（8）由提案机关讨论决定，形成正式的法律案。国务院提出法律案，一般由国务院常务会议讨论通过；中央军委提出法律案，由中央军事委员会讨论通过；最高人民法院和最高人民检察院提出法律案，一般由审判委员会或检察委员会讨论通过；全国人大常委会委员长会议和全国人大专门委员会提出法律案，分别由委员长会议或专门委员会讨论通过。提出的法律案，应当同时提出法律草案文本及其说明，并提供必要的资料，如修改现行法律的议案，一般附有修改前后的条文对照表。

【思考与练习】

一、问答题

1. 试述中国现行立法体制。
2. 立法的基本原则有哪些？各有什么意义？
3. 什么是立法程序？立法的基本程序有哪些？

二、选择题

1. 有关我国的立法体制，表述错误的是（　　）。

A. 统一的　　B. 一元的　　C. 多层次的　　D. 立法权集中于中央

2. 关于改变或者撤销法律、法规、自治条例和单行条例、规章的权限，符合《立法法》规定的是（　　）。

A. 全国人民代表大会有权改变或者撤销全国人民代表大会常务委员会批准的违背《宪法》和《立法法》相关规定的自治条例和单行条例

B. 省、自治区、直辖市的人民代表大会有权改变或者撤销其常务委员会制定的和批准的不适当的地方性法规

C. 地方人民代表大会常务委员会有权改变或者撤销本级人民政府制定的不适当的规章

D. 授权机关有权改变被授权机关制定的超越授权范围或者违背授权目的的法规

3. 下列选项中关于立法体制的表述，不正确的是（　　）。

A. 立法体制的核心是立法解释

B. 联邦制和单一制国家的立法体制完全相同

C. 中国的全国人大及其常委会行使国家立法权

D. 在中国立法体制中，地方权力机关处于无权地位

4. 下列选项中，只能由法律进行调整的事项包括（　　）。

A. 婚姻制度　　B. 基层群众自治制度

C. 诉讼制度　　D. 外贸的基本制度

5. 我国的国家立法权由（　　）享有和行使。

A. 国务院　　B. 中央法工委

C. 全国人民代表大会　　D. 全国人民代表大会常务委员会

6. 下列选项的表述，不是当代中国立法的原则的是（　　）。

A. 合宪性原则　B. 民主立法原则　C. 合理原则　D. 科学立法原则

7. 下列选项中对于国情与立法的关系，表述正确的是（　　）。

A. 各种国情因素对立法的影响是综合性的

B. 各种国情因素对立法的作用是有主次之分的

C. 在不同国家以及一个国家的不同历史时期，法律文化传统对立法的影响程度有所不同

D. 立法可以对国情中的消极因素进行积极的改造

8. 在法治社会的国家权力体系中，应当居于最高地位的是（　　）。

A. 司法权　B. 立法权　C. 行政权　D. 军事权

9. 有权向全国人大提出属于全国人大职权范围内的法律案的国家机关包括(　　)。

A. 全国人大常委会　　B. 全国人大专门委员会

C. 中央军委　　D. 最高人民检察院

10. 在我国，全国人民代表大会通过法律须以（　　）。

A. 到会代表的过半数同意　　B. 全体代表的过半数同意

C. 到会代表的 2/3 多数同意　　D. 全体代表的 2/3 多数同意

11. 在我国，按照普通程序，法律要经过全国人大或全国人大常委会的过半数通过。这里的“过半数”是按（　　）。

A. 已到会人数计算　　B. 投票人数计算

C. 全体代表或全体委员会计算　　D. 参加法律草案审议人数计算

【扩展阅读文献】

1. 孙笑侠:《法理学》，中国政法大学出版社 1996 年版。

2. 徐显明:《法理学教程》，中国政法大学出版社 1994 年版。

3. 周旺生:《立法学》，法律出版社 1998 年版。

学习情境：法的创制的识别

【范例】

【范例一】

《广东省劳动保障监察条例》的修订

2008年5月31日至7月10日，《广东省劳动保障监察条例（修订）》向社会公开征求意见。

据悉，广东省劳动和社会保障厅起草的《广东省劳动保障监察条例》修订稿，旨在贯彻《劳动合同法》《就业促进法》等新实施的劳动保障法律，提高劳动保障监察执法效能，更好地维护劳动者权益。修订草稿提出了建立生产经营资格信用与劳动守法挂钩机制，建立维权政府责任制，建立行政协调制度，在劳动场所设置劳动保障法律宣传牌，加大对累次违法行为的惩处力度等立法建议。征求意见方式：直接登录广东省劳动和社会保障厅网站左上方"公开征求意见专栏"，或者以信函邮寄、电子邮件方式送省劳动保障厅劳动监察处。以信函邮寄方式的，请在信封上注明"广东省劳动保障监察条例（修订）征求意见"字样。欢迎各大学院校、法律专业机构、用人单位、职工等社会各界和广大市民提出修改意见。为方便交流，建议提供有效的联络方式。[①]

【训练目的及要求】

结合范例和相关知识，通过训练，能够初步判断各阶段立法程序。

【训练方法】

参训学生分为两组，一组学生运用立法程序理论对范例作出判断，另一组学生评价判断是否正确。

【训练步骤】

步骤1：分组。

步骤2：熟悉范例。

步骤3：各组运用立法程序理论对该范例涉及的立法程序进行分析。

步骤4：对学生立法程序的训练进行评判。

---

① http：//www.locallaw.gov.cn/dflfw/Desktop.aspx？PATH = dflfw/sy/xxll&Gid = 78bff662 - ac66 - 40e7 - ba20 - 3c2eee1eee19&Tid = Cms_Info。

【范例二】

宪法修正案里一个逗号的删改

对照6天前提交大会审议的草案，今天（2004年3月14日）经十届全国人大二次会议最后表决通过的《中华人民共和国宪法修正案》（以下简称《宪法修正案》），其中涉及对土地和私有财产征收、征用及补偿问题的条文，删除了一个小小的逗号。为了删改这个逗号，大会主席团向代表们提交了长达450余字的解释和说明。

《宪法修正案（草案）》中的相关表述为：“国家为了公共利益的需要，可以依照法律规定对土地实行征收或者征用，并给予补偿。”“国家为了公共利益的需要，可以依照法律规定对公民的私有财产实行征收或者征用，并给予补偿。”在审议时，点在“并给予补偿”前面的一个逗号引起了有些代表的疑虑。有代表提出，以上两处规定中的“依照法律规定”，是只规范征收、征用行为，还是也规范补偿行为，应予以明确。由于对此有不同理解，有些代表建议将“补偿”明确为“公正补偿”“合理补偿”“充分补偿”“相应补偿”，等等。

大会主席团经研究认为，《宪法修正案（草案）》上述两处规定的本意是：“依照法律规定”既规范征收、征用行为，包括征收、征用的主体和程序，也规范补偿行为，包括补偿的项目和标准。为了避免理解上的歧义，建议在最终的定稿中将上述两处规定中“并给予补偿”前面的逗号删去，修改为：“国家为了公共利益的需要，可以依照法律规定对土地实行征收或者征用并给予补偿。”“国家为了公共利益的需要，可以依照法律规定对公民的私有财产实行征收或者征用并给予补偿。”“这不是一个单纯语法上的问题，而是强调要清晰地表达立法原意。一个逗号之差，直接关系到公民、集体财产能否得到有力保护的问题。”全国人大代表、中国政法大学校长徐显明指出。徐显明说，《宪法修正案》里这两条的立法本意，是宣布国家对合法私有财产加以保护的态度和原则。要实现这一原则，就需要建立包括补偿在内的相应法律制度。只有依靠法律建立起来的制度，才能使规则得到遵守、公民权利得到保障。

“这个逗号删得非常好。”全国人大代表、全国人大常委会内务司法委员会委员应松年同样给予高度赞赏。他说：“删除逗号，等于廓清了立法本意，强调对于补偿不仅要依法保障，而且怎么补、补多少，还要依法进行规范，增强了依法补偿的法律力度。”

这个逗号的删除，给了毛兰珍代表一颗更踏实的定心丸。这位来自四川省雅安市石棉县安顺乡庹子坪村的农民代表说，目前在农村存在着对土地征收、征用补偿不合理、不到位等一系列问题。今天通过的《宪法修正案》，删去一个逗号，更清楚地表明了对征收、征用的补偿必须依法进行。“今后如果再有打着公共利益的旗号，侵犯老百姓合法权益的行为，我们就可以堂堂正正地寻求宪法保护了。”[1]

【训练目的及要求】

结合范例和相关知识，通过训练，能够初步判断各阶段立法程序。

① http：//www. people. com. cn/GB/14576/28320/39478/39481/2926694. html。

【训练方法】

参训学生分为两组，一组学生运用法的创制的理论对范例作出判断，另一组学生评价判断是否正确。

【训练步骤】

步骤1：分组。

步骤2：熟悉范例。

步骤3：各组运用法的创制理论对该范例涉及的立法程序进行分析。

步骤4：对学生立法程序的训练进行评判。

项目十一　法律实现的方式

【知识结构图】

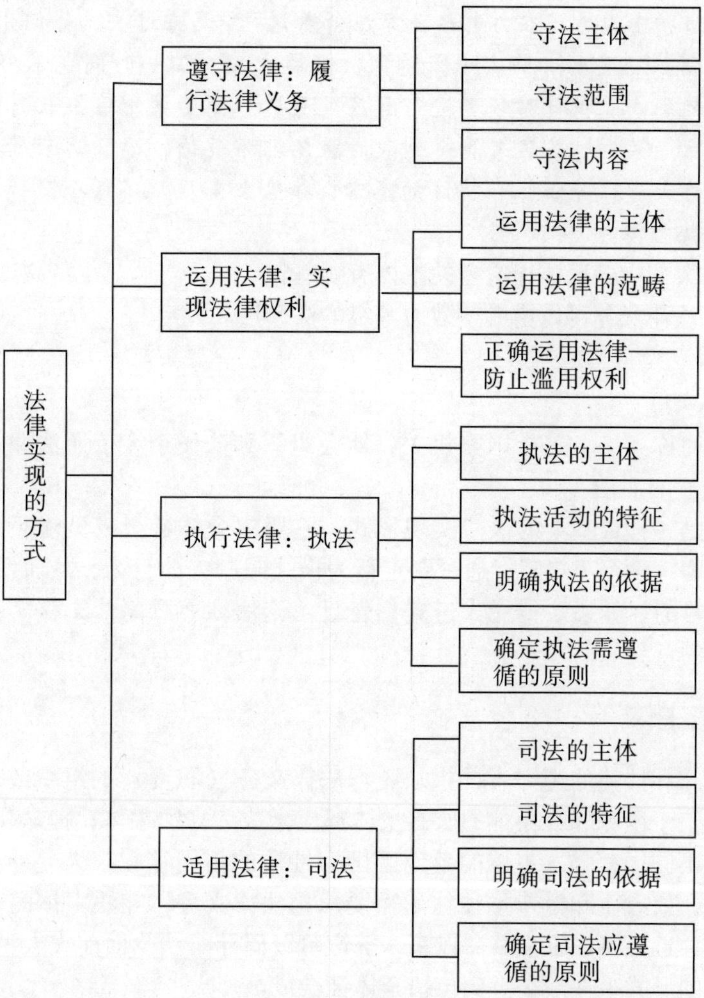

【知识目标】

1. 掌握法律实现的几种方式
2. 掌握法律实现方式的主体与特点
3. 掌握法律实现方式需遵循的原则

【能力目标】

1. 能判断特定法律法规是否能够成为特定法律实现方式的法律依据
2. 能判断某一个人或组织的具体行为是否符合法律实现环节的法治要求

任务一 遵守法律：履行法律义务

【导入案例】

某甲患有食道癌，在某市人民医院住院并进行部分食道切除手术。术后的一个夜晚，某甲突然呼吸困难，颈部切口处出现渗血。某甲之子某乙立即赶到护士站，要求予以抢救。值班护士因为正在打电话，只应付着说："马上过去，你们先等等吧。"等到值班护士赶到，发现患者确实呼吸急促，嘴唇发绀，但一时间也不知该如何处理。等到值班医生赶到，立即针对颈部进行解压处置，但因为某甲已经长时间缺氧，最终抢救无效而死亡。某乙对其父未能得到及时救治非常气愤，遂联络亲属数人将其父尸体抬到医院门诊大厅，并阻拦来就诊的患者，扬言要是医院不给个交代，就让医院关门，谁敢挂号就打谁。[①]

问题：1. 案例中违反法律义务的主体有哪些？

2. 法律义务可以由哪些效力等级的法律法规设定？

【基本原理认知】

遵守法律简称守法，是指国家机关、社会组织和公民个人依照法律规定，履行法律义务（职责）的活动。

遵守法律是一种最基本的法律实现形式，它要求全体社会成员依照法律规定作出行为。法律作为一种行为规范，通过制定行为模式限制人的行为，从而发挥法的作用，实现立法者的目的。如果法律无人遵守，暂且不论法律尊严荡然无存，就连法律本身也失去了存在的意义。

一、守法主体

守法主体，即法律的遵守者，指须履行法律义务（职责）的组织或个人。从应然性角度来讲，一个国家和社会中的所有主体都应当成为守法主体；但从实然角度而言，不同历史时期不同国家守法主体的范围因国家性质的不同存在很大差异：在奴隶制社会和封建社会，奴隶主和封建主往往不需要承担法律义务，守法主体的范围通常仅限于被剥削阶层；近代资产阶级革命以来，资产阶级倡导"法律面前人人平等"，才使得守法主体的范围形式上逐渐扩大到包括全体社会成员。

作为社会主义国家，我国通过宪法明确了守法主体的内涵与外延。《宪法》第五条规定："……一切国家机关和武装力量、各政党和各社会团体、各企业事业组织都必须遵守宪法和法律。一切违反宪法和法律的行为，必须予以追究。任何组织或者个人都不得有超越宪法和法律的特权。"《宪法》第五十三条规定："中华人民共和国公民必须遵守宪法和法律，保守国家秘密，爱护公共财产，遵守劳动纪律，遵守公共秩序，尊重社会公德。"

由此可见，我国的守法主体包括：一切国家机关、武装力量、政党、社会团体、

① http：//www. lawtime. cn/info/yiliao/hzdyw/20090228754. html。

企业事业组织和公民。除此之外，依据我国有关法律、国际法和国际惯例，在中国境内的外国组织、外国人和无国籍人也必须遵守我国的法律，在我国法律允许的范围内从事各种活动。

二、守法范围

守法范围，指守法主体必须遵守的具有法律效力的行为规范种类。守法的范围与一国法的正式渊源密切相关：一国法的正式渊源无一例外地都属于守法主体的守法范围；守法范围还不止于此，有法律效力的规范性法律文件都属于应当遵守的范畴。在我国，守法的范围除各种规范性的法律文件之外，还包括某些非规范性的法律文件。具体而言，规范性法律文件主要指各种制定法，如宪法、法律、行政法规、部门规章、地方性法规、民族自治地方的自治条例和单行条例、地方政府规章、军事法规、特别行政区法规、我国缔结的国际条约与协定等；某些非规范性法律文件则往往指人民法院的判决书、调解书、裁定书、仲裁机构的裁定书等具有明确法律效力的法律文件。

三、守法内容

有些学者认为，守法的内容包括履行法律义务和行使法律权利。但是否行使法律权利是权利人的自由，法律允许权利人放弃自己的权利。如果把行使法律权利纳入守法的内容中来，则不行使法律权利意味着不守法。这显然是不符合逻辑的。所以，守法的内容应当仅指履行法律义务。当然，合法地行使法律权利，不滥用权利，也是一种履行法律义务的表现。

履行法律义务，是指人们按照法律的要求作出或不作出一定的行为，以保障权利人的合法权益。履行法律义务的表现形式有两种：一是履行消极的法律义务，即以不作为的方式履行法律的禁止性规定。人们只要依照法律规定不作出一定的行为，这一法律义务便得到履行。如张三对一古董花瓶享有所有权，除张三外的所有人都相应负有不侵害张三所有权的义务，这种义务的履行只要不作出侵害行为便可完成；二是履行积极的法律义务，即以作为的方式履行法律的命令性规定。人们必须作出法律规定的具体行为，否则便违法。如法律规定公民有纳税的义务，符合条件的公民必须作出按时按法定金额向特定主体缴纳税款的行为，否则便违反了《中华人民共和国税收征收管理法》，情节严重者甚至要承担刑事责任。

【拓展阅读】

守法主体守法的动力往往源于内在欲望与外部推动，在我国，现阶段主要包含以下几个方面：

（1）出于利益驱动。绝大多数人遵守法律，是因为法律能够满足他们的基本需求，营造稳定的社会秩序。在社会生活中，人们作出行为之前往往会考虑到行为可能带来的后果，从而决定行为作出与否，这是趋利避害或者说利益最大化心理的必然结果。对于绝大多数社会成员而言，守法无疑会带来他们所需求的利益，作出守法行为是他们的不二之选。

（2）出于惧怕心理。法律是由国家强制力保障实施的。国家强制力包括一系列的暴力工具，如监狱、警察、军队等。在一个法律秩序正常的社会，一旦法律被明显违反，国家强制力便会发挥作用给予相应的制裁。人们对于犯罪活动被侦破的比率和受到惩罚的风险往往过分高估，导致对制裁的畏惧心理加强，从而不敢作出违法行为。这是完全被迫的守法，是最低的守法状态。

（3）出于心理惯性。大多数人从小便被父母灌输遵守法律、遵守道德要求、遵守各种行为规则的想法，身边的人也都会通过行为传递遵守规则的信息。长时间的积累会自然让人形成一种守法的习惯，在没有经过思考的情况下甚至也会潜意识地选择作出遵守法律的行为。这种无须思考的习惯因素，对于缺乏社会知识的人作用往往比较大。

（4）出于道德要求。在一般情况下，法律是社会道德的底线，法律的内容基本上都是符合正义要求的，在人们心目中也符合绝大多数人的利益需求。因此，维护法律权威，让法律体制得以正常运作，在一部分人心目中是追求正义、为社会良性发展作出努力的重要手段。这通常发生在知识文化水平较高，社会责任感较强的人身上。

任务二　运用法律：实现法律权利

【导入案例】

【案例一】

2002 年 8 月 18 日晚 11 时许，延安市宝塔公安分局万花派出所民警称接群众举报，新婚夫妻张某夫妇在位于宝塔区万花山乡的一所诊所中播放黄碟。三名民警称从后面的窗子看到里面确实有人在放黄碟。即以看病为由敲门，住在前屋的张某父亲开门后，警察即直奔张某夫妻住屋，“一边掀被子，一边说，有人举报你们看黄碟，快将东西交出来”，并试图扣押收缴黄碟和 VCD 机、电视机，张某阻挡，双方发生争执，张某抡起一根木棍将警察的手打伤。警察随之将其制服，并将张某带回派出所留置，同时扣押收缴了黄碟、VCD 机和电视机。第二天，在家人向派出所交了 1 000 元暂扣款后张某被放回。10 月 21 日，即事发两个月以后，宝塔公安分局以涉嫌“妨碍公务”为由刑事拘留了张某。10 月 28 日，警方向检察机关提请逮捕张某；11 月 4 日，检察院以事实不清、证据不足为由退回补充侦查；11 月 5 日，张某被取保候审；11 月 6 日，张某在医院被诊断为：“多处软组织挫伤（头、颈、两肩、胸壁、双膝），并伴有精神障碍”；12 月 5 日，宝塔公安分局决定撤销此案；12 月 31 日，张某夫妇及其律师与宝塔公安分局达成补偿协议，协议规定：宝塔公安分局一次性补偿张某 29 137 元；公安宝塔分局有关领导向张某夫妇赔礼道歉；处分有关责任人。①

【案例二】

上海业主顾某购买了一个占地面积约 8.9 平方米，可盛水约 4.2 吨的巨型浴缸，准备安装在其居住的第 29 层的物业内，遭到了周围业主的强烈反对。物业管理公司向有关专家进行了咨询，以房屋楼板无法承受浴缸使用时的重量为由，制止顾某吊装巨型浴缸。顾某向法院提起诉讼，要求将自己所有的浴缸搬入自己物业内。

① http：//wenku. baidu. com/view/8a0cdff4f61fb7360b4c65c9. html。

法院认为：公民只能在法律规定的限度内自由行使占有、使用、收益、处分个人财产的权利。应当本着安全、合理的原则使用物业，并遵守法律、法规及业主公约的有关规定。长期使用巨型浴缸必然对大楼的楼板强度及承重结构造成危害，使大楼存在潜在的安全隐患。同时还应当顾及相邻各方的利益，以不损害公共利益和他人权益为前提，否则应加以必要的限制。因此驳回了顾某的诉讼请求。①

问题：1. 法律规定没有涉及的行为能否视为法律权利？

2. 权利行使的界限是什么？

【基本原理认知】

运用法律，指社会成员依据法的规定维护、争取自身权利的活动。这里的权利指的是狭义的权利，即仅指私权利而不包括公权力。运用法律的过程就是实现法律权利的过程。

一、运用法律的主体

运用法律的主体，即权利主体，指一国或一个社会当中享有法律权利的人或者组织。在不同的历史时期，权利主体所包含的内容也是不同的。在奴隶制社会和封建制社会中，权利主体往往仅限于奴隶主和封建主，他们占有绝大部分的社会资源并得到法律的认可，而在数量上占有绝对优势的社会其他成员则只能共同分享社会资源中剩余的一部分，甚至可以说他们只承担了义务而不享有权利。直到近代资产阶级革命取得胜利，才使这一状况发生了改变，在“法律面前人人平等”原则的指引下，行使法律权利和履行法律义务逐渐统一，至少在法律上，履行义务的主体也同时享有相应的法律权利。

我国宪法规定了守法主体是一切组织和个人。行使法律权利的主体等同于守法的主体，因此，行使权利的主体包括一切国家机关、武装力量、政党、社会团体、企业事业组织、中华人民共和国公民、我国领域内的外国组织、外国人和无国籍人。

二、运用法律的范畴

运用法律的范畴，即权利主体能够行使权利的范围。法律法规所赋予的权利无疑属于相应权利主体能够行使的范畴，法律法规所禁止的则必然不属于权利主体能够行使的范畴。我们的问题是：法律未予规定——未明确赋予亦未明文禁止的部分（注意：这里讨论的是私权利、而非公权力的范畴）能否成为可行使的权利？社会契约论的观点是：人权天赋，即私权利是公民诞生之初由上天赋予的，而国家公权力均来源于公民个人权利。公民向国家让渡部分权利，使得国家得以管理公共事务、保护公民权益，法律则是公民与国家就此签订的契约。国家对公民的约束——体现为法律中的义务——来源于公民的自愿让渡，除公民自愿接受的约束外，国家无权设限。换言之，公民未明确表示予以让渡的权利毋庸置疑地不受法律约束，公民除享有法律明确规定的权利外，法律规定未予涉及的权利同样为公民合法享有。

因此，运用法律的范畴，即法律权利的范畴应包含两方面内容：一是有效法律文

① http：//wenwen. soso. com/z/q139731185. htm。

件明确予以规定或明确赋予的权利；二是法律规范未涉及——未予授权也未予禁止的权利。

三、正确运用法律——防止滥用权利

正确运用法律，要求实现权利的方式要正当、合法，不得滥用权利。滥用权利指的是权利人在行使自己的合法权利时损害他人合法权益的行为。通常包括四种类型：①超越权利界限行使权利。每一项权利从产生伊始便受到一定的限制，不存在不受限制的权利。这种限制可能是地域性的，也可能是时效性的。权利人不得超出权利本身的界限行使权利。②以不正当方式实现合法权益。行使合法权利要通过合法方式。如张三对李四享有债权，李四不履行偿债义务时，张三应通过诉讼、调解等合法手段实现债权，而不得通过暴力或威胁方式达成目的。③以实现自己的权利作为损害他人合法权益的手段。权利人行使权利不应以损害他人合法权益为目的，主观上的恶性是法律不允许的。④牺牲他人的合法权益或社会公共利益以实现自己的权利。权利人在实现自身合法权益的过程中，发现不得不损害他人合法权益或社会公共利益来达成自己的目的时，应当停止实现自身权利，以免给他人或社会带来损失。

滥用权利的行为具有以下特征：①行为阶段性。滥用权利的行为包括合法与违法两个阶段，行使权利的行为在启动时都是合法的（权利由权利人合法享有），结束时却违法（实现的过程违法）。②主观恶性。权利滥用的主体往往具有损人利己的动机。③后果现实性。损害他人合法权益的后果现实存在，而非主观臆测。

权利人行使权利，都应遵守一个“度”，任何一项权利，都存着行使适当与否的问题。拥有权利，也就同时拥有了权利的限度。权利的实现本身受法律保护，但超出权利限度的部分如造成了他人合法权益的损害，则是法律所禁止的。防止滥用权利，要求权利人在权利行使过程中谨守权利界限，遵守法律，尊重社会公德，不损害公共利益和他人合法权益。

【拓展阅读】

卢梭与《社会契约论》

《社会契约论》是法国思想家让·雅克·卢梭于1762年写成的一本书。《社会契约论》中主权在民的思想，是现代民主制度的基石，深刻地影响了逐步废除欧洲君主绝对权力的运动和18世纪末北美殖民地摆脱英帝国统治、建立民主制度的斗争。美国的《独立宣言》和法国的《人权宣言》及两国的宪法均体现了《社会契约论》的民主思想。

卢梭相信，一个完美的社会是为人民的“公共意志”（公意）所控制的，虽然他没有定义如何达成这个目标，但他建议由公民团体组成的代议机构作为立法者，通过讨论来产生公共意志。社会契约论的主要表述是探究是否存在合法的政治权威。人是生而自由的，但却无往不在枷锁之中。他所说的政治权威在我们的自然状态中并不存在，所以我们需要一个社会契约。在社会契约中，每个人都放弃天然自由，而获取契约自由；在参与政治的过程中，只有每个人同等地放弃全部天然自由，转让给整个集体，人类才能得到平等的契约自由。

任务三　执行法律：执法

【导入案例】

【案例一】

2007 年 2 月，某县财政局监督检查科对该县某国有企业进行了财务检查，发现该企业以各种节假日的名义超标准向职工发放生活补贴、降温费等 34 410 元，向某公司违规缴纳企业管理费 313 813 元，以及白条入账、结转不及时等财务基础管理不规范问题。根据以上违法事实，县财政局监督检查科以该科的名义对该企业作出了责令调整会计账目、追回有关资金、对企业处以 3 万元罚款的处理处罚决定。该企业不服县财政局监督检查科的处理决定，向县财政局的上一级主管部门市财政局申请行政复议。市财政局审查后认为，县财政局监督检查科是县财政局的内设机构，不具备财政执法主体资格，县财政局监督检查科以自己名义对外作出的处理处罚决定是无效的，遂作出行政复议决定，撤销其处理处罚决定。①

【案例二】

李某系从事饮食业的个体工商户，出售自制的蛋糕，蛋糕未经有关部门检验。这一行为被当地工商行政部门查获。根据《个体饮食业监督管理办法（试行）》的规定，对此类违法行为，应予以警告、没收违禁食品和违法所得，并处以违法所得一倍以上五倍以下罚款；没有违法所得的，处以 1 万元以下罚款；情节严重的，可责令停业整顿或者吊销其营业执照。在工商所查获前，李某出售蛋糕共获利 590 元。根据上述事实和有关规定，工商所没收了李某尚未出售的蛋糕，没收其违法所得 590 元，并且工商所认为李某曾因伤害罪而被判刑三年，一年前刚出狱，因此要重罚，又处以李某 1 500 元的罚款。②

问题：1. 哪些组织可以成为行政主体，具备行政主体资格？

2. 工商所对李某的违法行为进行的行政处罚是否合法适当？是否符合行政执法的基本原则？

【基本原理认知】

执法即法律执行，通常指行政执法，即国家行政机关和法律授权、委托的组织及其公职人员，在行使行政管理权的过程中依照法定职权和程序贯彻实施法律的活动。

执法作为国家行政机关的独立职能，是近代民主政治制度的产物，它是伴随着行政权的独立而出现的。在古代社会，国家的立法权、司法权、行政权都集中于最高统治者之手，未进行具体划分。我国古代的法律制度也一直是司法与行政合一的。资产阶级革命后，分权制衡的理论开始真正适用于国家管理，行政权成为与立法权、司法

---

① http：//www. mof. gov. cn/preview/czzz/zhongguocaizhengzazhishe_ daohanglanmu/zhongguocaizhengzazhishe_ kanwudaodu/zhongguocaizhengzazhishe_ zhongguocaizheng/333/12/5567/200906/t20090624_171316. html。

② http：//www. doc88. com/p－40299647130. html。

权并立的国家权力。

执法是最广泛、最普遍的实施法律的活动，是法律实现的主要途径。执法是法律实施的重要组成部分，国家权力机关制定的法律和其他规范性法律文件，主要是通过国家行政机关的日常职务活动来贯彻执行的。据统计，占总数 80% 以上的法律法规都由行政机关直接贯彻执行。此外，行政行为管理的相对人也非常广泛，包括公民、法人、其他组织、外国人和无国籍人。

一、执法的主体

执法主体，指有权依照法律规定行使行政管理权的组织或个人。我国的执法主体包括以下几类组织及其公职人员：

（一）各级人民政府

政府的执法包括中央人民政府的执法和地方各级人民政府的执法。

根据《宪法》和《国务院组织法》的规定，中央人民政府即国务院的执法是宏观方面的执法，主要包括规定各部委的任务和职责，统一领导各部委的工作，并且领导不属于各部委的全国性的行政工作；统一领导地方各级国家行政机关的工作，规定中央和省、自治区、直辖市的国家行政机关的职权和具体划分；改变或者撤销各部委和地方各级国家行政机关的不适当命令、指示、规章等。中央人民政府的执法范围及于全国。

地方各级人民政府的执法效力及于本行政区域。县级以上地方各级人民政府依照法律规定的权限，管理本行政区内的经济、教育、科学、文化、卫生、体育事业，城乡建设事业和财政、民政、公安、民族事务、司法行政、监察、计划生育等行政事务；发布决定和命令，任免、培训、考核和奖惩地方各级国家公务员。乡、民族乡、镇的人民政府执行本级人民代表大会的决议和上级国家行政机关的决定和命令，管理本行政区域内的行政事务。省、直辖市的人民政府决定乡、民族乡、镇的建置和区域划分。县以上地方各级人民政府领导所属各工作部门和下级人民政府的工作，有权改变或者撤销所属各工作部门和下级人民政府的不适当的决定。

（二）政府工作部门

政府工作部门是各级人民政府中享有执法权的工作部门，包括中央人民政府的工作部门和地方各级人民政府的工作部门，以及它们的派出机构。中央人民政府工作部门的设立经国务院总理提出，由全国人民代表大会决定；地方人民政府工作部门的设立由本级人民政府决定，报上一级人民政府批准。

根据有关法律规定，我国有权执法的政府工作部门主要有：发展和改革、教育、科学技术、工业和信息化、公安、民政、司法行政、财政、人力资源和社会保障、自然资源、生态环境、住房和城乡建设、交通、水利、文化和旅游、卫生健康、退役军人事务、应急管理、海关、税务、市场监督管理、广播电视、体育、统计、医疗保障、气象、粮食和物资储备、能源、烟草、移民、林业和草原、铁路、民用航空、邮政、文物、外汇、药品监督管理、知识产权，以及行政公署、区公所、街道办事处等。

（三）经法律授权的社会组织

社会组织是为了实现特定的目标而有意识地组合起来的社会群体，如企业、学校、医院、社会团体等。它是人类的组织形式中的一部分，是人们为了特定目的而组建的稳定的合作形式。社会组织是没有执法权的，但由于行政执法的复杂性与专业性需求，某些特定的社会组织被法律授权行使特定的行政职能，在这种情况下就取得了执法主体资格。它们主要包括一般社会组织、社会团体、企事业组织、基层民众自治组织、技术检验、鉴定机构、仲裁组织、合法成立的保安组织等。

法律授权的社会组织的执法具有以下特点：第一，被授权的社会组织是非国家机关组织；第二，被授权的组织在执法时以自己的名义执法并由其本身就行使执法权的行为对外承担法律责任；第三，法律授权的社会组织的执法权来源于某一具体法律授予，而非行政组织所授。

（四）行政机关委托的社会组织

与经法律授权的社会组织不同，行政机关委托的社会组织行政职权的来源是行政机关的委托。在我国，法律授权执法的社会组织都可以成为行政机关委托执法的社会组织。它的特点是：第一，被委托的组织必须以委托机关的名义从事活动；第二，组织行使行政职权的行为由委托的行政机关承担责任。

二、执法活动的特征

（一）主体特定性

主体的特定性包含两层含义：一是依法进行执法活动的主体由宪法与法律规定，仅限于上述主体，即各级国家行政机关、法律授权或委托的组织及其公职人员。其他任何组织和个人不得行使这一权力。二是执法主体的具体权限由法律规定，任何主体不得超越权限行使执法权。

（二）单方面性

行政机关代表国家执行行政事务，在行政法律关系中处于支配地位。行政关系并非平权的法律关系，行政机关既是一方当事人，又是管理者。行政主体实施的绝大多数行政行为，只要在其法定职权范围内，即可自行决定和直接实施，而不受行政管理相对人意志的影响和左右，如交警依法处罚交通违规行为不需要被处罚人的同意。这一特征不仅体现在依职权的行政行为中，也表现在依申请的行政行为中，如颁发许可证照、发放抚恤金等。

需要注意的是，尽管行政复议、行政裁决、行政仲裁、行政调解、行政指导、行政契约等部分执法行为一定程度地体现了行政管理相对人的意志，但仍不乏行政主体单方意志性，因为在这类法律关系中行政主体享有优益权。

（三）主动性

执法是国家管理社会事务的最主要方式，是确保社会正常运行的最基本手段。因此，执法不仅是执法主体的权力，更是他们必须履行的义务。执法机关依法主动进行国家公共事务的组织与管理，在所形成的行政法律关系中处于主导地位，行政职权的能动作用是实现行政职能的决定力量。所以行政主体的法定职责要求行政主体必须以行政职权的主动运作为核心。

执法的主动性特征决定了执法主体必须依法作出执法行为，否则可能构成行政不作为，须承担失职责任。

（四）效率性

执法活动的效率性指的是执法程序设计需尽量满足效率要求。执法活动必须依法定程序进行，如程序过于复杂拖沓，会错过解决急迫问题的良好时机，给国家、社会或公民个人利益带来无法弥补的损失。因此，执法程序的简便、快捷变得尤为重要。当然，尽量提高工作效率不代表执法要摒弃公正、公开，只不过在效率与公平这两大法律价值的权衡中，要体现效率优先的原则。

三、明确执法的依据

行政执法即行政机关及其工作人员执行法律的行为。此处所谓的“法律”指的是广义的法律，泛指一国被纳入法律体系的各种规范性法律文件（制定法或成文法）、习惯（习惯法）和法院判例（判例法）。在我国，“法律”主要由制定法构成，包括宪法、法律、行政法规、地方性法规、自治条例、单行条例、行政规章、法律解释和国际条约等，它们通常也被称为法律渊源或者法律表现形式。行政执法所依据的实际上是来源于上述法律渊源中的相关规定。

需要注意的是，宪法极少直接作为行政执法依据。由于宪法具有较强的原则性，根据穷尽原则，没有具体法律法规规定时方可直接援引宪法。

四、确定执法需遵循的原则

（一）合法性原则

合法是现代法治社会对于执法行为提出的最基本要求。它指的是执法活动必须有法可依，且严格依照法律规定进行，具体包括以下几方面的内容：

1. 执法主体合法

执法主体的设立、执法机构的具体设置、职权的划分都必须由法律明确规定，法律对执法主体予以直接或间接授权。一经授权，职权即确定，执法主体只能也必须在确定的职权范围内活动。

2. 执法内容合法

执法的内容，即执法主体在执法过程中作出的执法行为。执法行为会引起特定的法律效力和法律后果，对于国家、社会、公民个人的利益会产生实际的影响。因此，执法活动必须严格依照法律进行。执法须以辅以确凿证据的事实根据为前提，以法律规定为依据，以法律规定的方式为实施手段。执法主体对执法过程中发生的违法侵权行为承担法律责任。

3. 执法程序合法

执法程序的设置是限制公权力膨胀的重要手段。执法程序限制了公权力行使的步骤、顺序、方式、时限，使执法行为尽量公开、公平、民主、高效。执法程序合法不仅需要执法行为遵循法律规定，更强调执法程序的设置应符合法治要求。具体来说，执法程序合法包含以下内容：①有法律规定的依法律规定，无法律规定的遵循公平、理性、效率原则；②将“执法行为的进行向公众公开”纳入执法程序，行为内容涉密的除外；③行政行为可能会影响公众合法权益的需听取公众意见；④行政机关行使行政权须遵循诚实信用原则；⑤行政行为侵害公众权益时，国家提供权利救济途径（行政复议、行政诉讼）。

（二）合理性原则

执法的合理性原则，是指执法主体在执法活动中，特别是行使自由裁量权进行行政管理时，在符合法律规定的基础上，必须做到适当、合乎理性。

合理执法原则产生的主要原因是行政自由裁量权的存在与扩大。自由裁量权指执法主体的自行决定权，即对具体行政行为的方式、范围、种类、幅度等的选择权。由于行政事务的复杂性，立法机关不可能通过严密的法律规范完全约束行政行为，故不得不在事实上和法律上承认行政机关一定程度的行为选择权，即自由裁量权。我们既应当承认自由裁量权的作用，又应当加强对自由裁量权的控制。合理性原则正是在这一背景下应运而生的。

行政决定应当具有一个有正常理智的普通人所能判断的合理与适当，并且能够符合科学公理和社会公德。这是最低限度的理性执法，是合理执法的底线，而更为规范的行政理性表现为以下四个方面的内容：

（1）公平公正。对于行政相对人，要做到平等对待、不偏私、不歧视。

（2）考虑相关因素。作出行政决定和进行行政裁量，只能考虑符合立法授权目的的各种因素，不得考虑不相关因素。

（3）比例原则。行政机关采取的措施和手段应当必要、适当。行政机关实施行政管理应当进行价值权衡，可以采用多种方式实现行政目的的，应当避免采用损害当事人权益的方式；必须采用损害当事人权益方式的，尽量采用对当事人权益损害较小的方案。

（4）注重提高效率。在遵循法律规定的基础上，执法应当以尽可能低的成本取得最大的执法效益，从保护公民权利和国家利益的角度出发对行政事务及时作出反应。

任务四 适用法律：司法

【导入案例】

1996 年 4 月 9 日，刚满 18 周岁的呼格吉勒图和同在卷烟厂一个车间工作的闫某于当晚 8 点左右一起到“千里香”饭店吃饭。约 20 分钟后，两人吃完饭走出饭店准备回厂工作。呼格吉勒图说要去买几块口香糖冲淡一下口中的酒味，顺带回到距此不足 500 米的家中取回遗忘的钥匙。闫某则先回厂里工作。

约 10 分钟后，呼格吉勒图进入车间递给闫某两块口香糖并对闫某说：“跟我出去吧，刚才我经过饭店旁边的那个厕所时听见里面有女人的哭叫声，肯定是出事了！”。没来得及多想，闫某就和呼格吉勒图一同赶到位于毛纺厂家属区的公共厕所前，并准备进到女厕所查看究竟。两人几乎同时看到了躺在便坑矮墙上的一个下身完全赤裸的年轻女子！惊出一身冷汗的闫某急忙拉起呼格吉勒图往回跑。而一向热心的呼格吉勒图却执意要到马路对面的一个警亭报案。拗不过他的闫某只得随他前往。到达警亭后，呼格吉勒图让闫某在门外稍等，自己则闯进警亭拽起一个民警就往外走。但他的动作很快被警察制止，这名警察责令呼格吉勒图先讲清事情原委再说。此时闫某和呼格吉勒图打了个招呼，便转身回厂。临走时，他听见呼格吉勒图冲自己喊：“帮我请个假。”

当晚10 时许，正在工作的闫某被市公安局新城分局刑警带走。他清楚地记得，坐在他旁边的就是自己的好朋友呼格吉勒图。到公安局后两人被分别带到隔壁的房间接受讯问。“我那个晚上至少被 6 个民警轮番讯问了 10 次，内容都是我们俩当晚的经历，期间我多次听到呼格吉勒图被民警殴打的惨叫和桌椅移动的声音。有几次我都听到隔壁的呼格吉勒图大叫：'你就是打死我，人也不是我杀的。'"

第二天上午10点左右，闫某被公安机关释放。释放之前，他透过虚掩的门见到了头顶头盔，打着背铐蹲坐在暖气片前一脸痛苦的呼格吉勒图。

1996年4月20日的《呼和浩特晚报》"社会新闻"栏目，以《"四·九"女尸案侦破记》为题用2 700字的篇幅，记录了呼和浩特市公安局新城分局领导"智慧、睿智"地把呼格吉勒图锁定为犯罪嫌疑人的全过程。这篇由公安局宣传科民警执笔的文章如此描述道："当冯某副局长（时为市公安局新城分局副局长）和报案人简单交谈询问之后，他的心扉像打开了一扇窗户，心情豁然开朗了……冯副局长、刘某局长等分局领导会意地将目光一起扫向还在自鸣得意的那两个报案人，心里说，你俩演的戏该收场了……"

一周后，由于侦破该案有"重大立功表现，能够短时间内锁定犯罪嫌疑人"，市公安局新城分局被上级荣记集体二等功。

16天后，呼和浩特市中级人民法院采信了呼和浩特市检察院的开庭时的全部公诉意见，并在次日下达判决称："被告呼格吉勒图当听到女厕所内有人解手，便进入女厕所内将正在解手的被害人杨××搂住后采取捂嘴、扼颈等暴力手段……对被害人进行流氓猥亵……被害人因被告人扼颈窒息当场死亡。被告呼格吉勒图犯故意杀人罪，判处死刑，犯流氓罪判处有期徒刑五年，决定执行死刑。剥夺政治权利终身。"认为自己"没有杀人""冤枉"的呼格吉勒图随即提出上诉。当年6月5日，内蒙古自治区高级法院二审裁定维持原判。5天后，呼格吉勒图被押赴刑场执行枪决。此时，距离案发仅仅61天。

2005年10月23日，内蒙古自治区特大系列强奸杀人案犯罪嫌疑人，在呼和浩特市落网。媒体在报道中特地描述了嫌疑人所做的首起强奸杀人案。让人震惊的是，另外一家媒体9年前就已经详细报道了该案，且该案犯早已被处决，那就是"四·九"女尸案中已经被枪毙了近十年的呼格吉勒图。①

问题：1. 此类案件发生的根本原因是什么？

2. 应当如何减少或杜绝此类案件发生？

3. 司法过程中应注意哪些问题，遵循哪些原则？

【基本原理认知】

司法，又可称之为适法或法的适用，是法的实施的重要方式之一。它是指国家司法机关依照法定职权和法定程序运用法律处理案件的专门活动。

一、司法的主体

司法主体即由法律规定的享有司法权能、依法处理案件的国家专门机关。根据我国现行宪法和人民法院组织法及人民检察院组织法的规定，我国现行司法主体主要包括各级人民法院、各级人民检察院和公安机关，它们共同构成我国现行的司法体系：

① http：//www. tianya. cn/publicforum/content/free/1/2133573. shtml。

（一）人民法院

人民法院是依据宪法与人民法院组织法设立，代表国家行使审判权的国家机关。最高人民法院对全国人民代表大会及其常务委员会负责。地方各级人民法院对产生它的国家权力机关负责。我国的法院系统由地方各级人民法院、专门人民法院和最高人民法院组成。人民法院的设置建立在国家行政区划的基础上，遵循有利于审判工作和方便群众的原则。

（1）地方各级人民法院。地方各级人民法院分为基层人民法院、中级人民法院和高级人民法院三级，根据国家行政区划设置建立。县、自治县、县级市、市辖行政区设立基层人民法院；市（包括直辖市，不包括县级市）、自治州、不设市的地区设立中级人民法院；省、自治区、直辖市设立高级人民法院（直辖市同时设立中级人民法院与高级人民法院）。

（2）最高人民法院。最高人民法院是国家最高审判机关，设立在我国首都北京。

（3）专门人民法院。专门人民法院是在特定部门或为特定案件设立的审判机关，其设置具有特殊性，不按行政区划设立。我国现有的专门人民法院包括军事法院、铁路运输法院、森林法院、农垦法院、海事法院、石油法院、知识产权法院等。对专门人民法院的判决和裁定、上诉和抗诉的案件由最高人民法院受理。

上下级人民法院之间是监督与被监督的关系。最高人民法院监督地方各级人民法院和专门人民法院的审判工作，上级人民法院监督下级人民法院的审判工作。

（二）人民检察院

人民检察院是国家的法律监督机关，行使国家检察权。人民检察院由同级人民代表大会产生，向人民代表大会负责并报告工作。我国设立最高人民检察院、地方各级人民检察院和专门人民检察院。

根据《中华人民共和国人民检察院组织法》有关规定：人民检察院分为：最高人民检察院；地方各级人民检察院；军事检察院等专门人民检察院。地方各级人民检察院分为：省级人民检察院，包括省、自治区、直辖市人民检察院；设区的市级人民检察院，包括省、自治区辖市人民检察院，自治州人民检察院，省、自治区、直辖市人民检察院分院；基层人民检察院，包括县、自治县、不设区的市、市辖区人民检察院。省级人民检察院和设区的市级人民检察院根据检察工作需要，经最高人民检察院和省级有关部门同意，并提请本级人民代表大会常务委员会批准，可以在辖区内特定区域设立人民检察院，作为派出机构。

如此看来，地方各级人民检察院的设置与法院的设置基本上是一一对应的，但称呼有所不同，法院有基层、中级、高级之分，检察院却仅以行政区划命名，如广州市白云区设立白云区基层人民法院和白云区人民检察院。

上下级人民检察院的关系是领导与被领导的关系。

（三）公安机关

公安机关是人民政府的重要组成部分。对公安机关的定性，一直存在争议：公安机关作为政府组成部门一般行使行政管理的职能，应属行政机关；但在进行刑事侦查的过程中，公安机关实际是在行使司法权。一般认为，公安机关既是行政机关，又是司法机关。当行使治安保卫、户籍管理及交通管理职能时，其属于行政机关；而刑事侦查部门在行使刑事侦查职能时则是司法机关。

公安机关中最高领导机关是国务院下设的公安部，省一级的公安机关是省级人民政府下设的公安厅（直辖市公安局），市一级的是市级人民政府下设的公安局，市局在市内各区设公安分局（或县公安局），各分局（或县局）在自己辖区内设若干派出所。由于公安机关本身是人民政府的组成部门，因此除受上级公安机关领导外，还受同级人民政府领导，具有双重领导的特性。

二、司法的特征

（一）启动的被动性

司法与执法不同，其启动具有被动性。司法机关行使司法权通常遵循“不告不理”的原则，司法权的启动必须以案件的发生为前提，而执法权可以在没有纠纷发生的情况下产生。司法权的启动取决于当事人、检察机关的诉请，只有在纠纷经诉请提交到法院后，司法程序才能启动。另一方面，法院只能根据当事人的申请（包括申请行为和申请内容）来行使司法权，对当事人诉请的事项进行裁判，而不能对当事人未请求的事项进行审理。法国学者托克维尔在考察美国的司法权时，把被动性作为司法权的三个重要特征之一，认为司法“只有请求它的时候，或用法律的术语来说，只有在审理案件的时候，它才采取行动”，“从性质上来说，司法权自身不是主动的。要想使它行动，就得推动它”。①

（二）程序的严格性

程序性是司法与执法的共同特征，但法律对司法的程序性规定更具体、更严格。司法是众多法律实现方式当中对程序性要求最高的一种。司法是公民保障自身权益的最后一道关口，因此，得到公正的审判是维护社会正义、保障法律得以正确实施的最终防线。严格的程序性能够在最大程度上实现司法的公正。

（三）裁决的权威性

司法裁决一经作出，便具有法律约束力，任何组织和个人都必须执行。这意味着司法裁决的执行由国家强制力作为保障的后盾。因此司法机关作出的裁决具有权威性与强制性。司法的权威性还体现为终局性，即司法机关对已进入司法程序的纠纷享有最终裁判权。在司法机关对案件作出确定裁判后，纠纷就被终结性解决，除法定情形外，任何机关、单位、个人都不得对该确定事项再生争议。司法以解决纠纷为目的，若司法裁判不具有终局性，则纠纷就无法最终解决，社会也将处于混乱的状态。因此，司法的终局性是司法的基本功能性要求。

三、明确司法的依据

在我国，司法的依据为法律、司法解释、行政法规和地方性法规。宪法是否能够直接作为司法的依据在我国尚有争议，但学界普遍认为法院不应援引宪法条款来审判一般的案件。宪法是国家根本大法，只能由全国人民代表大会制定和修改。法院引用宪法条款来判决具体案件，实际上是不尊重宪法的最高法律地位的表现，是将宪法这一国家根本大法的地位等同于一般法律的地位（降格）。在实践中也尚未有此先例。

值得注意的是，司法可参照规章的规定，或者说规章不必然是司法的依据。

---

① ［法］托克维尔著，董果良译：《论美国的民主》（上卷），商务印书馆 1998 年版，第 110 页。

四、确定司法应遵循的原则

司法过程中必须遵循以下基本原则：

（一）法治原则

法治原则要求司法过程中要严格依法适用法律，既要遵循实体法的规定，又要符合程序法的要求。

《中华人民共和国刑事诉讼法》第六条规定："人民法院、人民检察院和公安机关进行刑事诉讼，必须依靠群众，必须以事实为根据，以法律为准绳。"除此之外，民事诉讼法和行政诉讼法中也均有类似的规定。可见，法治原则的内涵除强调尊重法律规定外，同时强调尊重案件事实。

"以事实为根据，以法律为准绳"是我国法治原则的具体表现。所谓"以事实为根据"，指的是司法机关审理一切案件，都必须将与案件有关的客观事实作为审判的出发点和依据，排除所有主观臆测。这里的客观事实指的是合法证据能够证明的事实，或依据法律规定能够推理出的事实。如《民法典》侵权责任编规定：堆放物倒塌、滚落或者滑落造成他人损害，堆放人不能证明自己没有过错的，应当承担侵权责任。"以法律为准绳"是指在司法过程中将法律作为处理案件的唯一标准，严格按照法律规定办事。司法权限、司法程序均由法律明确规定，不得违背；判断案件性质、作出司法判决均须严格遵照法律规定。

根据这一原则的要求，司法机关在行使司法权过程中需确保事实清楚、证据确凿、适用法律正确，做到依法定程序司法，尽量提高办案效率，及时审结案件。

（二）平等原则

我国在宪法中明确规定了"公民在法律面前一律平等"，刑事诉讼法与民事诉讼法中也作出了相同规定。"公民在法律面前一律平等"就是平等原则在我国的具体表现。它指的是各级国家司法机关及其司法人员在行使司法权时，对于任何公民，无论其民族、种族、性别、职业、宗教信仰、教育程度、财产状况、居住期限等有任何差别，也不论其出身、政治历史、社会地位和政治地位有何不同，在适用法律上一律平等。这一原则的确定，旨在反对特权思想、防止司法腐败行为。

（三）司法独立原则

司法独立原则，是指国家司法权力只能由司法机关统一行使，司法机关在办案过程中依照法律规定独立行使司法权，司法机关行使司法权必须依照国家的法律规定，不受行政机关、社会团体和个人的干涉。

坚持司法独立原则并不代表司法权力、司法过程不受任何监督。对司法权的监督主要表现在党的领导和监督，国家权力机关的监督，社会团体、民主党派、人民群众和舆论的监督等；此外，司法机关的上下级、同级之间也会通过司法的一系列制度（如上诉、抗诉）来实现监督。

保持司法独立与接受司法监督不应当是对立的，但中间的界限如何把握却是理论界一直在探讨、实践中一直在摸索的问题，这是司法权独立与监督权扩张碰撞的结果。司法监督权应当有一定的限制——不得干涉司法，关于这一点，人们已经普遍达成了共识。然而实践操作中如何区分监督与干涉，如何确保监督不超出应有界限，仍然是法律人的困惑。

（四）司法责任原则

司法责任原则，即司法权力与责任相统一原则，指司法机关和司法人员在行使司法权过程中侵犯了公民、法人和其他社会组织的合法权益，造成严重后果而应承担责任的一种制度。司法责任是司法主体履行司法职责，实现司法功能的必然要求和保障。只有权力而无责任，则权力必将被滥用。司法责任原则能够增强司法人员的责任感，防止司法过程中的违法行为，提高司法的质量。

【拓展阅读】

在我国，“司法”最初是指掌有刑法的官名。远在奴隶社会的夏朝，就出现了称作“大理”的司法官，后来又有“司寇”“廷尉”等不同的称谓。“司法”一词最早出现在唐朝，依唐制，在府叫法曹参军，在州叫司法参军，在县叫司法。但中国现代意义上“司法”一词却是清末变法修律的产物。鸦片战争后，西方列强的入侵使清政府的闭关锁国政策彻底破产，一些先进人士为改变国家落后挨打的状况，提出了学习西方、变法图强的主张。清末法学家沈家本、伍廷芳在他们起草的《大清法规大全·宪政部》中，提出了“立法、行政、司法则总揽于君上统治之大权”的主张，这就是我国现代“司法”一词的渊源。[①]

【思考与练习】

一、问答题

1. 守法的内容是什么？
2. 权利主体应如何运用法律？
3. 执法主体的权力来源是什么？是否都由法律授权？
4. 执法应遵循哪些原则？
5. 我国司法的依据是什么？
6. 我国的司法主体有哪些？

二、选择题

1. 在我国，守法的范围应排除下列哪项内容（　　）。

   A. 法律　　B. 行政法规　　C. 法院的生效判决　　D. 公司章程

2. 在我国，守法主体可以分为（　　）。

   A. 企事业单位
   B. 一切国家机关、武装力量、政党和社会团体
   C. 中华人民共和国公民
   D. 在我国领域内的外国组织、外国人和无国籍人

3. 关于守法的表述，能够成立的是（　　）。

   A. 在我国境内的外国人和无国籍人是守法的主体，但是依法享有外交豁免权的人除外
   B. 在我国守法的范围是依法制定并生效的所有规范性法律文件，而不包括非规范性法律文件

---

① http：//www. falvm. com. cn/falvm/app/book/f_extractchapter. jsp？TID＝20080512145953250768853。

C. 在我国，守法专指依法履行法律义务

D. 为了不受法律制裁而不违法的状态是守法的最低状态

4. 2002 年 7 月 1 日是中国共产党成立 81 周年纪念日。这天晚上，方某等四位青年学生在方某家里唱歌、跳舞、打牌，直到深夜 12 点。邻居大爷过来劝阻他们，他们说是在庆祝建党 81 周年，这没什么错。方某的说法（　　）。

A. 正确，因为他们在表达对党的热爱之情

B. 正确，在自己家里唱歌是公民的自由

C. 错误，因为他们的行为损害了其他公民的合法权益

D. 错误，因为青少年学生不必搞庆祝活动

5. 下列行为属于正确行使公民权利的有（　　）。

A. 小东拒绝了父亲让他辍学的要求，坚持回校学习

B. 小明打电话向有关部门举报学校附近有一个“黑网吧”

C. 小文找哥哥教训曾经欺负自己的同学

D. 小倩督促做生意的爸爸及时缴足税款

6. 下列各项中，属于执法合理性原则具体内容的是（　　）。

A. 行政委托必须有法律依据

B. 行政行为必须在正当考虑基础上作出

C. 行政职权必须基于法律的授予才能存在

D. 行政主体必须依据法律行使行政职权

7. 下列选项具有行政主体资格的是（　　）。

A. 国务院办公厅　　B. 宗教事务管理局

C. 街道办事处　　D. 县公安局

8. 在行政法律关系中，可以成为行政管理相对人的是（　　）。

A. 公民　　B. 法人　　C. 外国人

D. 其他组织　　E. 无国籍人

9. 下列关于司法的说法，正确的有（　　）。

A. 司法的主体是国家专门机关及其工作人员，而不是任何其他社会组织或个人

B. 司法以法律规范为根据，使法律的一般规定具体化

C. 司法需要遵守一定的程序

D. 司法的对象极为广泛，一切国家机关、社会组织和个人都可以成为司法的对象

【扩展阅读文献】

1. 周伟:《宪法在审判实践中的适用问题研究》，《内蒙古社会科学》2000 年第 4 期。

2. 吴建华、罗卜:《公共权力的异化和制约》，《哲学研究》2003 年第 9 期。

学习情境：执法与司法的应用

【范例】

【范例一】

某轧钢厂属无证无照私营企业，从事废旧钢铁的收购及简单加工。由于其收购和销售对象皆为个人或私营企业，无须使用发票，遂未办理税务登记，也从未向税务机关申报纳税。2005 年 10 月，某国税局稽查局根据群众举报，对其实施检查。该企业没有账证，业主高某拒不交出生产销售记录。在此情况下，稽查人员依照程序对业主进行了询问，并作了笔录。业主高某承认，在2005 年 1 月至 9 月期间，他采取销售不开发票等手段，共销售经简单加工的废旧钢铁 36 万元。业主表示愿意补缴税款，接受税务机关处理，并在《询问笔录》上签了字。稽查局在无法查到其他证据的情况下，根据纳税人口供，对高某作出了补税、罚款的处理。高某不服上述决定，将稽查局起诉至法院。高某以稽查局对其补税罚款证据不足为由，要求法院撤销国税局稽查局的行政决定。其主要理由，一是该企业是其父亲开办的，他只帮着管理；二是稽查局补税的依据不足，该企业没有那么多的销售额。

法院受理案件后，迟迟不开庭审理。高某向地方某媒体反映情况，请媒体介入帮助其维权。在媒体的监督下，法院开庭审理案件。稽查局除《询问笔录》外，没有提供有效证据反驳高某，法院以主体错误、事实认定证据不足为由，判国税局稽查局败诉，国税局稽查局原税务处理、处罚决定被撤销。①

【范例二】

简阳县石化机械配件厂是简阳市农业局于 1986 年投资创办的，后由邱某承包经营。1998 年 5 月农业局将该企业转让给邱某。该企业于 1993 年 12 月 23 日至 1995 年 2 月 24 日止共十次向施家镇合作基金会借款。部分借款有农业局房产抵押及该厂机器设备抵押。1998 年 4 月 8 日，邱某作为法定代表人向工商行政管理局申请设立简阳市金平石化机械有限责任公司，申请注册资产 103 万元。

1998 年 5 月 4 日，简阳市农业局与原简阳市石化机械配件厂承包人邱某签订了“关于石化机械配件厂的转让及房屋、场地、变压器租赁合同”，合同对转让范围、转让金额、付款方法、租赁范围期限、租金及缴款办法等均协商一致并经公证。该合同第二条约定，邱某向农业局缴纳 8 万元转让金及偿还和结清转让前的除与农业局系统的债权债务外的一切债务后，该企业即属邱某个人所有。邱某承包期间和农业局转让该企业后，陆续归还基金会借款本金 6.9 万元，结算 17 年利息 19.8 万元。尚欠部分借款利息。

2000 年 6 月 19 日，经安乐乡党委、政府研究决定，成立安乐乡政府农村合作基金会借款催收工作队，应某被任命为催收工作队队长。对原简阳市石化机械配件厂催收

① http：//www.chinaacc.com/new/253/264/2006/1/ad28411316351716002 5616.htm。

贷款本息，催收队曾多次要求邱某偿还借款，邱某偿还1万元，余款未按约定期限偿还。2001年1月13日上午9时，催收工作队队长应某一行人带着卡车、吊车、小轿车到金平公司，用钢筋将门锁撬开，在金平公司法定代表人邱某不在场的情况下，开始将模具搬上车，搬不动的用氧焊烧割搬运。催收工作队将所有财产变卖价款为3.5万元，安乐乡人民政府一直未与邱某结算，催收工作队也一直未与安乐乡人民政府结算。邱某认为，安乐乡人民政府强行将金平公司的全部资产及设备搬走并低价出售不予结算货款的行为属滥用职权，破坏性地损害了公司财产，致使公司停产，至今无法恢复生产，造成了直接经济损失，要求法院撤销安乐乡人民政府低价出售金平公司全部资产及设备的行政行为，返还金平公司全部资产及设备，恢复原状，对不能返还的财产应当赔偿损失1 768 046.60元，赔偿因出售金平公司资产导致停产的直接经济损失463 268元。①

【范例三】

某县农民祝甲参加亲戚家的喜宴归来，受到同村患有间歇性精神病的祝乙的袭击。几天后，祝乙再见祝甲时又袭击祝甲，结果反遭闻讯赶来的祝甲之妻黄某和祝甲之父的痛打，并被捆绑囚禁。当晚，祝甲在其父的示意下，召集全村居民开会，商讨如何处理祝乙。会上，25户居民（全村只有3户没派代表参加会议）在祝甲的煽动和怂恿下，一致同意将祝乙处死，并在祝甲准备好的纸上签了名。祝甲还觉不妥，又在签名上面写了“同意征（惩）处祝乙之死”八个字。

当天深夜，祝甲、祝父和祝甲之妻一齐动手，不顾祝乙的呼喊和哀求，将其扔进村中一个积满了水的粪窖里。祝父唯恐祝乙不死，又找来一根棍子，按住已经从水中浮起来的祝乙，并用力向下捅，直至祝乙沉入水底，窒息死亡。②

【训练目的及要求】

结合范例和相关知识，通过训练，能够初步识别执法或司法过程中违反原则的行为，判断具体机关是否能够成为执法或司法的合格主体。

【训练方法】

参训学生分为两组，一组学生运用执法或司法原则评价违法行为，另一组学生判断具体机关是否能够成为执法或司法的合格主体。

【训练步骤】

步骤1：给出范例。

步骤2：分组。

步骤3：运用法的实现的相关知识对不合法的执法与司法行为作出判断。

步骤4：让两组学生进行互相评判。

步骤5：对两组的训练分别作出评判。

---

① http：//www. docin. com/p－75951394. html。

② http：//open. wztvu. com/media_file/2010_03_21/20100321093051. html。

项目十二　法律实现的方法

【知识结构图】

- 法律实现的方法
  - 法律事实与法律判断
    - 法律事实的概念
    - 法律事实的种类
    - 法律判断的概念
    - 法律判断的种类
  - 法律解释
    - 法律解释的主体
    - 明确法律解释的原则
    - 用科学的方法解释法律
  - 法律推理
    - 形式推理
    - 实质推理

【知识目标】

1. 掌握法律事实的种类及其特点
2. 了解法律判断的含义
3. 掌握有效法律解释的种类
4. 掌握法律推理的形式

【能力目标】

1. 能区分法律行为与法律事件
2. 能判断特定法律解释是否有效，在什么范围内有效
3. 能熟练把握逻辑推理方法，并运用于具体案件中

任务一　法律事实与法律判断

【导入案例】

李某华、张某丽系夫妻关系，老两口共育有子女三人，分别为李某军、李某红和李某强。李某华于2015年去世，张某丽于2000年去世，李某华的父母均先于李某华去世。

女儿李某红于2017年11月8日去世，王某芳系李某红与王某宁之女，李某红与王

某宁于2009年8月12日离婚。

李某华名下有一套房产，建筑面积58.96平方米，现由小儿子李某强居住使用。2016年3月16日，李某军、李某红与李某强签订了一份《房屋分配协议》，对于该套房屋的分割达成一致意见：“因李某强罹患白血病，无住房，无工作，子女幼小，父亲李某华遗嘱将1室分配如下：1、长子李某军拥有楼房20%产权；2、长女李某红拥有楼房20%产权；3、次子李某强拥有楼房60%产权；4、房屋未拆迁之前由李某强支配使用；5、拆迁后按约定比例分配继承遗产。”房屋一直没有拆迁。2020年，李某军、王某芳要求对李某华的该项遗产进行分割，并要求李某强支付房屋占有使用费。①

问题：本案中发生了多少个法律事实？其中哪几个属于法律行为？

【基本原理认知】

一、法律事实的概念

法律事实，即法律规定的、能够引起法律关系产生、变更和消灭的现象。法律事实与一般意义上的事实一样，是客观存在的，而并不是人们的一种心理现象或心理活动。但法律事实与一般意义上的事实又有着重要的区别：

（1）法律事实是一种具有法律意义的事实。如果事实没有对法律关系产生任何影响就不能称为法律事实。法律事实最主要的一个特征，就是它必须与法律规范逻辑结构中的假定条件相吻合。只有当这种假定条件在现实生活中出现，法律关系才能得以产生、变更和消灭。如结婚产生夫妻间权利和义务关系，结婚即为法律事实；死亡引起婚姻法律关系的消亡、继承法律关系的产生，死亡也是一种法律事实。

（2）法律事实是一种能用证据证明的事实。法律事实不仅是客观事实，它还应是能用证据证明的客观事实。许多事实也许是客观存在的，但由于时过境迁证据灭失，对没有证据证明的事实不能认定为法律事实（法律明确规定可以推定的除外）。

二、法律事实的种类

根据不同的标准可以对法律事实进行多种分类，其中最为重要的一种分类是依据事实是否以人的意志为转移，将法律事实分为法律事件与法律行为。

（一）法律事件

法律事件，指法律规范规定的，不以当事人的意志为转移、能够引起法律关系形成、变更或消灭的事实。事件包括社会事件，如社会革命、战争等；还包括自然事件，如自然灾害、生老病死，时间流逝（时效过期）等，它们对于特定的法律关系主体而言都是不以其意志为转移的。

（二）法律行为

法律行为，又可简称为行为，即与当事人意志有关，能够引起法律关系产生、变更或消灭的作为和不作为。它与事件的区别在于当事人的主观因素是引发此种事实的原因。如依法登记结婚行为导致婚姻关系的成立，履行合同的行为导致合同关系的消灭，抢劫行为导致刑事法律关系的成立等。

---

① http：//www.110.com/ziliao/article－922185.html。

除了上述分类之外，还可依据存在方式的不同将法律事实分为确认式法律事实和排除式法律事实，依据引起法律后果所需要的法律事实具有单数形式还是复数形式，可以将法律事实分为单一的法律事实和事实构成等。

三、法律判断的概念

法律判断是应用法律所产生的具有约束力的判断。在应用法律的不同阶段，法律人都需要对案件事实作出判断、对选择何种规范作出判断、对相应规范如何理解作出判断。法律判断经过一系列理解、推理的过程，最终表现为法院判决和裁定、公安机关和检察院的法律决定、行政决定、行政处罚决定、行政复议决定、仲裁裁决等。

法律判断形成的关键在于要解决事实与规范之间相适应的问题。法律事实发生后，要经过相应法律规范的调整才能够导致法律关系的产生、变更或消灭，也才能最终衍生出相应的法律后果。然而，法律事实是个别具体的，法律规范是一般抽象的，两者并非一一对应的关系。因此，寻找与事实相匹配的法律规范是法律得以正确应用的必要过程。这个过程包含解析法律规范、匹配事实与规范、依据规范与事实推导法律后果三个阶段，通过法律解释与法律推理来完成。

四、法律判断的种类

法律判断可以依据法律应用环节的不同分为法律解释与法律推理两种方式。

（一）法律解释

法律解释，是指法律人在法律应用过程中对法律含义作出的进一步说明。它解决的是对与事实相对应的法律规范如何理解作出判断的问题。对法律规范的正确理解是所有法制环节正常运转的前提。然而，由于法律语言具有简洁性的特点，也由于语言本身固有的表达缺陷，更由于不同人的理解能力、理解角度的差异，人们对于法律规范含义的理解可能会出现困难，也有可能会发生偏差。因此，法律人不可避免地要解释法律。但是，法律解释毕竟不是法律本身，更不可能凌驾于法律之上，如何在解释法律的同时做到不滥用解释的权力是法律人必须面对的问题。

（二）法律推理

法律推理，是指法律人在应用法律的过程中运用逻辑思维确认案件事实、寻找相应法律规范并作出相应处理的活动。它解决的是对案件事实作出判断、对选择何种规范作出判断、结合事实与规范推导出法律后果的问题。法律规范是一种高度概括、抽象、又相对稳定的行为标准，而人类行为是具体的、千变万化的，在表述上，两者基本上不可能达到完全吻合。因此，找到与事实本质上一致的法律规范，是法律应用活动的重中之重，是法律得以实施的必要阶段。

【拓展阅读】

相关概念解析

非形式逻辑的代表人物道格拉斯·沃尔顿认为：推论是一组命题，其中一个命题叫作结论，其他的命题叫作前提，推论就是指从前提到结论的思维过程；推理是一个链接在一起的推论序列，在这个推论链中，一个推论的结论充当下一个推论的前提；而论证则是一个推理序列，包含了一系列推理，且一个推理的结论充当着下一个推理的前提。

它们三者的共同之处是，推理、推论和论证都是由前提和结论两部分构成；而不同之处在于，推论之中只有一个结论，而推理与论证可以包含多个结论。我们可以把它们三者的关系描述为：一个论证可以包含有很多推理，而一个推理又可以包括许多推论；推论存在于推理之中，推理存在于论证中。当然，并不是所有推理都存在于论证之中，推理还有解释中的推理和论证中的推理之分。因此，我们在使用以上三个概念时，不能把它们混为一谈。此外，论证也不同于证明，论证包括证明（Justification）和反驳（Refutation）两种形式，因而，我们不能把法律证明与法律论证当作同一概念来使用。[①]

任务二　法律解释

【导入案例】

2013年4月27日中午11时30分许，白某去接女儿吕某放学回家，涉水路经水坝时，由于当天坝面上水流湍急，白某和吕某不慎溺水身亡。事发后，白某之夫吕某某认为某镇政府和某村委会未在坝面上设立警示牌，存在严重的不作为，起诉要求某镇政府、某水利局和某村委会赔偿615 586元。

某镇政府、某村委会的代理人出庭参加诉讼，明确提出如下代理意见：一是某镇政府、某村委会对白某和吕某的死亡不存在任何过错，无须承担赔偿责任；二是涉案的拦水坝并非法律规定意义上的公共场所，某镇政府和某村委会无须履行安全保障义务；三是原告吕某某与某村委会已达成救助协议，根据"一事不再理"原则，也应当驳回原告吕某某的诉讼请求。

一审法院经审理认为，第一，拦水坝系用于灌溉农田，不是作为通行使用，且拦水坝并非死者白某和吕某通往学校的必经之路。白某系具有完全民事行为能力人的公民，应当预知涉水过河可能产生的不利后果，却要翻越河堤携带未成年女儿吕某冒险涉水在拦河坝上行走，以致滑落溺水而亡，系行为人自身过错造成，三被告对本案的发生不存在任何过错；第二，本案用于灌溉农田的水坝不属于《中华人民共和国侵权责任法》（已失效）第37条和《最高人民法院关于审理人身损害赔偿案件适用法律若干问题的解释》（已修改）第六条所规定的情形，不属于公共场所，故不存在公共场所的管理人或者群众性活动的组织者有应尽安全保障义务的要求，即原告吕某某的诉请缺乏法律依据；第三，死者白某、吕某的死亡与三被告之间不存在因果关系。故判决驳回吕某某的诉请。

吕某某不服提出上诉，认为一审法院认定涉案水坝并非公共场所，认定被上诉人在主观上没有过错，不存在违法行为，都是严重错误的，至少应承担30%的赔偿责任。

二审法院经审理认为，水坝是拦截江河渠道水流以抬高水位或调节流量的挡水建筑物，用于防洪、供水、灌溉、水力发电、改善航运等，通行并不是水坝的功能。本案中，大坝在当地用于被用于拦截河流、农业灌溉，其目的是满足生产需求而非生活需求，所以并不属于供公众从事各种社会生活的场所，某镇政府、某村委会不属于公共场所的管理人或者群众性活动的组织者等安全保障义务人。故对上诉人的上诉请求

① http：//baike. baidu. com/view/635158. htm。

不予支持，遂作出驳回上诉、维持原判的判决。①

问题：1.《最高人民法院关于审理人身损害赔偿案件适用法律若干问题的解释》（已修改）是不是有效的法律解释？

2. 哪些机关可以作出有效的法律解释？

3. 扩大解释是不是有效的法律解释方法？

【基本原理认知】

法律解释是特定主体对法律内容和含义的一种说明。

理解法律是应用法律的前提和基础。但“一千个人眼中有一千个哈姆雷特”，不同的人在理解法律时可能存在理解能力与理解角度的差异。因此，对于法律含义的理解必须制定统一的标准。哪些人或组织可以制定理解标准？他们制定的理解标准对哪些人、哪些领域有法律效力？他们又将用什么样的方法来解析法律？这都是本专题将解答的问题。

一、法律解释的主体

法律解释的主体是享有法律解释权的人或组织。

（一）特定国家机关作出法定解释

并非所有的国家机关都有权对法律作出有效解释，只有宪法与法律授权的机关才可以有效地解释法律。由特定机关作出的法律解释具有法律效力，既可以作为法院审判的依据，也可以作为下级机关执法的依据。根据《宪法》《立法法》和全国人大常委会 1981 年颁布的《关于加强法律解释工作的决议》的规定，可以作出法律解释的机关包括特定的立法机关、行政机关与司法机关。相应地，法定国家机关作出的法律解释大致可以依照解释机关性质的不同分为立法解释、行政解释和司法解释。

1. 立法机关（或享有立法权的机关）作出立法解释

关于立法解释的定义，我国法律学术界有两种主要观点，一是认为立法解释专指国家立法机关对法律所作的解释；二是认为立法解释指依法有权制定法律法规的国家机关或其授权机关对自己所制定的法律法规所作的解释。前者是依据解释机关本身的性质来界定立法解释的，而后者则是根据解释机关与被解释的法律之间的关系来进行定义。

现阶段后者为主流观点，即除国家权力机关可以作出立法解释外，因法律规定或授权而享有立法权的非国家权力机关也可以对自己所立之法作出立法解释。

立法者可以通过立法解释解决法律法规规定模糊不清或模棱两可的问题，也可以通过在法律含义范围内作出新的法律解释，使法律能够在保持稳定性的同时被赋予新的时代意义。

2. 行政机关就执法问题作出行政解释

行政解释是指国家行政机关在行使行政权力时，对有关法律法规如何具体执行的问题所作出的解释。需要注意的是，行政解释的主体和解释对象都有特别的要求：国务院及其主管部门对不属于审判和检察工作中的其他法律如何具体运用的问题作出解释；省、自治区、直辖市人民政府主管部门解释地方性法规如何具体应用的问题（仅

① https://www.66law.cn/goodcase/29310.aspx。

在本辖区发生法律效力）。除上述国家机关外都不得作出行政解释，即能够作出行政解释的机关仅指国务院及其主管部门，以及省、自治区、直辖市人民政府主管部门。

3. *司法机关就法律适用问题作出司法解释*

司法解释，是指国家最高司法机关在使用法律法规的过程中，针对审判和检查工作中出现的如何具体应用法律法规的问题所作的解释。它包括最高人民法院作出的审判解释、最高人民检察院作出的检察解释和最高人民法院与最高人民检察院作出的联合解释。

我国已经形成了以立法解释为中心的分工配合制。在所有的有效法律解释当中，全国人大常委会对于宪法和法律理解的问题作出的立法解释具有最高的法律效力，其他法定机关对法律的解释都不得与全国人大常委会的解释相抵触。

（二）其他法律活动参与者作出非法定解释

每一个法律活动参与者，如法官、律师、学者，都需要理解法律，而且，不可否认的是，这些人对法律的解释往往具有较大的社会影响力。这是否意味着他们作出的解释具有法律效力呢？按照我国现行法律规定，他们并不是法定的法律解释权人，所作出的解释不具有法律效力，不能作为法官审判案件的依据。

我国法理学教科书一般都将法律解释定义为特定国家机关对法律作出的具有法律效力的解释，也有些教材将法定国家机关外的法律参与者作出的解释称为非正式解释或非法定解释，而将有法律效力的法律解释称为正式解释或法定解释。

二、明确法律解释的原则

法律解释是所有法律活动参与者理解法律、应用法律必须遵照的标准，其重要性不可小觑。法律解释应当服从法律，在这个基础上，法律解释也应当适当发展法律，进一步加强法律对社会的适应度。因此，法律解释难免会具有一些随意性。然而，随意性的程度有多大？法律解释应当在何种框架内活动？下面将要谈到的法律解释原则会深入探讨这一问题。

（一）合法性原则

法律解释是依附法律而存在的，它最大的意义在于解释法律，而不是创设法律。因此，法律解释的随意性再大，也不能超出法律本身的应有之义，应当符合法律的规定和基本法律精神。合法，是法律解释最基本的要求。

合法性原则具体包括以下几点：

（1）解释权限与程序合法。这要求法律解释的主体必须是法定的主体；法定主体只能解释法定权限内的法律法规，不得越权解释；法律解释必须依照法定程序进行。以上条件违背任何一条，法律解释无效。

（2）解释的内容不得违背基本法律精神和法律原则。法律解释应当具有一定的随意性，而非绝对的随意性，否则将不再是解释法律，而是创设法律。法律原则是法律概念与法律规则的出发点与本源，因此，解释法律概念与法律规则不得超出法律原则允许的范畴。

除此之外，由于法律法规不应违背基本的社会道德与风俗，所以这也是法律解释必须满足的条件。

（二）符合社会发展要求原则

法律解释应当顺应客观规律和社会发展趋势。法律的权威性与可预测性要求法律不能朝令夕改，但法律作为社会关系的重要调整手段，也不能完全僵化、与社会脱节，所以法律既要保持一定的稳定性，又要尽可能地跟上社会发展变化的速度。这似乎是矛盾的，但法律解释却能够在一定程度上平衡二者的关系，这也是法律解释存在的重要意义之一。法律解释应当在不违背法律基本精神的基础上，作出更符合社会新需求的理解，有些法律甚至在创制之初便为法律解释预留了这样的空间。如我国《刑法》规定了一批数额犯，以“数额较大”作为刑事犯罪的起刑点。“数额较大”一词的规定，就是为了给法律解释留出跟随社会发展进行变化的空间，这使得刑法具有了持久的生命力。

（三）法制统一原则

法制统一原则要求法律解释的形式、内容、精神实质和应用结果相同或相似。具体要求是：

（1）不同位阶的法律解释应当统一。即低位阶的法律解释不得与高位阶的法律解释相抵触，任何法律解释不得与全国人大常委会对于宪法和法律理解问题作出的立法解释相抵触。

（2）在解释的方法上要符合体系性要求。解释法律不能对某一个法律规则或法律概念孤立地进行理解，而是要将需解释的部分置于整个法律体系当中，整体理解与把握。这样才能保证各项法律解释之间的协调性与统一性。

三、用科学的方法解释法律

法律解释方法指释法者以何种方式、从何种角度理解法律。它包括文义解释、系统解释、历史解释和目的解释。

（一）文义解释

文义解释，是根据语法规则分析由文字所表达的法律概念或法律规则本身的含义，分析的唯一方法就是尊重文字应有之义，而不作任何扩大或限缩性调整。从解释的尺度来看，文义解释也可以称为字面解释。这种解释不对法律规定的历史背景、立法目的、立法精神作任何的猜测，完全遵循既存的文字表达，是最尊重法律本身的一种解释方法。然而，如果法律法规中确实存在法律语言表述不准确的情况，坚持使用字面解释就未免过于死板，无法真正体现立法之本意。

（二）系统解释

系统解释，是指在解释的过程当中分析法律条文之间关系，将需要解释的部分放到法律体系的整体当中理解，以免片面、孤立地理解该法律条文。这种解释方法的优势在于它能够较好地保证法律解释的统一性，尽量避免出现不同机关作出的法律解释之间相矛盾的情况。

（三）目的解释

目的解释是从设立法律的目的出发对法律所作的说明。整个法律或某一部法律之所以存在，必然有其存在的原因，其存在必然有需要达到的目的，这些目的有的由法律明文规定，更多的则藏于法律规定背后，有的是立法当时的目的，有的则随着社会发展由新时代所赋予的目的。从分析目的的角度出发理解法律，是法律解释的应有之义。

按照解释尺度的不同，目的解释可以分为扩充解释和限制解释。

(1) 扩充解释，又称扩大解释，指的是当法律概念或法律规则的字面含义过于狭窄，不足以表现立法目的时，对法律概念或规则所作的宽于其文字含义的解释。如《最高人民法院关于处理自首和立功若干具体问题的意见》，对《最高人民法院关于处理自首和立功具体应用法律若干问题的解释》第一条第（一）项对自首中关于“自动投案”的具体认定作出了扩充解释：犯罪嫌疑人具有以下情形之一的，也应当视为自动投案：①犯罪后主动报案，虽未表明自己是作案人，但没有逃离现场，在司法机关询问时交代自己罪行的；②明知他人报案而在现场等待，抓捕时无拒捕行为，供认犯罪事实的；③在司法机关未确定犯罪嫌疑人，尚在一般性排查询问时主动交代自己罪行的；④因特定违法行为被采取劳动教养、行政拘留、司法拘留、强制隔离戒毒等行政、司法强制措施期间，主动向执行机关交代尚未被掌握的犯罪行为的；⑤其他符合立法本意，应当视为自动投案的情形。

当然，扩充解释不是也不能任意扩大法律的内容，它始终要以立法目的和法律原则为基础，不能违背立法原意。如强奸罪保护的对象为妇女，即使实际生活中遭遇性侵犯的受害者为男性，对于“妇女”一词的解释也不能包含男性，不得用强奸罪对侵害人定罪处罚。

(2) 限缩解释，又称限制解释，它与扩充解释恰恰相反，指的是当法律概念或规则的字面含义较之立法目的明显过宽时，对法律概念或规则作出的窄于其文字含义的解释。如司法解释对于刑法故意伤害罪当中的“伤害”一词作出窄于词义的解释，将社会危害性小的轻微伤害排除在外。

（四）历史解释

历史解释，是指通过研究某法律在立法时的历史背景资料等档案材料来阐明该法的含义。考察中外法律解释实践，运用历史解释法一般要考虑三种情况：一是立法的一般历史背景；二是该项法律的制定过程；三是同一项法律的修改过程或发展史。

对于发掘立法目的而言，历史解释经常作为目的解释的一种补充，甚至在某些情况下难以区分这两种方法。人们在重新认识或寻找一项规范的目的时，不可避免地要对立法的历史文件、历史背景进行研究。当然，历史的含义不见得就是法律的真正目的，但历史解释的确可以作为发现立法目的的一种补充、辅助手段。

在法律实践中，历史解释与其他几种解释方法密不可分。总的来说，历史解释法与其他几种解释方法之间是一种交叉关系。也就是说，即使运用文义解释、系统解释可以获得法律的真实含义，却仍然不能排除历史解释的应用。历史解释可以作为一种独立的法律解释方法，但更重要的是，它能够起到辅助其他几种法律解释方法的作用。通过历史分析，我们既可以探求法律的文字含义，又可以发现立法目的，甚至可以发现立法时所侧重保护的社会价值。因此，历史解释法是一种十分有用的辅助型解释方法。

【拓展阅读】

1955 年 6 月全国人大常委会通过的《关于解释法律问题的决议》和 1981 年 6 月全国人大常委会通过的《关于加强法律解释工作的决议》曾经先后对我国的法律解释体制作出了规定。2000 年 3 月 15 日第九届全国人民代表大会第三次会议通过、2000 年 7 月 1 日起施行的《中华人民共和国立法法》对立法解释的内容、程序和效力作出了进一步的规定。《立法法》规定：

（1）法律有以下情况之一的，由全国人大常委会进行解释：①法律的规定需要进一步明确具体含义的；②法律制定后出现新的情况，需要明确适用法律依据的。

（2）国务院、中央军事委员会、最高人民法院、最高人民检察院和全国人民代表大会各专门委员会以及省、自治区、直辖市的人民代表大会常务委员会可以向全国人民代表大会常务委员会提出法律解释要求。

（3）常务委员会工作机构研究拟订法律解释草案，由委员长会议决定列入常务委员会会议议程。

（4）法律解释草案经常务委员会会议审议，由法律委员会根据常务委员会组成人员的审议意见进行审议、修改，提出法律解释草案表决稿。

（5）法律解释草案表决稿由常务委员会全体组成人员的过半数通过，由常务委员会发布公告予以公布。

（6）全国人民代表大会常务委员会的法律解释同法律具有同等效力。

任务三　法律推理

【导入案例】

被告人王某甲的女儿何某某与年仅9岁的被害人刘某某系某小学三年级的同桌同学。2019年5月9日，王某甲得知女儿被刘某某“欺负”后在班级群发消息质问，刘某某之父刘某联系王某甲未果，又联系王某甲之妻何某进行沟通、道歉，班主任汪某某从何某处得知王某甲脾气暴躁，应何某要求转告刘某夫妇先不要和王某甲见面，并答应给刘某某调换座位。10日早上，王某甲送何某某上学时在校门口未看到刘某某家长，在得知多方都在积极解决此事时仍不满意，执意将女儿送回家中，并购买刀具，冲进教室，持刀连续捅刺刘某某的要害部位，又将刘某某拎出教室摔在走廊上，致刘某某大量失血死亡。后公安人员将在学校等待的王某甲抓获归案。

人民法院经审理认为，被告人王某甲女儿与同学发生摩擦矛盾后，学校老师及对方家长已经在积极沟通、协调解决，但被告人不能理性、平和处理，竟购买刀具闯入学校课堂公然行凶，砍杀毫无反抗能力的弱小幼童，致被害人当场死亡，犯罪手段特别残忍，社会影响极其恶劣，社会危害极大，虽有自首情节，但不足以从轻处罚。人民法院依法对被告人王某甲以故意杀人罪判处并核准执行死刑。

本案系因家长不能正确处理未成年子女在校期间与同学间的摩擦矛盾，而持凶器闯入校园课堂，公然杀害弱小幼童的恶性案件。人民法院对严重侵害未成年人犯罪案件始终坚持零容忍态度，坚决依法从严从重惩处，对犯罪性质、情节极其恶劣，后果极其严重的，坚决判处死刑，绝不姑息。[①]

问题：1. 你对本案的判决有什么看法？

2. 法院的审判用了哪一种推理方式？

① http：//www. court. gov. cn/zixun－xiangqing－288721. html。

【基本原理认知】

法律推理，是指法律人在应用法律的过程中运用逻辑思维确认案件事实、寻找相应法律规范并作出相应处理的活动。它是逻辑思维方式在法律领域中的运用。法律推理存在于整个法律应用的过程当中。

根据推理形式的不同，法律推理可以分为形式推理与实质推理。

一、形式推理

形式推理就是在法院可以获得某条规则或原则作为审判依据的前提下，运用形式逻辑进行推理。它包括演绎推理、归纳推理和类比推理。

（一）演绎推理

演绎推理是由一般法律规定到具体判断结果的推理，经常发生在成文法国家的司法审判过程中。所谓演绎推理也就是有名的三段论：大前提结合小前提推导出结论。大前提即一般性的法律规定，小前提是案件事实，结论则是判断结果。例如，我国《刑法》规定故意杀人应处死刑、无期徒刑或十年以上有期徒刑，案件事实是张三故意杀人，则结论是张三应当在死刑、无期徒刑或十年以上有期徒刑范围内处刑。

演绎推理是所有推理形式当中最严谨的一种，只要大前提无误，小前提调查清楚，结论出错的概率很低。但是，要保证演绎推理无误，还需要注意大前提的适用范围，如上例中，张三故意杀人后，是否能够适用故意杀人罪条款，还要结合刑事责任年龄予以认定。

三段论的正确性，在极大程度上依赖于大前提的正确性。一个三段论中大前提的正确性可以通过一系列的三段论（演绎推理）来证明，这就是内部证成与外部证成理论。所谓内部证成是一个演绎推理过程，外部证成则是为证明这一演绎推理中大前提的正确性而存在的一系列锁链式的演绎推理过程。三段论的正确性，也离不开小前提的正确性。小前提的正确性是对法律实施者提出的要求，在结论作出前依照法定程序将案件事实调查清楚是杜绝错误的重要保障。

（二）归纳推理

归纳推理是由特殊知识到一般知识的推理，通过整理、概括经验事实，提炼出这些事实的规律来完成。在不成文法国家的审判过程中，以及在成文法国家没有法律规则作为审判依据而有审判先例时，在法律允许的前提下，法官可以从以往的先例当中提取可用的法律规则或原则，再比照本案事实与先例事实的相似性，最终决定是否适用。这个从以往先例中提取可用法律规则或原则的过程就是归纳推理的过程。英美法系国家判例法的适用主要采用归纳推理方式。

除了在审判阶段外，其他法律实施阶段也会用到归纳推理方法。如质量监督部门对于食品质量的监察，往往采用同批次产品抽样调查的方法，如果所有抽样产品质量都合格，就会因此得出该批次产品质量合格的结论。这种推论方式的严谨性比之演绎推理远远不及，但是在某些无法采用演绎推理方法的情况下，不失为一种很实用的解决问题方式。

（三）类比推理

类比推理是一种从个别到个别的推理方式。在法律适用过程中，往往是指当一个案件的审判缺乏法律规则等审判依据时，比照相类似的法律规则或原则进行审判的推理形式。这种推理是以两项事物的实质相似性为基础的，即法律条文本身不包含案件情况，但是其赖以存在的基本原则却可以包含，法律规定的适用情况与案件事实情况不完全相符，却有较高的相似性。

这种推理方法与我国刑法中的罪刑法定原则相抵触，因此，刑法领域并不适用类比推理，我国1997年《刑法》就取消了有关类推的规定。

二、实质推理

形式推理的应用，通常发生在已存在较完整的法律体系、且法律规则内容相对确定的情况下，因此法官的自由裁量权是十分有限的，它无法解决法律规则之间、法律原则之间、法律规则与法律原则之间出现冲突的问题。实质推理正是为了解决这些形式推理无法解决的难题而存在的。

实质推理又称辩证推理，它指的是当作为推理的前提为两个以上相互矛盾的命题时，选择其一的法律推理方式。进行这种推理完全依靠法律适用者的个人判断，自由裁量的范围较大。实质推理一般发生于以下几种情况中：

（1）法律并无明文规定，但基于“法官必须审案”原则，法官必须对案件作出处理。原被告双方或一方中多个主体各执一词，都有一定道理但无法律支撑，此时法官必须运用实质推理得出结论，作出判决。

（2）法律虽有明文规定，但规定过于模糊，在具体案件中很难判定，需要法官加以判断。如《民法典》规定：基于重大误解实施的民事法律行为，行为人有权请求人民法院或者仲裁机构予以撤销。但误解达到何种程度才算是“重大”往往很难界定，就需要法官根据实际情况进行实质推理。

（3）存在两种以上相互矛盾的法律规定，当效力等级不足以解决这一问题时，法官就必须作出裁量。

（4）法律虽有明文规定，但新出现的社会情况导致适用法律明显不合理时，也需用到实质推理。例如，张三之子是地痞恶霸，欺男霸女、鱼肉乡里，张三为民除害，将其子杀害，依《刑法》规定应处较重刑罚，但法官在审判过程中依该案的社会情况进行实质推理，依照程序规定在法定刑以下量刑，作出合乎法理的判决。

上述四种情况在法制统一的社会应当尽量减少，但法律的滞后性决定了法律不可能是毫无漏洞的。因此，实质推理必然会长期存在。由于运用实质推理的法官具有较大的自由裁量权，这对法律制度的科学性与法官职业素质都提出了较高的要求。

【思考与练习】

一、问答题

1. 法律事件与法律行为的本质区别是什么？
2. 法律判断指的是什么？
3. 法律解释的原则有哪些？
4. 在我国，哪些机关可以作出正式解释？
5. 法律事件与法律行为的本质区别是什么？
6. 形式推理具体包括哪几种方式？
7. 实质推理可以在何种情况下运用？

二、选择题

1. 法律事实分为（　　）。

A. 法律后果　　B. 法律动机　　C. 法律责任

D. 法律事件　　E. 法律行为

2. 下列各项中，属于法律事实中事件性质的是（　　）。

A. 发行股票　　B. 签订合同　　C. 发生地震　　D. 承兑汇票

3. 在我国的法律解释中，正式解释包括（　　）。

A. 行政解释　　B. 目的解释　　C. 立法解释　　D. 检察解释

E. 审判解释

4. 2002 年 4 月 28 日，第九届全国人民代表大会常务委员会第 27 次会议对《刑法》第二百九十四条第一款规定的“黑社会性质的组织”的含义作了解释，该解释为（　　）。

A. 法定解释　　B. 文义解释　　C. 司法解释　　D. 目的解释

5. 某城市规章规定：“禁止马车进入二环以内的路面。”对此，有人从法学的角度看，解释为：骡车、驴车就可以进入二环内的路面。对于这一解释下列叙述，正确的是(　　)。

A. 本解释符合文义解释的要求，所以是合理的

B. 本解释不符合目的解释的要求，所以是不合理的

C. 本规定应作扩大解释：“凡是和马相近的动物拉动的车都不准进入二环内的路面”

D. 在进行法律解释时，有时候单纯地运用一种解释是不能符合法律解释的要求的，所以要综合运用多种解释方法

6. 杨某是某省高速公路建设指挥部的处长，为某承包商承建的某段高速公路立交桥绿化工程结算问题向该工程的建设指挥部打招呼，使该承包商顺利地拿到了工程款，然后收受了该承包商的 10 万元人民币。一审法院依据上述事实认为杨某的行为触犯了《刑法》第三百八十五条的规定，构成受贿罪，判处杨某有期徒刑 10 年。杨某不服，提出上诉。二审法院经审理认为杨某的上述行为不构成受贿罪，撤销一审判决，宣告杨某无罪。理由是，该工程的建设指挥部是一个独立的单位，其人、财、物均归该省所管辖的某市的人民政府管理，因此，该省高速公路建设指挥部与该工程建设指挥部之间不存在直接的领导关系。另外，该承包商的工程结算款不属于不正当利益，杨某的行为不具备“为请托人谋取不正当利益”的受贿罪要件。

关于法院在法律适用中所运用的法律推理，下列说法，不正确的是（　　）。

A. 一审法院运用的是一种辩证推理

B. 二审法院运用的是一种类比推理

C. 一审法院运用的是一种演绎推理

D. 二审法院运用的是一种辩证推理

7. 法律推理的方法包括演绎推理、归纳推理和辩证推理。下列情况中使用辩证推理的有（　　）。

A. 法律规定本身意义模糊

B. 出现法律空隙或漏洞

C. 同一位阶的法律规定之间存在抵触

D. 某些法律规定明显落后于社会的发展

【扩展阅读文献】

1. 黎四奇：《司法权对立法权的侵蚀——从最高人民法院的司法解释说起》，http：//www. fsou. com/html/text/art/3355827/335582724_6. html。

2. 刘峥：《论司法体制改革与司法解释体制重构——关于我国司法解释规范化的思考》，《法律适用》2000 年第 1 期。

3. ［英］尼尔·麦考密克著，姜峰译：《法律推理与法律理论》，法律出版社 2005 年版。

4. ［英］沙龙·汉森著，李桂林译：《法律方法与法律推理》，武汉大学出版社 2010 年版。

学习情境：法律解释与法律推理的应用

【范例】

【范例一】

1994 年 9 月，原告杨某依法取得福建省某县县城规划区界定范围内的城南小区建设用地许可证，有效期一年（1994 年 9 月至 1995 年 9 月）。1995 年至 1996 年，原告未申请建设工程规划许可证，即按照用地许可划定的红线建设完成第一、二、三层建筑物主体工程，后停止施工。1999 年 10 月至 2000 年 3 月间续建完成第四、五、六层建筑物的主体工程，未装修。2000 年 3 月间，被告某县建设局发现原告未申请建设工程规划许可证，擅自在规划区界定的城南小区建设第六层建筑物，经勘察并委托评估，面积为 99 平方米，整体造价 29 700 元。同年 4 月 2 日，被告向原告送达城建监察通知书，责令其停止建设，并于 5 月 15 日组织听证会，听取原告的陈述、申辩。6 月 27 日，被告作出行政处罚决定，认定原告杨某未取得建设工程规划许可证，擅自于 2000 年 2 月、3 月间，建设第六层建筑物的行为，违反了《中华人民共和国城市规划法》（下称《城市规划法》）第三十二条、《福建省实施〈中华人民共和国城市规划法〉办法》（下称《实施办法》）的规定，决定处罚原告杨某：责令限期（十日内）改正（出具保证书）；并处罚款 1 485 元。

原告杨某不服被告所作行政处罚，于 2000 年 7 月 4 日，向县政府申请复议。9 月 25 日，县政府作出行政复议决定，维持行政处罚决定。杨某遂向人民法院提起行政诉讼，要求撤销行政处罚决定。

一审法院经审理认为，原告杨某未申请批准建设工程规划许可证，擅自于 1999 年 10 月至 2000 年 3 月间，在县城规划区界定范围内的城南小区建设第四、五、六层建筑物的行为，其行为本身影响县城城建规划的行政管理。违反《城市规划法》第三十二条、《实施办法》第四十一、第四十四条的事实清楚，证据确凿，足以认定。被告县建设局根据《城市规划法》第四十条、《实施办法》第五十九条的规定，对其中的第六层建筑处以 5% 法定幅度内的罚款 1 485 元，适用法律、法规正确，量罚适当、公正，行政执法程序合法。遂判决维持被告所作行政处罚决定。

宣判后，原告杨某不服，提起上诉。

二审法院认为，根据《城市规划法》第四十条之规定，在城市规划区内，未取得建设工程规划许可证件进行建设，影响城市规划，尚可采取改正措施的，由县级以上地方人民政府城市规划主管部门责令限期改正，并处罚款。由此可见，适用本条规定的上述罚则，必须同时具备"未取得建设工程规划许可证件"的违反建设工程规划许可制度的行为条件，以及"影响城市规划，尚可采取改正措施"的具体的行为后果条件。本案被上诉人县建设局虽然提供了充分的证据证明上诉人杨某的建设行为，没有取得建设工程规划许可证，但无法提供证明杨某的建筑行为影响城市规划，以及如何影响城市规划的相关证据。为此，被上诉人适用于《城市规划法》第四十条以及《实施办法》第五十九条的规定，对上诉人杨某作出限期改正，并处罚款1 485元的处罚，属适用法律错误，该处罚决定依法应予撤销，原判予以维持是错误的。遂依法判决，撤销一审行政判决；撤销县建设局行政处罚决定。

一审认为，原告杨某未申请批准建设工程规划许可证，擅自……其行为本身影响某县县城城建规划的行政管理，……被告县建设局根据《城市规划法》第四十条，……适用法律、法规正确。也就是说，一审认定，原告杨某未申请批准建设工程规划许可证进行建设的行为，是符合《城市规划法》第四十条"影响城市规划"的内容的。而二审则认为：适用《城市规划法》第四十条，必须同时具备"未取得建设工程规划许可证"和"进行建设"的行为条件，以及"影响城市规划，尚可采取改正措施"的行为后果条件。显然，一、二审均对《城市规划法》第四十条适用于本案作出了说明解释，也正是这种不同的裁判解释，导致一、二审最终裁决结果的不同。他们的解释能否成为今后审判的依据？①

【范例二】

2004年8月12日，韩某与徐某约定，韩某购买徐某公猪一头（重约300千克），价款2 500元。韩某当场交给徐某定金100元。同月17日，韩某表示不想买公猪了，经徐某以公猪品种好等理由劝说，韩某又同意购买，但称没带钱也没雇车，等日后再来买。徐某主动提出帮韩某找车（费用仍由韩某负担），买猪款以后再付，并找来一辆农用三轮车（槽帮高约70厘米）。韩某见该车槽帮较矮，怕猪逃跑，不同意用该车拉猪。徐某表示帮韩某把猪捆好，保证猪跑不了，韩某同意。徐某将猪赶到车上，绑好一侧猪腿后，再绑另一侧时，被猪从车上拱下来，导致右肘神经断裂，并造成经济损失2万余元。徐某起诉要求被告韩某赔偿医疗费、误工费等损失共计2万余元。

被告韩某以伤害发生时公猪还是由原告控制，所有权并未转移为由，不同意承担赔偿责任。并且认为原告系因疏忽大意被猪拱伤，应责任自负。

本案争议的焦点有二：第一，本案能否适用动物致人损害的特殊归责原则；第二，谁是损害发生时公猪的所有人。本案在处理过程中，产生了以下几种分歧意见：

第一种意见认为，依照《民法通则》（已废止）第一百二十七条第一款之规定，"饲养的动物造成他人损害的，动物饲养人或者管理人应当承担民事责任"，徐某是被公猪侵害导致损害后果的发生，完全符合该条款之规定，应当依照动物致害的特殊归责原则，由动物的所有人承担责任。徐某、韩某已经就买卖公猪达成协议，并且在损

① http：//hi. baidu. com/shanghailawyer/blog/item/1549564eb93fa8c2d1c86a08. html。

害发生时，徐某已经将猪赶到车上，双方已经完成公猪的交付，韩某取得公猪的所有权。因此，韩某作为公猪的所有人，应当对徐某的损失承担赔偿责任。

第二种意见认为，本案应适用动物致害的特殊归责原则，但双方并未完成交付，徐某应责任自负。所有权是否转移应以是否完成交付为标准，而是否完成交付应以标的物的实际控制为标准。本案在损害发生时，徐某正在捆猪，即进行交付行为，公猪仍由徐某而非韩某实际控制，因此公猪的交付未完成，所有权尚未转移。徐某被自己所有的公猪拱伤，只能自负责任。

第三种意见认为，本案应当适用动物致害的特殊归责原则，公猪在装上车时即完成交付，韩某取得所有权，韩某应承担责任。然而，徐某作为完全民事行为能力人，应当认识到仅靠一己之力去捆绑重约300 千克的公猪存在很大危险，但因其急于卖猪而不顾危险，最终导致损害发生。依照《民法通则》（已废止）第一百三十一条之规定，“受害人对于损害的发生也有过错的，可以减轻侵害人的民事责任”，徐某本身存在重大过错，应当减轻韩某的责任。

第四种意见认为，本案中徐某虽系被公猪拱伤，但损害是因其捆猪遭到公猪本能反抗导致，故不能按照动物致人伤害处理。为顺利完成交易，徐某主动提出帮助韩某捆猪，属于买卖合同中的附随义务，徐某在履行己方合同义务中受到伤害，应当责任自负。同时，徐某捆猪的目的在于避免公猪在运送过程中逃跑，韩某为该行为受益人。因此，依照《最高人民法院关于贯彻执行〈中华人民共和国民法通则〉若干问题的意见》（已失效）第一百五十七条，韩某应当给予适当的补偿。[①]

【训练目的及要求】

结合范例和相关知识，通过训练，能够判断法律解释具体运用了哪种解释方法，该解释是否合法有效。初步判断处理案件应当选用形式推理还是实质推理，且能够用该方法解决案件。

【训练方法】

参训学生分为两组，第一组学生辨析法律解释的合法有效性，第二组学生判断案件应使用的推理方式，且用于解决案件。

【训练步骤】

步骤 1：给出范例。

步骤 2：分组。

步骤 3：运用法律实现方法的知识判定合法有效的法律解释与应当使用的法律推理方法。

步骤 4：让两组学生互相进行评判。

步骤 5：对两组的训练分别作出评判。

---

① http：//www. falvm. com. cn/falvm/app/book/f_ extractchapter. jsp？ TID =20080512150531968822640。

项目十三　法律监督的实现

【知识结构图】

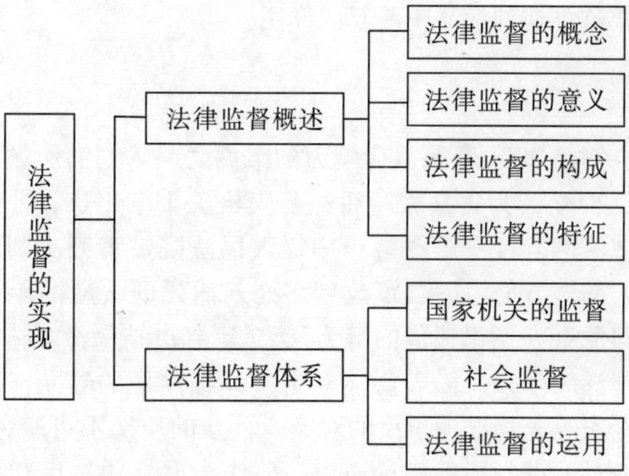

【知识目标】

1. 掌握法律监督的功能
2. 掌握我国的法律监督体系

【能力目标】

能够运用法律监督的功能、我国法律监督体系的基本架构等知识分析法律监督的具体实施和作用

任务一　法律监督概述

【导入案例】

刘涌，辽宁省沈阳市人，原系沈阳嘉阳企业集团有限责任公司董事长。铁岭市中级人民法院于2002年4月17日判决刘涌犯故意伤害罪，组织、领导黑社会性质组织罪等，判处其死刑，剥夺政治权利终身，并处罚金人民币1 500万元。判决宣告后，刘涌不服，提出上诉。辽宁省高级人民法院于2003年8月11日作出（2002）辽刑一终字第一百五十二号刑事附带民事判决，撤销原一审判决中对刘涌故意伤害罪的量刑部分及对附带民事诉讼原告人扈艳的民事赔偿部分。认定刘涌犯故意伤害罪、组织、领导黑社会性质组织罪等，判处死刑，缓期二年执行，剥夺政治权利终身，并处罚金人民币1 500万元。该判决发生法律效力后，最高人民法院于2003年10月8日作出（2003）刑监字第一百五十五号再审决定，以原二审判决不当为由，依照审判监督程序提审该案。2003年12月20日，最高人民法院作出了（2003）刑提字第五号刑事判决

书，撤销了辽宁省高院刑事附带民事判决中对再审被告人刘涌故意伤害罪的量刑及决定执行的刑罚部分；认定刘涌犯故意伤害罪，判处死刑，剥夺政治权利终身；维持原二审对刘涌以组织、领导黑社会性质组织罪，判处有期徒刑十年；故意毁坏财物罪，判处有期徒刑五年；非法经营罪，判处有期徒刑五年，并处罚金人民币1 500万元；行贿罪，判处有期徒刑五年；妨害公务罪，判处有期徒刑三年；非法持有枪支罪，判处有期徒刑三年。对刘涌上列被判处的刑罚实行并罚，决定执行死刑，剥夺政治权利终身，并处罚金人民币1 500万元。迄后刘涌被执行死刑。

问题：谈谈法律监督在刘涌案中所起的作用。

【基本原理认知】

沈阳刘涌黑社会案是2004年最具影响力的案件之一。刘涌所领导的黑社会组织在沈阳盘踞多年，欺压群众，为害甚大。后经公安机关重拳出击，才被捣毁，其组织内部各大、小头目悉数落网。辽宁省铁岭市中级人民法院一审判决刘涌死刑，当事人不服上诉后，经辩护人的多方努力，二审改判，处刘涌死刑缓期两年执行，原因据说是侦查起诉中“不能排除存在刑讯逼供的行为”。二审判决结果经媒体公布后，很快就在全国范围内引起了广泛的争议。随着媒体对更多详细内幕的曝光，包括全国一批最顶尖的刑法和刑诉法专家等人物成为争议的对象。公众的质疑不可避免有非理性的成分，但如此强烈和持续地对二审判决的舆论声讨，使作为最高司法审判机关的最高人民法院有所触动，并最终促成它启动了审判监督程序，组建了一个五人的“豪华”法庭，对二审判决进行重新审理。经过从程序到实体、从事实到法律的详细审查，最高法院认为二审判决确实存在量刑不当的情况，遂作出裁判，改判刘涌死刑，并于判决之日押赴刑场，以注射药物的方式执行了死刑。

刘涌案是法院审判监督的一个典型案例。最高法院最终的判决应该说是顺应了民意，在一定程度上结束了关于该案的猜测和非议。但是本案引发的学理思考则可以继续探讨：如何规范有时候并不负责任的专家法律意见，他们对司法独立与公正的利弊何在？死刑复核的权力部分下放高级法院是否合适，尤其在今天禁止死刑的呼声日益高涨之时？司法审判如何应对舆论，如何处理与民意的关系？对司法本身应该如何进行监督，以保障司法的公正？这些问题，值得引起法学理论和法律实践的共同关注与思考。

我国法律是广大人民意志和利益的体现，而支撑法律运行的是强大的权力。但政治权力的具体运作又必须通过授权具体的个人代理的形式。法律监督的实质就在于保证广大人民的意志和利益能够得到正确的反映和真正的实现。同时，法律监督是法制系统不可缺少的重要环节，如果不进行有效的法律监督，就不可能实行法制，更不可能实现法治。因此，法律监督具有十分重要的功能，加强法律监督具有十分重要的意义。

一、法律监督的概念

在汉语中，“监督”一词原意是指为了对派出作战的将军进行监察、督促而设的官职，目的是保证命令的严格执行，减少失误。根据《后汉书》记载：“古之遣将，上设监督之重，下建副二之任，所以尊严国命而鲜过者也。”在我国古代，监督之职责就在于监察与督促军令的执行。后来，监督一词的用意越来越广泛，已不仅仅局限于军事方面。如《辞源》就将“监督”一词释为“监察、督促”，但其基本含义还是指从旁察看，进行检查并督促。在现代社会里，监督一词被广泛运用，如舆论监督、市场监督、质量监督、行政监督、物价监督等。法律监督是法律运行的重要组成部分，同时，又是法律运行的自我保障机制。

法律监督在我国法学界有广义和狭义两种含义。广义上的法律监督指所有国家机关、社会组织和公民对各种法律活动的合法性所进行的监察和督导，它由国家机关的监督和社会力量的监督有机结合形成统一的法律监督体系。狭义上的法律监督指有关的国家机关依照法定权限和程序，对立法、司法和执法活动的合法性所进行的监察和督导，是国家机关的一种职能职权活动。

二、法律监督的意义

（一）法律监督是依法治国，建设社会主义法治国家的有力保证

法律监督是法治建设的重要内容，与立法、守法、司法等活动相伴而生。法律监督在整个法律活动中具有重要的意义和作用，它贯穿于法的创制、法的实施和法的实现等法律活动的各阶段中。法律监督在法律调整的整个过程中都起着保证依法办事的作用。如果说法治在法律调整机制中是把法律规范、法律关系和实现权利与义务的活动等法的现象聚合起来的重要手段，那么，法律监督则是使法治在法律调整各个阶段得到有力保证的重要措施和良好机制。一个国家如果没有严格、有力的法律监督，也就没有真正的法治。

（1）法律监督在法律的创制阶段，起着维护国家法治统一、协调的作用。在立法上保证法律的内外和谐一致，这是保证国家法律的统一性的基础。立法是法治运动的开端，规范是执法和守法的依据。每一个国家的各种规范性法律文件都是由不同的国家机关创制的。这些由不同国家机关制定的规范性法律文件具有不同的法律地位和效力。如何实现这些不同等级、不同种类的法律规范与宪法的统一和协调，以及它们之间的相互统一协调，是不能仅靠立法本身来解决的，还必须有专门的机制来维护国家法律的统一与协调，如赋予全国人大及其常务委员会专门的职权，监督宪法的实施，以保证宪法作为根本大法的权威，使宪法在整个规范性法律文件体系中居于最高地位，其他任何法律、行政法规和地方性法规都不得与宪法相抵触。

（2）法律监督保证法律准确、有效地实施，使各种法律关系的建立、各种法律问题的处理，都符合法律规范的要求。特别是对国家机关及其工作人员适用法律的活动，法律监督具有特殊的作用。通过法律监督，可以保证运用国家权力的活动在法律规定的范围内进行，使国家机关及其工作人员针对具体人、具体情况作出的个别性调整从属于规范性调整，使适用法律的文件符合规范性法律文件；还可以保证国家机关及其工作人员适用法律活动的合法性，及时排除各种复杂因素对法律实现的干扰和阻挠，保证做到有法必依、执法必严、违法必究。

（3）法律监督保证各法律关系主体的权利和义务能够得到实现。通过法律监督，可以使某些在正常情况和形式下遇到阻碍而未能实现的法律关系得以实现。同时，通过法律监督，可以检验和评价法律实施的社会效果。法律通过、实施便会产生一定的社会效果，法律效果是法治内部系统和外部系统在社会环境中综合运行的结果，是立

法者的理想目标与社会现实相结合的产物。法律监督能够及时地验证法律是否符合客观实际，各项法律规范是否得当以及是否能在一定的时空内达到预期目标。这样，就便于针对法律现实中的不足之处，针对效果和目标之间的偏差大小和性质，采取补救措施，或者及时纠正，使之符合或更接近理想目标；或者找出失误的原因，以防止重蹈覆辙，使法律能在预定的轨道内对社会关系进行最佳调整。

（4）法律监督有利于实现法律信息的反馈。反馈，作为一种控制方法，其特点是根据过去的运动状况来调整未来的行为。法律信息反馈，不论对于制定法律还是实施法律，都是极为重要的。从法律制定上说，立法机关可以根据反馈来的信息，决定下一步的行动。法律监督在法治运行的过程中，能够及时发现需要由立法部门作出反馈调整的环节，把法律监督中反馈来的信息，进行去伪存真、去粗取精的处理，及时地输送回立法机关，对于科学地制定或修改法律，准确地实现有法可依，进一步健全和完善法治，有重要的意义。

（二）法律监督是社会主义民主政治的保障和重要组成部分

社会主义民主政治，从国家制度上说主要是指代议制民主，即由公民选举自己的代表和政府领导人来代表自己的利益，并使他们按自己的意志来行使国家权力。真正的民主制度，需要具备两个方面的条件：一方面需要具备完备的、能真正实现民主的选举制度；另一方面还必须使通过民意选举出来的人在行使权力的时候能够真正按照民意办事，并不得滥用人民赋予的权力和侵犯公民的合法权益。要实现后一方面，就需要监督制度。世界各国政治制度发展的历史表明，监督制度与现代民主制度的完善和发展休戚相关，在民主制度中，它的地位越来越重要。因为在代议制下，不可能每一个公民都直接参加国家每项事务的管理，多数事务只能靠选举产生的代表去管理，监督则保证少数管理者始终按照大多数不能直接参加管理的人的意志行事，从而保证社会的民主性质。法律监督被用于国家政治权力领域，是为了保证国家权力在其担负的职责的正常范围内和轨道上运行。一个国家对政治权力运用过程实行监督的完善程度，在形式上表现为该国的发展状况，在内容上表现为该国的民主程度。因此，法律监督制度建立的依据应该是政治民主化的要求，其意义在于保证社会政治生活的民主化。

（三）法律监督是建立和完善社会主义市场经济的需要

在社会主义市场经济体制下，国家在经济方面的职能主要是对市场活动进行宏观调控，由市场来引导企业，而不是由国家直接管理和经营企业；国家通过制定法律，规定经济主体的行为模式，经济主体依照法律自主地从事各种于私于公两利的活动。法律监督可以一方面维护各经济主体最大程度地发挥自己的经济活力，另一方面监察、督促他们根据法律的指引合理、合法、有效地从事各种经济活动，维护社会利益，促进社会主义市场经济的健康发展。

三、法律监督的构成

法律监督反映的是一种法律上的社会关系。任何一种监督关系都是由特定要素构成的。法律监督的构成要素一般包括三个方面，即法律监督的主体、法律监督的客体、法律监督的内容。通俗地说，法律监督的三个要素就是指由谁来监督、监督谁、监督什么。这三个要素缺一不可，缺少任何一个要素都不能构成法律监督的完整概念。

（一）法律监督的主体

法律监督的主体主要分为国家机关、社会组织和人民群众三大类。

（1）国家机关。作为法律监督主体的国家机关一般指国家权力机关、行政机关和司法机关。这三种国家机关在不同国家的法律监督体系中的地位和作用不完全相同。国家机关的法律监督权限和范围由宪法和法律加以规定，并且严格按照法定程序进行监督。国家机关的监督在法律监督体系中居于核心地位。其监督是具有法律效力的监督。

（2）社会组织。一般是指政党、政治团体和群众组织等。这种监督与国家机关的法律监督不同，它不具有法律上的效力，不是以国家名义所进行的监督，但它在整个法律监督体系中具有重要的作用，具有广泛的代表性和基础性。特别是执政党的监督在各种形式的法律监督中具有特别重要的地位，起着关键的作用。

（3）人民群众。人民群众作为法律监督的主体，在不同社会制度国家中的地位和作用有很大的不同。在社会主义国家，人民群众是最广泛的监督主体。

（二）法律监督的客体

法律监督的客体，是指在法律监督活动中被监督的行为人的各种法律活动。对于法律监督的客体，目前有两种不同的观点：一种观点认为，法律监督的客体包括从事各种法律活动的国家机关、社会组织和公民，它既包括各种国家机关如国家权力机关、行政机关、审判机关、检察机关等，又包括对社会组织、公民个人实施法律的活动以及违法犯罪所进行的监督；另一种观点认为，法律监督的客体是立法、司法和执法机关及其公职人员进行的公务活动，通过法律监督，促使被监督的国家机关及其工作人员，严格依法办事，正确行使权力。

上述两种观点虽有不同，但都认为法律监督的重点应是国家机关及其工作人员的各种公务活动。之所以认为法律监督的重点应是国家机关及其工作人员的各种公务活动，是因为国家的各种活动主要是依靠各种国家机关，如权力机关、执法机关、司法机关及其工作人员来具体实现的，它们的活动代表国家，并都具有国家强制性和法律效力。实践表明，维护法律的统一和尊严，是国家机关及其工作人员的法律职责。国家机关及其工作人员，尤其是国家领导机关和领导干部的行为，是维护法律统一和尊严的关键。因此，理所当然，他们应是法律监督的重点对象。

（三）法律监督的内容

总的说来，凡是法律监督对象行为的合法性，都是法律监督的内容，都包括在法律监督的范围之内。目前，法学界对法律监督的内容的范围有不同的见解。一种观点认为，法律监督的内容是对有权力的国家机关及其工作人员在立法、司法和执法活动方面进行督察。具体说来，对国家机关法律监督的内容主要包括两个方面：一是对其制定的规范性文件的合法性予以监督；二是对司法和执法的合法性予以监督。另一种观点认为，法律监督的内容，既包括对国家行政机关和司法机关的执法、司法活动的合法性进行监督，又包括对社会组织和公民活动的合法性进行监督。也可以说，前者是狭义的理解，后者是广义的理解。

四、法律监督的特征

（一）法律监督具有法定性和权威性

任何一种法律保障制度，任何一项法律监督活动，都必须有法律上的依据。在法律监督中，法律监督权是极其重要的法律权力。它的分配、运行、操作应该在法律的统一规范和引导之下进行，也就是说，它必须具有法定性。这种法定性，不仅包括行使监督权的条件合法，还包括监督方式、监督手段等监督程序以及监督主体资格的合法。虽然在现代民主国家，内部监督权的主体范围十分广泛，这并不意味着任何组织和个人可以不分条件地成为一切监督活动的主体。我国《宪法》和法律规定：一切国家机关、社会组织、武装力量、政党，都必须遵守宪法和法律，都必须以宪法为根本的活动准则。这一原则，对于法律监督无疑也是适用的。法律监督的法定性决定了法律监督的权威性。

（二）法律监督具有系统性和对应性

按照现代法治的基本要求，一切权力行为都必须处于严密而系统的监督之下，不存在任何一项不受监督或不受充分监督的权力。在一个国家，只要存在任何一项不受监督或不受充分监督的权力和权利，那么这种制度就不完整，就不能发挥出应有的作用。同时，法律监督的系统性还要求权力的大小与接受监督的程度成正比，权力越大，其监督程度越高。另外，法律监督的对象和内容还应该与法定的各种权力和权利形成一一对应关系，法律每创设一种权力或权利形态，就应该同时产生出它的监督权形态，也就是说法律监督的系统性必然演绎和派生出法律监督的对应性。

（三）法律监督具有预防性和救济性

法律监督的目的就在于预防和消除被监督者出现不合法行为，从而保障法律运行的合法性。因而，它往往在违法越轨行为发生之前就已经在起作用了。与此同时，对于已经发生的不合法现象，通过行使法律监督权便可以起到纠正失误，恢复被侵害的法律秩序的作用。比如，审判监督制度就具有纠正审判工作失误，恢复合法权利的作用。

【拓展阅读】

列宁十分强调人民群众对国家机关和国家工作人员的监督，他指出：“立刻转到使所有的人都来执行监督和监察的职能，使所有的人都变成‘官僚’，因而使所有的人都不能成为‘官僚’。”①

彭真同志在六届人大三次会议预备会议上指出：“我们人人受监督，人人参加监督，……怎样进行监督，党有党纪，政有政纪，国有国法。违反党纪的，归党的组织管，由党的纪律机关去处理。违反政纪的，归政府管，由政府的监督机关去处理。违法犯罪的，归司法机关管。”②

有时，人们提到对适用法律的监督，也即对司法权力的监督。这主要缘于司法过程有时的确存在着腐败现象。这里需要注意的是，监督的确是应该的，但是，其更应

---

① 《列宁选集》第3卷，人民出版社2012年版，第226页。

② 彭真讲话，《中国法制日报》1985年3月29日。

该是就内部相互关系而言的监督，而非就外部相互关系而言的监督。换言之，对司法权力的监督，应该是司法内部的机构之间、人员之间的相互监督。至于司法机构以及人员之外的机构以及人员，比如立法机构或立法人员，又如一般社会群体或一般社会个人，不应该监督司法权力的使用。否则，司法中立就有可能形同虚设，失去意义。

这里涉及两个法学原理。第一，前面提到的权力分立的原理。通常来说，司法机构是适用法律的机构，立法机构制定了法律规范，便为司法机构提供了司法依据；第二，司法专业知识的原理。适用法律的过程，严格来说是知识化的、专业化的、职业化的。从这一角度来看，所谓的社会监督，所谓的一般社会群体和一般社会个人的监督，是不能成立的。这里存在着内行外行的区分，以及外行能否“知道”内行对错的问题。知识、专业、职业性的判断，只能依赖知识、专业、职业的内部判断。①

任务二　法律监督体系

【导入案例】

2005年3月22日，兰州大学生命科学学院生态学专家张正春在圆明园游玩时，发现湖底正在铺设塑料膜，凭借职业敏感，他立刻意识到这是一次彻底的、毁灭性的生态灾难和文物破坏，决定阻止这一恶劣行为。

3月28日，《人民日报》第五版发表文章披露此事。此后，许多媒体纷纷跟进报道，事情逐渐升级为“圆明园环保事件”。

3月29日，国家文物局表态，防渗漏工程没有合法性；3月31日，北京市环保局表示，防渗漏工程未通过环保审批；4月1日，国家环保总局下达停工令，防渗漏工程正式被叫停。

其间，清华大学建筑学与城市规划专家吴良镛院士，自然之友会长、全国政协委员梁从诚先生、中国生态学会理事长王如松先生等均表态，认为该工程是一大灾难，应该叫停。

4月2日，在上海市律师协会和同济大学中德学院、德国艾伯特基金会联合举办“中德法治国家对话——中德公益诉讼法律制度比较研究”研讨会上，多位学者、律师和政府官员就此问题发表看法，认为我国应尽快确立环境保护公益诉讼制度。

4月6日，国家环保总局副局长潘岳向新闻界通报，国家环保总局将举行听证会，就目前社会广泛关注的北京圆明园遗址公园湖底防渗工程项目的环境影响问题，听取专家、社会团体、公众和有关部门的意见。这是自《中华人民共和国环境影响评价法》实施以来，国家环保总局首次举行公众听证会。

潘岳指出，圆明园湖底防渗等环境综合整治工程，未依法向环境保护行政主管部门报告环境影响评价文件即擅自开工建设，属于典型的未批先建违法工程，必须立即停建，并依法编制环境影响报告书报国家环保总局审批。

4月13日，环保总局举行了圆明园环境整治工程环境影响听证会，圆明园管理处、知名专家学者、各界群众120余人参加了听证会。听证会上，湖底防渗膜是否拆除虽

① 刘星：《法理学导论》，法律出版社2005年版。

无定论，但圆明园管理处已作出承诺，将尽快补交环评报告。环保总局副局长潘岳表示，等圆明园环境整治工程的环评报告书报上来后，环保总局一定抓紧时间进行审查，依照法律迅速作出行政处理决定，并向社会公布。

问题：结合上述材料，讨论分析如何认识我国现行法律监督体系？

【基本原理认知】

法律监督体系，是指由国家机关、社会组织和公民依法对各种法律活动进行监督所构成的多层次的系统或网络。从法律监督主体的角度来划分，我国的法律监督体系可分为法律的国家监督、法律的社会监督两大系统。国家监督就其监督主体而言，又可分为权力机关的法律监督、行政机关的法律监督和司法机关的法律监督。法律的社会监督是社会力量对法的制定和实施活动的合法性所进行的监督，具体包括政党监督、社会团体的监督、新闻舆论的监督以及人民群众的直接监督等。

导入案例中，体现了人民群众的监督（张正春、吴良镛、梁从诚、王如松等多位学者以及律师和政府官员等）、新闻舆论的监督（《人民日报》和许多媒体）和行政机关的监督（国家环保总局）。

一、国家机关的监督

国家机关的监督是一种法定监督，是指国家机关以国家名义进行的，由国家强制力保证实施的，具有法律效力的监督。国家机关监督在整个法律监督体系中占有特殊的地位，具有权威性和特殊的作用。国家机关作为法律监督的主体，一般指国家的权力机关、行政机关和司法机关对法律活动的监督。包括各级人民代表大会及其常务委员会、各级人民政府及其所属的行政主管部门、各级军事机关、审判机关和检察机关等。国家机关的法律监督的权限、监督范围、程序和效力由宪法和法律、法规作出明确规定。这种监督构成我国法律监督体系的核心。

（一）国家权力机关的监督

1. 国家权力机关的监督主体与监督客体

国家权力机关的监督，是指各级人民代表大会及其常务委员会为全面保证法律的有效实施，通过法定程序，对由它产生的国家机关实施法律的监督。这种监督的主体是各级人民代表大会及其常务委员会，其中，全国人民代表大会及其常务委员会在整个法律监督体系中居于主导地位。国家权力机关监督的客体，是由国家权力机关及其常设机关产生并向它们负责的国家机关及其组成人员；有关国家权力机关及其组成人员；国家武装力量、各政党、各社会团体、各企事业组织和公民个人。

2. 国家权力机关监督的内容和方式

法律上的监督和工作监督。法律上的监督，是指全国人大以及地方人大及其常委会对法律实施的监督；工作监督主要是指对政府、检察机关和审判机关工作的监督。它的方式主要是：听取和审议这些机关的工作报告，向有关机关提出质询案，对重大问题组织调查委员会进行调查处理等，即对“一府两院”的工作监督。

以监督客体为基本标准，以监督内容的性质为辅助标准，可以大体上将国家权力机关法律监督的内容分为五种：

（1）立法监督，是指由国家权力机关对立法行为和立法活动及其结果的合法性所进行的监督。立法监督通常是由有较高立法权的机关对较低一级有立法权的机关制定的规范性法律文件是否违反法律、法规，规范性法律文件之间是否相互矛盾或者不协调进行审查，并作出裁决和处理。立法监督的目的是消除法律、法规之间的抵触和不协调现象，维护国家法制的统一。

（2）行政监督，是指对各级政府的行政行为的合法性进行监督，包括各种具体行政行为以及其他制定行政法规以外的抽象行政行为的监督。

（3）司法监督，是指由国家权力机关对各级司法机关适用法律的活动进行的监督。

（4）人事监督，即对有关国家公职人员任职资格的监督，这种监督的重点是公职人员的腐败行为。

（5）宪法监督，是指监督各种法律、法规和其他规范性法律文件的合宪性，社会组织和公民个人的行为的合宪性，并解决宪法规定的国家机关权限之间的争执。

（二）国家行政机关的监督

行政监督是监督主体对国家行政机关及其公职人员行使行政权力的活动实施监察和督促。一般有广义和狭义之分。广义的行政监督，指的是行政机关系统内的自循环监督或者行政机关与非行政机关的交互监督，以及行政机关对公民和法人的专业性行政监督。狭义上的行政监督，仅指行政机关的内循环监督。包括上级行政机关对下级行政机关执行公务的监督和专门的行政监察机关对行政机关及其公职人员的监督。这是因为，行政机关除制定法规、下达命令、通过决议、颁布指示外，还必须保证政令的统一贯彻执行。要实现这一目标，其自身就需要有监督机关和监督职能。

行政监察是通过专门的行政监察机构的活动来实现的一种特殊的行政监督。行政监察机构本身是行政机构中的一个职能部门。行政监察部门通过专门的行政监督活动，保证其他行政机关的依法行政。行政监察是在单一的组织系统内，运用国家权力，实行自上而下的、事后的、被动的检查、视察。监察者与被监察者之间具有隶属关系，行政监察的主体是单一的，方式比较固定、划一。行政监察对国家行政系统的监督，具有全面性和综合性。在整个行政监督中具有最高的法律地位。行政监察主要是通过把法律适用于具体事件、通过奖惩的方式实现监督，具有准司法性。

行政监察权是由国家的宪法和法律确定的，是一种国家权力。我国的行政监察机关主要具有检查权、调查权、建议权和一定的行政处分或行政处罚权。此外，还具有监视权、控告受理权、咨询权、行政公诉权和调解权等。

（三）国家司法机关的监督

1. 检察机关的监督

检察机关的监督是一种专门监督，即对有关国家机关执法、司法活动的合法性以及国家工作人员利用职务的犯罪和其他犯罪行为所进行的监督。我国宪法和法律明文规定：人民检察院是国家法律监督机关，其主要职能就是法律监督。它通过行使检察权，对适用法律的行为进行监督。检察机关对法律适用活动的监督是最广泛的监督形式之一，主要包括：

在刑事诉讼中，检察机关对审判活动的监督表现为，出庭的检察人员如果发现审判活动有违法情况，有权向法庭提出纠正意见；检察机关认为法院的裁判有错误时，可以向上级人民法院提出抗诉，而上级人民检察院对下级人民法院已经发生法律效力的判决，如发现确有错误，有权按照审判监督程序提出抗诉；可以派员到死刑执行现场临场监督，还可以对其他任何刑事判决裁定的执行实行监督。如发现有违法情况，有权通知执行机关纠正。

在民事诉讼中，检察机关有权对民事审判活动实行法律监督，有权对下级人民法院已经生效的裁判按照审判监督程序予以抗诉，各级人民检察院对本级人民法院的裁判可以提请上级检察院提出抗诉。

在行政诉讼中，检察机关有权对行政诉讼实行法律监督，有权依审判监督程序提出抗诉。

2. 审判机关的监督

审判机关的监督也叫人民法院的监督。人民法院的监督分为三种：

（1）人民法院系统内的监督。表现为上级人民法院对下级人民法院依审判监督程序进行监督和人民法院院长对本院审判活动的监督。加强审判监督，是纠正裁判不公、确保司法公正的重要措施。

（2）人民法院对检察机关的监督。人民法院对检察机关的监督是在办理刑事案件的过程中，通过行使审判职权来实现的。人民法院对人民检察院的监督是在分工负责、互相配合、互相制约的框架内进行的，因而监督主体与监督客体之间形成双向的监督关系。

（3）人民法院对行政机关的监督。人民法院对行政机关的监督是通过依法审理与行政机关及其工作人员有关的刑事案件、行政案件、经济案件等，以判决、裁定的形式处理行政机关及其工作人员的违法行为和犯罪行为来实现的。旨在维护和监督行政机关依法行政，保护人民的合法权利。我国普通审判机关通过审判程序对行政机关的执法行为有监督权。

（四）监察委员会的监督

中华人民共和国各级监察委员会是国家的监察机关。各级监察委员会是行使国家监察职能的专责机关，是依照宪法和监察法对所有行使公权力的公职人员进行监察，调查职务违法和职务犯罪，开展廉政建设和反腐败工作，维护宪法和法律的尊严。

监察委员会依照监察法和有关法律规定履行监督、调查、处置职责：

（1）对公职人员开展廉政教育，对其依法履职、秉公用权、廉洁从政从业以及道德操守情况进行监督检查。

（2）对涉嫌贪污贿赂、滥用职权、玩忽职守、权力寻租、利益输送、徇私舞弊以及浪费国家资财等职务违法和职务犯罪进行调查。

（3）对违法的公职人员依法作出政务处分决定；对履行职责不力、失职失责的领导人员进行问责；对涉嫌职务犯罪的，将调查结果移送人民检察院依法审查、提起公诉；向监察对象所在单位提出监察建议。

监察机关有权对下列公职人员和有关人员进行监察：①中国共产党机关、人民代表大会及其常务委员会机关、人民政府、监察委员会、人民法院、人民检察院、中国人民政治协商会议各级委员会机关、民主党派机关和工商业联合会机关的公务员，以及参照《中华人民共和国公务员法》管理的人员；②法律、法规授权或者受国家机关依法委托管理公共事务的组织中从事公务的人员；③国有企业管理人员；④公办的教育、科研、文化、医疗卫生、体育等单位中从事管理的人员；⑤基层群众性自治组织中从事管理的人员；⑥其他依法履行公职的人员。

二、社会监督

社会监督即非国家机关的监督，是指由各政党、各社会组织和人民群众依照宪法和有关法律，对各种法律活动的合法性所进行的监督。其目的在于保证法律实施的合法性。其特点是不直接运用国家权力，不必遵照一定的法律程序和形式。社会监督是国家法律监督的基础。

（一）中国共产党的监督

中国共产党的监督，是我国一种具有关键性的法律监督形式。中国共产党的监督的重要作用可以从以下几个方面说明：

（1）中国共产党作为全国的领导核心，运用对人民群众的领导机制，领导与动员人民群众和各种社会组织去依法对所有监督客体，特别是执政的党组织和党员干部，进行广泛的监督。

（2）按照“党要管党”的原则，运用党内民主监督与制约机制，加强对从政的党员特别是领导干部的严格监督。通过扩大党内民主，保障党员权利，以充分发挥全体党员与党组织在党内的监督作用。建立、健全有关党内监督的规章制度，充分发挥党内监督机制的功能。

（3）为了充分发挥党的监督作用，需要在制度上解决这两个问题：其一，通过政治体制改革，避免权力过分集中；其二，党应依据法律实施监督。

（二）社会组织的监督

社会组织一般包括各参政党、各政治团体、社会团体、群众组织、企业事业单位。社会组织的监督与国家机关的法律监督不同，它不具有法律上的直接效力，不是以国家名义所进行的监督，不具有国家强制性。但是，社会组织的监督也是整个法律监督体系中的重要力量，具有广泛的代表性和权威性。社会组织的监督可以通过法定渠道传输到国家的法律监督中去，再通过国家机关的法律监督来产生直接的法律效力和法律强制力。主要包括民主党派、人民政协和社会团体的监督。

（1）我国的各民主党派是各自所联系的一部分社会主义的劳动者和一部分拥护社会主义的爱国者的政治联盟，是接受中国共产党领导的，同中国共产党通力合作，共同致力于社会主义事业的亲密友党，是参政党。他们通过多种形式、多种途径积极地开展法律监督的工作，是法律监督的一支重要的社会力量。

（2）中国人民政治协商会议是中国人民爱国统一战线的组织，是中国共产党领导的多党合作和政治协商的重要机构，是我国政治生活中发扬社会主义民主的重要形式。政协委员以视察、调查研究等方式进行的法律监督，在实践中发挥了积极、有效的作用。现在应当总结经验，完善政党立法，实现政治协商、民主监督的法律化、制度化。

（3）社会团体的法律监督，主要是指由工会、青年团体、妇女联合会以及城市居民委员会、农村村民委员会、消费者保护协会等社会组织所进行的法律监督。这类监督作为一种集体监督，可以在某些特定的领域发挥重要的监督作用。

（三）人民群众的监督

人民群众的监督，是指由人民群众直接进行的法律监督。这种监督的主体是公民个人；客体是所有国家机关及其工作人员、政党、社会团体、社会组织、大众传媒。群众可以通过行使民主权利，显示自己的力量，表达自己的意志和愿望，督促国家机关依法办事。群众监督具有广泛的群众性，是法律监督中的重要的、普遍的力量。群众监督作为一种社会监督，不具有法律效力，但它也可以通过法定渠道，传输到国家机关的法律监督中去，并通过后者产生法律效力。国家机关和社会组织设立的人民来访接待站、信访组、监督电话等，也是人民群众行使监督权的形式。

（四）新闻舆论的监督

新闻舆论的法律监督，是由新闻媒介进行的法律监督。它既是宪法规定的公民享有言论、出版自由在法律监督领域的具体应用，也是人民群众的监督在新闻、出版领域中的体现。新闻舆论监督因其反应速度快、传播范围广泛而具有相当大的道义影响和震撼力。同时，新闻舆论监督可以在法律监督方面起到防微杜渐、防患于未然的作用，因而舆论监督在法律监督体系中具有特别重要的意义，应得到充分的法律保护。

三、法律监督的运用

法律监督的合法性：法律监督以保证行为的合法性为主要目的，即便是合理性监督也必须建立在合法性的基础上。法律监督本身作为保证合法性的活动，其自身也必须具有合法性。因此要求具有完备的监督立法，使法律监督的职权范围、运作程序乃至形式、手段得以规范化、制度化，并在这种立法中，预设保证监督活动严格依法进行的控制机制；严格依照监督立法进行监督，对超越法定权限、疏于履行法定职责、违背法定程序的行为，严格依法追究责任。

法律监督的程序性：法律监督应该具有监督的程序性指向和监督的程序化运作。监督的程序性指向，强调法律监督不仅仅指向活动内容的合法性，还指向活动程序的合法性。监督的程序化运作强调法律监督的活动过程本身应该具有民主、开放、合理、操作性强的程序设计，并且有严密的机制保证法律监督严格依照程序进行。严格按照程序操作，是法律监督能够切实有效进行并且达到预期目的的关键。

法律监督的民主性：法律监督应该具有民主的价值指向和民主的操作机制。民主的价值指向要求法律监督应该以保证人民当家作主、实现民主政治为其价值指向。防范和制约权力的滥用和腐败、保障权利不受侵犯应该成为法律监督的制度设计和程序设计的基本精神。民主的操作机制要求以民主作为价值指向的法律监督，其具体的操作过程和操作方式也应该是民主的。这就要求法律监督具有人民性、多元性、开放性和平等性。

人民性要求法律监督应该是以人民作为根本主体的监督，人民的监督权利不仅仅是广泛的，而且应该是真实和有保障的。多元性要求监督主体利益的多元化和地位的相对独立；监督的内容和范围的广泛性和普遍性；监督形式、手段的多样化、实质化和效能化。开放性要求法律监督以政治体制的开放作为前提以及监督机制自身的开放性。平等性要求所有的监督主体拥有平等的地位和权利以及所有的社会关系主体都平等地、毫无例外地处在监督之下。

法律监督的系统性：法律监督在体系、功能、结构上具有统一性、协调性和整体性。法律监督应该是一个目标统一、功能协调、结构完整的有机体系。这个体系的各个环节和机制既相对独立又彼此衔接、相互补充和配合，作为一个有机统一体协调运作。

【拓展阅读】

在美国宪政体制中，最高法院最重要的责任是裁决涉及宪法解释问题的案件，判定某项法律或政府行动是否违宪。这一被称为司法审查的权力使最高法院能够否决联邦或州的法律，如果这些法律在最高法院看来是与宪法相冲突的话。在过去的 200 年里，最高法院一共判定大约 140 项国会立法违宪。通过运用这一强大的司法审查，最高法院在美国政治制度中发挥了至关重要的作用，成为民众与政府之间、各级政府之间以及政府各部门之间争议的仲裁者和国家许多最重要问题的终极权威。

不过，在司法审查权这一问题上联邦法院的权力仍然受到间接的约束，美国宪法中的制衡原则依然有效。联邦政府的其他两部门可以从两个方面来监督联邦法院：第一，总统对联邦法官的任命权，再加上参议院的确认权；第二，像对其他联邦官员一样，国会可以对联邦法官行使弹劾权与罢免权。

对联邦法院司法审查权的另一种制衡来自其内部。首先是美国最高法院对下级联邦法院的判决进行审查的权力，因为从理论上说，任何一级联邦法院都可以行使司法审查权。其次是法官们对司法权力的自我约束。著名的开明派大法官布兰代斯（Louis D. Brandeis，1916—1939 年任职）有句名言："我们要做的最重要的事情是无所作为。"另外，最高法院虽然是美国三个政府部门中唯一一个非民选的机构，但其断案原则却是少数服从多数的民主原则。很显然，由多人组成（1869 年后固定在 9 人）的最高法院本身就存在着不同司法观念和党派立场之间的制约与平衡。

最后还需要指出的是，社会舆论的无形制约，来自学术界和法律界对法官判决的经常性尖锐批评，以及大众媒体的普遍报道，也多多少少限制了法官权力的运用。

今天，最高法院的大法官们更多地把最高法院的作用看作是"边境巡警"或"体育比赛的巡边员"。他们紧盯着行政权和立法权之间、联邦政府和州政府之间、各级政府和个人之间的边界，力求不偏不倚，追求公正无私，以保证美国宪法确定的制约和平衡的构架能够按宪法制定者所希望的那样正常运作。①

【思考与练习】

一、问答题

1. 谈谈法律监督的概念。
2. 法律监督的内容是什么？
3. 法律监督的客体是什么？
4. 法律监督的主体有哪些？
5. 法律监督的特征是什么？
6. 谈谈国家权力机关的监督客体。
7. 全国人大常委会监督的对象是什么？
8. 社会监督的主要形式有哪些？

二、选择题

1. 狭义的法律监督主体是（　　）。

A. 特定国家机关　　B. 社会组织

① 任东来等：《美国宪政历程：影响美国的 25 个司法大案》，中国法制出版社 2005 年版。

C. 中国共产党　　D. 全体公民

2. 司法机关的监督具体包括（　　）。

A. 审判机关的监督　　B. 司法行政机关的监督

C. 行政机关的监督　　D. 检察机关的监督

3. 我国法律监督中的国家监督可分为（　　）。

A. 国家权力机关的监督　　B. 国家行政机关的监督

C. 国家司法机关的监督　　D. 中国共产党的监督

4. 在我国，拥有法律监督权力的主体有（　　）。

A. 国家权力机关　　B. 政治和社会组织

C. 行政机关　　D. 司法机关

E. 公民

5. 根据监督的主体的地位和相互关系来划分，法律监督可分为（　　）。

A. 国家监督、社会监督　　B. 内部监督、外部监督

C. 纵向监督、横向监督　　D. 国家性监督、非国家性监督

6. 对任何机关作出的同宪法和法律相违背的法规、规章、决议和决定，有权予以撤销的机关是（　　）。

A. 中共中央　　B. 全国人大常委会

C. 国家行政机关　　D. 最高司法机关

E. 最高检察机关

7. 根据所监督的对象不同，检察机关的监督可以分为（　　）。

A. 对国家工作人员的监督　　B. 侦查监督

C. 审判监督　　D. 社会组织和公民行为的合法性的监督

E. 监所监督

【扩展阅读文献】

1. ［美］塞缪尔·亨廷顿著，李盛平、李玉生译：《变革社会中的政治秩序》，华夏出版社 1988 年版。

2. ［美］科恩著，聂崇信、朱秀贤译：《论民主》，商务印书馆 2005 年版。

学习情境：法律监督的应用

【范例】

【范例一】

李文民（化名）系原四川省简阳市真空泵厂社队农机人员，因长期从事拖拉机驾驶工作导致耳聋，不能再胜任该工作，经研究同意其离厂。该厂根据省主管部门的有关文件规定，于1996 年 12 月 30 日上午计算给李文民一次性生活补助费 8 237.70 元。因当时该厂无现金兑现，又将此款转为筹资款，并出具了李文民交来筹资款的收据。当日下午，该厂由集体所有制转为民营股份制企业（更名为四川省华西通用机器公司

真空泵厂)，李文民的筹资款票据随资产、财务一并移交。接收人胡某以仅有票据未入账、系原厂长乘转制之机急办的为由不予认可。之后，李文民多次凭据要求给付筹资款本息未果，于1998年上诉至法院。一审法院经审理认为：该纠纷属李文民与用工单位之间的劳资纠纷，不属人民法院直接受理范围。据此，于1998年12月9日裁定：驳回李文民的起诉；本案诉讼费用550元，由原告李文民承担。

1998年12月28日，李文民向简阳市人民检察院申诉。该院立案审查后，认为李文民的申诉理由成立，于次年4月底提请上级检察院抗诉。资阳市人民检察院于1999年5月向资阳市中级人民法院提出抗诉。资阳市中级人民法院审查后裁定，指令原审法院另组合议庭对本案再审。

2000年7月，原审法院经审理后裁定：检察院抗诉理由不成立，驳回李文民的起诉。2000年9月，四川省检察院向四川省高级人民法院提出抗诉。省高级人民法院裁定指令资阳市中级人民法院再审。2002年6月，资阳市中级人民法院裁定：撤销原审法院对本案的一审裁定，指令原审法院对本案进行审理。

2003年2月，原审法院立案决定再审，并于6月依法另行组成合议庭开庭审理本案，于7月作出如下判决：撤销1998年对本案作出的一审裁定；四川省华西通用机器公司真空泵厂在本判决生效之日起一个月内，向李文民偿还筹资款及利息；本案诉讼费550元由被告承担。

法院对此案作出公正判决，不仅使李文民看到了希望，也给检察院对此案的法律监督工作画上了一个句号。从诉讼监督的角度说，检察院的工作到此为止，圆满结束了。

但是，由于各种原因，李文民赢了官司却拿不到钱。简阳市检察院领导和民行科十分重视，多方反映情况并与有关单位协调，但仍然没有任何结果。

究竟该怎么办？检察院一直对此案放不下心。一方面，高度的责任感和正义感使他们很想帮助李文民落实胜诉判决，实现债权，追回血汗钱；另一方面，他们也感到力不从心。依照法律规定，检察院无权再对民事判决的执行情况进行监督或介入。

2003年年底，检察院想到了舆论监督。为了解决新闻报道对时效性的要求，宣传人员出了一个点子：携带慰问品去看望李文民。这不仅使“旧”事显出了新意，而且从细微处体现了检察院对人民的感情和对公正的追求，与一些人的麻木不仁形成了鲜明对比。

2004年12月29日，简阳市检察院的领导和民行科干警携带慰问金、大米、食油等来到李文民家，使家徒四壁、一筹莫展的李文民重新看到了希望。

在看望李文民后，检察宣传人员立即发出了通讯报道。1月上旬，《法制日报》《中国劳动保障报》《四川法制报》《四川工人日报》《华西都市报》《民主与法制时报》等媒体分别以《当事人赢了官司未拿到一分钱，检察官雪中送炭解囊相助》《讨工钱为何这么难》《为8 000元血汗钱，检察官奋力“抗”争》《两抗两胜8 000元仍拿不到手?!》《八千“耳聋”费，5年官司难讨回》《八千元官司打5年的背后》为题作了密集性报道，几乎每篇文章结尾都用上了这样一句话：“但令人痛心的是，李文民至今没有拿到这笔他应该得到的合法收入。”不少报道还从法与情相结合的角度加了尖锐的编后语。除了传统媒体的大量报道外，很多知名网站也纷纷披露，使此事迅速传遍了全国。

短时间内的密集报道，形成了强大的舆论监督力量，触动了各级领导和法院的神经，从而迅速转化为执行判决的强大压力和动力。在此背景下，法院加大了工作力度，只用很短的时间就执行完毕。2004 年 1 月 14 日，李文民终于收到了本息及应该返还的诉讼费 13 000 余元。

【范例二】

2008 年 12 月 18 日上午，农民工麻广红来到铜山县检察院举报中心，送来一面锦旗，上书“公正执法为民解忧，刚正不阿履行监督”，他眼含热泪，感激之情溢于言表。

据办案检察官介绍，麻广红，30 岁，从西安来徐州打工，在某建筑工地开塔吊维持生计，家庭生活非常困难。不久雇主无故将其辞退，所欠工资和劳动合同违约金也拒不给付。在多次讨要未果的情况下，2008 年 10 月 16 日早上 6 时许，麻广红一气之下爬上塔吊，以自杀相要挟迫使雇主给付所欠工资和违约金5 000 元。在爬上塔吊僵持期间，甲方以敲诈勒索为由向公安机关报警，民警随即赶到现场。麻广红在接到甲方付清的工资和5 000 元违约金后，即被民警带回派出所审查。公安机关以涉嫌敲诈勒索罪对麻广红刑事立案，当日将其刑事拘留，并强制将5 000 元劳动合同违约金退还给雇主。2008 年 10 月 23 日麻广红因证据不足被释放，同时撤案。后麻广红多次到有关部门上访都被一推了之。在万般无奈的情况下，他于2008 年 11 月 24 日来到铜山县检察院，向检察官诉说自己受到的不公正遭遇，请检察机关帮助讨个公道。控申接待人员对麻广红的遭遇给予了极大同情和关注，将情况向检察长汇报后，成立专门调查组对此案进行调查处理。

为了查清本案事实真相，办案人员先后调取了公安卷宗，询问了相关当事人，仔细研究了雇主与麻广红签订的劳动合同。认为麻广红与施工队之间属于劳动合同纠纷，麻广红采取极端方式逼要工资欠妥，但公安机关以涉嫌敲诈勒索罪对麻广红刑事立案也明显不当，后虽自行撤案，但由于草率立案对当事人的刑事拘留以及强制退还劳动合同违约金的行为，给麻广红造成了不应有的精神损害和财产损失。因此，可以认定公安机关存在一定执法过错，应当予以纠正。通过沟通交涉，雇主同意将违约金如数退还麻广红。2008 年 12 月 9 日，当麻广红从检察官手中接到失而复得的违约金后，激动地流下热泪，表示不再就此事上访。

【训练目的及要求】

结合范例和相关知识，通过训练，能够初步掌握法律监督的具体运用。

【训练方法】

参训学生分为两组，分别对案件法律监督的作用发表看法。

【训练步骤】

步骤 1：给出范例。

步骤 2：分组。

步骤 3：运用法律监督的相关知识对案件发表看法。

项目十四　法律关系的认定

【知识结构图】

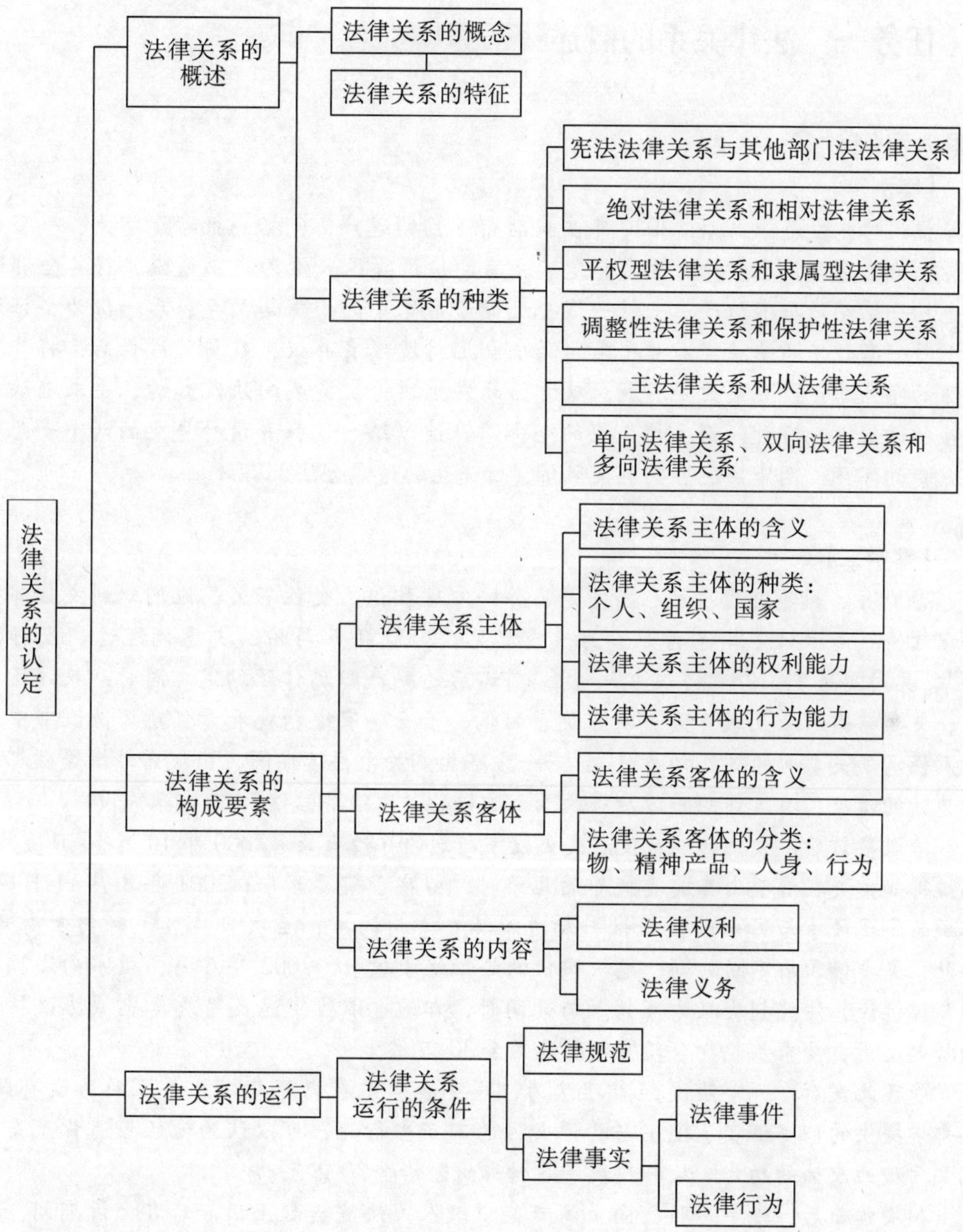

【知识目标】

1. 掌握法律关系的概念、特征及各种分类和标准

2. 掌握法律关系的构成要素及运行条件

【能力目标】

1. 能够辨别判断不同种类的法律关系
2. 能够分析判断法律关系主体的种类及权利能力和行为能力
3. 能够判断各种法律关系的客体及类别
4. 能够判断引起各种法律关系的法律事实

任务一 法律关系的概述

【导入案例】

【案例一】

杭州叶先生是裱画师，2020 年去世后留下巨额遗产，包括一批珍贵字画、一套住房等，价值达百万元。叶先生生前先后立有两份遗嘱：一份为自书遗嘱，将其全部财产包括一切动产与不动产，一针一线全部赠予原家中的小保姆吴某；后一份为公证遗嘱，将一套住房赠给吴某。叶先生的两个女儿对遗嘱有异议，在其父过世后，将其父留下的字画拿走，吴某索要不成，双方因此发生纠纷。吴某向法院起诉，要求确认叶先生的两份遗嘱有效，判决叶先生的全部遗产遗赠给自己，并请叶先生的两个女儿归还拿走的字画。两审法院皆判吴某胜诉，叶先生的遗嘱合法、有效。

【案例二】

2000 年，段宇通过征婚，与同是离异的郑婉相识，交往不久，他们就到民政部门登记结婚。由于双方均系再婚，为慎重起见，2000 年 6 月份，夫妻俩经过“友好协商”，共同签署了一份“协议书”，对婚前婚后的财产归属作了约定。同时，双方还约定，夫妻结婚后应互敬互爱，对家庭、配偶、子女要有道德观和责任感。协议书中还特别强调了夫妻间的“违约责任”：若一方在婚姻关系存续期间，出现婚外情等破坏夫妻感情的情况，有过错的一方应当给予无过错的一方经济赔偿30 万元人民币。

协议签订后不久，郑婉就发现丈夫段宇与别的异性有染。2000 年 10 月 14 日凌晨，郑婉得知丈夫在看望由其前妻抚养的儿子时，留宿于前妻家中；2001 年 8 月 11 日晚，郑婉又发现段宇与另一陌生女性一起进入其在常州的家，至次日凌晨 1 时仍未离开。为此，夫妻俩矛盾不断加剧，危机四伏的婚姻终于破裂，2002 年 6 月，段宇向法院提出离婚诉讼，法院判决双方离婚。与此同时，郑婉也以段宇违反“夫妻忠诚协议”为由提起反诉，要求法院判令段宇支付违约金30 万元。

受理此案后，一审法院经审理认为，段宇和郑婉在自愿基础上订立的协议有效，且郑婉提供的证据证实了段宇与其他女性的不正当行为，可以认为他已经违背了夫妻间关于彼此忠诚的约定。故判决段宇支付郑婉赔偿金30 万元。

判决作出后，段宇不服，向上海市某中级人民法院提起上诉。后在上诉期间，双方当事人达成调解，段宇支付郑婉赔偿金25 万元人民币。[①]

---

① https://www.chinacourt.org/article/detail/2017/03/id/2629058.shtml。

问题：1. “案例一”中叶先生与其保姆吴某之间能否形成继承法律关系？

2. “案例二”中郑婉与段宇之间能否形成合同法律关系？

【基本原理认知】

法律关系作为法学和法理学的基本范畴，既是理解法的性质和作用的重要窗口，也是分析各种法律问题的重要工具。法律关系的形成是法规制和调整社会生活的结果，是促成法律效力转为法律实效的桥梁。通过观察现实生活中存在的各种法律关系，可以把握社会的法律现实状况。

一、法律关系的概念

法律关系属于社会关系的范畴，表现为人与人之间的关系。但是，法律关系不同于一般的社会关系，而是在法律规范调整社会关系的过程中所形成的人们之间的权利和义务关系。法律关系具有如下特征：

（一）法律关系是根据法律规范建立的一种社会关系，具有合法性

法律规范的存在是法律关系产生的前提。法律关系是根据法律规范建立的一种社会关系，是法律对被纳入其调整范围的社会关系加以调整而产生的过程和结果。如果没有某种法律规范的存在，则社会中就不会产生相应的法律关系。因此，法律关系是法律规范的实现形式，是法律规范的内容（行为模式及其后果）在现实生活中得到具体的贯彻。人们按照法律规范的要求行使权利、履行义务并由此而产生的特定的法律上的联系，就是一种法律关系，是法律规范的实现形态。这种根据法律规范建立的联系，才是合法的。这也是法律关系与其他社会关系的根本区别。

（二）法律关系是主体之间的权利和义务关系并由国家强制力保障实施

法律调整社会的方式主要是安排和配置人们之间的权利和义务。也就是说，在具体法律关系中，特定主体是按照法律的安排分别享有一定的权利，承担一定的义务，特定主体由法律所配置的具体权利和义务而联系在一起。所以，权利和义务关系是法律关系的实质内容。

由于法律关系是由法所调整或创设的社会关系，因此与一般社会关系相比，法律关系是由国家强制力保障的社会关系。任何个人或组织未经另一方主体同意，不得任意变更或消灭法律关系的权利义务内容，不得侵犯另一方的权利或不履行应尽的义务。如果任何一方无理拒绝或迟延履行义务，另一方有权请求国家有关机关责令对方履行义务或承担由于未履行义务而产生的法律责任。也就是说，法律关系从建立到具体实现都离不开国家强制力的保障。

在导入“案例一”中，叶先生和其保姆吴某之间是否存在继承法律关系，这就要看叶先生的遗嘱是否合法有效。《中华人民共和国民法典》第一千一百三十三条规定：“自然人可以依照本法规定立遗嘱处分个人财产，并可以指定遗嘱执行人。自然人可以立遗嘱将个人财产赠与国家、集体或者法定继承人以外的组织、个人。”所以，本案中叶先生自主处分自己的财产，将全部财产赠送给小保姆吴某，是符合法律规定的。

本案双方争议的焦点是：叶先生先后立有两份遗嘱，其法律效力怎样，后一份公证遗嘱是否变更了前一份自书遗嘱的内容，如果变更了前一份自书遗嘱，则遗产的范围将发生变化。《民法典》第一千一百四十二条规定：“遗嘱人可以撤回、变更自己所

立的遗嘱。立遗嘱后，遗嘱人实施与遗嘱内容相反的民事法律行为的，视为对遗嘱相关内容的撤回。立有数份遗嘱，内容相抵触的，以最后的遗嘱为准。”

叶先生所立的两份遗嘱，并未违反我国继承法所规定的形式要件，遗嘱内容真实，两份遗嘱遗赠的对象都是同一个人，遗赠的标的是包含与被包含、兼容与被兼容的关系，两份遗嘱的内容无抵触，两者的执行不存在冲突，且合法有效。叶先生将住房遗嘱公证，遗嘱中也不存在导致其无效的法律事实，如遗嘱不真实、违背公序良俗等。叶先生的两份遗嘱都符合现行法律的规定，具有法律效力，因此，叶先生和吴某之间形成赠与法律关系，受遗赠人吴某享有接受遗赠的权利，并且这种权利受国家强制力的保护。本案中，叶先生的两个女儿对遗嘱有异议，在叶先生过世后，将叶先生留下的字画拿走。法院通过审理，在确定赠与法律关系成立的前提下，支持吴某的诉讼请求，要求叶先生的女儿承担归还字画的义务。

（三）法律关系是体现国家意志的特种社会关系

法律关系的形成和实现要通过国家的、当事人的意识和意志，因而又增加了意志关系的属性。法律关系是根据法律规范有目的、有意识地建立的，因此，法律关系和法律规范一样，必然体现国家的意志。破坏了法律关系，也就违背了国家意志。作为一定社会关系特殊形式的法律关系，正是在于它体现了国家的意志。但是法律关系毕竟与法律规范不同，它是现实的、特定的法律主体所参与的具体社会关系，因此，特定法律主体的意志对法律关系的建立和实现也有一定的作用。有些法律关系如多数民事法律关系的产生，不仅要通过法律规范所体现的国家意志，而且要通过法律关系参加者的个人意志表示一致。

导入“案例一”中，《民法典》的规定代表了国家对遗赠的态度，体现了国家意志，而叶先生依法订立遗嘱的行为体现了法律关系主体的意志。也有很多法律关系如刑事法律关系的产生，并不需要个人意志表示，甚至是违背个人意志的，仅仅体现国家意志。只有当个人意志符合国家意志时，其行为才能导致受国家强制力保护而产生法律上的关系。

二、法律关系的种类

法律关系具有不同的表现形式和丰富的内容，依据不同的标准和认识角度，可以对法律关系作不同的分类。这些分类不仅具有理论上的意义，还具有重要的实践价值。常见的分类有：

（一）宪法法律关系和其他部门法法律关系

按照形成法律关系的法律规则所属法律部门的不同，可将法律关系划分为宪法法律关系、民事法律关系、刑事法律关系、行政法律关系和诉讼法律关系等类别。它们体现了法律调整的社会关系各部分内容与性质的不同，所以据此形成的各种法律关系也相应具有各法律部门的特点。宪法法律关系是由宪法或宪法性文件所确认或创立的，直接反映该社会经济制度和政治制度基本性质的法律关系，属于基本法律关系。主要包括的内容有：公民与国家的关系、国家机构直接的关系、中央与地方的关系、民族之间的关系、所有制关系和分配关系等。基本法律关系是社会中根本性的权利与义务关系，直接反映社会基本利益结构，并构成其他法律关系的基础。

民事、刑事、行政法律关系是依据宪法以外的法律形成的，存在于各类权利主体和义务主体之间的法律关系，属于普通法律关系。大部分法律关系都是普通法律关系。诉讼法律关系是依据诉讼法律规则形成的，存在于诉讼程序之中的法律关系。当基本法律关系和普通法律关系受到破坏或引起主体之间的争议，提起诉讼，便产生了诉讼法律关系。诉讼法律关系既存在于诉讼程序中出现的各司法机关之间，也存在于各诉讼参与人之间，还存在于各司法机关和诉讼参与人之间。

这种分类的主要意义是提示人们在分析和处理法律问题时，必须首先明确有关法律关系主体之间的法律关系，并确定其性质和内容，因为它决定了在法律上解决相关问题的方式和途径。

（二）绝对法律关系和相对法律关系

根据构成法律关系的主体是否具体化，可将法律关系划分为绝对法律关系和相对法律关系两类。在绝对法律关系中，权利一方是特定的、具体的，而义务一方是不特定的、不具体化的，是除了权利一方之外的所有人。人格权、物权、知识产权等关系都是最典型的绝对法律关系，其权利主体是特定的人或组织，而义务主体是权利主体之外的所有不特定的人或组织，他们都负有不得侵犯该项权利的义务。所以，首要的是必须明确具体的权利主体及权利内容。在相对法律关系中，权利主体是特定的，义务主体也是特定的。债权、身份权、继承权等关系是较为典型的相对法律关系，参加这种法律关系的各方主体都是具体而特定的人或组织。所以，关键要确定双方权利和义务的具体内容，以及双方是否按照法律及约定的方式行使权利和履行义务等情况。只有在进行了符合各自特点的正确分析以后，才能进行相应的法律处理。

（三）平权型法律关系和隶属型法律关系

按照法律主体在法律关系中的地位不同，可将法律关系划分为平权型（横向或对等）法律关系和隶属型（纵向或不对等）法律关系两类。平权型法律关系，是指法律关系主体间的法律地位是平等的，都享有一定的权利，并承担相应的义务，不存在基于权力等方面的服从和隶属关系，如民事法律关系。隶属型法律关系，是指法律关系主体间的法律地位是不对等的，存在着服从和隶属的关系，法律主体之间的权利与义务具有强制性，不能随意转让，也不能人为放弃。如亲属关系中的家长与子女，行政管理关系中的上级机关与下级机关，在法律地位上有管理与被管理、命令与服从、监督与被监督方面的差别。

（四）调整性法律关系和保护性法律关系

按照法律关系产生的依据、执行的职能和实现法律规则的内容不同，可以将法律关系分为调整性法律关系和保护性法律关系。调整性法律关系是基于人们的合法行为而产生的、执行法的调整职能的法律关系，它所实现的是法律规则的行为规则（指示）的内容，法律主体之间能够依法行使权利、履行义务，不需要适用法律制裁，如公民、法人、非法人组织之间依法建立的合同关系、继承关系、婚姻关系等民事法律关系等。保护性法律关系是由违法行为而产生的、执行着法的保护职能的法律关系，所实现的是法律规则的保护规则（否定性法律后果）的内容。它是需要通过法律制裁的方式才能使主体的权利和义务得以实现的法律关系。它的典型特征是一方主体（国家）适用法律制裁，另一方主体（通常是违法者）必须接受这种制裁，如刑事法律关系。

（五）主法律关系和从法律关系

根据法律关系之间的因果关系与相互间地位的不同，可将法律关系分为主（第一性）法律关系和从（第二性）法律关系。主法律关系是主体间合法建立的、不依赖其他法律关系而独立存在的法律关系，它在多项法律关系中居于支配地位。从法律关系是在主法律关系受到干扰、破坏的情况下对主法律关系起补救、保护作用的具有从属性的法律关系，如侵权法律关系、刑事法律关系等。一切相关的法律关系都有主次之分，如在调整性法律关系和保护性法律关系中，前者是主法律关系，后者是从法律关系。这种分类的意义在于从法律关系越少，越表明法律所规定的权利和义务的实现是良性的，但从法律关系也是必要的。这就说明法律（权利和义务）实现的机制和过程是不同的。从两者的因果联系来看，在时间上主法律关系在先，从法律关系在后。

（六）单向法律关系、双向法律关系和多向法律关系

按照法律关系主体的多少及权利义务是否一致，可以将法律关系分为单向（单务）法律关系、双向（双边）法律关系和多向（多边）法律关系。单向法律关系，是指权利人仅享有权利，义务人仅履行义务，两者之间不存在相反的联系。它是法律关系体系中最基本的构成要素，一切法律关系无论多复杂，均可分解为单向法律关系来加以考虑。双向法律关系，是指在特定的双方法律主体之间存在的权利义务关系，其中一方主体的权利对应另一方的义务，反之亦然，如债权债务关系。多向法律关系，是指三个或三个以上的法律主体之间存在的权利义务关系，是法律关系的复合体，也叫作复杂（复合）法律关系，如行政法中的人事调动关系。

【拓展阅读】

法律关系观念的起源

法律关系的观念源自罗马私法中“法锁”（法律的锁链，是对 jurisvinculum 的中文翻译），属于“债”的概念。“债”是要求有关主体根据法律为一定给付的法锁，它表现为依据法律所结成的对双方均具有约束力与强制性的债权债务关系。而作为一个专门的概念，它是由 19 世纪历史法学派的主要代表人物德国法学家萨维尼在其经典文献《当代罗马法体系》中第一次作出明确阐述的。法律关系初期主要被用于私法领域，随着分析法学派法学家对它的深入探讨，其运用的范围也逐渐扩大，并已成为法理学中具有一般意义的概念。在合格过程中，有关法律关系的基本理论也逐步体系化并渐趋成熟。

任务二　法律关系构成要素及运行

【导入案例】

自诉人江秋莲诉称，2016 年 11 月 3 日，其女儿江歌在日本留学期间为保护其室友刘鑫，被刘鑫前男友陈世峰残忍杀害。该事件在网上引起中日两国民众的极大关注和广泛评论。被告人谭某为博网民关注，不顾事实和法律发表系列与江歌案有关的文章及漫画，侮辱、诽谤自诉人及死者江歌，意图吸引公众眼球，在发布大量不实博文的同时，还开通打赏渠道，获取打赏，企图从中谋利。

一、侮辱事实

2018年2月25日，被告人谭某在新浪微博账号“Posh－Bin”上发布标题为《甜心宝贝miss 奖@b！tch》的系列漫画，将自诉人描画得面目狰狞、形象丑陋、衣着暴露，公然丑化自诉人形象，侮辱自诉人人格，经北京市东方公证处公证该漫画浏览次数达24 690次。2018年9月25日，被告人谭某在新浪微博账号“Posh－Bin”上发布博文《江秋莲克死自己女儿，不能怨任何人》（经新浪微博公司调查回函证实：截止到2019年7月10日该文扣除自诉人的阅读数为8 734次）以及于2018年10月18日发布的博文《江秋莲七百多天了还不安生，你想念你家鸽子就去买瓶敌敌畏就ok啦》（经新浪微博公司调查回函证实：截止到2019年7月10日该文扣除自诉人的阅读数为4 113次），在上述两篇文章的首部附上江歌遗照，在遗照上称江歌为“婊子、臭货”，以极具侮辱性的语言严重侵害江歌及自诉人的名誉和人格权。这两篇文章还在首部江歌的遗照上写道：“活该死你，江秋莲作恶克死你。”被告人谭某以在遗照上添加辱骂性语言的方式对自诉人及江歌进行人身攻击，并在文中以“贱妇”“可怜之人必有可恨之处”等语言对自诉人进行侮辱、谩骂，语言恶毒。2018年9月24日至10月30日以及2019年3月12日至3月17日，被告人谭某在微博账号“Posh－Bin”上先后发布微博短文多达18篇（已由山东省青岛市城阳公证处、北京市东方公证处公证），连续辱骂自诉人，称自诉人为社会毒瘤、戏精、人渣、奸诈阴险的老×等。

二、诽谤事实

2018年2月12日，被告人谭某在新浪微博账号“Posh－Bin”上发布《深度解析江秋莲的谎言与诡计！正义必然不属于你》一文，捏造江歌破坏陈世峰与刘鑫感情、江歌是陈世峰情敌而遭其杀害的“事实”，对死去的江歌进行肆意诽谤，并捏造自诉人“以为女讨公道为名大肆敛财”的事实，肆意对自诉人进行诽谤，严重损害自诉人品格和名誉，经北京市东方公证处第一次公证其阅读量达32万多次。

2018年9月24日至10月10日，被告人谭某发表9篇微博，多次捏造自诉人借女儿之死敛财、骗钱的事实（由山东省青岛市城阳公证处公证），经新浪微博运营公司调查证明该9篇微博浏览数总计为15 889次。事实上，日本东京地方裁判所作出的陈世峰故意杀害江歌案的判决书（已由中国驻日使馆认证），可以证明陈世峰杀人的目标是刘鑫，而非江歌，江歌在现场系无辜被杀害，不存在江歌破坏陈世峰与刘鑫感情、江歌是陈世峰情敌而被杀害的事实。同时，自诉人虽有通过网络发起筹款行为，但自诉人家境确实困难且所筹集的款项全部用于案件维权所支出的差旅、翻译、公证、聘请律师等费用，并不存在借女儿之死大肆主动敛财、骗取捐款的事实。被告人谭某文章所称的“事实”严重偏离客观事实，系捏造。2019年3月15日，被告人谭某再次转发博文《深度解析江秋莲的谎言与诡计！正义必然不属于你》，经北京市东方公证处公证，该文阅读数较之前增加了1万多次，截至2019年7月24日又增加了1万多次，达34万多次。被告人发布大量违法博文时，还同时开通打赏渠道，企图从中谋利。

被告人谭某的上述行为给自诉人造成了极大的心理创伤，使自诉人患上了重度抑郁症，有高度自杀倾向。

综上，自诉人及其诉讼代理人认为，谭某以微博大范围传播文章及漫画的方式公然贬损自诉人及江歌人格，破坏自诉人及江歌名誉，情节严重。其行为已构成侮辱罪；谭某通过微博账号发布博文，捏造江歌是陈世峰情敌而遭陈世峰杀害，公然损害自诉人及江歌人格，还捏造自诉人借女儿之死敛财、骗取捐款，对自诉人进行诽谤，情节严重，谭某的行为已构成诽谤罪，对谭某应予数罪并罚，并建议判处有期徒刑并实际执行。

被告人谭某辩称，其从网上获悉陈世峰杀害江歌案后关注该案，并以网民身份通过其新浪微博账号“Posh - Bin”，发布系列与江歌案有关的文章及漫画，漫画并非其原创，文章、评论多数是复制他人后粘贴再转发；称江歌同性恋是受某教授、刘鑫言论的影响，自己并非传播的源头；“戏精”等是自诉人给公众的形象，其发布的对自诉人各种谴责的文章及评论是根据网民对自诉人的评价以及自诉人微博言论和现实行为作出的客观评论，自诉人各种违背道德常理的表现才是被“网暴”的原因，其行为不具有侮辱性、诽谤性，仅是行为失当，不构成侮辱罪、诽谤罪。

辩护人认为，死者没有名誉权，江歌不能成为侮辱罪、诽谤罪的侵害对象；自诉人通过轻松筹接受社会爱心人士捐款的同时，在微博上发起了自筹，自筹的钱款数额及支出情况，自诉人未提供证据，希望自诉人撤回该节事实的起诉；被告人谭某称江歌是陈世峰情敌而遭陈杀害，是受某教授、刘鑫言论的误导。因此，被告人谭某的行为确有过错，但是尚未达到定罪程度，不构成侮辱罪、诽谤罪。

法院认为，名誉权作为人格权的内容，是一项重要的民事权利。尽管自然人的权利能力始于出生，终于死亡，但是人在死亡后其人格权仍以一定的范围继续存在，特别是死者的非财产上的人格利益，其姓名、肖像、名誉、荣誉、隐私、遗体等人格利益具有多重价值，应当予以保护。我国《民法典》第九百九十四条明确了对死者人格利益的保护，规定“死者的姓名、肖像、名誉、荣誉、隐私、遗体等受到侵害的，其配偶、子女、父母有权依法请求行为人承担民事责任；死者没有配偶、子女且父母已经死亡的，其他近亲属有权依法请求行为人承担民事责任”。

民法是私权利保障的基本法，但是当民法对私权利救济不充分之时，刑法就有可能要发动，这既是刑法谦抑性的要求，也是刑法保障法功能的体现。因此，我国《刑法》第二百四十六条规定，以暴力或者其他方法公然侮辱他人或者捏造事实诽谤他人，情节严重的，构成侮辱罪和诽谤罪。死者享有名誉权，侮辱罪、诽谤罪侵犯的客体包括死者的名誉权。当行为人侮辱、诽谤死者名誉权的程度超出一般民事惩戒的程度，情节严重时，就应当追究行为人相应的刑事责任。

上海市普陀区人民法院于2020年3月5日作出（2019）沪0107刑初498号刑事判决：被告人谭某犯侮辱罪，判处有期徒刑一年；犯诽谤罪，判处有期徒刑九个月，决定执行有期徒刑一年六个月。

问题：死者有名誉权吗？有人说法律保护的是死者亲属的人格权，并不是死者的人格权，你认为呢？

【基本原理认知】

一、法律关系的构成要素

任何法律关系都是由法律关系主体、法律关系客体和法律关系内容三要素构成的。三要素相互联系、相互制约、缺一不可。这是法律关系的静态结构。

（一）法律关系主体

法律关系主体，是指在法律关系中享有一定权利和履行义务的个人或组织。它们是法律关系的参加者、主导因素；没有主体，法律关系就无从谈起。所以，主体直接决定着法律关系的形成、变更和消灭。在一个具体法律关系中，主体大体上都归属于相互对应的双方，一方是享有权利的主体，称为权利人；另一方是承担义务的主体，称为义务人。

1. *法律关系主体的种类*

什么样的个人或组织能够成为法律关系的主体，都被规定在一国的法律中。在不同的社会，不同的历史时期和不同的民族与国家的法律中，法律关系主体的种类并不完全相同。到了现代社会，法律关系主体更是多种多样。在我国现阶段，法律关系的主体主要有以下几类：

（1）个人（自然人）。个人通常包括我国公民，也包括居住在我国境内或在我国境内活动的外国公民和无国籍人。在我国，具有中国国籍的中国公民是诸多领域法律关系的主体。由公民集合的特殊主体（如个体工商户、个人合伙、农村联产承包户等），可以参与一定范围的法律关系。外国公民和无国籍人参与法律关系的范围是有限制的，以中国有关法律及中国与有关国家签订的条约为依据。个人是所有法律关系主体中最为基本的主体。

（2）组织（法人）。根据《中华人民共和国民法典》第五十七条的规定，法人是具有民事权利能力和民事行为能力，依法独立享有民事权利和承担民事义务的组织。主要包括三类：一是各种国家机关（立法机关、行政机关、司法机关等）；二是各种企事业组织和在中国境内设立的中外合资经营企业、中外合作经营企业和外资企业；三是各政党和社会团体。这些机构和组织主体，在法学上可以笼统地称为“法人”。它既包括公法人（参与宪法法律关系、行政法律关系、刑事法律关系的各机关、组织），也包括私法人（参与民商事法律关系的机关、组织）。依其所参与的法律关系的性质不同，我国的国家机关和组织，可以是公法人，也可以是私法人。各种形式的组织构成了现代社会最有影响力的法律关系主体。

（3）国家。在特殊情况下，国家作为一个整体，可以成为法律关系的主体。具体地说，国家作为主权者是国际公法关系的主体，是国际条约中规定的权利和义务的承担者，可以成为外贸关系中的债权人或债务人。在国内法上，国家作为法律关系主体的地位比较特殊，既不同于一般公民，也不同于作为经济组织的私法人，或普通的公法人，国家可以直接以自己的名义参与国内的法律关系（如发行国库券、追究犯罪嫌疑人或被告人的刑事责任等）。但在多数情况下则是由国家机关或授权的组织作为代表参与法律关系。

另外，还有一些特殊的社会构成单位，如人民、民族、一定的行政区域（省、市、县）等，也是法律关系的构成主体。例如：聚居的少数民族是民族自治法律关系的主体；省、市、县具有宪法赋予的权力，是宪法法律关系的主体。

（4）非法人组织。《中华人民共和国民法典》第一百零二条规定：“非法人组织是不具有法人资格，但是能够依法以自己的名义从事民事活动的组织。非法人组织包括个人独资企业、合伙企业、不具有法人资格的专业服务机构等。”

2. *法律关系主体的资格*

公民和法人要成为法律关系的主体，享有权利和承担义务，必须具备一定的资格和条件，即必须具有权利能力和行为能力。

（1）权利能力。权利能力，又称权利义务能力，是法律关系主体依法享有一定权利、承担一定义务的法律资格。它是法律关系主体实际取得权利、承担义务的前提条件。如果当事人没有权利能力，即使他能够独立地实施某些行为，这些行为也是无效的。公民的权利能力和法人的权利能力是不同的：

①公民的权利能力。公民的权利能力，可以从不同的角度进行分类。

首先，根据享有权利能力的主体范围不同，可以分为一般的权利能力和特殊的权利能力。一般的权利能力是一国所有公民从事一般法律活动普遍具有的法律资格，所以又称基本权利能力。它是任何人取得公民法律资格的基本条件，不能任意剥夺或解除，通常不再附加其他法律要求。特殊的权利能力是公民在特定条件下具有的法律资格。这种资格并不是每个公民都可以享有，而只授予某些特定的法律主体，如国家机关及其工作人员行使职权的资格，就是特殊的权利能力。

其次，按照法律部门的不同，可以分为民事权利能力、政治权利能力、行政权利能力、劳动权利能力、诉讼权利能力等。这其中既有一般的权利能力（如民事权利能力），也有特殊的权利能力（如政治权利能力、劳动权利能力）。如《民法典》第十三条规定："自然人从出生时起到死亡时止，具有民事权利能力，依法享有民事权利，承担民事义务。"这是对公民一般的权利能力的法律规定。也就是说，对公民的人身权要予以法律保护，在受到侵权行为侵害时，应当予以损害赔偿和救济。但是在自然人死亡后和出生前，即胎儿和死者有无民事权利能力呢？对胎儿和死者利益的保护是否必须以其作为权利主体为前提呢？导入案例就涉及对死者名誉权的保护。其实，对死者人格利益的侵害，事实上侵害的是死者近亲属的人格利益。因为死者名誉的好坏，往往影响到对其近亲属的评价，侵害死者名誉可能同时侵害其近亲属的名誉。因此，近亲属可以以自己的权利受侵害为由要求对方承担侵权赔偿责任。这里，赔偿请求权人所请求赔偿的乃是自己所感受的痛苦与损害，而非替他人主张权利。侵害死者生前的人格利益，间接地侵害到死者的亲属，导致了死者亲属的精神痛苦，从而侵犯了死者亲属的人格权。所以，此时法律保护的是死者亲属的人格权，并不是死者本人的人格权。在行使诉讼权时，诉权主体也就是死者亲属本人，实体权利主体与诉权主体是统一的，并不存在任何理论上的难点。如果确认死者具有权利能力，则会带来一系列无法解决的法律问题，如死者的遗产就不能继承，因为死者仍然具有权利能力，仍然具有财产权。所以，死者不应再具有权利能力，不能再作为法律关系的主体享有权利。

②法人的权利能力。法人的权利能力，没有公民的权利能力那么复杂，一般而言，法人的权利能力自法人成立时产生，到法人解体时消灭。其内容和范围由法人成立的宗旨和业务范围决定。

（2）行为能力。行为能力，是指法律关系主体能够通过自己的行为实际行使权利和履行义务的能力。同样，公民的行为能力与法人的行为能力也不一样：

①公民的行为能力。公民的行为能力是公民的意识能力在法律上的反映。确定公民有行为能力的标准有两个：一是能否认识自己行为的性质、意义和后果；二是能否控制自己的行为并对自己的行为负责。因此，公民是否达到一定年龄、精神是否正常，成为公民是否享有行为能力的标志。比如，婴幼儿、精神病患者，因为他们不可能预见自己行为的后果，所以在法律上不能赋予其行为能力。可见，公民的行为能力与权利能力是不同的。具有行为能力的前提是具有权利能力，但具有权利能力，并不意味

着必然具有行为能力。这就表明，在每个公民的法律关系主体资格构成中，这两种能力可能是统一的，也可能是分离的。这与设定权利能力制度和行为能力制度的价值取向、方式的不同有关。权利能力制度主要解决的是相关主体资格的问题，即是否能够成为权利主体和义务主体，对于具体的法律关系，这是一个首要的问题。而行为能力制度主要是解决权利与义务能否通过自己的行为来具体实现的问题。

权利能力是参与任何法律关系必须具备的资格，没有权利能力就不能成为法律关系的主体；而行为能力不是参与一切法律关系必须具备的条件，在某些法律关系中没有行为能力不影响主体参与法律关系、享有权利、承担义务。如继承法律关系中，无民事行为能力人甚至胎儿都可以成为继承人参加继承法律关系，享有权利，只是他们没有行为能力而需要由其法定代理人代为行使其权利而已。

公民的行为能力是由法律明确规定的。世界各国的法律，一般都把本国公民划分为三类：

第一类，完全行为能力人。这是指达到一定法定年龄、智力健全、能够对自己的行为负完全责任的自然人（公民）。我国《民法典》规定，十八周岁以上的自然人为成年人。不满十八周岁的自然人为未成年人。成年人为完全民事行为能力人，可以独立实施民事法律行为。十六周岁以上的未成年人，以自己的劳动收入为主要生活来源的，视为完全民事行为能力人。

第二类，限制行为能力人。这是指行为能力受到一定限制，只具有部分行为能力的公民。我国《民法典》规定，8 周岁以上的未成年人和不能完全辨认自己行为的精神病人，是限制行为能力人。

第三类，无行为能力人。这是指完全不能以自己的行为行使权利、履行义务的公民。我国《民法典》规定，不满 8 周岁的未成年人、完全的精神病人是无行为能力人。

②法人的行为能力。法人的行为能力与公民的行为能力有很大的不同。表现在：

一是公民的行为能力有完全与不完全之分，而法人在成立宗旨和业务范围之内具有完全行为能力，并由有关法律和法人组织的章程具体加以规定。

二是公民的行为能力和权利能力有时并不是同时存在的。也就是说，公民具有权利能力却不一定同时具有行为能力，公民丧失行为能力也并不意味着丧失权利能力。而法人的行为能力和权利能力却是同时产生和同时消灭的。法人一经依法成立，就同时具有权利能力和行为能力，法人一经依法撤销，其权利能力和行为能力就同时消灭。

还有一个与行为能力直接联系的概念——责任能力。责任能力是法律关系的主体因违法等原因所引起的承担相应法律责任的能力。它是行为能力在追究法律责任与免责的法律关系即保护性法律关系中的具体存在形式，与行为能力是一致的。通常情况下，有行为能力即有责任能力，无行为能力即无责任能力。

（二）法律关系客体

法律关系客体，是指法律关系主体的权利和义务所指向的对象。它是法律关系主体之间建立起一定法律关系所指向的具体目标，是人们通过自己的意志和行为想要影响和改变的对象，是连接权利和义务等法律概念并使其具有实际内容的现实载体。所以，法律关系客体是具体将主体之间的权利和义务等内容联系在一起的客观基础和中介，是法律关系产生和存在的前提。没有它，法律关系主体的权利和义务就没有任何意义，也就不能构成具体的法律关系。可见，客体是法律关系不可缺少的构成要素。

1. 法律关系客体的条件（特征）

作为法律关系客体应满足下列条件：

（1）客观性。法律关系客体首先应当是客观存在之物，是不以人们的主观意志为转移而存在的事物。它不仅包括一定的以物理形态存在的可见之物，如房屋、土地、汽车等，也包括不以物质形态存在而为社会成员普遍承认的利益，如名誉、荣誉等。

（2）有用性。有用性是一切社会生活关系客体的共同构成条件，法律关系客体也不例外。作为法律关系客体的物质或非物质存在，必须以满足主体需要、对主体有用为前提，即能够满足主体的物质生活和精神生活的需要，满足权利人利益的各种各样的物质和非物质的财富需要。正是因为它是有用之物，才会成为人们争夺的对象，才需要法律对它进行调整，明确其归属。

（3）可控性。法律关系客体应当是人类可以控制或利用之物。只有人类能够控制的东西才是适宜由法律调整的，才可以成为主体的权利和义务作用的对象。随着科学技术的不断发展以及征服自然能力的不断增强，人类可控制和利用的范围在空间上将越来越广泛，人类今天不能控制的东西将来可能会变成可以控制的东西。如月球上的土地目前不能成为合同法律关系的客体，但不能说它永远也不能成为合同法律关系的客体。

（4）为法律所规定和调整。要成为法律关系的客体，除了需要满足主体的有用性、能够为人类所控制之外，还要看它是否受法律调整。凡受法律调整的客观存在都是法律关系的客体或可以成为法律关系的客体；反之，不受法律调整的客观存在，虽然也能够满足主体的需要、对主体有价值，都不能成为法律关系的客体。

2. 法律关系客体的种类

在不同的国家、不同的历史时期，法律关系客体的具体内容及范围是不同的。决定这种状况的根本原因和动力是相应的历史条件与生产力发展水平。随着社会历史的发展，许多原来属于法律关系客体的内容，现在都不是了，如奴隶的人身在奴隶社会中可以成为买卖关系的合法客体，但在现代社会是被禁止的。原来许多在一般情况下不属于法律关系客体的内容，现在却属于法律关系中非常普遍而重要的客体，如清洁的空气、纯净的饮用水、不受噪声干扰的环境等。随着人类活动和与自然界相处能力的增强，法律关系客体的种类与范围还会不断扩大和增多。归纳起来，在现代法律制度中，法律关系客体主要有以下几类：

（1）物。法律意义上的物，是指法律关系主体支配的、在生产上和生活上所需要的客观实体。它可以是天然物，也可以是生产物；可以是活动物，也可以是非活动物。作为法律关系客体的物与物理意义上的物既有联系，又有不同，它不仅具有物理属性，而且还具有法律属性。并非所有物理意义上的物都能成为法律关系客体。哪些物可以作为法律关系客体或可以作为哪些法律关系的客体，应当由法律予以具体规定。

在我国，大部分天然物和生产物可以成为法律关系的客体。但以下四种物不得进入国内商品流通领域，成为私人法律关系的客体：①人类公共之物或国家专有之物，如海洋、山川、河流、空气；②文物；③军事设施、武器（枪支、弹药等）；④危害人类之物（如毒品、假药、淫秽书刊等）。

（2）精神产品（非物质财富）。精神产品是人通过某种物体（如书本、纸张、砖石、胶片、磁盘）或大脑记载下来并加以流传的思维成果。在现代社会，其范围颇为广泛，包括各种科学发明、商标设计、文艺作品、技术成果、学术成果等，它们是一种与人身相联系的非物质财富，表现为发现权、发明权、专利权、商标权、著作权等，都属于可以作为法律关系客体的精神产品。精神产品不同于有体物，其价值和利益在于物中所承载的信息、知识、技术、标识（符号）和其他精神因素。它也不同于人的主观精神活动本身，它是精神活动的物化、固定化。西方学者把精神产品称为“无体（形）物”，我国法学界常称之为“智力成果”或“无体财产”。

（3）人身。人身是由各个生理器官组成的生理整体（生命有机体）及组成部分。它是人的物质形态，也是人的精神利益的体现。随着现代科技和医学的发展，出现了很多输血、植皮、器官移植、精子提取等现象，同时也产生了此类交易买卖活动及其契约，带来了一系列法律问题：人身不仅是人作为法律关系主体的承载者，而且还在一定范围内成为法律关系客体。但是，首先必须注意的是，活人的（整个）身体，不得视为法律上的“物”，不能作为物权、债权和继承权的客体，禁止任何人（包括本人）将整个身体作为“物”参与有偿的经济法律活动，也不得转让或买卖。法律禁止贩卖或拐卖人口、买卖婚姻等违法或犯罪行为，否则就会受到法律的严惩。其次，权利人对自己的人身不得进行违法或有伤风化的活动，不得滥用人身，或者自贱人身和人格。诸如卖淫、自杀、自残等行为都是违法行为或至少是法律所不提倡的行为。最后，在对人身行使权利时必须依法进行，不得超出法律授权的界限，严禁对他人人身非法强行行使权利。例如，有监护权的父母不得虐待未成年子女的人身；严禁非法拘禁等。

至于人身（体）组成部分（如血液、器官、皮肤等）的法律性质，是一个比较复杂的问题。它属于人身整体，还是属于法律上的“物”，不能一概而论。应从以下几个方面分析：当人身之部分还未脱离人的整体时，即为所属主体之人身本身；当人身之部分自然地从身体中分离，已成为与身体相脱离的外界之物时，也可视为法律上之“物”；当人身之部分已植入他人身体时，即为他人人身之组成部分。

（4）行为（结果）。行为是行为过程与其结果的统一。在一些法律关系中，权利与义务共同指向的对象不是表现为具体的物或一定的精神产品形式，而是一定的行为，包括主体积极的行为和消极的不行为或抑制一定的行为。如在运输合同中，承运人运送乘客与货物的行为，就是运输合同法律关系的客体；在家庭关系中，父母享有的受赡养扶助权，子女享有的受抚养教育权，都是通过具体的赡养扶助与抚养教育行为实现的。在这些法律关系中，主体的权利和义务都是围绕着特定的行为而建立起来的，该行为就成为法律关系客体。通常情况下，作为法律关系客体的行为是指义务人按照法定或约定的义务而必须实施的行为，包括作为和不作为两种情形。

（三）法律关系的内容

法律关系的内容，是指法律关系主体之间的法律权利和法律义务。它是法律规范所规定的法律权利与法律义务在实际社会生活中的具体落实，是构成法律关系的又一必备因素。前面“项目三”已对法律权利和法律义务理论进行了全面的介绍，在此不再赘述。

二、法律关系的运行

法律关系的运行，即法律关系的产生、变更和消灭，这是从动态角度对法律关系的认识。法律是对社会生活的调整，而社会是不断发展变化的，法律关系也必须随之发生着运动变化和革新。在这个意义上，法律关系运行的实质就是规范上的法律关系转化为现实中的法律关系，从而实现法律规范的社会调控作用。

（一）法律关系产生、变更和消灭的概念

法律关系的产生，是指主体之间依据法律规范而形成的一定权利和义务关系；法律关系的变更，是指由于符合法律规定的一定法律事实的出现而引起的法律关系诸要素的变动；法律关系的消灭，是指主体之间权利义务的完结。

（二）法律关系产生、变更和消灭的条件

法律关系产生、变更和消灭需要具备一定的条件。其中最主要的条件有两个：一是法律规范（规则和原则）；二是法律事实。法律规范是法律关系形成、变更和消灭的法律依据，没有一定的法律规范，就不会有相应的法律关系。但法律规范的规定只是主体权利和义务关系的理论模式，还不是现实的法律关系本身。现实的法律关系的形成、变更和消灭还必须具备直接的前提条件——法律事实。

所谓法律事实，就是法律规范所规定的、能够引起法律关系产生、变更和消灭的客观情况或现象。也就是说，法律事实首先是一种客观存在的外在现象，而不是人们的一种心理现象或心理活动。纯粹的心理现象不能看作是法律事实。其次，法律事实是由法律规定的、具有法律意义的事实，能够引起法律关系的产生、变更或消灭。与人类生活无直接关系的纯粹的客观现象（如宇宙天体的运行），或者虽然与人类生活有关系但却不具有法律关联性的事实就不是法律事实。法律事实是具体推动法律关系产生、变更或消灭的直接条件，是法律规范与法律关系联系的中介。

（三）法律事实的种类

法律事实的内容与表现形式非常丰富，根据其是否以人的主观意志为转移，可以将法律事实分为两类：

1. 法律事件

法律事件是法律规范规定的、不以当事人的意志为转移而引起法律关系形成、变更或消灭的客观事实。法律事件又可分为自然事件和社会事件两类。自然事件包括人的生老病死、自然灾害等，如水灾、旱灾、地震，人的出生即会引起父母与子女间的抚养教育关系和监护关系的建立；而人的死亡又会导致抚养关系、夫妻关系或赡养关系的消灭和继承关系的产生等。社会事件，是指由于发生了重大的社会变迁与社会革命，引起整个社会关系状况的全面变革，进而导致相关国家法律关系面貌的全面变革，如社会革命、战争等。这两种事件对于特定的法律关系主体（当事人）来说，都是不可避免，不以其意志为转移的。但由于这些事件的出现，法律关系主体之间的权利与义务关系就有可能产生，也有可能发生变更，甚至完全归于消灭。

2. 法律行为

法律行为，是指法律规则中规定的，在一定主体意志支配之下而作出的，能够引起法律关系形成、变更或消灭的人的活动。因为人们的意志有善意与恶意、合法与违法之分，故其行为也可以分为善意行为、合法行为与恶意行为、违法行为。善意行为、合法行为能够引起法律关系的形成、变更或消灭。例如，依法登记结婚行为，导致婚姻关系的成立。同样，恶意行为、违法行为也能够引起法律关系的形成、变更或消灭。如犯罪行为产生刑事法律关系，同时也可能会引起某些民事法律关系（损害赔偿、婚姻、继承等）的产生或变更。

法律事实还有两种复杂的现象：①同一个法律事实（事件或行为）可以引起多种

法律关系的产生、变更或消灭。例如，工伤致死，不仅导致劳动关系、婚姻关系的消灭，而且还导致劳动保险合同关系、继承关系的产生。②两个或两个以上的法律事实引起同一个法律关系的产生、变更或消灭。例如，男女结婚，除了双方自愿结婚的意思表示外，还须向婚姻登记机关办理登记手续，由登记机关颁发结婚证书之后，双方的婚姻关系才能够成立。在法学上，人们常常把两个或两个以上的法律事实所构成的一个相关的整体，称为“事实构成”。

【拓展阅读】

一、法律关系主体的多样性

在当今世界，随着动物保护主义运动和生态主义运动的蓬勃兴起，除人以外的其他物种，特别是动物，开始被承认与人一样是世界的主体。在法律上，一些西方国家承认动物可以成为某些法律关系的主体，出现了以动物为原告的诉讼。

二、我国刑法关于主体的责任年龄和责任能力规定

第十七条　【刑事责任年龄】已满十六周岁的人犯罪，应当负刑事责任。

已满十四周岁不满十六周岁的人，犯故意杀人、故意伤害致人重伤或者死亡、强奸、抢劫、贩卖毒品、放火、爆炸、投放危险物质罪的，应当负刑事责任。

已满十二周岁不满十四周岁的人，犯故意杀人、故意伤害罪，致人死亡或者以特别残忍手段致人重伤造成严重残疾，情节恶劣，经最高人民检察院核准追诉的，应当负刑事责任。

【未成年人从宽】对依照前三款规定追究刑事责任的不满十八周岁的人，应当从轻或者减轻处罚。

因不满十六周岁不予刑事处罚的，责令他的家长或者监护人加以管教；在必要的时候，依法进行矫治教育。

第十七条之一　【刑事责任年龄】已满七十五周岁的人故意犯罪的，可以从轻或者减轻处罚；过失犯罪的，应当从轻或者减轻处罚。

第十八条　【特殊人员的刑事责任能力】精神病人在不能辨认或者不能控制自己行为的时候造成危害结果，经法定程序鉴定确认的，不负刑事责任，但是应当责令他的家属或者监护人严加看管和医疗；在必要的时候，由政府强制医疗。

间歇性的精神病人在精神正常的时候犯罪，应当负刑事责任。

尚未完全丧失辨认或者控制自己行为能力的精神病人犯罪的，应当负刑事责任，但是可以从轻或者减轻处罚。

醉酒的人犯罪，应当负刑事责任。

第十九条　【又聋又哑的人或盲人犯罪的刑事责任】又聋又哑的人或者盲人犯罪，可以从轻、减轻或者免除处罚。

【思考与练习】

一、问答题

1. 简述法律关系的概念及特征。

2. 法律关系主要有哪些种类？各自的分类标准是什么？

3. 简述调整性法律关系和保护性法律关系，与主法律关系和从法律关系两种分类方法之间的异同。

4. 简述对法律关系的合法性和国家意志性的理解。

5. 怎样理解平权型法律关系和隶属型法律关系？

6. 简述公民的行为能力与法人行为能力的异同。

7. 简述法律关系主体的概念及种类。

8. 简述法律关系客体的概念和种类。

9. 简述作为法律关系客体的特征。

10. 简述公民的权利能力。

11. 怎样理解法律事实？

12. 简述法律实施的种类。

二、选择题

1. 下列不属于或不能构成法律关系的是（　　）。

A. 张三经李四（精神病人）的父母同意而收养李四

B. 甲乙根据《民法典》合同编订立抵押合同

C. 甲年满 8 周岁时向乙购买了价值 1 000 元的自行车

D. 甲与乙约定选择法院管辖

2. 根据法律主体的多少及其权利义务是否一致，可将法律关系分为（　　）。

A. 调整性法律关系和保护性法律关系

B. 纵向法律关系和横向法律关系

C. 单向法律关系、双向法律关系和多向法律关系

D. 主法律关系和从法律关系

3. 法律关系与其他社会关系的根本区别是（　　）。

A. 合法性　　B. 物质制约性　　C. 意志性　　D. 强制性

4. 下列属于法律关系的是（　　）。

A. 已订婚的某对恋人之间的关系

B. 某市区人民法院党组书记杨某与该院其他党员的关系

C. 被告人聘请某律师进行辩护

D. 某甲赌博输给某乙 1 000 元钱，立下字据表示在三天内付清

5. 下列人中，第一次对法律关系作了理论阐述的法学家是（　　）。

A. 萨维尼　　B. 霍菲尔德　　C. 考库雷克　　D. 哈特

6. 关于公民的权利能力和行为能力，表述正确的是（　　）。

A. 公民具有权利能力必须首先具有行为能力

B. 公民的权利能力和行为能力不能分离

C. 公民具有权利能力，并不必然具有行为能力

D. 公民丧失行为能力，也就意味着权利能力的丧失

7. 胡某夫妇因有事外出，便雇用一临时保姆在家照看孩子，事后付给保姆酬劳 500 元钱。关于胡某夫妇与保姆之间法律关系的客体，下列选项正确的是（　　）。

A. 孩子　　B. 保姆

C. 孩子的安全、健康　　D. 照看孩子的劳务和500元报酬

8. 刘某和药店主孙某之间订有买卖协议，由刘某长期供应孙某假药低价销售。后因孙某欠款较多，双方发生纠纷。下面的说法，正确的是（　　）。

A. 刘某和孙某之间具有买卖法律关系

B. 假药和欠款是双方法律关系的客体

C. 刘某和孙某购销假药的行为违法，但买卖行为在法律上有效

D. 双方的协议违反法律，是无效合同，不受法律保护

9. 下列有关法人的权利能力和行为能力的表述，不恰当的是（　　）。

A. 法人有权利能力，就一定有行为能力

B. 法人的行为能力自法人成立之时就受到限制

C. 法人的权利能力自法人成立之时就受到限制

D. 法人有行为能力，不一定有权利能力

10. 甲用水果刀将人刺伤，被公安机关找着，按《治安管理处罚法》的规定给予行政处罚。这一法律关系的客体属于（　　）。

A. 物　　B. 精神产品　　C. 人身　　D. 行为结果

11. 能够引起法律关系产生、变更和消灭的条件主要有两个：一个是法律事实，另一个是（　　）。

A. 法律规范　　B. 法律行为　　C. 法律事件　　D. 法律适用

12. 魏某与桂某到婚姻登记机关申请登记结婚，婚姻登记机关依法予以登记并发给结婚证书。产生魏某与桂某法律上的婚姻关系的事实在法学上被称作（　　）。

A. 法律事件　　B. 法律行为　　C. 事实行为　　D. 事实关系

13. 某纳税人因偷税被某税务机关处罚款1 500元的处罚，某纳税人与某税务机关之间形成的法律关系是（　　）。

A. 调整性法律关系　　B. 保护性法律关系

C. 横向法律关系　　D. 从法律关系

14. 下列选项不属于法律关系的是（　　）。

A. 党组织对党员的惩戒关系　　B. 爱情关系

C. 氏族血缘关系　　D. 政治关系

15. 下列选项的法律关系属于保护性法律关系的是（　　）。

A. 婚姻法律关系　　B. 刑事法律关系

C. 劳动法律关系　　D. 诉讼法律关系

16. 根据我国的法律规定，下列情况可以形成法律关系的是（　　）。

A. 刘某因赌博欠吴某1万元

B. 甲区警方查出存在火灾隐患的企业，有关人员或被拘留或被处以重罚

C. 何某为急赶回家，将已过有效期限的身份证涂改，机场安检站不予放行登机

D. 任某在医院进行肾脏移植手术

17. 根据我国法律规定，能够成为法律关系主体的有（　　）。

A. 居住在我国的无国籍人　　B. 在我国旅游的外国人

C. 个体户　　D. 在监狱服刑的犯人

18. 根据我国法律，下列不能成为私人法律关系客体的物有（　　）。
    A. 铁路
    B. 村民王某在自家责任田中发现的一件战国青铜器
    C. 盗版光盘
    D. 军用枪支
19. 下列法律关系客体，属于行为结果的是（　　）。
    A. 刘某在网站注册电子信箱名称然后予以出卖
    B. 李某将一广告创意卖给某广告公司
    C. 赵某将布料交裁缝店加工成衣服
    D. 学生余某给李某的孩子提供有偿家教服务
20. 下列各选项不属于法律关系客体中的物的有（　　）。
    A. 托运行李　　B. 发表的小说
    C. 某人卖给医院的血　　D. 被移植入的器官
21. 根据我国法律的规定，下列能成为法律关系主体的有（　　）。
    A. 中华人民共和国　　B. 某市第一中学
    C. 某大学聘任的外籍教授　　D. 北京市海淀区人民法院
22. 下列不能引起法律关系产生、变更和消灭的条件有（　　）。
    A. 法律实施　　B. 法律规范　　C. 法律事实　　D. 法律关系客体
23. 下列有关法律关系的说法，不正确的是（　　）。
    A. 所有的法律关系都是合法的社会关系
    B. 所有的法律关系都是体现了国家意志
    C. 所有的法律关系都体现了双方当事人的意志
    D. 法律关系具有意志性，因此，不受客观因素的影响

三、案例分析题

1. 2000 年 5 月，四川省成都市曾发生了一起关于宪法平等权利的案件。原告王某等 3 名四川大学法学院的学生去被告“粗粮王红光店”用餐。被告的广告上写着“每位 18 元，国家公务员每位 16 元”。原告认为这是对非公务员消费者的歧视，违反了《宪法》第三十三条以及《民法通则》（已废止）第三条关于“当事人在民事活动中的地位平等”原则，侵犯了公民受宪法和法律保护的平等权，因而在成都青羊区人民法院起诉，要求被告撤销广告针对消费者的歧视对待，并返还对原告每人多收的 2 元钱。一审法院判决，法律并没有明文规定商家不能对公务员消费者予以优惠，也没有明文规定不能对不同的消费者采取不同的收费方式，因而驳回了原告的诉讼请求。原告上诉后，成都市中级人民法院维持原判。二审法院认为，原告与被告是“平等的民事主体”，原告“作为消费者有权选择是否消费，对是否消费有充分的自由”，被告“没有强迫消费者消费的意图与行为”，“有权处分自己的民事权利，有权决定对某一个群体和个人予以优惠”；且根据不同的群体以不同的价格发出要约，“实为适应市场需要，增强竞争而采取的一种促销手段”。因此，原告认为被告的行为侵犯了宪法和民法基本原则，属于“理解不当”，其诉讼请求“于法无据”，不予支持。后来，被告饭店自行撤出了关于公务员优惠的广告词。

问题：请分析本案涉及的法律关系。

2. 丹尼斯·霍普是美国月亮大使馆的总裁，他发现联合国1967年制定的《外层空间条约》有漏洞，即在这份外太空条约中，所有联合国成员都签署外太空天体的主权不为任何一个国家所有，但该条约却没规定私人不可以拥有外太空星体。于是丹尼斯·霍普向当地法院、美国、苏联和联合国递交了一份所有权声明，宣布丹尼斯·霍普为月球、太阳系除地球外的8大行星及其卫星的土地拥有者。2005年9月5日，北京月球村航天科技有限公司（北京月球大使馆）经工商注册成立，领取了营业执照。10月19日，正式开始销售月球土地。但不久被吊销营业执照，罚款5万元，并责令退还所售月球土地销售款。该案一度引发广泛热议。

问题：丹尼斯·霍普卖外太空的行为是否违法？

3. 韩先生某日持所购京剧票去北京某剧院观看“新新京剧团”排演的现代京剧《智取威虎山》，不料该剧团在外地演出，因路途遥远未能及时返京，致使在京的演出不能如期举行。该剧院被迫安排了一场交响乐，韩先生以剧院违约为由向法院提起诉讼。法院认定剧院违约事实成立，判令剧院赔偿韩先生票款及路费等人民币250元。此后剧院又向法院提起诉讼，告“新新京剧团”违约，要求赔偿损失，法院判决原告胜诉。

问题：1. 案例中哪些人、单位或机构之间构成法律关系？
2. 这些法律关系指向的客体是什么？
3. 案例中法律关系产生、变更的法律事实有哪些？
4. 在上面的法律关系中，哪些是主法律关系、从法律关系？哪些是调整性法律关系、保护性法律关系？

【扩展阅读文献】

1. 胡玉鸿：《法律主体概念及其特性》，《法学研究》2008年第3期。
2. 王勇飞、王启富：《中国法理纵论》，中国政法大学出版社1996年版。
3. 舒国滢：《“人”的法律意义》，《法律学习与研究》1990年第2期。
4. 王勇飞、张贵成：《中国法理学研究综述与评价》，中国政法大学出版社1992年版。
5. ［德］萨维尼著，朱虎译：《当代罗马法体系》第1卷，中国法制出版社2010年版。
6. ［美］霍菲尔德著，张书友译：《基本法律概念》，中国法制出版社2009年版。

学习情境：法律关系的识别

【范例】

甲京剧团与乙剧院签订合同演出某传统剧目一场，合同约定京剧团主要演员曾某、廖某、潘某出演剧中的主要角色，剧院支付人民币1万元。演出当日，曾某在异地演出未能及时赶回，潘某生病在家，没有参加当天的演出，致使大部分观众退票，剧院实际损失1.5万元。后剧院向法院起诉该京剧团，要求赔偿损失。

【训练目的及要求】

结合范例和相关知识，通过训练，能够分析判断各种案例中的法律关系。

【训练方法】

参训学生分为三组，一组学生分析判断本案中有哪些法律关系的主体；另一组学生分析各法律关系主体之间的法律关系；第三组学生对前面两组学生的分析进行评判。

【训练步骤】

步骤1：给出范例。

步骤2：分组。

步骤3：各组运用法律关系的有关知识分析判断本案的法律主体及存在的法律关系。

步骤4：各小组形成本组的观点依据后，各派一名代表发表意见。

步骤5：任课老师对法律关系适用的训练进行点评。

项目十五　法律行为的判断

【知识结构图】

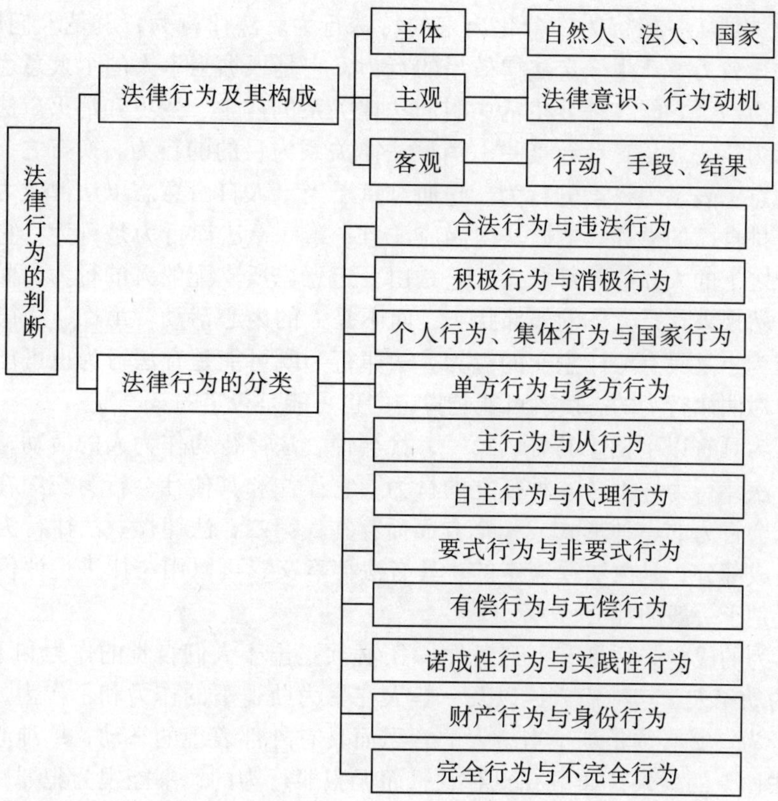

【知识目标】

1. 掌握法律行为的含义
2. 掌握法律行为的类型
3. 理解法律行为的构成要素

【能力目标】

能够正确判断法律行为的性质及类型

任务一　法律行为及其构成

【导入案例】

某人收到了一个来自税务机关的通知，要求他缴纳 1 万元的收入税，如不及时履行就会有受罚的危险。当天，同一个人又收到来自一个臭名昭著的绑匪头目的通知，要求他在一个指定地点存放1万元，否则他将被处死。他还收到第三封信，一个朋友请求他大力捐献资助。①

问题：我们面对这三种行为该如何取舍，又该如何正确认识？

【基本原理认知】

一、法律行为的概念

法律行为是从一般行为中分化出来的特殊行为。法律行为，就是人们所实施的、能够发生法律效力、产生一定法律效果的行为，它是根据当事人的个人意愿形成的一种有意识的活动，它能在社会生活中引起法律关系的产生、变更和消灭。法律行为是以意思表示为核心，以产生、变更、消灭法律关系为目的的行为。换言之，它是以发生私法上的意思表示为要素的行为。它通过赋予当事人自由意志以法律效力，使当事人能自主安排自己的事务。把握其内涵应注意：第一，法律行为是行为。它是人在一定意志支配之下的人体的外部状态。它是由一定意志所支配的人的行为，而不是无意志支配的自然现象；是人体的外部状态，而不是人的内心活动。第二，法律行为是法律调整的行为，是具有法律意义的行为。法律行为既可能是合法行为也可能是不合法行为。法律对法律行为的态度既可能是肯定的也可能是否定的。

法律行为具有以下两个特征：第一，社会性。法律行为作为人的活动，具有社会性的特征，法律行为并不是一种孤立的行为，它往往和其他社会行为交织在一起，并作为其他社会行为的一种形式或一个方面而存在；第二，法律性。法律行为是法的现象的重要组成部分，是由法律规定的、具有法律意义、可以用法律进行评价的人的行为，以此区别于一般的社会行为。

法律行为的成立必须具有下列条件：①必须是出于人们自觉的作为和不作为。无意识能力的幼年人、精神病人，以及一般人在暴力胁迫下的作为和不作为，都不能被视为法律行为。②必须是基于当事人的意思而具有外部表现的举动，单纯心理上的活动不产生法律上的后果，如虽有犯罪意思而无犯罪行为的，不能视为犯罪，也不能视为法律行为。③必须为法律规范所确认而发生法律上效力的行为。不由法律调整、不发生法律效力的，如通常的社交、恋爱等不是法律行为。

二、法律行为的构成

法律行为是主体与客体、主观与客观因素相互作用的一个复杂的过程，通过法律行为主体的主观方面与客观方面的特定活动构成法律行为。

（一）主体方面

1. 行为人：包括自然人、法人和国家

（1）自然人和法人。法律行为的行为人主要是自然人。但随着人类生存空间的扩大、法律调整范围的延展，法律行为主体范围也开始发生变化，不仅是自然人，法人也有法律行为能力的问题，根据我国法律规定，法人具有权利能力与行为能力，其实施的行为依然会产生法律上的意义与效力。

---

① 刘星：《西方法学初步》，广东人民出版社1998年版，第125页。

（2）国家。国家不同于自然人。国家作出的法律行为必须由一定的国家机关及其工作人员来代为进行。在作出法律行为时，国家得遵守法律的规定，在作出法律行为后，国家也应当承担与之行为相应的法律后果。这种后果既包括肯定性法律后果，也包括否定性法律后果（法律责任及其法律制裁）。代国家作出法律行为的国家机关与工作人员如果在代为行为的过程中有过错，当然也应当承担应有的法律责任。国家对法律的服从是法律权威性的最根本保障，是国家赢得社会支持的重要保证，是国家保证其各个机关与工作人员遵从国家意志的重要方面，是国家民主与法治的重要表现。

国家也是法律行为的行为人。其作出法律行为的情形主要为三个方面：首先，在国家的职权活动中，国家是相关法律行为的行为人。例如，在立法活动中，国家是立法行为的行为人；在司法活动中，国家是司法行为的行为人；在行政活动中，国家是行政行为的行为人；其次，在一定的民事活动中，国家可能是某些民事法律行为的行为人。例如，国家是国家财产的所有权人，享有作为所有权人的一切法律权利。国家在接受无主财产的法律关系中，是接受财产法律行为的行为人；最后，在国际法律关系中，国家是当然的国际法律行为的行为人。在法律既定的情况下，国家作为法律行为的行为人不应当享有特权。它也应当遵守法律的规定。在享有法律权利的同时，也应如同其他法律行为的行为人一样服从法律的权威，履行法律义务。

（二）主观方面

1. 行为人的法律意识

法律行为行为人的法律意识影响着法律行为的性质。法律意识健全或良好的行为人，其法律行为合法的可能性就较大。反之，合法的可能性就较小。法律意识水平较高者就会依照法律的规定，作出自己的法律行为；如果有违法的可能性存在，行为人就会事先预测相应法律行为的法律后果，从而调整自己的法律行为，使其尽可能不违反法律规定。法律意识较高者如果遇到违法情形出现也可以较好地估计法律后果，服从法律的裁决或接受法律的处罚。但法律意识水平低下者，就可能因为不知法而违法，甚至为着合法的目的采取了非法的手段，结果使自己违反法律规定，构成违法犯罪。法律意识水平低下者即使承担了法律责任，也还可能不明就里，执迷不悟，在以后还可能再次进行同样的违法犯罪。也有的违法犯罪人，由于法律意识水平低下，认识不到自己行为的违法性质，将自己所应承担或已经承担的法律责任归咎于别的非正常原因，使法律惩罚达不到校正法律行为的目的。

法律意识对于国家法律行为也有重要的制约作用。首先，它影响着一个国家的治国方略。一个国家是实行法治还是实行人治，与一个国家的法律意识有十分密切的联系。具体地说，它影响着一个国家能否依法管理国家事务和社会事务，能否依法管理国家经济文化事业；能否依法行政与依法司法、依法执法等。其次，它影响着一个国家在民事活动中是否遵守自己为全社会拟订的行为规则，当然影响着它作为民事法律行为行为人的法律形象；最后，在国际法律关系中其法律意识制约着其国际法律行为的状况。是否遵守共同的国际法律准则，是一个国家国际形象的重要内容，严重影响着它的国际声誉。

2. 行为人的行为动机

法律行为的动机是法律行为的直接因由，它直接推动人去行动，它发动法律行为、推进法律行为、否定法律行为、中止法律行为。主体怀有什么样的动机，就会推动他实施何种法律的行为。

法律行为动机的产生是基于法律行为主体的需要，同时，这种需要还必须通过外部条件的刺激才能真正实现。

（1）需要。需要及其满足，是人类个体、群体得以生存和发展的前提和过程，对于人类行为具有决定性的意义。法律行为也必须以人的相应需要为动力。需要制约着人们的行为动机。需要是客观存在着的，需要的客观性决定了人们满足需要的行为动机的客观性。法律对于人的行为的调控必须尊重人的需要的客观性，影响由其制约的人们的法律行为动机。同时，由于人的需要的类同性有差异，这就会产生类同或相异的法律行为，只有正视这一点，才可能正确认识人们所形成的法律行为动机，进而调控法律行为。

（2）外部条件的刺激。需要是动机得以产生的基础，但仅有需要还不会形成动机。动机的产生得依赖必要的环境和刺激。比如，人需要金钱财物，这使人产生了贪污、受贿动机，但并非一定会有相应的行为，还必须有一定的客观条件，如担任一定公务，具有职务之便。如果没有这个条件，贪污动机和受贿动机都没有可能产生行为。

此外，动机与动机支配下的法律行为之间的关系如果从数量关系来看，一个动机可能导致多个法律行为，如希望拥有更多金钱的动机，其导致的法律行为就可能有：努力工作，增加收入，减少支出；利用职务、贪污受贿；铤而走险，诈骗、偷盗、抢劫等。同时，一个法律行为也可能出自多个动机，如交还拾得遗失财物的法律行为，就可能源自以下动机：拾金不昧，急人所急；贪图表扬，博取声誉；于心不安，换取内心宁静；恐惧他人知晓，害怕有损形象；恐惧法律强制返还或法律其他制裁；等等。作为人们外在行为准则的法律，它所要求的是行为的合法性或违法性。对于内在动机，法律则并无合法与违法的要求。

（三）客观方面

1. 行动

行动是指人们通过身体而表现于外在的举动。人的意志只有外化为行动并对外界产生影响，才能成为法律调整的对象。行动的内涵相当丰富，躯体、四肢、五官都可以产生这种行动，像任何其他行为一样，法律行为的外在行为也大体上分为两类：

（1）身体行动。指通过人的身体（躯体及四肢）的任何部位所作出的为人所感知的外部举动。这一类行动（如杀人放火、货物买卖）可以通过自身的外力直接作用于外部世界，引起法律关系的产生、变更或消灭。

（2）语言行动。即通过语言表达对他人产生影响的行为。它包括两种：①书面语言行为，诸如书面声明、书面通知、书面要约和承诺、签署文件等。②言语行为，如以言论行为诽谤、恐吓、警告、作伪证、发表声明、意思表示等。

2. 手段

手段是指行为人为达到预设的目的而在实施行为过程中所采取的各种方式和方法。其中既包括行动的计划、方案、措施、步骤、技术等，还包括行动所借助的工具和器械等。行为手段是考察行为的目的并进而判断行为的法律性质的重要标准，是考察法律行为是否成立以及行为人应否承担责任、承担责任之大小的根据。一般而言，行为人欲达到合法的目的，自然会选择合法的行动计划、措施、程式和技巧；否则就会选择违法（或犯罪）的方式和方法。而且，行为的法律性质不同，其方式、方法和手段则有所不同。例如，同样是合法行为，民事合法行为的方式就不完全等同于合法的行政行为的方式；同样是违法行为，刑事犯罪的方式就不能与一般的民事违法行为、行政违法行为的方式相提并论。

3. 结果

结果是行为完成的状态。法律行为必须要有结果，因此结果是法律行为事实的重要内容之一。没有结果的行为，一般不能视为法律行为。法律通常根据行为的结果来区分行为的法律性质和行为人对行为负责的界限和范围。结果可能是物质性的，也可能是精神性的；可能是直接的，也可能是间接的。

判断法律行为结果，主要有两个标准，一是行为所造成的一定的社会影响。这种影响或者是表现为对他人、社会有益或者有害；二是该结果应当从法律角度进行评价，如该行为是合法还是违法？是行政行为还是民事行为？这里应当区别的问题是：行为的结果并不等于法律后果，行为结果只是行为人承担法律后果的依据之一，但并不是法律后果本身。

【拓展阅读】

法律行为的概念来源于德国注释法学派。许多学者认为，最早使用“法律行为”概念的是德国学者丹纪埃·奈特尔布兰德。1807 年海泽出版了《民法导论——PANDEKTEN 教材》一书，该书第六章以“行为”为题，并在第二节专门讨论了法律行为的一般理论。1794 年，普鲁士邦法接受了注释法学派的研究成果，最早采纳了法律行为的概念。1900 年《德国民法典》第一次系统地、完善地规定了法律行为制度，以后，许多继受德国民法的国家，也纷纷在自己的民法典中采纳法律行为的概念和相关规定，如《日本民法典》《希腊民法典》等。1922 年《苏俄民法典》和 1964 年的《苏俄民法典》也采纳了《德国民法典》的概念，规定了较为完备的法律行为制度，该法典对我国 1986 年《民法通则》产生了较大影响。

在德国学者中，对法律行为概念的表述通常是从两个方面考察的：一是从法律行为的内涵即意思表示的角度来概括法律行为的概念。萨维尼曾在《现代罗马法体系》中对法律行为作出过一个经典的定义，他认为法律行为是指“行为人创设其意欲的法律关系而从事的意思表示行为”。法律行为是以意思表示为核心，法律行为的概念是对总则之下民法各编规定中行为的抽象，大多数德国学者都接受了这种观点。这一定义强调了法律行为的意思表示要素与所产生的私法效果。意思表示是法律行为不可缺少的核心构成要素。如果法律行为能够产生主体预期的后果，按照当事人的意思安排他们之间的权利义务关系，当事人必须要能够自主作出意思表示，而且这种意思表示能够依法在当事人之间产生拘束力。法律行为与事实行为的根本区别即在于当事人是否作出了意思表示且这种意思表示是否能够产生拘束力。二是从法律行为的功能角度来界定法律行为的概念，例如，温德夏特认为：“法律行为是旨在法律效力的创设的私的意思宣告”；弗卢梅认为，法律行为旨在通过个人自治即通过实现私法自治的原则，以设定一个调整内容的方式，去成立、变更或解除一个法律关系。①

① http：//wenku. baidu. com/view/906eb3ed102de2bd96058858. html。

任务二　法律行为的分类

【导入案例】

原告：汤某，男，36 岁，安徽省当涂县建材公司职工。

被告：安徽省当涂县劳动局。

法定代表人：管某才，局长。

原告汤某以被告安徽省当涂县劳动局不履行保护人身权、财产权的法定职责为由，向当涂县人民法院提起行政诉讼。

原告诉称：原告向当涂县劳动局递交书面申请，请求劳动局履行保护劳动者合法权益的法定职责，要求劳动局给予答复。但是，两个多月过去了，劳动局对原告的申请不予答复。请求责令劳动局履行其法定职责。

被告辩称：被告已将原告的申请作为人民来信转交当涂县物资局处理，依法履行了自己的法定职责。原告的起诉不能成立。

当涂县人民法院经审理查明：原告汤某写了一份反映其所在的工作单位——当涂县建材公司有违反劳动法律、法规，滥用职权，停发及乱扣其经济收入的行为，要求当涂县劳动局依法调查处理的申请，于1996 年 1 月 1 日寄交当涂县劳动局。1 月 4 日，当涂县劳动局局长管某才在此信上批示："将此文转交物资局处理。"事后，既未对申请信中所反映的问题进行监督检查，也未给汤某本人作出答复。

上述事实，有双方当事人的陈述以及书证证明，事实清楚，证据确实、充分，足以认定。

当涂县人民法院认为：《中华人民共和国劳动法》（以下简称《劳动法》）第八十八条第二款规定："任何组织和个人对于违反劳动法律、法规的行为有权检举和控告。"原告汤某认为建材公司违反劳动法律、法规，侵害了自己的合法权益，写信要求查处，是行使公民的正当权利。《劳动法》第九条第二款规定："县级以上地方人民政府劳动行政部门主管本行政区域内的劳动工作。"被告当涂县劳动局是当涂县行政区域内劳动工作的主管部门，汤某就劳动工作方面的问题向其投诉，是适当的。《劳动法》第八十五条规定："县级以上各级人民政府劳动行政部门依法对用人单位遵守劳动法律、法规的情况进行监督检查，对违反劳动法律、法规的行为有权制止，并责令改正。"第十六条规定了劳动行政部门执行监督检查公务的权力，第十二章规定了劳动行政部门对用人单位违反劳动法律、法规的行为进行处理的各种权限。这些规定说明，当涂县劳动局有责任、也有权力对用人单位遵守劳动法律、法规的情况进行监督、检查和处理。《劳动法》第八十七条规定："县级以上各级人民政府有关部门在各自职责范围内，对用人单位遵守劳动法律、法规的情况进行监督。"物资局是人民政府的一个部门，对其主管的建材公司遵守劳动法律、法规的情况有权进行监督，但是无权对违法行为进行处理。当涂县劳动局把要求查处违法行为的来信批转无处理权的物资局去处理，自己既不履行监督检查的职责，也不向物资局了解监督的结果如何，并且不给来信人答复，不能认为其已履行了法定职责。如果允许行政机关对自己主管业务范围内收到的公民来信，只要批出后就可了事，就可以认为履行了职责，再不必检查、落实和给来信人作出答复，那么，法律赋予公民的检举、控告权利就会形同虚设。当涂县劳动局已经履行了法定职责的辩解理由，不能成立。

据此，当涂县人民法院依照《中华人民共和国行政诉讼法》第五十四条第（三）项的规定，于1996年4月23日判决：责成被告当涂县劳动局依法对当涂县建材公司遵守劳动法律、法规的情况进行监督检查，并在两个月内对原告汤某本人作出书面答复。案件受理费100元，其他诉讼费用200元，由被告当涂县劳动局承担。宣判后，原告、被告均未提出上诉，判决已发生法律效力。

问题：本案中被告当涂县劳动局有没有违法行为？属于哪一种违法行为？

【基本原理认知】

法律行为分为合法行为和违法行为，同时，违法行为又可以分为作为和不作为，也就是说，既有作为的违法行为，又有不作为的违法行为，而人们常常忽略后一种违法行为。在本案中，《劳动法》第九条第二款规定："县级以上地方人民政府劳动行政部门主管本行政区域内的劳动工作。"即法律规定了被告作为的义务，而被告当涂县劳动局不依法对当涂县建材公司遵守劳动法律、法规的情况进行监督检查，这就是以不作为的方式违反了法律规定。随着法制的进步，法律规定了越来越多的不作为违法行为。对此，我们应当有充分的认识。①

一、合法行为与违法行为

根据行为是否符合法律的内容要求，可以将法律行为分为合法行为与违法行为。

合法行为是指行为人所实施的具有一定的法律意义、与法律规范内容要求相符合的行为。合法行为在内容与形式上都具有合法的性质。合法行为应当受到法律的保护，如依法纳税的行为。

违法行为是行为人所实施的违反法律规范要求且应受到惩罚的行为。在法学上，违法行为有广义与狭义两种。广义的违法包括一般违法与犯罪，狭义的违法仅指一般违法，不包括犯罪在内。违法行为应当受到法律的制裁。

二、积极行为与消极行为

根据行为方式的不同，可以把法律行为分为积极行为和消极行为。积极行为，又称"作为"，指以积极、主动作用于客体的形式表现的，具有法律意义的行为，如依法纳税的行为；消极行为，又称"不作为"，指以消极的、抑制的形式表现的，具有法律意义的行为，如未经著作权人许可不得发表其作品。在法律上，这两种行为不能反向选择，即当法律要求行为人作出积极行为时他就不能作出消极行为，当法律要求行为人作出消极行为（禁止作出一定行为）时他也不能作出积极行为，否则就构成了违法行为。

三、个人行为、集体行为与国家行为

根据行为主体的特性不同，可以把法律行为分为个人行为、集体行为和国家行为。

① http：//www. people. com. cn/item/flfgk/gwyfg/1996/113216199608. html。

个人行为是自然人基于个人意志和认识所从事的具有法律意义的行为；集体行为是机关、组织或团体所从事的具有法律效果、产生法律效力的行为。集体法律行为具有明显的组织性和目的性，群体的建立和运转都以相应的法律规定为依据；国家行为是国家及其工作人员根据国家意志、以国家名义、代表国家所进行的活动。这种行为的直接行使者是国家机关及其工作人员；其根据的国家意志，即国家的法律规定，以及特别的依法授权；其后果由国家承担。

四、单方行为与多方行为

根据主体意思表示的形式，可以把法律行为分为单方行为和多方行为。

单方行为，又称作“一方行为”，指由法律主体一方的意思表示即可成立的法律行为，即只要一个当事人单方面作出意思表示，法律行为即可成立。如遗嘱行为，只需遗嘱人作出处分其死后遗产的意思表示，遗嘱即可成立并在遗嘱人死亡时发生法律效力。由于单方法律行为无须他人同意即可成立，所以，也可根据当事人单方面的意思表示而发生变更或撤销。例如，遗嘱人设立遗嘱后，可以随时变更遗嘱内容甚至撤销已经设立的遗嘱。单方法律行为通常只能为他人设定权利而不能单纯为他人设定义务。

多方行为，指由两个或两个以上的多方法律主体意思表示一致而成立的法律行为。与单方法律行为不同，双方或多方法律行为中必须包含两个以上一致的意思表示。例如，作为多方法律行为，买卖合同行为必须是买卖各方协商一致才能成立。由于双方或多方法律行为必须由双方或多方当事人共同协商才能成立，所以，双方或多方法律行为的变更或者解除，除法律有特别规定之外，也必须经过双方或多方当事人的协商一致。

五、主行为与从行为

根据行为之主从关系，可以把法律行为分为主行为和从行为。主行为，是指无须以其他法律行为的存在为前提而具有独立存在意义、产生法律效果的行为；从行为，是指其成立以另一种行为的存在作为存在前提的法律行为。

例如，张三向李四借款 5 万元，由王五作保证人。其中存在着两个民事法律行为：一个是张三与李四之间的借贷合同行为，另一个是王五与李四之间的保证合同行为。保证合同行为的存在依附于借贷合同的存在而存在，如果没有借贷合同，就不可能存在保证合同，因此，借贷合同行为是主法律行为，保证合同行为是从法律行为。

主从法律行为，主行为无效，从行为自然无效。因为从法律行为依附于主法律行为，所以主法律行为无效时，从法律行为必然归于无效。最典型的就是担保合同，如果主合同被宣告无效，担保合同自然无效。

六、自主行为与代理行为

根据主体实际参与行为的状态，可以把法律行为分为自主行为和代理行为。自主行为，是指法律主体在没有其他主体参与的情况下以自己的名义独立从事的法律行为。这种完全不受外力约束、由自己的意志支配，按照自己的愿望实施的行为，就是自主行为。如为满足自己的需要为自己购买手机就是自主行为。代理行为，是指法律主体根据法律授权或其他主体的委托而以被代理人的名义所从事的法律行为。代理行为是受别人委托，按照委托人的要求而实施的行为。如受他人委托为别人买手机，虽然是自己去买手机，但却是按别人的意志要求去办的事，是别人的事情。这里，自己充当了委托人的工具，即代理人。

七、要式行为与非要式行为

根据行为是否需要特定形式或实质要件，可以分为要式行为和非要式行为。要式行为，是指必须具备某种特定形式或程序才能成立的法律行为。如我国《民法典》继承编对当事人设立遗嘱的方式作了特别规定，如果遗嘱人未按法定方式设立遗嘱（如采用录音方式设立遗嘱而无两个以上的见证人在场见证），则遗嘱行为无效；非要式行为，是指无须特定形式或程序即能成立的法律行为。例如，一般的买卖行为，当事人既可采用书面形式，也可采用口头形式或其他形式。

八、有偿行为与无偿行为

有偿行为，是指行为双方须为对价的行为。对价，是指一方为换取对方提供利益而付出的代价。如买卖行为中，买受人获得出卖物，必须向出卖人支付价款；而出卖人获得价款，必须向买受人交付货物。即有偿法律行为中，当事人双方必须“互为给付”。所以，有偿法律行为又被称为有“对价关系”的法律行为。应当注意的是，这种“有偿”，是指双方存在利益上的交换事实，但不是指双方通过实施民事法律行为所获得的利益绝对相等，也不一定绝对是指支付金钱，也可以表现为提供劳务、完成工作等。

无偿行为，是指没有对价的行为，即一方当事人单纯获得某种利益而无须支付任何代价。在无偿法律行为中，不存在“对价关系”。如赠与行为中，受赠人仅获得赠与物而无须付出任何代价。属于无偿法律行为的还有借用行为、无息借贷行为、无偿保管行为等。

区别有偿行为与无偿行为的意义在于，有偿行为显失公平，受损害人有权请求变更或撤销，无偿行为则不存在显失公平的问题；有偿行为和无偿行为行为人的责任承担不同。

九、诺成性行为与实践性行为

根据行为是否通过意思表示，可以把法律行为分为诺成性行为与实践性行为。

诺成性行为，是指行为人基于意思表示而作出的具有法律意义的行为。诺成性法律行为只要双方当事人意思表示一致即可成立，亦即只要双方达成协议，法律行为即可成立并发生效力。如买卖合同行为，只要买卖双方达成协议，合同即告成立，双方即根据合同享有权利及承担义务，而出卖人交付货物及买受人支付货款，是依合同的约定对各自义务的履行。

实践性行为，指非经行为者意思表示而是基于某种事实状态即具有法律效果的行为，当行为双方达成协议时，法律行为尚未成立，对双方不能产生约束力。一旦交付实物，法律行为即告成立。这种基于事实而产生效力的行为，在法学上又被称为事实行为。如借用、无偿借贷、无偿保管、无偿运输等行为。但根据我国《民法典》合同编的规定，赠与合同属于诺成性法律行为。诺成性法律行为的当事人在双方达成协议之后，一方于交付实物前反悔而为对方造成损失的，应当承担赔偿责任。

十、财产行为与身份行为

以法律行为发生的效果是财产性还是身份性的而作此分类。财产行为是以发生财产上的法律效果为目的的行为，财产行为的后果是在当事人之间发生财产权利与义务的变动，如处分行为、给付行为与负担行为等；身份行为，是指直接以发生或丧失身份关系为目的的行为，如结婚、离婚、收养等行为。区分财产行为与身份行为的主要意义是：身份行为的目的在于取得或丧失身份，往往事关伦理，因而应特别强调对当事人意思的尊重，在法律上有较多的限制，通常不能由代理人代理。

十一、完全行为与不完全行为

根据行为的有效程度，可以把法律行为分为完全行为和不完全行为。完全行为，是指发生完全的法律效力的行为；不完全行为，是指不发生法律效力或仅有部分效力的法律行为，这其中包括无效的法律行为、效力未定的行为和失效的法律行为等。

此外，还可以依据法律行为的部门结构，将法律行为分为宪法行为、行政法律行为、民事法律行为、刑事法律行为和诉讼法律行为等。对法律行为作出正确的部门划分，有利于对法律行为进行正确的法律调控。如果对法律行为的法律部门归属发生误断，就必然会使法律行为受不到应有的法律对待。法律行为部门归类上的错误，对于社会成员和社会组织来说，容易导致“莫名其妙”地违法，甚至犯罪；对于法律适用机关来说，则容易导致适用法律不当，以致铸成冤假错案。

【拓展阅读】

在大陆法系国家各国的民法理论和民事立法中，“法律行为”是一个极其重要的范畴。“法律行为”概念的出现，至少有两个意义：其一，对自由追求法律效果的行为，在制度上已经能够规定到他的内部结构——尤其是意思表示这个部分，为法律生活中更精确地运用和识别法律行为和非法律行为、有效法律行为和不生效法律行为提供了制度标准；其二，在全部民法结构中，突出了自由追求法效果行为的中心价值——法律行为是一切法律要件中最重要者。由此可以说，法律行为概念一经产生，立即给整个民法领域带来一场理论革命。

【思考与练习】

一、问答题

1. 试述法律行为的分类。

2. 试述民事法律行为必须具备的要件并举例说明。

二、选择题

1. 甲家的鱼池与乙家鱼池相连，因暴雨甲家鱼池中的鱼进入乙家鱼池中，这属于（　　）。

A. 事件　　B. 事实行为　　C. 民事行为　　D. 民事法律行为

2. 下列事实属于法律行为的是（　　）。

A. 甲拾到一个钱包　　B. 乙创作一幅画

C. 丙通知同事开会 D. 丁赠送贫困生学习用具

3. 下列各项中，属于民事法律行为的是（　　）。

A. 甲购买彩电一台 B. 乙拾得金戒指一枚

C. 丙赠与妻子项链一条 D. 丁创作长篇小说一部

4. 行为作为民事法律关系产生、变更以及消灭的原因（　　）。

A. 不能是违法行为

B. 只能是民事法律行为

C. 只能是表意行为

D. 既可以是合法行为，也可以是违法行为

5. 根据我国法律的有关规定，对（　　）行为不能减轻或免除法律责任。

A. 李明家贫如洗却不小心在打工的企业损坏了价值30万元的仪器

B. 蒋某偷了一辆价值1 000元的自行车，14年后被人查出

C. 王大强遇到抢劫的3个手拿利刃的歹徒时，奋起反抗，夺过刀将其中一个歹徒刺成重伤

D. 张某偷彩电被事主抓住，双方签订了由张向事主赔偿1 000元精神损失的协议

6. 王某与张某签订了一份书面合同，约定由王某在签约后3日借给张某1万元，张某于半年后偿还该1万元并支付7%的利息。该行为属于（　　）。

A. 有偿民事法律行为 B. 无偿民事法律行为

C. 单务民事法律行为 D. 双务民事法律行为

7. 下列行为中属于双方民事法律行为的是（　　）。

A. 授权行为 B. 遗嘱行为 C. 撤销行为 D. 买卖行为

三、案例分析

1992年，人到中年的刘某离婚，七年后，她与某公司集团总经理高某相识、相恋并结婚。结婚前，二人订立婚前协议：婚后实行AA制，婚后各自收入归各自所有。同时，刘某鉴于第一次婚姻失败的教训，欲借婚前协议对高某进行婚姻道德的约束。于是，二人经商议后决定，在协议中写下关于婚姻忠诚的相关内容：若一方在婚内出现不道德行为而背叛对方，不仅要受到法律制裁，还要赔偿对方30万元作为赔偿。后来，刘某发现高某有了外遇，二人为此经常发生争执，感情急剧恶化。半年后，高某向法院提出了离婚申请，刘某伤心欲绝，在收集到高某婚外情的证据后，遂向法院递交了一份反诉状，请求法院判定对方支付违约金30万元。

请分析本案并提出解决方案。

【扩展阅读文献】

1. 张文显：《法律行为的结构分析》，《社会科学》1992年第12期。
2. 付子堂：《法律的行为激励功能论析》，《法律科学》1999年第6期。
3. 王利明：《法律行为制度的若干问题探讨》，《中国法学》2003年第6期。

学习情境：法律行为的判断

【范例】

某集团公司甲先后与乙公司、丙公司签订合同从事生产经营，累计资金千余万元。为了扩大生产经营规模并上市，该公司于2007年开始融资。其法定代表人张某先从银行贷款1亿元后，又先后从合作伙伴及朋友（10人）那里以高利借10亿元。贷款后，该公司在扩大经营的基础上又先后连续注册了其下属的房地产、出租、酒店等多家公司并进入试业状态。2009年1月，当地政府以公告形式查封甲公司及下属公司全部财产，当地公安机关对张某予以抓捕。随后，当地政府对甲公司及下属资产予以拍卖，获得拍卖额5亿元，尚有负债3亿元。检察机关以集资诈骗罪对张某提起公诉，张某被法院判处死刑。张某不服，上诉至该省高级人民法院。该省高级法院审理后维持原判。该判决结果引起了社会各界人士的广泛关注，通过网络、媒体等多种形式展开讨论，大多数意见认为对张某量刑太重，甚至主张张某无罪。

【训练目的及要求】

结合范例和相关知识，通过训练，能够进行法律行为的判断。

【训练方法】

参训学生分为两组，两组学生分别分析范例中的主体行为各属于什么法律行为；然后互相对对方的观点进行评价并展开讨论。

【训练步骤】

步骤1：给出范例。

步骤2：分组。

步骤3：各组运用法律行为的有关知识分析判断范例中的主体行为各属于什么法律行为。

步骤4：各小组分别陈述本组形成的观点。

步骤5：两组相互评价、讨论。

步骤6：任课老师对法律行为判断的训练进行点评。

项目十六　法律责任的承担

【知识结构图】

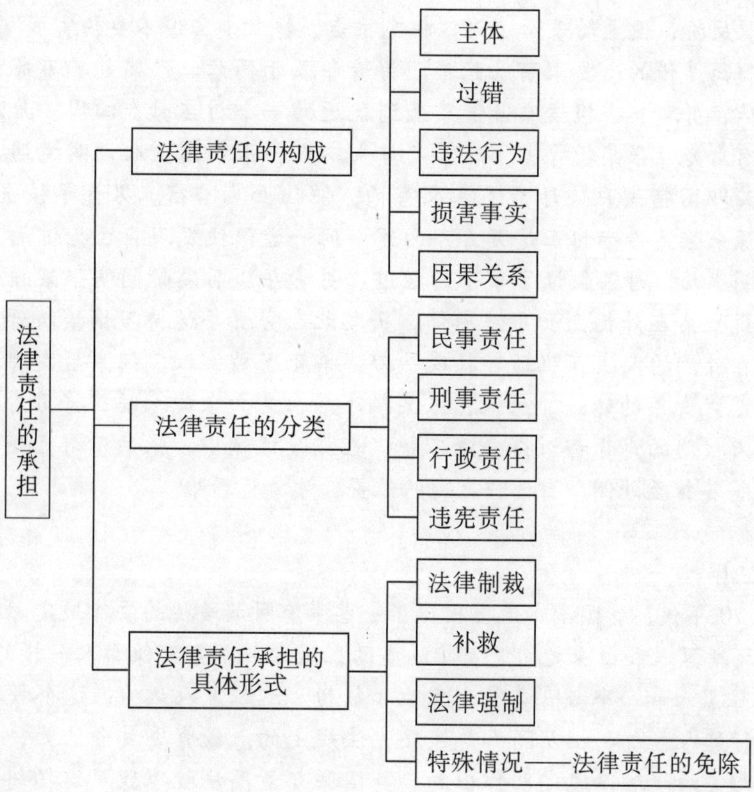

【知识目标】

1. 掌握法律责任的一般分类
2. 掌握法律责任的构成
3. 掌握承担法律责任的三类方式

【能力目标】

1. 能区别法律责任与其他社会责任
2. 能对某事件中的法律责任的种类、承担方式作出判断

任务一　法律责任的构成和分类

【导入案例】

【案例一】

被告人张某，女，19 岁。2009 年 9 月 1 日张某在骑自行车途中遇一男青年企图抢劫，张某不敢反抗，便主动表示“可以把车推走、钱拿走，但不要伤害我”，同时张某又说车上打气筒是借的，要求留给张某。男青年表示同意。张某趁其不备用气筒将男青年击倒在地，并骑车去报案。当张某来到就近的一个村庄时，四周一片漆黑，只有一户人家尚有灯光，张某便寻去。这家有母女二人，张某向主人说明遭遇后，母女深表同情，张某即留宿该户。母亲恐客人害怕，便让女儿陪宿。男青年被击倒醒来后，悻悻而归，原来张某借宿的正是男青年的家。他一进门便发现自己抢过的自行车在院内，急忙问明来历，母亲叙说了事情的经过。男青年听后急忙问明张某睡觉的位置及方向，母亲说张某在外侧，女儿睡内侧，头朝北。男青年遂持刀悄悄拨开房门，在黑暗中摸准睡在外侧的人头，照颈部猛砍一刀，杀死了被害人。但事后发现被杀害的不是张某，而是男青年的妹妹。原来，张某躺下后，久久未能入睡，将男青年与母亲的谈话以及用刀拨门的声音都听得一清二楚，在极度恐慌中，张某不得已悄悄移动男青年的妹妹，将其推至外侧，自己睡在她的位置，才幸免于难。

【案例二】

19 世纪 70 年代，美国南部地区出现了一些带有种族歧视的法律规定。根据这些规定，在公共场所黑人和白人之间是互相隔离的，黑人并不享有像白人一样的社会权利。1954 年，一位黑人和一个教育委员会发生了纠纷。这位黑人认为，这个教育委员会在公立学校实行黑人和白人相互隔离是违反宪法规定的。教育委员会认为，实行种族隔离，是根据相关的州法律规定而作出的。美国联邦最高法院审理了这场纠纷。法院认为，州有关公立学校实行种族隔离的法律规定，违反了《美国联邦宪法》第十四条修正案“平等保护”原则的规定，因此，是无效的法律规定。这一案例中，“被宣布无效”就是对州立法机构违宪行为的“不利后果”，是其要承担的违宪责任。[①]

问题：1. 张某是否需要承担法律责任？

2. 哪个权力机构可以宣布违宪责任？

【基本原理认知】

法律的实现具体体现在公民的法律行为之中。在合法行为中，法律直接实现；对于违法行为，法律则通过追究违法者法律责任的方式得以实现。法律责任是法律具有现实性的一个非常重要的环节。

我们通常理解的法律责任，是指因违反了法定义务或契约义务，或不当行使法律权利、权力，或特定法律事件发生所产生的，由行为人承担的不利后果。法律责任与

① http：//www. ahjgxy. com/zhuanti/jpkc1/djja15. htm。

法律义务是有区别的，义务相对于权利而言，履行义务的主体违背其应尽的义务，就是违法，就要承担法律责任。因为法律责任主要是由违法引起的，所以也就不同于一般社会责任，法律责任与一般社会责任的区别在于：第一，责任是法律上事先就明确规定的，什么样的行为要负什么样的责任，而其他社会责任一般没有明确规定；第二，法律责任的追究是以国家的名义对违法者进行制裁，而其他社会责任不须由国家出面予以追究；第三，法律责任的承担具有国家强制性，而一般社会责任的承担则没有国家强制性质。

在导入案例中，"案例一"涉及的是法律责任的构成要件问题，实际上是该行为是否具备违法性，是否可以以牺牲他人的生命来维护自己的生命的问题。就本案而言，形式上看来完全符合故意杀人罪的主客观要件，但是否能够对张某追究故意杀人罪的责任，问题的关键还在于确认其行为是否存在实质的违法性。我国刑法犯罪构成体系是个平面的结构，认为行为符合构成要件是构成犯罪的唯一依据，而犯罪构成要件又被认为是违法的类型，因此作为排除犯罪事由的紧急避险行为都不具有实质违法性，因此也就不符合刑法的构成要件，即不成立犯罪。在本案中，张某为了保全自己的性命，在面临紧急危险的情况下，不得已将睡在其旁边的被害人置于杀人者的刀下，应该说符合紧急避险的构成要件，因此不具备违法性，所以不承担刑事责任。"案例二"中，涉及的是违宪责任问题，这一案例中，"被宣布无效"就是对州立法机构违宪行为的"不利后果"，是其要承担的违宪责任。关于哪个权力机构可以宣布"违宪法律责任"的存在，在不同的国家有不同的制度规定。

可见，以上案例都存在共同的问题：即是否构成法律责任？构成何种法律责任？总之，法律责任的构成要件和分类是法律责任要解决的基本问题。只有弄清法律责任的构成和分类，才能据此对法律责任如何承担作出判断。

一、法律责任的构成

法律责任的构成要件，是指构成法律责任必须具备的各种条件或必须符合的标准，它是国家机关要求行为人承担法律责任时进行分析、判断的标准。根据违法行为的一般特点，我们把法律责任的构成要件概括为主体、过错、违法行为、损害事实和因果关系五个方面。

（一）主体

法律责任主体，是指违法主体或者承担法律责任的主体。责任主体不完全等同于违法主体。违法的主体必须是达到法定责任年龄的，有责任能力的自然人或社会组织、法人、国家机关及其公职人员。没有达到法定责任年龄和不能理解、辨认和控制自己行为的精神病患者，即使他们的行为造成了社会危害，也不构成违法，不能承担法律责任。例如，五岁的男孩陈某在和同伴玩耍的过程中，将一根铁丝戳进了六岁的赵某右眼中，导致赵某右眼失明。此案中实施了危害行为的陈某由于未达到法定责任年龄，无法成为法律责任的主体，即不用承担法律责任，其行为造成的损害，由其监护人承担相应的责任。

（二）过错

过错即承担法律责任的主观故意或者过失。在刑法上故意或过失是判定行为人主观恶性的重要依据；民法上故意和过失统称为过错，是构成一般侵权行为的要素；在行政法领域，实施过错推定的方法。

在刑事法律中，过错在本质上就是行为人的主观恶性，所以在以道义性惩罚为主的刑事责任中它是认定、衡量刑事责任的重要因素。例如，张某晚上从同学家归来，路过一条偏僻的胡同时，从胡同口处跳出一个持刀青年李某。李某用刀逼向张某并对其一阵乱踢让他交出钱和手表。张某在慌乱害怕中，拿起墙角的一根木棒，向李某挥去，李某应声倒下。张某立即向派出所投案，后经查验，李某已死亡。本案中，张某在主观上没有致李某死亡的心理状态，属于正当防卫，因而不能认为是违法。

过错责任原则不仅适用于刑事违法，也是民事违法等的一般原则。但在民事法律中一般较少区分故意与过失，也就是说，在民事法律上过错的意义不像在刑事法律中那么重要，有时民事责任不以有过错为前提条件。例如，我国《道路交通安全法》第七十六条第一款第二项规定："机动车发生交通事故造成人身伤亡、财产损失的，由保险公司在机动车第三者责任强制保险责任限额范围内予以赔偿；不足的部分，按照下列规定承担赔偿责任：（二）机动车与非机动车驾驶人、行人之间发生交通事故，非机动车驾驶人、行人没有过错的，由机动车一方承担赔偿责任；有证据证明非机动车驾驶人、行人有过错的，根据过错程度适当减轻机动车一方的赔偿责任；机动车一方没有过错的，承担不超过百分之十的赔偿责任。"这条规定，适用的是无过错责任原则，体现了对交通事故受害人的人文关怀。

（三）违法行为

违法行为，是指违反法律所规定的义务、超越权利的界限行使权利以及侵权行为的总称，一般认为违法行为包括犯罪行为和一般违法行为。

违法行为是引起法律责任最为常见的情形（原因），但违法行为不能涵盖所有可能导致法律责任的法律事实。因为另有少量合法行为、法律事件也可能引发法律责任。这是法律应专门加以明确规定的。

就特定合法行为而言，主要包括两类：

一是司法领域和行政执法领域中的显失公平的裁量行为。不当裁量行为本身属合法行为，但出于更全面地保护有关主体合法权益的需要，在此种裁量行为明显不当（显失公平）时，则会引起相应的法律责任。自由裁量权对行政、司法机关执行公务是必不可少的，但如果运用不当，也会侵害人们的合法权益。如《中华人民共和国行政诉讼法》《中华人民共和国行政复议法》均明确规定了对显失公正的裁量行为予以撤销或变更。

二是法律规定的紧急避险行为。从违法行为构成要件来说，紧急避险应该被规定为违法行为，因为它既符合违法行为的主体要件，也符合违法行为的客观要件。虽然避险行为所造成的损害小于获救的利益，有益社会，但由于遭到损害的利益也是法律所要保护的利益，并且避险行为与损害结果之间有直接的因果关系，所以紧急避险在法律上应该被设定为违法行为。但是，因为社会功利的需要，不得已要牺牲较小的合法权益以拯救较大的利益；法律把在逻辑上应该是违法行为的紧急避险明确规定为合法行为。但紧急避险所损害的较小利益也是法律应悉心加以保护的利益，所以在紧急情况过后，又应该考虑如何对被损害的较小利益加以弥补的问题。如不加以补偿，则法律显失公平，不利于社会稳定。解决的办法通常是：险情如由第三人引起，则由第三人向受害人承担民事赔偿责任。如险情由自然原因引起，则由受益人承担适当的民事补偿责任。

特定法律事件是引起法律责任的最后一种情形，它主要是指民法领域的公平归责所适用的情况。这时的法律责任又叫公平责任。这主要包括意外事件和由不可抗力引起的法律责任两类。比如，甲造房，乙出于好心去帮忙却不慎从墙头摔下，折断手臂一只，压死丙家鸡一只，这就只是法律上的意外事件。根据公平归责，甲虽不是致害人（这里根本没有违法行为人，甚至没有行为人，仅仅是法律事件），也没有谁有过错，但甲应适当支付乙的医疗费用和丙家鸡的赔偿费。特定法律事件引起法律责任通常应满足下面五个要件：①有法律事件发生；②事件中除利益受损主体外，还有其他相关主体；③有损害发生；④法律事件与该损害之间有直接（最近）的因果关系；⑤相关主体不对利益受损主体加以适当补偿会显失公平。

（四）损害事实

损害事实，即受到的损失和伤害的事实，包括对人身、财产、精神（或者三方面兼有的）的损失和伤害。损害应当具有确定性，它是已经实际造成的损害事实，而不是推测的、臆想的、虚构的、尚未发生的情况。认定损害事实必须根据社会的一般观念和公众意识并结合社会影响、环境等因素进行。损害事实在一般意义上是法律责任的构成要件，有些责任的承担不以实际损害存在为条件。比如，危害国家安全罪，不一定实际已对国家安全造成损害，但也要承担刑事责任。

（五）因果关系

因果关系即行为与损害之间的因果关系。因果关系是一种引起与被引起的关系，即一现象的出现是由于先前存在的另一现象而引起的，则这两现象之间就具有因果关系。因果关系有时简单：如甲把刀插入乙的心脏，乙死亡。甲的行为是“因”，乙死亡是“果”。因果关系有时是复杂的，亦即“多因一果”“一因多果”“多因多果”。如甲在闹市区实施了爆破行为，导致楼房店铺受损，人员伤亡，一些公共设施被破坏。此案中，甲的行为是一“因”而引起多个“果”。因此，认定因果关系需要仔细考虑事情之间的联系。

二、法律责任的分类

法律责任的种类，依不同的标准可以作不同的划分，如财产责任和非财产责任，职务责任和个人责任，等等。在法律实践中，最基本的分类方法是以引起责任的违法行为所违反的具体法律的不同为标准所作的分类。

（一）民事责任

民事责任，是指公民、法人、国家或其他民事主体因民事违法行为、违约或因特定的法律事实出现而依法应承当的不利后果。民事责任的特点是：第一，民事责任是一种以救济为主的法律责任；第二，民事责任主要是财产责任；第三，民事责任主要是一方当事人对另一方当事人的责任，在法律的框架内，当事人可以自行协商确定民事责任的承担方式、类型等。

（二）刑事责任

刑事责任，是指公民、法人、组织等主体违反刑事法律而应该承当的法律上的不利后果。刑事责任的特点是：第一，产生刑事责任的原因在于行为人行为的严重社会危害性，只有行为人的行为具有严重的社会危害性即构成犯罪时，才能追究行为人的刑事责任；第二，与作为刑事责任前提的行为的严重的社会危害性相适应，刑事责任是犯罪人向国家所负的一种法律责任；第三，刑事法律是追究刑事责任的唯一法律依据，罪刑法定；第四，刑事责任是一种惩罚性责任，因而是所有法律责任中最严厉的一种；第五，刑事责任基本上是一种个人责任。同时，刑事责任也包括集体责任，比如“单位犯罪”。

法律责任有不同的种类，其中，民事责任和刑事责任的区分具有重要意义。包括中国古代法律制度在内的世界大多数封建法律的一个显著特点就是“民刑不分，诸法合体”，即一概以刑罚的手段追究违法者的法律责任，而相应地现代法律制度的重要特征就是明确区分违法行为的性质，对不同的违法行为采取不同的法律制裁，以不同的方式来承担法律责任。这种不同的承担法律责任的方式典型的体现就是民事责任和刑事责任的严格区分。

（三）行政责任

行政责任，是指行政机关及其工作人员和行政相对人违反行政法律或某些法律事实的出现而引起的法律上的不利后果。行政法律责任通常包括两个部分：一是国家行政机关及其工作人员的违法行为引起的法律责任；二是公民、社会组织等行政相对人违法行为或不履行行政义务而引起的法律责任。行政责任的形式包括惩罚性的行政责任和补偿性的行政责任两类。

（四）违宪责任

违宪责任，是指由违反宪法而应承当的法律的不利后果。违宪责任的产生原因是违宪行为。现代宪法一般都有“合宪性”的规定，即明确规定宪法具有最高的法律地位和法律效力，因而任何一种违宪的法律、法规、规章和活动都是无效的，都必须承担违宪责任。

在我国，监督宪法实施的权力属于全国人大及其常委会。违宪责任的特点是：第一，违宪责任主要是一种政治责任；第二，违宪责任的承担方式较特别；第三，违宪责任的归责主体较特别。

【拓展阅读】

一、法律责任的竞合

法律责任的竞合，是指由于某种法律事实的出现，导致两种或两种以上的法律责任产生，而这些责任之间相互冲突，但又不能同时追究，只能追究其一，这种情况即是法律责任的竞合。

竞合，从语义上讲，是竞相符合或同时该当之意，即同一行为同时符合不同法律责任的构成要件，从而导致了不同法律责任间的冲突。法律责任竞合是法律上竞合的一种，它既可发生在同一法律部门内部，如民法上侵权责任和违约责任的竞合，也可发生在不同的法律部门之间，如民事责任、行政责任和刑事责任等之间的竞合。

（一）法律责任竞合的特点

（1）数个法律责任的主体为同一法律主体。不同法律主体的不同法律责任可以分别追究，不存在相互冲突的问题。

（2）责任主体实施了一个行为。如果是数个行为分别触犯不同的法律规定，并且符合不同的法律责任构成要件，则应针对各行为追究不同的法律责任，而不能按责任竞合处理。

（3）该行为符合两个或两个以上的法律责任构成要件。行为人虽然仅实施了一个行为，但该行为同时触犯了数个法律规范，符合数个法律责任的构成要件，因而导致了数个法律责任的产生。

（4）数个法律责任之间相互冲突。如果数个法律责任可以被其中之一所吸收，如某犯罪行为的刑事责任吸收了其行政责任；或可以并存，如某犯罪行为的刑事责任与附带民事赔偿责任被同时追究，则不存在责任竞合的问题。当责任主体的数个法律责任既不能被其中之一所吸收，也不能并存，而如果同时追究，显然有悖法律原则与精神时，就发生法律责任间的冲突，产生竞合。

（二）产生原因

不同的法律规范从不同角度对社会关系加以调整，而由于法律规范的抽象性以及社会关系的复杂性，不同的法律规范在调整社会关系时可能会产生一定的重合，使得一个行为同时触犯了不同的法律规范，面临数种法律责任，从而引起法律责任的竞合问题。

（三）法律竞合的处理

（1）对于不同法律部门间法律责任的竞合，一般来说，应按重者处之。如果相对较轻的法律责任已经被追究，再追究较重的法律责任应适当考虑折抵。

（2）目前在实践中，法律责任的竞合较多的是指民事上的侵权责任与违约责任的竞合。对这种法律责任竞合的性质及法律上如何处理，理论上存在争议，各国的法律规定也有所不同。①有的国家禁止竞合，规定不得将违约行为视为侵权行为，从而不产生责任竞合问题；②有的则允许或有限制地允许竞合，而赋予当事人选择请求权。如我国《民法典》第一百八十六条规定，在发生违约责任和侵权责任竞合的情况下，允许受害人选择其中一种责任提起诉讼。

二、法律责任的归责原则

对于我国法律责任的归责原则体系，学术界存在着争论，尤其是民事责任方面的归责原则更是众说纷纭：

（1）单一的过错责任原则。“归责原则的一元化，使责任同过错密切联结起来，把过错的道德评价和法律评价问题提到了十分显著的位置，这就为发挥法律责任的教育和预防作用奠定了基础。”这种观点否认了过错责任原则之外的其他任何归责原则，主张扩大过错责任原则的适用范围以解决司法实践中的新问题。

（2）过错责任原则与无过错责任原则并存。“在相当的历史时期内，归责原则将是二元制，即过错责任原则与无过错责任原则并存。”对于一般的归责情形，适用过错责任原则；对于特殊的归责情形，适用无过错责任原则；而所谓的公平责任原则，“多半是赔偿标准问题而不是责任依据问题。所以，它能否作为一项独立的归责原则还大有探讨余地”。

（3）过错责任原则等三种责任原则共存。一部分人认为：目前在我国法律制度中，同时也存在着三个归责原则，但对于存在着哪三个归责原则又有分歧。有人主张：一般情况下适用过错责任原则，特殊情况下适用无过错责任原则，无行为能力人致害而监护人不能赔偿等特别案件适用公平责任原则。也有人主张：三个归责原则，是指过错责任原则、过错推定原则和公平责任原则，其中“过错责任原则是适用于一般侵权行为的一般原则，过错推定原则是适用于各种特殊侵权行为的原则，而公平责任原则是为弥补过错责任的不足，为补救当事人的损害而存在的一项归责原则”。这种观点的特点是一改过错推定原则属于过错责任原则范畴的说法，将过错推定原则从过错责任原则中独立出来，以成为一个独立的归责原则。还有人认为：三个归责原则，是指过错责任原则、危险责任原则和公平责任原则。

而在刑事责任方面，则一致同意以过错责任原则为其归责原则体系中的基本原则。如刑法中的罪达原则，即是以行为人的主观过错为归责要件，将犯罪的主观方面分为犯罪故意与犯罪过失。要想将不法行为认定为犯罪行为，光有犯罪构成中的客观要件是不够的，还须具备犯罪构成中所要求的主观要件，即犯罪主体在主观上是故意或过失的。如因意外事件而产生社会危害性的行为就是因为不具备犯罪构成的主观方面而不被认定为犯罪。至于刑事责任是否还存在其他归责原则，却有一番争论。有人认为：在刑事责任的归责原则体系中，除了过错责任原则外，还存在着无过错责任原则。持肯定态度的学者认为：“为了增强人们的社会责任感和提高人们的注意力，同时为加强对某些特殊对象的特别保护，有必要在刑法中规定无过错责任条件。我国刑法正满足了这一社会要求，无论是 1979 年《刑法》还是 1997 年《刑法》，以及在此期间颁布的一些单行刑事法规，都涉及无过错责任的适用。这说明在刑法领域，我国在坚持主客观相统一原则的前提下，肯定了无过错责任的价值。”而持否定论的学者则认为：“在当前我国刑事立法和司法实践中不存在无过错责任，而且将来也不应采用无过错责任。罪过现任责任始终是我国刑事责任的原则，无过错责任与我国刑法的性质是背道而驰的，应予否定。”

在行政责任方面，也存在着分歧。有人认为行政法律责任的归责原则采用的是过错责任原则与无过错责任原则并用的混合归责原则；有人则认为采用的是过错责任原则；还有人认为是以违法责任原则为其归责原则。

比较上述观点，我们可以发现：不论是民事责任方面，还是刑事责任、行政责任方面，对归责原则体系构成的争论无非集中在过错责任原则、无过错原则、过错推定原则、公平责任原则等归责原则的不同组合方面。①

任务二　法律责任承担的具体形式

【导入案例】

2000 年 1 月 17 日中午，放学回家的浙江省金华四中高二学生徐某吃过中饭后，因不满其母对他的严格管束，趁正在卧室织毛衣的母亲不备之机，用铁榔头向她头部猛击，导致母亲死亡。2000 年 3 月 30 日，浙江省金华市人民检察院以徐某犯故意杀人罪，向金华市中级人民法院提起公诉。经不公开开庭审理，法院认为，其行为已构成故意杀人罪。徐某犯罪时未满 18 周岁，不适用死刑，在无期徒刑或者 10 年以上有期徒

① http：//club. topsage. com/thread－1267958－1－1. html。

刑幅度内从轻处罚。4 月 29 日，根据徐某的犯罪情节，鉴于该案具体情况可依法酌情从轻处罚，为贯彻惩罚与教育相结合的刑事政策，金华市中级人民法院作出判决，判处徐某犯故意杀人罪，有期徒刑 15 年。

徐某对此表示服判不要求上诉。其父作为法定代理人依法为徐某提出上诉。10 月 30 日，徐某的父亲收到省高级人民法院的判决书：维护一审刑事判决中的定罪部分，撤销量刑部分，改判为有期徒刑 12 年。法院改判的理由是：徐某犯罪系一定社会环境下家庭教育压力所引起，有一定的特殊性，徐某一贯表现较好，犯罪后有悔罪表现等，对其从轻处罚的幅度还可适当加大。上诉及辩护人提出有关量刑过重的部分理由可予采纳。

问题：本案中徐某应如何承担相应的法律责任？

【基本原理认知】

法律责任的承担，是指责任主体依法承受不利的法律后果。法律责任的承担可以使责任主体最大程度地通过承担责任实现对国家和受害人的救济功能。而且法律责任的承担过程是法律责任主体承担不利的法律后果的过程，这有助于责任主体今后理性地选择行为，防止违法者再次违法；同时可以防范、威慑新的违法者出现，实现整体的法的预防功能。

在导入案例中，被告人徐某是未成年人，责任能力有欠缺，但是依法仍需承担刑事责任。法律并不是不讲人情；事实是，法律不讲法外情，但是法律是讲法内情的。所以，考虑到本案的特殊情况，应当在法律规定的范围内减轻徐某的法律责任。但是，法律毕竟是法律。即使我们要考虑本案的特殊情况，也必须在法律规定的范围内追究被告的法律责任，否则法律就会被破坏。本案中涉及的是法律的重要价值——保护每一个公民的生命和财产安全。公民的生命健康权受法律的保护。任何侵犯公民生命健康的行为都要受到法律的制裁。

法律制裁是主要的法律责任承担形式。实际上，法律责任的承担可以分为法律制裁、补救、法律强制三种形式。

一、法律制裁

法律制裁，是由特定国家机关对违法者依其法律责任而实施的强制性惩罚措施。法律责任与法律制裁有着密切的联系，它是承担法律责任的一种方式。法律责任是法律制裁的前提，法律制裁是法律责任的常见结果或体现。当然，法律责任不等于法律制裁，有法律责任不等于有法律制裁。比如，在民事法律关系中，只有在违约方或特殊侵权责任的责任人拒不履行义务，经另一方向人民法院起诉，由人民法院判决违约方或侵权责任人赔偿损失或承担其他方式的民事责任时，这种判决才能称为对被告的民事制裁。

根据违法行为和法律责任的性质不同，法律制裁可以分为民事制裁、刑事制裁、行政制裁和违宪制裁。

（一）民事制裁

民事制裁是由人民法院所确定并实施的，对民事违法者或应该承担责任的其他组织和个人，依其所应承担的民事责任而给予的强制性惩罚措施。在现代社会，其与刑事制裁有三个区别：

（1）制裁目的不同。刑事制裁旨在预防犯罪，民事制裁的目的，虽然也是要预防民事违法，但主要还是补救被害人的损失。

（2）程序不同。刑事制裁一般由检察机关以国家名义提起公诉，而民事制裁一般要由被侵害人主动向法院提起诉讼。

（3）方式不同。刑事制裁以剥夺或限制自由为重要内容，并以剥夺生命为最严厉的惩罚措施，民事制裁则主要是对受害人的财产补偿，刑事制裁也有财产刑，但要上缴国库。民事责任主要是一种财产责任，所以民事制裁也是以财产关系为核心的一种制裁。

依据《民法典》第一百七十九条的规定，承担民事责任的方式主要有：停止侵害；排除妨碍；消除危险；返还财产；恢复原状；修理、重作、更换；继续履行；赔偿损失；支付违约金；消除影响、恢复名誉；赔礼道歉。以上承担民事责任的方式，可以单独适用，也可以合并适用。人民法院审理民事案件，除适用上述规定外，还可以予以训诫、责令具结悔过、收缴进行非法活动的财务和非法所得，并可以依照法律规定处以罚款或拘留。

（二）刑事制裁

刑事制裁或称刑罚，它是人民法院对于犯罪行为者根据其所应承担的刑事责任而实施的惩罚措施。

刑罚分为主刑和附加刑。主刑的种类有：①管制；②拘役；③有期徒刑；④无期徒刑；⑤死刑。附加刑的种类有：①罚金；②剥夺政治权利；③没收财产。对于犯罪的外国人，还可以独立适用或者附加适用驱逐出境。

（三）行政制裁

行政制裁是指国家行政机关对行政违法者所实施的强制性惩罚措施。

根据行政违法的社会危害程度、实施制裁的方式等不同，行政制裁又主要分为行政处分、行政处罚两种。行政处分的方式主要有警告、记过、记大过、降级、撤职、开除。行政处罚的方式有警告，罚款，没收违法所得，没收非法财物，责令停产停业，暂扣或者吊销许可证，暂扣或者吊销执照，行政拘留，以及法律、行政法规规定的其他行政处罚。

（四）违宪制裁

违宪制裁是对违宪行为所实施的一种强制措施。主要特点是：

（1）承担违宪责任、承受违宪制裁的主体主要是国家机关及其领导人员。

（2）在我国监督宪法实施的全国人民代表大会及其常务委员会是行使违宪制裁权的机关。

（3）制裁形式主要有：撤销或改变同宪法相抵触的法律与决定、行政法规、地方性法规，罢免违宪的国家机关领导成员和人大代表等。

二、补救

补救，是指以法律上的功利性为基础，通过当事人要求或者国家强制力保证要求责任主体以作为或不作为的形式承担弥补或赔偿的责任方式。主要包括：①民事补救；②行政补救；③司法补救。

三、法律强制

强制是国家通过强制力迫使不履行义务的责任主体履行义务的法律责任实现方式，主要体现在行政法律责任和诉讼法律责任的实现中。通过强制，可以迫使义务人履行法律义务，从而实现权利人的权利。强制包括对人身的强制和对财产的强制，前者如拘传，后者如强制划拨、强制扣缴、强制拆除等。

四、特别情况——法律责任的免除

法律责任的免除又称“免责”，是指根据法律本应该承担法律责任，但基于某种法定的主客观情况，可以不必再承担法律责任。法律责任的免除不是指“无责任”，而是有责任但免于承担；法律责任的免除不意味着引起法律责任的行为的法律意义有所改变。

（一）时效免除

通常，法律规定法律责任的存续是有一定的期限限制的。如果法律责任的存续超过法定的期限，法律责任可以被免除。

（二）不诉免除

法律规定有些法律责任的承担应以受害人的“告诉”为前提的，既所谓的“不告不理”“告诉的才受理”的情形。

（三）协议免除和诉辩交易免责

在违约引起的法律责任中，既然有的法律责任本身就是因约定才产生的，当然就可以因约定或协议而免除。但约定或协议免除法律责任都不得规避法定法律责任。

“诉辩交易”制度主要是通过控辩双方的交易，而免除辩方承担法律责任或以承担较小法律责任而免除承担较大法律责任的方式。

（四）因履行不能而免责

法律责任归责是以实现法律责任的功能为目标的。如果法律责任主体根本无法承担法律责任，也就无法实现法律责任的功能，此时可以免除法律责任。

（五）自首和立功免责

自首、立功属于刑事责任免除的法定事由，其主要是基于对责任主体的后续补救行为的肯定，从而对责任主体的法律责任进行部分或全部免除。

【拓展阅读】

违宪制裁之前提——违宪审查

违宪审查是国家权力过程中的一种基本纠错机制，如无审查，违宪制裁则无从谈起。如同其他任何一种纠错机制一样，它是宪法正常运行的必要保障，因此，违宪审查并不神秘。从各国违宪审查制度的发展与运行中不难发现，目前世界各国违宪审查制度主要有三种模式：

第一种模式是以司法机关即法院行使宪法监督权的模式，典型代表是美国。任何普通法院都可以通过受理公民的诉讼来行使违宪审查权，启动违宪审查程序的主动权始终掌握在公民手中，他们可以通过个案向任何普通法院提起诉讼，搁置违宪的立法；

也可以在议会走廊说服议员修改宪法，推翻违宪的判决结果。知名案例包括 2004 年 1 月 26 日，美国联邦地区法官奥黛丽·科林斯判处布什总统的“爱国者法案”有部分内容违反美国《宪法》的第一和第五修正案。

据介绍，美国最早的违宪审查发生在 1796 年“希尔顿控诉合众国”一案中，当时的美国法官佩特森和威尔逊就行使了判决国会一项法案违宪的权利。到了美国第四任首席大法官约翰·马歇尔（1801—1835 年任职）任期内的 1803 年，最高法院第一次明确宣布它有权对国会通过的法律进行司法审查，并第一次判决一条联邦法律违宪。从此这种基于普通法院的违宪审查机制就确立下来了，但是这种模式的问题在于司法活动本身也难保证是绝对客观中立的过程，法官的主观性往往干扰了他准确体现立宪意图。

第二种模式是立法机关行使违宪审查权，如英国。违宪审查在英国的历史比美国还要长，尽管英国是世界上三个没有成文宪法的国家之一，但是早在君主立宪制度确立之初，《权利请愿书》与《权利法案》就明确表示，法律由普通法院与衡平法院独立适用。英国的宪法性法律《王位继承法》明确规定，英国法律是英国人民与生俱来的权利，君主及其大臣必须批准与确认。

英国实行“议会至上”的宪政体制，内阁和法院由议会产生并对其负责，议会可以制定、修改和废止任何法律，包括各种宪法性文件；任何一部法律如果违宪，议会有权修正或废止。这种监督模式的最大优点在于它的权威性和有效性，从而保证了立法机关制定的法律得以更有效地贯彻和执行。但是问题在于立法机关自己审查自己，有的时候就失去了审查的意义。

第三种模式是由专门的机关行使违宪审查权，如法国的宪法委员会和德国、俄罗斯、意大利、韩国等国的宪法法院。法国宪法委员会的主要职责就是“各组织法在公布前，议会两院的规章在施行前，都必须提交宪法委员会，宪法委员会应就其是否符合宪法作出裁决”。著名的案例是 2002 年 12 月，德国联邦宪法法院二厅以多数反对的结果，否决了德国将于2003 年 1 月生效的《新移民法》，联邦法院多数法官的意见是：3 月 22 日联邦参议院通过《新移民法》的程序违反了《德国宪法》第七十八条的规定，原因是勃兰登堡州未能一致投票却算作了赞同票。这种模式的问题在于专门机关不可避免受到政策影响，政治倾向性强，很难保证客观公正的监督。

在不同的国家里，违宪审查的部门不同，但是相同的是违宪审查机构的专业化与独立性：专门审理政府或立法机关侵犯公民权利的案件，独立于普通法院、独立于行政机关，并且都关注过程的合法性。从违宪审查的手段上说，现代国家通过两种方式对法律及法律性文件的合宪性进行审查。一是事先审查，即在法律、法律性文件颁布生效之前所进行的合宪性审查，一旦被确认违宪，该项法律、法律性文件便不得颁布实施；二是事后审查，即颁布实施之后进行的合宪性审查。

而宪法审查之后的执行，更是世界各国法律保障的基础。著名案例在 1957 年，当时美国最高法院宣布，“不同种族不同公立学校”（即黑白人必须分校的做法）违反《宪法》第十四条修正案。当时许多人反对最高法院的判决，其中最为著名的是两位领袖，一位是艾森豪威尔总统，一位是阿肯色州州长。但是，当阿肯色州州长试图抵制最高法院的判决时，艾森豪威尔总统却命令军队进入阿肯色州，强制执行最高法院的判决，保护黑白人同校。①

在我国，依法实行人民代表大会制度。按照《宪法》规定，全国人民代表大会的重要职权是修改宪法和监督宪法的实施。我国的宪法监督由人大及其常委会实施。2004 年在全国人大法工委增设了一个备案审查室，对规范性文件的合宪性进行审查。这一审查采取被动审查和主动审查相结合的方式，如果法规存在违宪或者违反法律的情况，公民和任何组织都可以向全国人大常委会提出来，有关的国家机关也可以提出来。对于被质疑的法规，首先由全国人大常委会的立法工作机构进行审查，如果确认违法、违宪，按照法律规定的程序，可以撤销相应的规定，也可以要求制定机关自己改正。此外，全国人大常委会的立法工作机构对重要的法规会主动审查，如果发现违法、违宪，也会按照法定的程序来纠正。

【思考与练习】

一、问答题

1. 理解“法律责任”与“法律制裁”的关系。
2. 比较民事法律责任与刑事法律责任。
3. 谈一谈你对主动承担法律责任的认识。

二、选择题

1. 下面关于法律责任和法律制裁的各种说法中，正确的是（　　）。
   A. 法律制裁是承担法律责任的重要方式，法律责任是法律制裁的前提
   B. 法律责任不等于法律制裁，有法律责任不等于有法律制裁
   C. 法律制裁是被动承担法律责任的一种方式
   D. 对违宪者进行刑事制裁并不是违宪制裁的形式
2. 法律责任的种类包括（　　）。
   A. 刑事法律责任　B. 民事法律责任　C. 行政法律责任　D. 违宪法律责任
3. 我国法律责任归责原则有（　　）。
   A. 责任自负原则　B. 责任法定原则　C. 公正原则　D. 因果联系原则
4. 有权认定和归结法律责任的有（　　）。
   A. 广州市人民政府　B. 深圳市仲裁委员会
   C. 江西省高级人民法院　D. 浙江瑞安市卓奥村村民委员会
5. 下列措施中，属于法律制裁的有（　　）。
   A. 王冰因考试作弊被学校给予留校察看处分
   B. 钱强端汤不小心烫伤了顾客，被法庭判决赔偿 450 元
   C. 钱银林连续不参加火红摄影沙龙的活动被开除会籍
   D. 常宏金偷彩电、录像机被县人民法院判处有期徒刑
6. 王某打架斗殴，公安机关依据《中华人民共和国治安管理处罚法》的规定对其罚款 500 元，这种处罚属于（　　）。
   A. 刑事制裁　B. 行政制裁　C. 违宪制裁　D. 民事制裁

---

① http：//news. sina. com. cn/c/2004 - 06 - 29/15553556942. shtml。

7. 从我国的法律规定和法律实践看，主要的免责形式包括（　　）。

A. 时效免责　　B. 正当防卫和紧急避险免责

C. 自首、立功免责　　D. 因履行不能而免责

8. 下列会导致法律责任的情况是（　　）。

A. 保安员曲某收5元自行车停车费，并不给收据

B. 姜某向报社写信揭露某纪录片造假，报社没有刊登

C. 冯某经公共汽车售票员提醒后仍不给抱小孩的乘客让座，导致小孩被拥挤受伤

D. 塑胶五金厂要求工人一天至少工作15小时，加班费为每小时1.5元

【扩展阅读文献】

1. 刘作翔、龚向和:《法律责任的概念分析》,《法学》1997年第10期。

2. 张琪:《论当代中国法律责任的目的、功能与归责的基本原则》,《中外法学》1999年第6期。

3. 李步云:《法理学》,经济科学出版社2000年版。

学习情境：法律责任的识别和应用

【范例】

【范例一】

王发英诉刘真及《女子文学》等四家杂志侵害名誉权纠纷案

上诉人刘真、《女子文学》编辑部，因侵害名誉权一案，不服河北省石家庄市中级人民法院（88）石法民判字第1号民事判决，向河北省高级人民法院提起上诉。

河北省高级人民法院依法组成合议庭，经审理，查明：1985年1月18日，河北省《秦皇岛日报》发表了长篇通讯《蔷薇怨》（该文《人民日报》于1985年3月2日予以转载），对原抚宁县农机公司统计员王发英与不正之风斗争的事作了报道。之后，上诉人刘真根据一些人的反映，认为该文失实。刘真自称“为正视听，挽回《蔷薇怨》给抚宁带来的严重困难”，于1985年9月撰写了“及时纪实小说”——《特号产品王发英》。文章声称“要展览一下王发英”，并使用“小妖精”“大妖怪”“流氓”“疯狗”“政治骗子”“扒手”“造反派”“江西出产的特号产品”“一贯的恶霸”“小辣椒”“专门的营私者”“南方怪味鸡”“打斗演员”等语言，侮辱王发英的人格，并一稿多投，扩大不良影响，使王发英在精神上遭受极大刺激，在经济上受到损失。刘真将她的作品投送到几家杂志编辑部。《女子文学》以《好一朵蔷薇花——“特号产品王发英”》为题，发表在该刊1985年第12期上，发行50 835册，付给刘真稿酬220元；《法制文学选刊》以《好一朵蔷薇花》为题，全文转载了上述作品，发行478 000册，付给《女子文学》编辑部编辑费80元，付给刘真稿酬159元；《江河文学》编辑部将刘真作品原稿内容作了某些删节后，以《特号产品王发英》为题，发表在该刊1986年第1期上，发行1 000册，付给刘真稿酬130元；《文汇月刊》编辑部将刘真原稿中王

发英的姓名和地名作了更改，对部分侮辱性语言作了删节，以《黄桂英浮沉记》为题，发表在该刊1986年第1期上，发行12万余册，付给刘真稿酬192元。为此，原告王发英向石家庄市中级人民法院提出诉讼，认为刘真和发表、转载刘真作品的《女子文学》等四家杂志编辑部，侮辱了她的人格，侵害了她的名誉权，并造成了严重后果，要求刘真及四家杂志编辑部承担法律责任，停止侵害，赔礼道歉，消除影响，赔偿损失。

刘真答辩认为，她的作品内容系采访而来，报道了王发英的真实情况，并未侵害原告的名誉权。《女子文学》编辑部答辩认为，他们在刊登刘真作品前，对作品内容进行了核实，根据"文责自负"精神，不应承担民事责任。《文汇月刊》编辑部答辩认为，采用刘真作品时，已将原题改为《黄桂英浮沉记》，对作品中的人名、地名、部分侮辱性语言、内容进行了删改，以艺术虚构的小说形式发表，没有侵害王发英的名誉权，不应承担法律责任。《法制文学选刊》编辑部、中国水利电力文学艺术协会（《江河文学》主办单位）均未作答辩，经两次合法传唤亦未到庭。

根据上述事实，石家庄市中级人民法院认定：被告刘真利用自己的作品侮辱原告王发英的人格，侵害她的名誉权；而且将作品投给几家杂志编辑部发表，进一步扩散侵害原告名誉权的影响。刘真的上述行为，给原告及其家属在精神、工作和生活上造成严重后果，在本案中应负主要责任。被告《女子文学》编辑部在发表刘真作品时，对文中侮辱性内容不仅未予删节，而且增配贬损原告名誉的标题和插图，扩大了不良影响，其行为侵害了原告的名誉权，造成了严重后果，在本案中应负主要责任。被告《法制文学选刊》编辑部，转载了刘真的上述作品，发行数量较大，影响面较大，侵害了原告王发英的名誉权，应负相应的责任。被告中国水利电力文学艺术协会所属的《江河文学》编辑部，发表了刘真的上述作品，侵害了原告王发英的名誉权；但发行数量较小，并向原告进行了赔礼道歉，应负一定责任。被告《文汇月刊》编辑部，发表了刘真的上述作品，侵害了王发英的名誉权；但发表时更改了题目和原告的姓名，删去了部分侮辱性语言，影响较小，应负一定责任①。

【范例二】

民警拒绝履行职责案

张某在路途中遭到流氓殴打，跑到附近的派出所向值班民警求救，民警要求张某给"保护费"，张某没有答应，于是民警拒绝给予保护，导致张某被打成残疾。事后张某向法院提起行政诉讼，状告派出所民警行政不作为。

【训练目的及要求】

结合范例和相关知识，通过训练，能够初步判断各案例分属于何种法律责任，如何承担?

【训练方法】

参训学生分为两组，一组学生运用法律责任的原理对法律现象作出处理，另一组学生评价法律责任的判断、处理是否正确。

① http：//vip. chinalawinfo. com/newlaw2002/fax/flx/case/jur_cas_013_1. htm。

【训练步骤】

步骤1：分组。

步骤2：熟悉范例。

步骤3：各组运用法律责任理论对该范例涉及的法律责任进行分析。

步骤4：对学生法律责任的适用训练进行评判。

单元四
法治理念的树立

项目十七　法治的认知

【知识结构图】

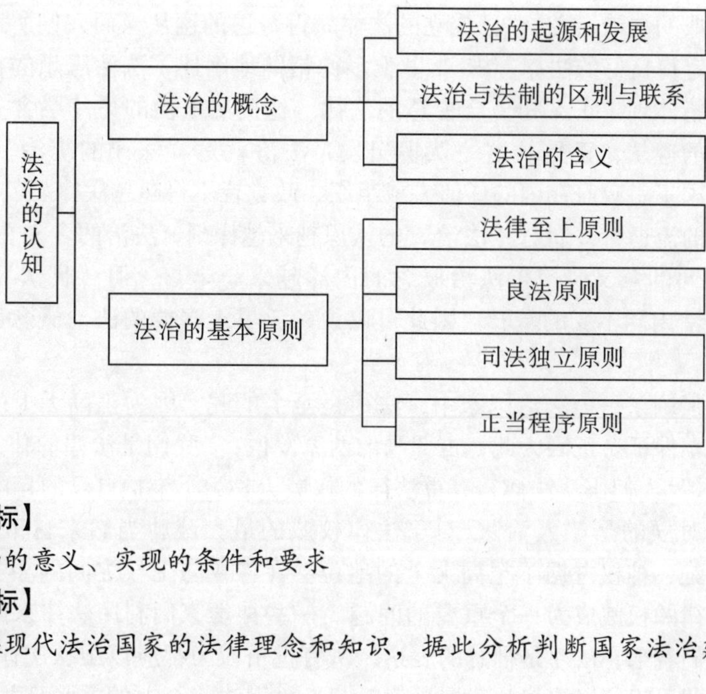

【知识目标】

理解法治的意义、实现的条件和要求

【能力目标】

能够掌握现代法治国家的法律理念和知识，据此分析判断国家法治建设和社会法律现象

任务一　法治的概念

【导入案例】

《中华人民共和国个人所得税法》（以下简称《个人所得税法》）修正案草案公开征求意见，成为2011年4月至5月间社会广泛关注的热点话题。截至5月31日24时，

中国人大网征求意见系统收到社会公众的意见、建议超过23万条，创全国人大立法史上单项立法征求意见数之最。5月20日，山西省长治市潞安矿业集团常村煤矿工人王垠受邀走进国家最高立法机关——全国人民代表大会，同其他15位公众代表一起，与全国人大常委会机关有关方面负责人面对面提出他们对修改个税法的意见。王垠告诉新华社记者，在中国人大网上提交了关于个税法修正案草案的意见后不久，他便接到全国人大常委会机关邀请他来座谈的电话，"我们单位领导起初不相信，后来全国人大常委会机关通过山西省人大机关发函，领导才给我准了假"。王垠说，他深切地感受到我们国家正在"依法治国"的轨道上快步前行。

问题：结合此事件，分析什么是"依法治国"、"依法治国"是"法治"吗？

【基本原理认知】

一、法治的起源和发展

法治即法的统治、法律的统治的简称。在中文中，法治又叫"依法治国"或"法治主义"。法治是人类社会进入现代文明的重要标志。法治是人类政治文明的重要成果，是现代社会的一个基本框架。它的源头可以追溯到古希腊，亚里士多德提出了至今仍被奉为经典的法治定义："已成立的法律获得普遍的遵从，而人们所遵从的法律又应该本身是制定得良好的法律。"① 亚里士多德精辟地阐述了法治思想的核心是良法之治，而良法是指体现了正义和公众智慧的法律。他提出法治的另一层含义是已成立的法律获得普遍的遵从，正是从这一认识出发，法治就是"法律的统治"，在"法治"国家中，包括国王、政府在内的任何人或组织、政党皆不得超越法律。

随着时间的流逝，人们对"法治"的认识越来越深刻，法治的含义在不同的时代，被人们赋予不同的意义，使得法治概念的内涵越来越丰富，但"良法"和"法律至上"始终是法治内涵不变的基石。因此可以说，亚里士多德的法治概念虽然简单，但足够经典。

为什么要强调在一个法治国家中，法律是至上的呢？因为至高无上的法律是公民自由权利的根本保证。正因为此，古罗马的西塞罗说："我们是法律的仆人，以便我们可以获得自由。"人们服从法律，尊重法律的权威，是为了维护自己的自由。

与法治相对立的是"人治"，对于法律权威的最大威胁当然来自王（皇）权了。在欧洲的中世纪，神权占据了至高无上的地位。在神权与王权之间的斗争中，国王是否需要服从法律的权威成为一个重要的问题。一些神学家们利用法律来限制世俗国王的权力，在他们看来，法律是神意的表达，所有世俗权力都应该服从法律。进入十七、十八世纪，启蒙思想家以法律为武器反对封建专制，法律至上的主张日益占据了上风，在遵守法律的问题上，国王没有特权的观念获得了更普遍的认同。

19世纪英国法学家戴雪通常被视为近代西方法治理论的奠基人，他第一次比较全面地阐述了法治概念。戴雪的法治概念包括三层基本含义：①法治意味着不违法则不受法律惩罚；②法律面前人人平等；③法来自普通法院对于私人权利义务纠纷的审判

① ［古希腊］亚里士多德著，吴寿彭译：《政治学》，商务印书馆1996年版，第199页。

和判决，而不是私人权利来自宪法所规定的普遍原则。① 戴雪从英国的法治实践中总结出来的法治概念，说明法治不仅仅是法学家的一种理想或观念，而是可以成为现实的，是可以通过具体的法律制度来实现的。因此，越来越多的思想家开始关注法治问题，开始系统论述法治的原则、要素等基本问题，希望能够将法治理念转化为具体的制度，从而为实现法治提供指南。

二、法治与法制的区别与联系

自中华人民共和国成立初期开始，使用比较普遍的是“法制”一词，一般通称“社会主义法制”。这是因为在相当长的时间里，“法治”被误认为是西方国家的专用概念，是资本主义的代名词。其实作为人类的理想和制度实践，法治的价值是具有普适性的，是现代民主国家的重要标志，并不是西方资本主义国家的专属品。1999 年，“依法治国，建设社会主义法治国家”被正式写入宪法；2012 年，党的十八大报告明确指出，要“全面推进依法治国”。

“法制”与“法治”虽仅有一字之差，但二者在内涵和外延上都是有所不同的，是既有区别又有联系的两个概念。

（一）法治与法制的区别

法制指一个国家的法律制度，对法律的好坏没有价值上的判断；法制所讲的法律制度既可以是好的、民主的法律制度，也可以是不好的、邪恶的法律制度；法制既可以与民众的意志相统一、体现民众意志，也可以与民众相对立、成为统治者统治民众的工具。

法治强调一个国家实现良法之治的过程及状态；法治国家除静态的法的规则及其体系之外，还包括动态的立法、司法、行政执法以及守法等活动；法治就是“法律的统治”，法治必然地排斥人治，法律而且是“良好的法律”在法治社会中至高无上，除此之外不存在绝对的个人或权力机关的至上权威。

如引例中所述，我国已经践行“依法治国”的目标了，依法治国其本质就是保证人民当家作主。依法治国就是依照体现人民意志和社会发展规律的法律治理国家，在制定一些重要法律的时候以各种方式和途径征求人民群众的意见和建议，而不是依照个人意志、主张治理国家；要求国家的政治、经济运作、社会各方面的活动统统依照法律进行，而不受任何个人意志的干预、阻碍或破坏。

（二）法治与法制的联系

法治与法制的联系在于：法制是法治的基础和前提条件，要实行法治，必须具有完备的法制；法治是法制的立足点和归宿，法制的发展前途必然是最终实现法治。

在现代民主国家，需要的是法治，而不是单纯的法制。法制可以存在于奴隶的、封建的、资本主义的和社会主义的任何的社会形态之中，而法治只能存在于民主的社会形态中。

三、法治的含义

法治实际上包含了许多层面的含义，它是指一种治国的方略、社会调控方式，法

① ［英］戴雪著，雷宾南译：《英宪精义》，中国法制出版社 2001 年版，第 231－245 页。

治是与人治相对立的一种治国方略。法治强调以法治国、法律至上，法律具有最高的地位。亚里士多德就明确提出“法治应当优于一人之治”。

法治还是指一种法律价值、法律精神，一种社会理想，指通过这种治国的方式、原则和制度的实现而形成的一种社会状态。

为了实现法治的理想目标，确立一系列基本的行动原则、具体的法律制度和运行机制，这个过程和结果实际上就是法治实践。综合法治的理念和实践，具体来说有以下几个方面：

第一，法治是一种宏观的治国方略。大约在公元前 6 世纪雅典国家形成初期，人们便遇到了依据什么来治理国家这样一个问题，并产生了人治和法治两种不同的主张。毕达哥拉斯最早提出“人治不如法治”之说。柏拉图认为理想社会应是哲学王的统治，即由道德高尚的哲学家担任国王，但同时他认识到贤人政治是不可能实现的。亚里士多德主张法治优于一人之治。他认为，任何个人，即使是贤明的君主，它的智慧都是有限的，而且也容易受到感情的支配，这可能会导致统治者的任性和专断；而法律是神意和理性的体现，可以坚持不偏不倚，因此法律的统治能够收到更好的效果。法治与人治的分界主要体现在对待统治者的不同态度上，法治认为包括统治者在内的任何人都不应该有凌驾于法律之上的特权，而人治则主张国家的最高统治者的意志可以超越法律。在法治社会中，所有社会成员都将法律作为自己行为的基本规范，接受法律的规制；所有社会关系、社会制度都建立在法律的基础之上；任何个人和组织都必须服从法律，社会成员的一切活动都受到现行法律规则的约束。任何社会成员都不得违背法律，更不能随意凌驾于法律之上，这是法治的前提和基础。现代法治社会不仅要求普通公民遵守法律，而且特别强调政府、官员遵守法律和执行法律，自觉依法办事，接受法律的制约。法治的精义是限权。因为政府是国家权力的执行者，权力如不加以规制极易滥用，而且与普通公民相比，政府及其工作人员拥有更为强势的地位，而蔑视法律的往往是强者，因此政府守法比民众守法更为重要、更为迫切。事实上，这是衡量法治社会的一个重要标志。

第二，法治是一种理想的法律秩序。无论我们在何种层面上理解法治，其最终都要体现为一种法律秩序，不是任何一种法律秩序都称得上法治秩序。法治作为一种理想的法律秩序，通过法律手段对社会资源进行合理配置，使社会生活的基本方面都纳入法律的调整，实现规范化运作。每个社会成员都有法律上明确的权利和义务，忠实地遵守法律，接受法律的指引；国家权力在法律的规范之下运行，切实保障和维护公民权利；整个社会都处在良好的法律秩序之中。

第三，法治内含着特定的价值取向。法治是以民主、自由、平等、人权、理性、秩序等价值观念为基础，以保障、维护、促进、实现人的自由和尊严为目的，是人类所追求的理想法律价值的完美结合。因此，关于法治的命题，既是事实判断，也是价值判断；法治不但有实证标准，也有价值基础和取向。法律的真正权威性不在于它的强制性，而在于它本身是生活终极目的和意义的一部分，是社会价值观念体系的载体。就现代社会来说，法治的核心内容是：主权在民，法律面前人人平等、法律至上、依法行政、司法独立等价值和精神。总之，法治是一个历史过程，是一个综合的、开放的概念，它是历史的，也是具体的。法治既是人类的理想，又是现实；既是价值、观念、信仰，又是社会制度、社会秩序；既是行为方式，又是社会管理机制，从而保障、促进和实现人的权利和自由，建设和谐社会。

任务二　法治的基本原则

【导入案例】

1994 年 1 月 20 日，张某因和丈夫佘某吵架而失踪。同年 4 月，该镇吕冲村一水塘发现一具女尸，经张某的亲属辨认后，被认定是张某，经有关部门检测，女尸的年龄、体征、死亡日期与张某吻合，因此佘某被公安机关当作重点犯罪嫌疑人抓获，并被法院以故意杀人罪判刑 15 年。但时隔几年后，“已经死亡”的张某又回来了，还带着“丈夫”和儿子！据张某说，她吵架后离家出走，一路乞讨到了山东，并与山东一男子“结婚”，育有一子。目前，与张某一起回娘家的就有她的现任“丈夫”和儿子。

得知张某归家后，京山县公安局、京山县人民法院立即调查核实，确认张某当年系离家出走，当年在该镇吕冲村发现的女尸不是她。荆门市委对该案高度重视，责成有关部门立即依法纠错。3 月 29 日晚上，荆门市中级人民法院审判委员会决定，撤销当年京山县人民法院及该法院作出的两审判决，将该案发回京山县人民法院重审，京山县人民法院决定：对尚在沙洋监狱服刑的佘某变更强制措施。京山县人民法院将依程序重审该案，京山县公安局决定就当年发现的无名女尸重新展开侦查。2005 年 4 月 13 日上午 9 时，湖北省京山县人民法院开庭审理佘某故意杀人案，10 时 30 分，审判长宣布佘某杀人罪不成立，无罪释放。

问题：通过此案，分析法治的基本原则的重要意义。

【基本原理认知】

法治原则是法治国家在制定和执行法律时应遵循的指导思想。现代意义上的法治究竟包含哪些原则和要素，学者们众说纷纭。十九世纪的英国法学家戴雪通常被视为近代西方法治理论的奠基人。他系统地提出并阐释了法治的含义，这就是学界所熟悉的法治三原则：“除非明确违反国家一般法院以惯常方式所确立的法律，任何人不受惩罚，其人身或财产不受侵害”；“任何人不得凌驾于法律之上，且所有人，不论地位条件如何，都要服从国家一般法律，服从一般法院的审判管辖权”；“个人的权利以一般法院提起的特定案件决定之”。戴雪的法治三原则对于反对封建特权，保护公民权利和自由具有重要价值，因而对西方乃至非西方国家的法治理论和实践都产生了重大影响。1959 年，在印度新德里召开的国际法学家大会上，通过了法治问题的《德里宣言》，确立了四个法治原则：①立法机关的职能是创造和维持个人尊严得到维护的各种条件，并使“人权宣言”中的原则得到实施。②法治原则不仅要防范行政权力的滥用，也需要一个有效的政府来维持法律秩序，但赋予行政机关以委任立法权要有限度，它不能取消基本人权。③要求有正当的刑事程序，充分保障被告辩护、受公开审判权，取消不人道和过度处罚。④司法独立和律师自由。至 20 世纪 90 年代，西方一些学者关于宪法和法律不仅要限制国家权力，而且要保障国家权力有效运转的进一步论述，使法治理论得到新的发展。

无论关于法治原则的观点有多少差别，但总体来说，法治原则至少应有以下几个方面的内容：

一、法律至上原则

法律至上，是指法律具有至高无上的地位与权威，这是法治的核心含义，也是法治的首要原则。法律至上表现为，在整个社会规范体系中，法律具有最高效力和最高权威，其他任何社会规范都不能否定法律的效力或与法律相冲突。法律至上主要是指：

其一，法律高于任何权力。在现代法治社会，任何国家具体权力的获得和行使都必须有法律上的依据，受法律约束，违法行使权力要承担法律责任。从人类发展的历史来看，法律权威所受到的挑战，主要来自权力，如果法律不能够获得高于权力的独立性和权威，那么法治就只是空谈。法治社会要求任何社会成员的权威都在法律之下，任何人都有遵守法律的义务，不得有超越法律之上的个人或者团体。我国《宪法》第五条规定："一切国家机关和武装力量、各政党和各社会团体、各企业事业组织都必须遵守宪法和法律。一切违反宪法和法律的行为，必须予以追究。任何组织或者个人都不得有超越宪法和法律的特权。"

其二，法律高于任何其他社会行为规范。社会文化是多元的，现代社会中往往存在着法律、道德、政策、宗教、乡规民约等多种行为规范，这些行为规范相互联系又相互独立，它们有着并不完全相同的作用领域并发挥着不同的作用。如果其他规范与法律出现冲突，应遵从法律的权威，即法律在社会规范体系中居于最高地位，任何其他社会规范如与法律冲突则无效。法治的最重要的含义，就是法律在最高的终极的意义上具有规范和裁决人们行为的力量，法律既是公民行为的最终导向，也是司法活动的唯一准绳。

其三，法律至上要求维护法律的效力和位阶制度，尤其是坚持宪法至上原则。宪法至上原则，是指在一个国家中，宪法是国家的根本大法，具有最高的法律效力，是一切机关、组织和个人的根本行为准则。在现代社会，宪政是法治国家的核心内容，没有宪政就没有法治。坚持宪法至上是坚持法律至上的必然要求和基本前提。与此同时，在法律体系内部应施行严格的效力位阶制度。宪法处于法律位阶的顶端，一切其他法律如违反宪法则无效，法律高于行政法规、规章和命令，一切与法律相抵触的行为规范都应无效。我国《宪法》第五条规定："国家维护社会主义法制的统一和尊严。一切法律、行政法规和地方性法规都不得同宪法相抵触。"

二、良法原则

法治是良法之治。良法包含"实质意义上的良法"和"形式意义上的良法"，"实质意义上的良法"要求法律必须保障公民的自由、平等，体现公平和正义等基本价值追求，这是法治的根本目的之所在。此外，法治社会的法律在形式上应该具有一些必要的属性：公开性、普遍性、稳定性、可行性等。英国法学家拉兹（Joseph Raz）提出了法治对法律的八项要求：①法不溯及既往，应公开明确；②法律应相对稳定；③特别法的制定应受公开、稳定、明确的一般规则指导；④保障司法独立；⑤遵守自然正义原则：公开审理、不得以偏见司法；⑥法院应对于其他原则的执行握有审查权，即审查议会和行政立法等；⑦法院应易于接近：省时省钱；⑧预防犯罪的机构在行使裁量权时不得滥用法律。

首先，法律应该是公开、明确的。法律必须公之于众，而且，这种公开的法律还必须是明确的，使公众能够理解，只有公开、明确的法律才能发挥约束公众行为的效力。如果立法者制定的法律模糊不清，就会严重减损法律的权威。在现代社会，法律的公开和明确已经不仅仅是法律的公布的问题，还包括在制度设计上帮助人们了解、理解法律甚至参与法律的制定，这是建设现代法治社会的一项不可或缺的内容。

其次，法律应该是具有普遍性的。法律不是针对特定的人而制定的，而是在普遍意义上指导人们的行为。法律的普遍性也意味着法律的适用应该相同情况相同对待。法律面前人人平等的原则，是指法律确认和保护公民在享有权利和承担义务处于平等的地位，不允许任何人有超越法律之上的特权。因此，法律的普遍性是所有法治国家都应遵循的原则。

再次，法律应该是稳定的。只有稳定的法律才能使人们产生安全感，才能使人们能够预测自己行为的法律后果，使行为具有可预期性。法律变动过于频繁会使人们无所适从，无法在法律的指引下进行长期规划，这势必有损法律的权威性。虽然法律应该适应社会的发展和变动，及时地制定、废除或修改，但应尽可能地保持稳定，对于一个国家的法治建设而言，保持宪法的稳定尤为重要。

最后，法律应该是具有可行性的，即法治社会的法律是人们能够遵守的法律。这是在立法技术上提出的要求，一方面，法律内部以及法律之间不应该存在矛盾。另一方面，法律必须符合人们的实际社会生活和现实国情，不能成为凌驾于人们行为之上的不具有可遵守性的规则。要求人们遵守法律就必须能够使人们的行为与规则相符合，能够为人们所接受。如果立法不切实际就会产生这样的困境：要么强迫公民从事其不可能做到的行为，严重违背正义原则；要么公民对法律视而不见，执法者对这种情形也无可奈何，就会严重削弱法律的权威。

三、司法独立原则

司法独立泛指一个国家的司法系统“在裁判上独立”“在制度上独立”，是一个重要的法治基本精神和原则。司法是保障公民权利的最后一道屏障，是法律实现的基本途径，司法作为正义的化身，公正的司法就显得尤为重要。要实现司法公正，司法独立是重要的前提条件。司法独立已成为各现代法治国家所遵循的一条基本原则，我国《宪法》第一百三十一条规定：“人民法院依照法律规定独立行使审判权，不受行政机关、社会团体和个人的干涉。”

具体而言，司法独立主要有两方面的含义：

一是法院独立。法院是解决纠纷的场所，是国家专门的司法机关，司法权由司法机关（法院）统一行使，不受行政机关和立法机关的干预，公民个人或非国家机关的社会团体更不能干预。法院独立于行政机关，不为社会舆论所左右，不受各种社会团体、政治力量及个人意志的干预。法院的上下级之间也保持相对独立，法院上下级关系只是审级关系，上级法院除依诉讼法的有关程序对下级法院的审判行为予以监督外，不得干预下级法院的审判。

二是法官独立。法官独立审判，只服从法律，“法官除了法律就没有别的上司”（马克思语）。审判独立对法官的素质提出了更高的要求，法官必须具有相应的决断纠纷的专业技能以及符合社会对法官期望的道德品行。法官独立还意味着国家要从社会地位、经济收入、工作制度方面保障法官无所顾忌地捍卫法律。

司法独立绝不意味着法官和法院可以不受任何监督而任意裁判案件，相反，司法独立的最终目的是要实现司法公正。在坚持司法独立的同时，法官必须严格遵循法律裁判案件并接受有权机关，尤其是立法机关的监督，但这种监督必须以尊重司法机构的独立为前提，而且主要应该体现在事后的间接监督上，权力机关不能行使或直接干预法官行使审判权。

四、正当程序原则

正当程序是现代法治国家普遍遵循的一条重要原则。从法律的角度讲，程序是指法律实施过程中所应遵循的步骤、形式和过程。正当程序原则起源于英国的《自由大宪章》，是西方古代“法的统治”观念与自然法学说的产儿。其核心思想是：第一，任何人不得在自己的案件中担任法官；第二，应听取双方意见，任何一方的主张未被听取不得对其裁判。[①] 1354 年英国议会通过的《自由令》第三章中规定：“未经法律的正当法律程序进行答辩，对任何财产和身份拥有者一律不得剥夺其土地或住所，不得逮捕或监禁，不得剥夺其继承权和生命。”这个法律文件首次以法令形式明确提到并解释了“正当法律程序”这一词语，并将正当程序原则的适用从刑事诉讼扩展到更广阔的领域。此后，美国继承并进一步发展了正当程序原则。美国 1787 年的《人权法案》中规定：“除非依照‘正当的法律程序’，否则，任何人都应得到保证，不被剥夺特定的权利。”此后，美国通过宪法修正案的规定以及司法上的一系列判例，进一步丰富了正当程序原则的内涵，也进一步扩展了这一原则的适用领域，使其成为美国宪法上的一项重要原则。

关于“正当程序”本身是否有存在的意义和价值，理论上存在着程序工具主义和程序本位主义两种不同的观点。程序工具主义认为，程序不是独立的主体，它只是实现实体法律的工具和手段，程序依赖主体并为实体服务，衡量一种程序是否合理就在于它是否能够很好地实现实体法律的目的。因此，程序本身是没有独立存在的价值的；程序本位主义认为，程序不只是实现实体法律的手段或工具，本身具有独立存在的价值，这种价值是不依赖于实体法律而存在的，衡量一种程序是否具有正当性依赖于程序本身的某些“内在品质”。也就是说，法律程序的根本价值在于程序本身的正义，而不是结果的有效性。

在 20 世纪，程序本位主义的观点逐渐取代程序工具主义的观点而为人们所接受，正当程序也成为世界多数国家所公认的人权保障和法治的重要原则。正当程序原则有两个基本功能：一是防止公权力滥用，遏制腐败；二是保障人权，保护公民、法人和其他组织的合法权益不受公权力主体滥权、恣意行为侵犯。最初正当法律程序主要适用于司法领域，随着对正当程序原则认识的深入，其适用领域扩展到行政领域和其他所有国家公权力领域，甚至扩展适用到社会公权力领域。其内容也逐步扩展到包括公开、公正、公平和参与等现代民主程序原则。

从学界观点和各国的法律实践来看，正当程序包括以下四个方面的内容：

第一，程序中立。程序中立就是要求主导程序的法律主体应当处于中立地位，对

---

① 胡建淼：《论公法原则》，浙江大学出版社 2005 年版，第 422 页。

参与程序的任何一方不得存有偏见和歧视，在整个法律程序中给予各方参与者以平等的参与机会。实际上，程序中立的要求不仅针对法官，它已经逐步扩展到任何具有判断性的程序中。

第二，程序公开。“正义不仅要得到实现，而且要以人们能看得见的方式得到实现。”这表达了人们对公开的法律程序的期待。程序公开原则要求法律程序的每一阶段和步骤，除法律有特别规定的以外，都应公开进行，保证当事人和公众的知情权并接受社会监督，这是对法律程序整个过程本身的最低限度要求。在司法领域，审判程序应向当事人公开，无特殊情形也应向社会公开；在行政领域，行政机关的决定对当事人有不利的影响时，必须听取当事人的意见，重要事项应进行听证；在立法领域，立法机关讨论议案应当允许公民旁听；等等。与此相关，对程序过程进行报道的新闻自由权也应得到保障。

第三，程序参与。程序参与，是指那些权益可能会受到程序法律结果直接影响的法律主体应当有充分的机会参与法律程序的过程，程序的参与最基本的要求就是程序参与者拥有获得信息和传递信息的机会，保障他们在相同条件下从程序主持者获得相关信息并有相同的机会向程序主持者陈述自己的看法。具体而言，在法律程序结束之前，应保障参与者能够及时提出证据、陈述意见或进行辩论，在未被赋予这种机会的情况下所收集的事实和论据资料不能作为作出结论的依据。同时，还要确保当事人在裁判过程中获得基本的人道待遇，人格尊严和自主意志得到尊重，程序参与者有权选择是否进入程序。

第四，程序及时。“迟来的正义不是正义”，正义的及时实现需要程序的支持，法律程序完成的时间应当有明确规定，通过法律程序产生的结果不能被任意推翻，对该结果的修正必须通过启动另一个法律程序才能进行，等等。一起纠纷如果久审不决，那么对当事人而言就是无法实现的公正。基于这样的原因，在法律上通常设置了案件的审判时限和终审制等制度，以避免产生“迟来的正义”。

“引例”中佘某无辜蒙冤被曝光后，人们对造成冤案的原因议论纷纷。冤假错案的发生，让人们把更多的目光和焦点聚集在对我国司法制度改革的反思与检讨上。从媒体报道本案的办案过程来看，之所以铸成这起冤案，主要有四个原因：①有罪推定的思维方式为导致冤案埋下了祸根。②“怕漏不怕错”的指导思想是导致冤案的重要原因。③刑讯逼供与指供、诱供是造成冤案的直接原因。④由政法委协调定案是铸成冤案的最终原因。确保司法独立是实现诉讼公正的前提。刑事诉讼只能依据法定的程序进行，凡属法律没有授权的机关（例如，各级党委的政法委）或法律没有规定的办案程序（例如，联合办公、协调定案），以及一切凌驾于法律之上的“潜规则”，均应退出诉讼体制，从制度上保证司法机关独立、公正地行使审判权和检察权。[①] 由此可见，司法独立以及正当程序原则作为法治的基本原则，对于保障公民权利具有多么重要的意义。

【拓展阅读】

在刑事审判过程中实现程序正义究竟有什么意义？对于这一问题，人们长期以来坚持了程序工具主义的立场，认为保证审判程序的公正性、合理性，确保被告人等的

① 崔敏：《再论司法独立与诉讼公正——由佘某冤案谈诉讼体制改革》，东方法眼，http：//www. dffy. com/。

诉讼权利得到维护，可以使裁判者从不同甚至相反的角度认识案件事实真相，从而实现公平的定罪和量刑。还有人认为，保证刑事审判程序的公正性，可以准确、及时地惩罚犯罪，维护社会的良好秩序。总而言之，根据这种观点，刑事审判程序对于实现所谓刑罚权而言不过是一种工具和手段，这种程序越公正，越合理，它就越具有产生公正裁判结果的能力；保障当事人各方充分而富有意义地参与裁判结果的制作过程，只是为了更加准确地追究被告人的刑事责任。

事实上，刑事审判程序具有一种基本的工具性价值，刑事审判程序公正性的提高——刑事审判实现程序正义能力的增强——在一定程度上确实会有助于公正裁判结果的产生。但是，笔者在此所要强调的并不是程序正义的工具意义。公正的审判程序无论是否有助于公正裁判结果的形成，它都具有一种独立的意义：使那些受裁判结局直接影响的人与代表国家进行追诉和裁判的司法官员一起，拥有平等的诉讼主体地位，能够平等地进行理性的辩论、说服和交涉，并对裁判结果发挥积极的影响和作用，而不是被动地等待官方对自己命运的判定，消极地听从国家权力机构对自己权益的处置，由此使其作为人的尊严得到承认和尊重。那么，公正的审判过程究竟是如何实现上述意义的呢？

第一，公正的程序通过确保诉讼各方对裁判制作过程的参与以及对裁判结果的积极影响，使他们的人格尊严和自主意志得到保障。美国学者萨默斯曾指出，参与（participation）意味着公民能够自主地主宰自己的命运，“在现代民主社会中，大部分公民宁愿自行管理自己的事务，也不愿意别人主宰自己的命运，哪怕别人做得要比自己更好。参与性统治的反面是奴隶制、政治服从或者军事管制”。在刑事审判过程中，有关各方对裁判过程参与得越充分、越有效，他们对法庭裁判结果的影响就越大。尤其对那些权益正处于待判定状态的被告人而言，通过与其他各方以及裁判者之间进行理性的对话和辩论，事实上成为裁判者在制作裁判方面的协商者、对话者和被说服者。被告人尽管不能像法官那样直接作裁判，但他可通过影响裁判的结果，使自己拥有一定的决定自己前途和命运的能力。这就使被告人的人格尊严和自主意志得到承认和尊重：他不是一个命运受法庭任意摆弄和处置的客体，也不是被法庭用来作为维护社会治安的工具和牺牲品，而是一个独立的权利主体。

第二，公正的程序通过使参与者各方受到平等的对待，来确保其人格尊严和主体地位得到尊重。一般而言，要求受到平等的对待，源于“人类希望受到尊重的愿望”，“当那些认为自己同他人平等的人在法律上得到了不平等的待遇时，他们就会产生一种卑微感，亦即一种他们的人格与共同的人性受到侵损的感觉”。而“促使法律制度朝平等方向发展的力量乃是人类不愿受他人统治的欲望”。在刑事审判过程中，裁判者对控辩双方的平等对待具有更为重要的意义，因为被告人所面对的不是与他拥有同样身份的原告，而主要是作为国家利益代表的检察官，这种平等对待意味着被告人与国家追诉机关在参与裁判制作过程方面拥有平等的机会、能力和程序保障，被告人的诉讼请求和实体权益与检察官受到平等的尊重和关注：没有正当的理由，国家不会追究其刑事责任，也不会剥夺其自由、财产以及生命等权益，尽管国家利益和社会秩序因为业已发生的犯罪而受到损害或者威胁。这有助于被告人产生受到公正对待的感觉，产生其权益和人格尊严受到尊重的印象。

第三，公正的审判过程可以使各方参与者成为理性的、负责任的主体。一种合乎理性的刑事审判过程能够使那些受裁判结果直接影响的人获知并了解裁判者据以定案的根据、判决的内容以及审判形成裁判结果的途径和方式，并且借此向他们证明：他们的参与是富有意义的，他们所提出的证据、事实和主张是得到法庭充分合理地考虑和采纳的。这些都显示出裁判者对被告人、被害人等所应得的权益的关注和尊重，因为裁判者作出对他们有利或不利的决定并不是轻率的，而是经过慎重的分析、论证以后所得出的结论，并且向他们直接作出了论证和说服，尽量使其确信裁判结果的合理性和正当性。

第四，公正的程序通过确保裁判结论直接在刑事审判过程中产生，保证程序参与者人格尊严受到尊重。程序自治的实现意味着程序相对于实体的独立自主性以及程序对实体结果的决定作用，意味着程序参与者对裁判制作过程的参与具有实际的意义和效果，而不是仅仅流于形式或者“过场”。这对于被告人、被害人而言，是其可通过诉讼手段自行保障实体权益的标志；对于辩护人而言，是其为被告人所作的辩护得到有效保障的标志。除非刑事审判过程对于裁判结论的产生具有实际的决定作用，除非刑事审判在其开始之前具有相应的不确定性，否则裁判结论就不能从控辩双方在法庭上的辩论中直接形成。控辩双方的参与也就不具有任何意义。对于这一点，如果我们能从“公正的刑事审判过程本身就是对程序参与者权利的保障以及对国家权力的限制”这一点上来认识，就比较好理解了。事实上，刑事审判过程一旦不具有自治性，裁判结果一旦不是从审判过程中产生，那么被告人、被害人的主体地位也就无法得到尊重，其权益乃至命运也就无法由自己来掌握。

第五，公正的审判程序通过及时地形成裁判结果并使刑事审判过程得到及时的终结，使程序参与者各方的利益受到关注，使人的尊严和权利主体地位得到尊重。由于刑事审判的及时终结，被告人、被害人等可避免因审判的过于迟缓或者急速以及审判程序的反复任意开启而受到不公正的对待，防止其权益长期处于待判定或者随时出现危险的不稳定状态。①

【思考与练习】

一、问答题

1. 英国政治思想家戴雪对法治原则的概括包括哪几个方面？
2. 分析法制与法治的区别，并结合中国法治进程进行阐述。
3. 法治国家的基本构造和社会条件是什么？
4. 试述权力制约原则的人性原因。
5. 为什么说权利保障是法治的核心？
6. 试述司法独立的含义。
7. 怎样理解良法原则？
8. 何为依法治国？建设有中国特色的社会主义法治国家的途径是什么？

二、选择题

1. 法治国家的标志有（　　）。
   A. 完备而良善的法律体系

① 《程序正义》，http：//baike. baidu. com/view/626763. htm。

B. 严格的执法体制和公正的司法体制

C. 健全的法律监督制度

D. 高素质的执法、司法人员

E. 较高的全民法律意识

2. 西方最早提出法治主张的是（　　）。

A. 古希腊亚里士多德　　B. 古希腊柏拉图

C. 古希腊毕达哥拉斯　　D. 英国戴雪

3. 实现“社会主义法治国家”的目标需要具备的条件包括（　　）。

A. 社会主义市场经济健康发展

B. 政治体制改革的推进和社会主义民主政治的完善

C. 社会主义精神文明建设的发展和全体公民道德观念、法制（法治）观念、民主意识和权利意识的提高

D. 立法体制、司法体制的改革和社会主义法律监督体系的完善

4. 关于法治和法制的区别，下列表述中错误的是（　　）。

A. 法制和法治都是一种治国的方略

B. 法制是指法律和制度，法治是一种治国方略

C. 法治要求法律具有最高权威，法制是法律和制度的简称

D. 法治蕴涵着法调整社会生活的正当性，法制不必然具有正当性

5. “法治”的英文表达确切的是（　　）。

A. rule by law　　B. rule of law　　C. legality　　D. legal system

6. 法治社会的经济基础是（　　）。

A. 计划经济　　B. 市场经济　　C. 自然经济　　D. 全球经济

7. 法治所要求的权利保障包括的含义是（　　）。

A. 法律面前人人平等

B. 一个社会对公民权利的强制，应该保持在这个社会的存在所必需的最低限度

C. 公民的权利和自由没有任何限制

D. 权力必须来自权利

8. 维护和体现法治的基本制度一般包括（　　）。

A. 国家机关分权制衡　　B. 司法独立

C. 议会至上　　D. 司法审查

9. 在某法学理论研讨会上，甲和乙就法治的概念和理论问题进行辩论。甲说：①在中国，法治理论最早是由梁启超先生提出来的；②法治强调法律在社会生活中的至高无上的权威；③法治意味着法律调整社会生活的正当性。乙则认为：①法家提出过“任法而治”“以法治国”的思想；②法治与法制没有区别；③“法治国家”概念最初是在德语中使用的。下列所列论点适当的是（　　）。

A. 甲的论点②和乙的论点①　　B. 甲的论点①和乙的论点③

C. 甲的论点②和乙的论点②　　D. 甲的论点③和乙的论点②

10. 社会主义法治的基本要求有（　　）。

A. 有法可依　　B. 有法必依　　C. 执法必严　　D. 违法必究

11.《德里宣言》，确立了以下法治原则（　　）。

A. 制定保障人权的法律　　B. 防范和规范行政权力

C. 有正当的刑事程序　　D. 司法独立和律师自由

E. 多党政治

三、案例分析题

请从法治所要求的权利与权力的关系角度来评析此案：

1880 年美国圣弗朗西斯科市出台的一个法令规定，在木头房经营的洗衣店都需要经过市政府的批准，而在砖瓦房经营的洗衣店则不需要批准。但该市木头房的洗衣店大多数为华人所拥有，而砖瓦房的洗衣店多为非华裔经营者拥有。正因为如此，该法令后被美国联邦最高法院认定为侵害了华裔居民的"平等保护"权。马修斯法官指出："法律本身可能在表面上公正无偏；但如果它被公共权力不公正地加以运用与实施，在实际上它就非法歧视了处境类似的个人权利，那么，宪法仍然禁止法律对平等主义的剥夺。"

【扩展阅读文献】

1. 徐显明、谢晖：《法治之法与法治之治》，《法学》1998 年第 10 期。

2. 夏勇：《法治是什么？——渊源、规诫与价值》，《中国社会科学》1999 年第 4 期。

3. 孙莉：《德治与法治正当性分析——兼及中国与东亚法文化传统之检省》，《中国社会科学》2002 年第 6 期。

学习情境：法治理念的应用

【范例】

布朗诉托皮卡教育管理委员会案

虽然南北战争后奴隶制被废除，但南方各州"黑白隔离"现象却愈演愈烈，最高法院不断接到此类案件，其中，最具有代表性和影响深远的当属"布朗诉托皮卡教育管理委员会案"。

1951 年，堪萨斯州托皮卡小镇黑人牧师布朗的女儿行将入学，但由于"黑白分校"不得不进入条件很差的黑人学校，布朗一怒之下带领 12 名黑人学生家长联名把州法律和镇教育管理委员会告上区法院，要求法院禁止"黑白分校"，却遭败诉。在"全国有色人种促进会"的支持下，不服判决的布朗等黑人家长直接上诉到最高法院。1951 年 12 月，最高法院把来自各州涉及"黑白分校"、种族隔离的五个案件并案审理。因案件关系到美国人日后的生活方式，故受到各方瞩目，最高法院出于谨慎，案件审理期从 1952 年底断断续续拖到 1953 年底，直至关注弱势群体的沃伦出任首席大法官。

1954 年 5 月，最高法院在沃伦的推动下，以九票对零票的判决宣布，以托皮卡教育管理委员会为代表的公立学校"黑白分校"违宪，"公共教育事业绝不允许'隔离但平等'原则存在"。该案的判决虽遭到南方各州的强烈抵制，却吹响了结束种族隔离制度的号角，为马丁·路德·金领导的民权运动提供了强有力的司法支持。此后，最高法院和联邦司法系统秉承该案的立场，推动黑白混校，不仅逐步消除了以“黑白分校”为标志的种族隔离制度，也成就了最高法院足以载入史册的经典判决。[①]

【训练目的及要求】

结合范例和相关知识，通过训练，让学生理解什么是法治理念，怎样贯彻法治理念？

【训练方法】

参训学生分为四组进行讨论，即运用法治理论对给出的范例进行讨论、分析，评价法治理念如何在实践中运用。

【训练步骤】

步骤1：分组。

步骤2：运用法治理论对本案作出分析、讨论。

步骤3：对各小组的分析发言进行评判、总结。

① 任东来等：《美国宪政历程：影响美国的25个司法大案》，中国法制出版社2004年版。

项目十八　社会主义法治理念的树立

【知识结构图】

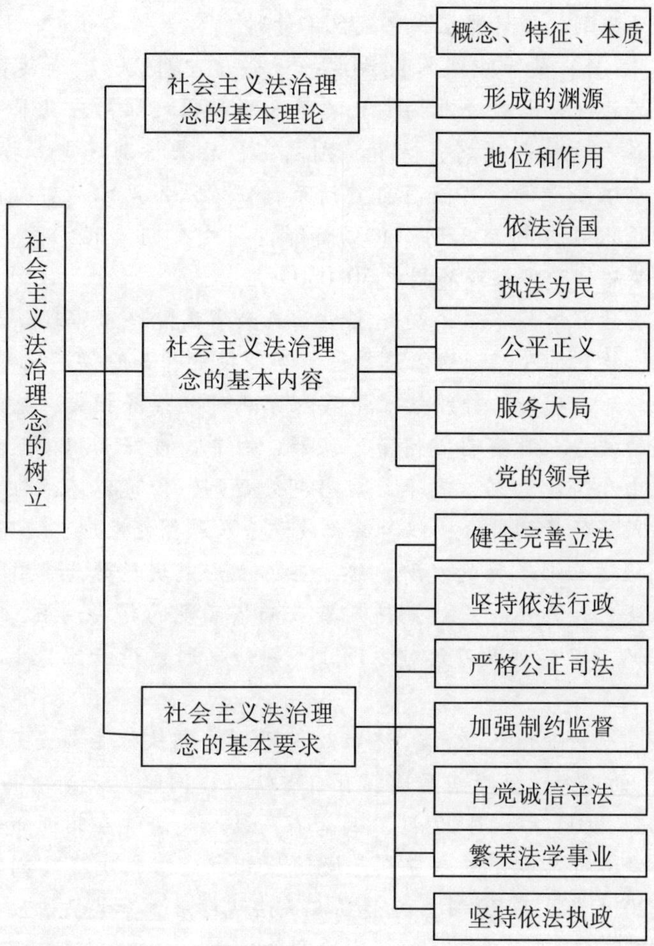

【知识目标】

1. 理解社会主义法治理念的基本理论
2. 深刻体会社会主义法治理念的基本内容
3. 把握社会主义法治理念的基本要求

【能力目标】

能在法律实践中贯彻社会主义法治理念

任务一　社会主义法治理念的基本理论

【导入案例】

2009年，云南省某市某县男子李某奸杀了同村女孩王某，又将王某3岁的弟弟活活摔死。公诉方认为，李某作案手段特别残忍、主观恶性极深、后果特别严重，建议以故意杀人罪判处死刑，强奸罪在3年至5年量刑。

2010年7月15日，某市中级人民法院一审公开宣判认为，李某报复杀害王家姐弟，其间强奸王某的行为已经分别构成故意杀人罪和强奸罪，应数罪并罚；李某所犯故意杀人罪，犯罪手段特别残忍、情节特别恶劣、后果特别严重，其罪行极其严重，社会危害极大，应依法严惩。其虽有自首情节，但依法不足以从轻处罚。综上，一审判决李某犯故意杀人罪，判处死刑；犯强奸罪，判处有期徒刑5年，决定执行死刑。同时，还判决李某赔偿受害人经济损失30 000元。

该案一审判决后，李某不服，提起上诉。云南省高院终审审理认为，李某的行为分别构成强奸罪、故意杀人罪，应依法严惩。李某投案并如时供述犯罪事实，属自首；在归案后认罪、悔罪态度好，并赔偿了被害人家属部分经济损失，故采纳上诉人李某及其辩护人所提的被告人具有自首情节、认罪、悔罪态度好、积极赔偿被害人家属经济损失的上诉理由和辩护意见，对李某应当判处死刑，但可以不立即执行。撤销一审判决中对故意杀人罪的量刑部分，以李某犯故意杀人罪判处死刑，缓期两年执行。

这一次改判经过三个多月的发酵，终于在网上形成舆论热点，并最终将云南省高院推向了风口浪尖。网友几乎一边倒地质疑云南省高院的判决结果，并将其与药家鑫案（开车撞伤一人后又连刺数刀致对方死亡，判处死刑）进行比较，认为“药家鑫很冤枉”。

云南省高院宣传处负责人表示，终审改判死刑缓期执行主要是基于目前法界提倡“少杀”“慎杀”的理念，且李某案确实有自首情节；同时，云南省高院也已组织专人对该案重新审查。[①] 2011年8月22日，云南省高级人民法院在昭通市开庭，对李某故意杀人、强奸一案进行再审并当庭宣判：撤销原二审死缓判决，改判李某死刑，剥夺政治权利终身。2011年9月29日，经最高人民法院核准，李某被依法执行死刑。

问题：1. 该案是否贯彻了社会主义法治理念？

2. 什么是社会主义法治理念？怎样贯彻社会主义法治理念？

【基本原理认知】

在法律实践中，我们会发现，很多对法律适用的结果往往出乎我们的预料。我们认为应当是这样结果的，却出现了那样的结果。就像导入案例一样，该案和“药家鑫案”相比，很明显情节严重、社会影响恶劣，但判决结果却比药家鑫轻，很明显极不符合正义的要求。而这一现象造成的后果都是损害了我国公民的根本利益。如果仔细

---

① 云南省高级人民法院：《男子强奸杀人案改判基于慎杀理念》，http：//news. 163. com/11/0706/14/789LPDE00001124J. html，2011年7月6日。

观察这样一种现象，我们就会发现，司法者要么是对法律的理解有误解、曲解，要么是对法律的适用有偏差，更可能还有其他方面的问题。

为什么会出现这样的情况？究其原因，最根本的问题就是社会主义法治理念的缺失。没有树立社会主义法治理念，司法者就会降低对自己的要求，也就不能秉持公平正义的利剑去弘扬正气，不能从根本上维护人民的根本利益。

可见，社会主义法治理念的树立至关重要。它可以让我们明确：什么是社会主义法治国家？怎样建设社会主义法治国家？树立了社会主义法治理念，就能够进一步推进我国的法治建设。所以，中共十七大报告指出："坚持依法治国基本方略，树立社会主义法治理念，实现国家各项工作法治化，保障公民合法权益。"①

如何理解社会主义法治理念的基本内涵，是我们正确理解社会主义法治理念内容的基础，也是我们如何正确贯彻社会主义法治理念的前提。社会主义法治理念不同于西方的法治理论，它具有深厚的渊源，是我国几代领导人智慧的结晶，有着独有的特征、本质、地位和作用。

一、社会主义法治理念的基本认识——概念、特征、本质

（一）社会主义法治理念的概念

法治理念是对法治的性质、功能、目标方向、价值取向和实现途径等重大问题的系统认识和反映。② 社会主义法治理念是发展中的马克思主义指导的，是对社会主义法治精神、法治信仰、法治原则和法治制度的宏观把握和整体性的认识。③

社会主义法治理念以"依法治国、执法为民、公平正义、服务大局、党的领导"五个方面为基本内容。其中依法治国是社会主义法治的核心内容；执法为民是社会主义法治的本质要求；公平正义是社会主义法治的价值追求；服务大局是社会主义法治的重要使命；党的领导是社会主义法治的根本保证。这五个方面相辅相成、不可分割，形成了社会主义法治理念的完整理论体系。社会主义法治理念充分体现了社会主义先进生产力、先进文化和社会发展的内在要求，能够充分维护人民当家作主的地位和广大人民群众的根本利益，符合社会主义核心价值体系的要求，是科学的、先进的理念。

社会主义法治理念是中国特色社会主义的法治理念，它反映和指引着社会主义法治的性质、功能、目标方向、价值取向和实现途径，是社会主义法治的精髓和灵魂，也是立法、执法、司法、守法和法律监督的指导思想。④

（二）社会主义法治理念的基本特征

社会主义法治理念实现了马克思主义法律观与当代中国法治实践的有机结合，具有如下特征：

1. 鲜明的政治性

法与政治密不可分，法治理念也不可能脱离政治。社会主义法治理念首先是以社会主义民主为基础而形成，并以确认和保障社会主义民主政治为基本表现。其次，服

① 《胡锦涛在中共第十七次全国代表大会上的报告》，网易新闻，http://www.chinanews.com/gn/news/2007/10-24/1058429.shtml，2007年10月24日。

② 中共中央政法委员会：《社会主义法治理念读本》，中国长安出版社2009年版，第3-4页。

③ 李龙等：《以人为本与法理学的创新》，中国社会科学出版社2010年版，第199-200页。

④ 中共中央政法委员会：《社会主义法治理念读本》，中国长安出版社2009年版，第4页。

务大局的重要使命决定了社会主义法治理念要服务于社会主义政治、经济、文化、社会以及生态文明建设等国家和社会生活的各个方面。以大局为重，体现了社会主义法治理念的政治敏感性。最后，党的领导更是生动体现了社会主义法治理念的政治属性。

2. 彻底的人民性

社会主义法治理念坚持执法为民，把执法为民作为社会主义法治的本质要求，表明社会主义法治理念始终代表最广大人民的根本利益，把实现好、维护好、发展好最广大人民的利益作为社会主义法治建设的根本目的。

3. 系统的科学性

社会主义法治理念的五个方面的内容，并不是相互独立、毫无联系的，而是环环相扣、相辅相成的。他们构成了社会主义法治理念的核心内容、本质要求、价值追求、重要使命和根本保证，共同反映和规定了社会主义法治，成为一个有机的系统。

4. 充分的开放性

社会主义法治理念并不是一个孤立、封闭、静止的思想体系。它既结合了国情，也吸收了社会主义法治建设的经验，同时还借鉴了西方的法理制度和理念。它既包含了历史的纵向总结，也进行了当前的横向比较。它既对中国传统法文化的优秀元素进行了承袭和弘扬，也对西方法治文明的精神成果勇于汲取。

同时，社会主义法治理念也会随着对社会主义法治认识的不断深入、随着社会的不断发展所产生的新的思想、随着对传统人治意识的淡化而渐进发展、不断完善。所以，社会主义法治理念形成以后，并不是也不可能静止不变，它会与时俱进，体现出鲜明的时代性。

社会主义法治理念也只有体现出充分的开放性，才能保持旺盛的生命力，始终成为指导我国社会主义法治实践的有力思想武器。

（三）社会主义法治理念的本质属性

中国特色的社会主义理论体系，决定了社会主义法治理念的本质属性是坚持党的领导、人民当家作主和依法治国的统一。

中国社会主义革命和建设的历史经验和教训，形成了中国特色的社会主义发展道路，决定了中国的法治建设要始终坚持党的领导、人民当家作主和依法治国的统一。①社会主义民主的发展和社会主义法治国家的建设，始终要坚持党的政治领导、思想领导和组织领导。只有这样，才能确保社会主义法治的正确方向，依法治国和人民当家作主才能有可靠的政治保证。②我们党的宗旨和国家的性质决定了要始终坚持人民当家作主，要真正维护社会公平正义和最广大人民的根本利益。只有这样，才能真正落实执法为民的要求，党的领导和依法治国才能有坚实的群众基础和根本归属。③依法治国是我国民主法治建设经验教训的总结，是历史和现实的必然要求。因此，坚持党的领导、人民当家作主和依法治国的统一，社会主义法治理念才能具有强大生命力和活力。

坚持党的领导、人民当家作主和依法治国的统一，就必须始终坚持党的事业至上，人民利益至上，宪法、法律至上。“三个至上”是社会主义法治理念本质属性的内在要求。坚持党的领导、人民当家作主和依法治国，决定了社会主义法治建设的各项实践工作要置于党的绝对领导之下、要全心全意为人民服务、自觉维护宪法和法律的权威以促进公平正义，这正是“三个至上”的内在需求和具体表现。

“三个至上”是高度统一、不可分割的整体。党的事业是关键，人民利益是根本，宪法、法律是保障。它们紧密相连、相辅相成，具有本质上的一致性。

坚持“三个至上”，就要把“三个至上”的要求落实到社会主义的各个方面。要切实增强党的信念，坚持党的基本理论、基本路线和基本纲领，确保在各项工作中不折不扣地贯彻党的路线、方针、政策。要深入落实科学发展观，实现好、维护好、发展好最广大人民的根本利益。要树立和维护宪法、法律权威，坚持宪法、法律面前人人平等。

二、形成的渊源

社会主义法治理念的形成并不是一蹴而就的，它以马克思主义法治思想为重要理论基础，继承了中国传统法律文化的合理成分，借鉴了西方资本主义的法治思想，吸取了其他法治国家法治实践的经验教训，并立足中国法治实践的国情，经过几代中国共产党领导人的不断凝练而形成，有着坚实的理论渊源和实践基础。

（一）社会主义法治理念形成的理论渊源

1. *马克思主义法治思想是社会主义法治理念的理论基础*

马克思主义法治思想是马克思、恩格斯、列宁、毛泽东的法治思想以及中国特色社会主义理论体系中的法治思想，它是社会主义法治理念最主要的理论渊源，具体而言：

马克思和恩格斯的法治思想构成了马克思主义法学基本理论的基础性研究成果。其中关于法的本质、法与经济的关系、人权、人民主权、人的自由和解放、法律权威、法的职能的经典论述，成为社会主义法治理念的极宝贵的理论渊源。

列宁在领导俄国社会主义革命和建设的过程中，丰富和发展了马克思和恩格斯的法治思想，解决了社会主义法治中的一系列重大理论问题，诸如无产阶级专政、社会主义法治、党的领导和法律的普遍约束力等。随后斯大林关于加强国家民主政权建设、扩大直接选举、国家实行集体元首制等的法治思想，与列宁的法治思想，共同在世界上第一个社会主义国家进行了实践，奠定了社会主义法治理念的重要基础。

毛泽东等老一辈无产阶级革命家在新民主主义革命时期和新民主主义向社会主义转变时期，结合中国的实际，论述了宪政、人民代表大会制度等重要的法治思想。最终，他们提出的宪政理论、人民民主专政理论、专门工作与群众路线相结合、健全法制和依法办事等思想，成为社会主义法治理念的重要理论渊源。

我国改革开放以来，中国共产党结合中国治国理政的实践经验，丰富和发展了马克思主义法治思想。这集中体现在邓小平理论、“三个代表”重要思想和科学发展观中，从而形成了中国特色社会主义法治思想。

2. *中国传统优秀法律思想是社会主义法治理念的文化资源*

中国传统法律思想内涵丰富，其中既有其局限性，也有其合理性。中国社会主义法治理念的形成不应该、也不可能割裂中国的历史，因为中国传统法律思想作为中华文明的有机组成部分，已经渗透、沉淀在中国人的骨髓中，深刻影响着中国人的思维方式和法律生活，因此，社会主义法治理念必须借鉴和继承中国传统法律思想中的合理成分。只有这样，社会主义法治理念才能在我国树立、发展，才具有生命力和活力。

中国传统法律思想中蕴涵着丰富的、合理的法治思想：民为邦本的思想、以法治国的思想、公正执法的思想、礼法并用的思想、明德慎刑的思想等。总体而言，这些法治思想认识到了人民的重要性，法的重要性，公正执法的必要性，礼治、德治和法治相结合的重要性，以及重视道德教化慎用刑罚的必要性，这些都成为社会主义法治理念形成的宝贵文化资源。

3. 西方资本主义法治思想为社会主义法治理念提供了有益的借鉴

西方资本主义法治思想经过数百年的发展历史，已经形成了完整的理论体系。尽管西方资本主义法治理念是在资本主义制度的建立和发展的过程中形成的，但很多观点仍不失为人类的共同精神财富。其中：人民主权论、基本人权论、权力制约论、法律面前人人平等论、法律至上论等理论都可以成为社会主义法治理念的有益借鉴。

当然，这种借鉴并不是全盘照搬，而是要结合中国的国情，汲取其合理内核，完善中国特色的法治理论，丰富社会主义法治理念的内涵。

（二）社会主义法治理念的实践基础

社会主义法治理念的形成，不但基于理论渊源，更是实践经验的结晶，即社会主义法治理念的形成也具有深厚的实践基础，它总结了新中国成立以来的法治实践，汲取了苏联和东欧社会主义国家法治建设的经验教训。

从 1949 年中华人民共和国的成立到进入 21 世纪的今天，我国经历了法治建设的曲折历程，并以改革开放为契机，取得了巨大成就，比如：确立了依法治国基本方略，基本形成了以宪法为核心的中国特色社会主义法律体系，保障人权成为我国宪法的原则，对权力的制约和监督得到加强，等等。这些成就为社会主义法治理念的形成打下了坚实的基础。

而苏联及东欧社会主义国家，尽管先后建立了社会主义的法律体系，推进了社会主义法治建设，但随着在意识形态领域对马克思主义作为党的指导思想的放弃，并提出多元化的思想，进而采用西方资本主义国家的政治模式，最终导致共产党失去政权。

这样的悲剧告诉我们：必须坚持中国共产党的领导；必须坚持服务于党和国家工作大局；必须从我国的基本国情出发，坚持社会主义法治建设的正确方向；必须坚持依法治国基本方略；必须坚持以人为本、执法为民；必须坚持公平正义的价值追求。

国内的法治实践历程和苏联及东欧社会主义法治进程的教训，为我国社会主义法治理念奠定了实践基础，保证了社会主义法治理念内容的科学性、先进性。

三、地位和作用

社会主义法治理念，极大丰富了中国特色社会主义理论体系中法治思想的内涵，这对于中国的法治建设沿着正确的方向推进具有重要的意义。

（一）社会主义法治理念的地位

1. 社会主义法治理念是中国特色社会主义理论体系的重要组成部分

中国特色社会主义理论体系是由包括邓小平理论、“三个代表”重要思想、科学发展观、习近平新时代中国特色社会主义思想在内的一系列重大战略思想构成的科学理论体系。在这一科学理论体系中，创造性地、系统地阐述了法治思想。从邓小平同志提出的“有法可依、有法必依、执法必严、违法必究”社会主义法制建设“十六字方针”，到江泽民同志提出的“依法治国，建设社会主义法治国家”基本方略，到以胡锦涛同志为总书记的党中央通过科学发展观重大战略思想的提出，再到习近平法治思想的“十一个坚持”，最终提出和阐明了社会主义法治理念这一重大理论命题。

2. 社会主义法治理念是社会主义法治建设的指导思想

如何进行法治建设，必须依赖于正确的理念指导。长期以来，由于我国不注重正确理念的培育，以至于人们仍然停留在传统的人治观念，导致我国经常出现“权大于法、有法不依、执法不严”的现象，也使得我国的法治建设成效不显著。

社会主义法治理念，科学地反映了社会主义法治的内在规定性。特别是作为马克思主义法治思想、中国传统法律文化中的合理成分、西方资本主义法治思想中的优秀成果、中国长期法治实践的经验和汲取苏联及东欧社会主义法治建设失败的教训相结合的产物，其体现为先进的理念，构成了社会主义法治的精髓和灵魂。

社会主义法治理念一旦形成，必然呈现出强大的生命力和活力，成为推动社会主义法治建设，确保社会主义法治建设健康发展的重要思想和理论武器。

（二）社会主义法治理念的作用

1. 在立法上，社会主义法治理念指导着我国的一切立法活动

社会主义法治建设首先依赖于良好的法律制度，因此，如何立法就成为如何推进社会主义法治建设的第一个环节。缺乏正确的理念的指导，就不能保证法律的优良品质。社会主义法治理念作为科学、先进的法治理念，能够保证我国立法的人民性、科学性、统一性、稳定性，使社会主义法律体系更加部门齐全、协调统一、体例科学。

2. 在执法上，社会主义法治理念促进了文明执法

树立了社会主义法治理念，就会端正执法人员的执法思想，就能确保执法人员严格、公正、文明执法，全心全意为人民服务，在执法过程中时刻想着实现好、维护好、发展好最广大人民的利益。特别是在当前我国社会转型期，人们的思想观念不断复杂的情况下，树立社会主义法治理念，对于促进文明执法，纠正执法活动中的不良作风，尤为重要。

3. 在司法上，社会主义法治理念保障了公正司法

社会主义法治理念是我国司法制度坚持正确方向的重要保障。在社会主义法治理念的指导下，司法机关及其工作人员才能够坚持党的领导、人民当家作主、依法治国的有机统一，确保司法工作走群众路线，在党的领导下，自觉维护人民利益，促进社会和谐发展。

4. 在精神上，社会主义法治理念培育了全社会成员的科学法治文化

社会主义法治理念，为社会主义法治建设提供了精神指引。因为社会主义法治理念是社会主义法律意识的重要组成部分，它指引着社会主义法治文化建设的方向和内容。所以，全社会成员如果树立了社会主义法治理念，就必然能够弘扬法治精神，形成全社会成员对社会主义法治的正确认识，进而提高守法意识和用法习惯，能够自觉运用法律手段维护其合法权益，并最终推进我国的法治建设。

5. 在文化上，社会主义法治理念指引着法学文化

社会主义法治理念为我国的法学教育、法学研究提供了重要指引。以社会主义法治理念为指导，我国的法学教育、法学研究就能够始终坚持马克思主义、毛泽东思想、中国特色社会主义理论的主导地位，就能够坚持社会主义的法治方向，使法学教育、法学研究始终围绕着如何建设社会主义法治国家来进行，就会使法学研究的目光更多地转向中国的社会现实，针对我国法治实践中出现的新情况、新问题提出理论指导，

为我国的法治建设良性发展提供理论支撑。

任务二　社会主义法治理念的基本内容

毫无疑问，社会主义法治理念是马克思主义法治思想中国化的结果，是党和国家几代领导人集体智慧的结晶。它以马克思主义法治思想为理论渊源，继承了中国传统法律文化中的合理成分，借鉴了西方资本主义法治思想的优秀成果，汲取了苏联和东欧社会主义国家法治的教训，结合中国的国情，最终在贯彻落实科学发展观的实践中，提出和阐明了以“依法治国、执法为民、公平正义、服务大局、党的领导”为基本内容的社会主义法治理念这一具有划时代意义的命题。并指出：依法治国是社会主义法治的核心内容；执法为民是社会主义法治的本质要求；公平正义是社会主义法治的价值追求；服务大局是社会主义法治的重要使命；党的领导是社会主义法治的根本保证。这五个方面的内容，体现出党和国家对建设中国特色社会主义法治国家规律的深刻认识。

一、依法治国是社会主义法治的核心内容

依法治国作为社会主义法治理念的内容，是社会主义法治的核心内容，是我们党领导人民治理国家的基本方略。树立社会主义法治理念，必须树立依法治国的理念，这是发展社会主义民主法治的必然要求，是实现国家长治久安的重要保障。依法治国，也意味着我们党治国理政观念的重大转变，标志着我们党最终战胜和彻底抛弃了封建“人治”思想的羁绊，坚定不移地选择了社会主义法治的治国道路。坚持依法治国，就要做到：坚持人民民主，实现法制完备，树立宪法、法律权威，实现权力制约。

（一）人民民主是依法治国的政治基础

人民民主与社会主义法治唇齿相依、相辅相成。人民民主是我国社会主义的本质规定，是我国社会主义的内在要求。我们选择了社会主义，也就是选择了人民民主，保证人民当家作主。这也是社会主义的历史进步性和合理性所在。而我们建设社会主义法治国家，就必须建立在人民民主的政治基础上，要保证社会主义法治国家的主权属于人民。

这就决定了依法治国必须是建立在人民民主基础上的依法治国。坚持人民民主的依法治国，就能保证法体现人民的意志和利益，并保证国家的司法权和行政权来源于人民。这样，依法治国才不会偏离社会主义方向。这也意味着，依法治国必须保障人民民主，保障人民的主人翁地位。

（二）法制完备是法治国家的重要标志

法制完备是法治建设的重要先决条件。依法治国首先要有完备的法律制度、健全的法律体系，否则，依法治国只是浮华的辞藻。建立在门类齐全、结构严谨、内部和谐、体例科学、协调发展的法律体系（形式意义上的法制完备）基础上的依法治国，才符合最基本的要求。

当然，依法治国还需要实质意义上的法制完备。也就是说，构成健全法律体系的法律、完备的法律制度要符合公平正义的价值要求、适应社会发展的需要。只有这样，

依法治国才具有实际意义。

（三）树立宪法、法律权威是依法治国的必然要求

依法治国，必须保证宪法、法律在国家和社会生活中的权威，使宪法、法律在全部社会规范体系中居于主导地位，使社会主体的一切行为都以宪法、法律为基本准则，使一切国家权力和其他社会规范只能在宪法、法律的支配下发挥作用。只有这样，才真正能够实现依法治国，保证法的有效实施。

树立宪法、法律权威，必须提高社会公众的法律意识，服从宪法、法律——服从党和人民的意志、维护人民的利益，切实维护社会主义法律体系的统一和尊严，在公正执法的基础上树立和维护执法部门的权威和公信力。

（四）权力制约是依法治国的关键环节

权力制约是法治国家的基本特征。因此，依法治国的关键实质上是依法制约权力：运用法律规范约束国家机关行使的公权力，保证其依法行使，防止其滥用和扩张导致对人民合法权益的侵害。没有权力制约，也就不能做到依法治国。

要做到依法治国，就要建立、健全以决策权、执行权、监督权为框架的权力结构，并使它们形成既相互制约又相互协调的运行机制。依法治国，要实现对权力主体产生方式、权力运行过程、权力运行后果的制约，做到职权法定、权责统一、监督用权、违法必究。

二、执法为民是社会主义法治的本质要求

执法为民作为社会主义法治理念的内容，是社会主义法治的本质要求。社会主义法治建设的重要表现之一就是执法。执法工作“相信谁、依靠谁、为了谁”，以及“为谁执法、靠谁执法、怎样执法”是不能回避的问题。社会主义法治理念关于执法为民的阐述，恰恰解决了这一问题。社会主义的人民性决定了社会主义法治的宗旨和目的必然是执法为民。一切执法者必须依据“一切权力属于人民”的宪法原则，始终保证一切执法活动要为人民服务，而不能损害人民的利益。执法为民理念是社会主义法治始终保持正确方向的根本保证。要做到执法为民，就必须坚持以人为本、保障人权、文明执法。

（一）以人为本是执法为民的根本出发点

执法为民，意味着一切执法的目的就是要切实维护人民的根本利益。这就要始终坚持以人为本的执法理念，以维护最广大人民群众的根本利益为本，把实现好、维护好、发展好最广大人民群众的根本利益作为全部执法工作的出发点、落脚点。

执法必须为了人民，把人民群众的满意作为执法工作的第一标准。这就要求执法工作处处为人民群众着想、时时为人民群众排忧解难。执法工作要切实保障和维护民权、保障和改善民生，要妥善处理涉及人民群众利益的矛盾纠纷以及人民群众之间的矛盾纠纷。

执法为民还要依靠人民，这也是以人为本的基本表现。依靠人民是强调人民的主体地位、发挥人民首创精神的诠释，突出了人民在执法中的地位和作用。依靠人民，就要坚持从群众中来到群众中去的群众路线，密切联系群众，切实保障人民群众当家作主的各项权利。

（二）保障人权是执法为民的基本要求

执法为民的基本要求就是保障人权。人权作为公民的基本权利，其享有和行使，对于每个公民的个人利益的实现来讲都是非常重要的。所以，我国一直以来对公民的人权问题，随着认识的不断深入和社会经济的不断发展，也不断给予新的认识，并最终通过宪法给予规定，使“尊重和保护人权”成为我国宪法的一项基本原则。这也就使得法治成为人权保障的重要方式。

执法为民要保障人权，这不但是宪法基本原则的贯彻，也是以人为本的具体体现。在执法活动中执法工作人员要树立人权保护意识，严格执法，公平、公正执法，切实保障宪法、法律赋予公民的生存权、发展权、公民和政治权利、经济、社会、文化权利以及特定群体的权利。

（三）文明执法是执法为民的客观需要

要执法为民，最基本的要求就是文明执法。文明执法是执法为民的客观需要，是社会主义政治文明和法治进步的基本表现，也是执法为民所强调的以人为本、保障人权的贯彻落实。没有文明执法，也就谈不上以人为本、保障人权，也就不可能做到执法为民。

所以，在执法工作中首先要树立文明执法的理念，将以人为本、执法为民的观念和思想内置于心、外践于行。其次，要有文明的执法制度。文明的执法制度不但保障人民的各项权利，而且可以更好地规范执法行为。再次，要有文明的执法行为。执法人员在执法过程中要做到执法方式、方法、程序符合法定要求，举止文明、态度公允、用语文明。最后，树立文明的执法形象。执法人员要待人平和，仪容整洁，坚持原则。

三、公平正义是社会主义法治的价值追求

公平正义作为社会主义法治理念的内容，是社会主义法治的价值追求。公平正义是人类的共同理想，是人类社会存在、发展的灵魂。社会主义法治更要追求公平正义的价值。只有确保公平正义，社会主义法治才有健康发展的可能，社会各方面的利益关系才能得到妥善处理，社会才能和谐进步。公平正义是新时期广大人民群众的强烈愿望，是立法、执法和司法工作的生命线。公平正义必须作为社会主义和谐社会的基石，作为社会主义法治的追求。要实现公平正义必须做到：法律面前人人平等，合法合理，程序正当，及时、高效。

（一）法律面前人人平等是公平正义的首要内涵

要实现公平正义，首先要做到法律面前人人平等。法律面前人人平等，是我国宪法的基本原则，也是实现公平正义的基础。如果连法律面前人人平等都做不到，根本就谈不上公平正义。所以，强调公平正义，首先要强调法律面前人人平等。

法律面前人人平等首先指的是人们的法律地位平等，任何人不分年龄、性别、民族、地域、文化程度、职业、身份、信仰等都平等地享有宪法、法律规定的权利，平等地履行宪法、法律规定的义务。其次，任何人都没有超越宪法、法律的特权。再次，禁止歧视弱势群体。最后，任何组织和个人的违法行为都必须依法受到追究。

（二）合法合理是公平正义的内在品质

公平正义，意味着合法合理，这是公平正义实现的方式。只有既合法又合理，才能表明一种公平正义的实现，才能为社会公众所认可和接受。

合法就是指一切行为都要符合法律的规定。合理就是要合乎理性，既符合事物的内在规律，又符合人们认可的一般道理。合法合理，意味着首先要利益均衡，要在社会利益分配和调整的过程中，公平考虑社会不同利益群体的利益诉求，要做到最大程度地兼顾各方的利益，不能只考虑某一方的利益，特别是不能忽视弱势群体的利益。合法合理也要做到情理兼顾，立法、执法、司法活动要充分考虑我国国情和人民群众的感受，实现“法、理、情”的统一，尽量避免“合法不合理、合理不合法”的矛盾冲突，尽最大可能做到既在法律之内，也在情理之中，实现法律效果、政治效果和社会效果的有机统一。

（三）程序正当是实现公平正义的方式与载体

正义不仅应当实现，而且应当以人们能够看得见的方式实现。程序正当无疑就是人民能够看得见的实现公平正义的方式和载体。因此，立法、执法、司法活动必须谨守程序正当的规定，实现公平正义。

要做到程序正当，必须做到以下几个方面：①充分参与。要保证利益关系方都能参与到程序中来，充分保障参与各方在参与过程中发挥作用。②裁判中立。裁判者要站在中立的角度，不偏不倚地解决争议。③程序公开。要把程序运作的全过程置于公众的监督之下，保证人们的知情权，避免“暗箱操作”。④程序约束。程序运作的过程要有有效的约束，要通过有效的监督机制保证程序运作过程的规范性。

（四）及时、高效是衡量公平正义的重要标尺

迟来的正义为非正义。如果没有在规定的时间内作出公正的结果，即使最终实现了结果公正，那么在本质上也是不正义的。所以，公平正义的实现首先要及时。公平正义也要讲究效率，如果办事拖拉，互相推诿，或者投入过多，也是无法实现公平正义的。因此，及时、高效是衡量公平正义的重要标尺。

及时、高效要有完善的体制的保障，也就是要有使效率提高的体制、制度，不合理的体制必然影响效率。及时、高效也意味着要节约成本，用最低的成本实现最大程度的正义。如果浪费大量的人力、物力、财力、时间才实现一种结果，那也说不上及时、高效。

四、服务大局是社会主义法治的重要使命

服务大局作为社会主义法治理念的内容，是社会主义法治的重要使命。这是由我国社会主义法律的根本性质所决定的。我国的社会主义法律是以工人阶级领导的全体人民普遍意志和根本利益的体现，其核心就是保障公民的权益，维护人民的根本利益。这也是党和国家的工作大局。社会主义法治建设也必然在这一整体和全局的统率与主导下展开。服务大局，就要把握大局、围绕大局、立足本职。

（一）把握大局是服务大局的前提条件

服务大局，首先要把握大局。要树立正确的大局意识和观念，认识到大局代表着整体与全局，代表着整个国家和全体人民的共同愿望和根本利益，大局是由一系列“小局”构成。要善于站在大局和全局的高度去思考问题，能够处理好各个“小局”与大局的内在关系。

把握大局，就要以大局为重。自觉服从大局，维护大局，以大局为统率开展各方面工作。同时，把握大局还要把握大局的层次性，正确处理国家大局与地方大局的关

系。要认识到国家大局处于最高层次，地方大局是国家大局的重要组成部分，并且它们具有方向的一致性。地方大局要服从国家大局，当地方大局和国家大局发生冲突与矛盾时，地方大局要服从国家大局。

（二）围绕大局是服务大局的根本保证

服务大局，就要紧紧围绕大局，以大局为中心开展工作，不偏离大局的目标和方向。社会主义法治建设的围绕大局就是一切法治建设工作都要实现好、维护好、发展好最广大人民群众的根本利益，全面建设小康社会，构建社会主义和谐社会，推进中国特色社会主义事业的发展。

围绕大局，就要做到：决策部署、具体工作要以服务大局为目标方向和基本原则。即社会主义法治建设的决策部署，要坚持中国特色社会主义理论，按照邓小平理论和“三个代表”重要思想、科学发展观，全面贯彻习近平新时代中国特色社会主义思想，落实依法治国的基本方略。法治工作成效如何，要看是否服务大局。最终，围绕大局，就要做到保障大局，要通过一系列的法治实践，使社会主义法治保障服务社会主义经济建设、政治建设、文化建设、社会建设以及生态文明建设。

（三）立足本职是服务大局的基本要求

要做到服务大局，就要充分认识到大局的根本性，保持清醒的政治头脑，立足本职工作岗位，遵从职业操守，正确履行职责。服务大局，立足本职是基础，正确履行职责是关键。服务大局首先要从自身做起，在自己的工作岗位上做好身边的事、具体的事，以实际行动为大局服务。在自己的工作岗位上要正确履行职责。只有正确履行职责，才能真正实现服务大局。

正确履行职责，首先要按照岗位职责要求，全面、充分履行职责，充分发挥职能作用。其次要坚持宪法和法律至上、党的事业至上、人民利益至上，实现法律效果、政治效果和社会效果的内在一致性。

五、党的领导是社会主义法治的根本保证

党的领导作为社会主义法治理念的内容，是社会主义法治的根本保证。坚持党的领导是历史的选择、人民的选择。中国共产党作为中国工人阶级的先锋队，具有强大的凝聚力，能够代表中国先进生产力的发展要求，代表中国先进文化的前进方向，代表中国最广大人民的根本利益，遵循社会发展的客观规律，领导社会主义法治建设。也只有在党的领导下，才能解决中国复杂的社会问题，确实保障社会主义法治建设的不断推进。党的领导，包括党的思想领导、政治领导、组织领导。

（一）坚持党对社会主义法治的思想领导

坚持党对社会主义法治的思想领导，就是要坚持以马克思主义为指导。具体而言，就是要坚持马克思主义的立场、观点和方法及中国特色社会主义理论体系在法治领域的指导地位。马克思主义是我们立党、立国的根本指导思想，社会主义法治建设更应该以马克思主义为指导。

坚持党的思想领导，首先要坚持马克思主义的立场、观点和方法，就是要坚持正确的政治立场，防止法治思想领域的混乱。面对多元、多样、多变的社会意识形态要保持清醒的头脑，客观地对待西方的政治制度、法律制度、价值观念和特权思想，确定正确的中国法治建设道路。坚持党的思想领导，还要坚持中国特色社会主义理论体

系。中国特色社会主义理论体系是符合中国国情的理论体系，是中国特色社会主义建设事业的重要指导。社会主义法治建设作为中国特色社会主义事业的重要组成部分，只有坚持中国特色社会主义理论体系，社会主义法治建设才不至于迷失方向。坚持党的思想领导，更要坚持解放思想、实事求是、与时俱进，保证社会主义法治建设充满活力。

（二）坚持党对社会主义法治的政治领导

坚持党对社会主义法治的政治领导，就是要坚持政治原则、政治方向、重大决策的领导，核心是路线、方针、政策的领导。具体表现为：

坚持走中国特色的社会主义法治道路。中国有着几千年的文明历史，有着不同于西方及其他国家的独特的传统文化，所以，中国的法治道路要根植并超越传统中华文明，立足中国经济、社会发展的现状，以中国特色的社会主义国家制度为根基来选择。当然，可以积极借鉴和吸收古今中外各种优秀法律文化成果，但不能生搬硬套。

坚持和完善中国特色的社会主义司法制度。我国的司法权来源于人民，属于人民，所以，中国特色的社会主义司法制度必须坚持党的领导、人民当家作主和依法治国的统一，在司法权的配置、行使和运行方式中始终要考虑如何更好地保障最广大人民的利益。

坚持党的路线、方针和政策。党的路线、方针和政策对法治建设具有指导作用。坚持党的路线、方针和政策，也就意味着实现了党的领导与法治的高度统一，从而使法治不偏离正确的方向。

（三）坚持党对社会主义法治的组织领导

坚持党对社会主义法治的组织领导，就是要充分发挥党组织的作用，确保党推荐的重要干部能充实到立法、执法、司法工作中，使党的路线、方针和政策得到贯彻落实。

坚持党对社会主义法治的组织领导，就是要坚持党管干部的原则，加强党的各级组织建设，符合时代精神，构建党的组织领导格局。只有党管干部，才能确保德才兼备、忠于党、国家、人民、法律的人在法治领域发挥重要的作用，推动法治的建设；只有加强党的各级组织建设，才能保证广大党员在法治建设中始终发挥先锋模范带头作用；只有符合时代精神构建党的组织领导格局，才能使党的领导永远深入人心。

任务三　社会主义法治理念的基本要求

树立以“依法治国、执法为民、公平正义、服务大局、党的领导”为基本内容的社会主义法治理念，必须做到：健全完善立法、坚持依法行政、严格公正司法、加强制约监督、自觉诚信守法、繁荣法学事业、坚持依法执政。

一、健全完善立法

通过确立中国特色社会主义立法制度，健全完善立法，形成以宪法为统帅的多层次、多部门的中国特色社会主义法律体系，使之法律部门齐全，主要法律具备，结构严谨，内部和谐统一。只有这样，才能为依法治国提供必要的前提和基础。健全完善立法，要切实做到：坚持科学立法、坚持民主立法、坚持法制统一、坚持体系完备。

（一）坚持科学立法

中国特色社会主义法律体系的形成首先要坚持科学立法。在立法工作中，要贯彻落实科学发展观，始终坚持以人为本，保证立法始终体现人民的意志，维护人民的权益；要立足我国国情，结合我国社会主义初期阶段的政治、经济、文化、社会发展的实际需要立法，要保证立法工作能够服务于当前改革、发展、稳定的需要；要遵循客观规律立法，即认真把握中国特色社会主义发展规律、中国特色社会主义市场经济规律、中国特色社会主义法律体系的内在规律、立法工作自身的规律来立法，保证法律的优良品质，实现法律体系的内部和谐；要科学合理地规定权利与义务、权力与责任，做到权、义、责的统一。

（二）坚持民主立法

中国特色社会主义法律体系的形成还要坚持民主立法。立法主体自身首先要强化民主意识，这是民主立法的前提。立法主体要始终贯彻立法为民的理念，在立法工作中要充分考虑公民的合法权益，要均衡好各方面的利益关系。在立法过程中，要充分吸收社会公众、特别是利益关系方参与立法，采取听证会、论证会、座谈会等形式听取各利益关系方的立法意见和建议，提高立法的质量。要通过立法公开等制度使各项立法工作接受监督，避免立法工作的失误。

（三）坚持法制统一

中国特色社会主义法律体系要坚持法制统一，要形成不同层次的法律相互协调的法律体系，做到：任何法律、法规都不得同宪法相抵触，下位阶的法不得同上位阶的法相抵触，相同位阶的法相互之间不得相抵触，以维护宪法作为国家根本大法的权威，以实现各法律间的和谐。要达到上述效果，首先要完善立法权限，严格按照《立法法》关于立法权的分工进行立法。地方立法、下级立法必须分别符合中央法律、上层次法律的具体条款、原则、精神的要求。其次要通过立法监督的加强保障法制统一。最后要通过立法解释实现法制的统一。

（四）坚持体系完备

健全完善立法，必须坚持体系完备。这是健全、完善立法的重要标志。没有法律体系的完备，也就没有立法的健全、完善。体系完备，首先要做到中国特色社会主义法律体系的完善，要形成部门齐全、结构严谨、内部和谐的法律体系。要继续制定和完善部门法律中基本的、重要的、起支架作用的法律，要完善与之配套的法规，使法律的实施具有实效。要适时地进行法律清理和法典编纂，实现法律的系统化。

二、坚持依法行政

坚持依法行政，是社会主义法治的关键环节。通过依法行政，避免国家行政活动对公民权益的损害，是社会主义法治的内在要求。是依法治国社会主义法治的基本内容，必然要求依法行政。通过依法行政，实现依法治国的基本方略。坚持依法行政，要切实做到：坚持合法行政、坚持合理行政、坚持高效便民、坚持权责统一、坚持政务公开，不断提高依法行政能力和职业道德水平。

（一）坚持合法行政

合法行政是依法行政的根本要求，行政机关的行政行为必须按照宪法、法律、法规、规章的规定，符合法律的原则和精神。行政机关只有在有法律明确授权的前提下，才能行使行政职能。法律没有对行政机关明确授权的情形，行政机关不能去做。行政机关要严格依据法律的明确授权行使行政职能，不能越权或滥用职权。总之，行政机关不能在法律没有规定或不符合法律规定的情况下行使行政职权。

（二）坚持合理行政

合理行政，就是行政机关实施行政管理要遵循公平、公正的原则，平等地对待行政管理相对人，不偏私、不歧视。合理行政是合法行政的重要补充和延伸，是依法行政的重要内涵。坚持合理行政，就要做到平等对待行政管理相对人，不偏私、不歧视任何人；要遵循比例原则行使自由裁量权，避免自由裁量权的滥用；要按照常人标准作出合乎人心、情理的正常判断，避免出现不合理的情况。

（三）坚持高效便民

高效便民，就是行政机关在实施行政管理时，要遵守法定时限，积极履行法定职责，高效率地为民提供优质服务，提供方便。高效便民是依法行政的价值体现。如果行政行为不能做到高效便民，造成事情拖延、人民不方便，那就实现不了法治的要求。要做到高效便民，首先就要树立高效便民的观念，让行政机关工作人员具有高效便民的意识，才能具有高效便民的行动。其次要加快行政管理体制改革，建设服务型政府。最后要通过高效便民与政务公开的有机结合，为高效便民创造条件。

（四）坚持权责统一

权责统一，就是行政机关拥有的职权应与其承担的职责相适应。坚持权责统一是依法行政的必然要求。依法行政，首先行政机关要有职权，没有职权就无法行政。所以法律、法规要授予行政机关充分的权力，以保障行政机关发挥其功能。但行政机关行使权力要受到监督，否则就会造成权力滥用。同时也要规定行政机关的责任，制约其滥用权力。只有权责统一，才能做到依法行政。

（五）坚持政务公开

政务公开，就是依法将政务信息及时、主动地向社会公众公开，让人民群众知晓政务内容。坚持政务公开是依法行政的重要保障。只有政务公开，把政务活动置于“阳光”之下，接受人民群众的监督，才能避免行政权力的滥用，促使依法行政。政务公开要以《政府信息公开条例》为契机大力推进，要依法及时、准确地公开，要采取灵活多样的载体和形式公开，保障公开的效果。

（六）不断提高依法行政能力和职业道德水平

要做到依法行政，还要不断提高依法行政能力和职业道德水平。依法行政依赖于公务人员。公务人员依法行政能力和职业道德水平的高低直接影响到依法行政的质量。只有不断提高公务人员的依法行政能力和职业道德水平，才能保证依法行政的质量。所以，要通过培育和提高公务人员的法律意识，推进依法行政能力和职业道德的培训，加强公务人员学法、用法工作，提高其依法行政能力和职业道德水平。

三、严格公正司法

公正司法，既是实现社会公平正义的基础，也是提高司法效率、树立司法权威、维护司法形象的保障。缺乏公正的司法，社会的公平正义难以实现，法律的信仰、司法的权威就会丧失。社会主义法治理念要求严格公正司法，切实维护司法公正。严格公正司法，就要做到：切实维护司法公正、不断提高司法效率、努力树立司法权威、充分发扬司法民主。

（一）切实维护司法公正

严格公正司法，就要维护司法公正。司法公正是司法工作的灵魂，是依法治国的重要标志。维护司法公正，就要坚持实体公正和程序公正并重。实体公正就是结果公正，结果公正是实体公正的直接体现。程序公正就是司法过程公正，程序公正能够保障实体公正。坚持实体公正就要严把事实关、法律关，做到正确认定事实，正确适用法律。坚持程序公正就要按照程序公正的要素完善程序并严格遵守法定程序。

（二）不断提高司法效率

公正司法，还要强调不断提高司法效率。要保证用最快的速度、最低的成本实现裁判的公正。司法效率低下，即使实现了结果的公正处理，也是迟来的正义。“迟来的正义为非正义。”所以，要确保公正司法，就要进一步提高办案效率：严格遵守法定的诉讼期限，尽最大可能地减少当事人的诉累。这就要不断提高公正司法的意识，不断提高司法能力。

（三）努力树立司法权威

树立司法权威，必须做到公正司法。只有公正司法，人民群众才会信任司法，尊重和依赖司法，以司法为解决问题的最后屏障。所以，要严格公正文明司法，提高司法威望，维护司法权威。这就要求司法机关工作人员要有廉洁自律意识，要不断提高业务素质，提高办案质量，要接受党的领导、人大的监督，通过高度公正的司法活动树立司法权威。

（四）充分发扬司法民主

司法民主，是指在司法活动中体现和保障人民当家作主的权利。我国国家的性质决定了人民当家作主不但要体现在政治领域，还要体现在司法等各个领域。只有充分发扬司法民主，才能做到执法为民。充分发扬司法民主，就要充分体现司法主体民主、司法程序民主、司法目的民主。要通过人民陪审员制度、人民监督员制度、司法公开制度、司法便民措施等方面做到充分发扬司法民主。

四、加强制约监督

制约监督是为了避免权力的滥用，对权力的约束、监督。对权力的制约监督，是我国政治体制改革的重要内容，也是社会主义法治的必然要求。只有加强制约监督，才能规范权力行为、提高公共权力运作的效率，才能实现依法治国、执法为民的社会主义法治理念的内涵。要加强制约监督，就要建立完善的法律制约监督体系，切实增强制约监督的合力和实效。

（一）建立完善的法律制约监督体系

在我国，建立完善的法律制约监督体系，就是要建立全方位、多层次的中国特色社会主义的法律制约监督体系。建立完善的、全方位的法律制约监督体系，就是要实现各种各样的监督，让权力的运行时刻处在各种监督之下，没有逃避监督的空间。这就要实现国家权力机关的制约监督、国家行政机关的制约监督、国家司法机关的制约监督、政治及社会组织的制约监督、社会舆论的制约监督以及人民群众个人的制约监督。建立完善的、多层次的法律制约监督体系，就是要实现不同层次的监督，形成从中央到地方的监督。这样，通过纵横交错的网状法律制约监督体系，实现对权力的制约。

（二）切实增强制约监督的合力和实效

有了健全的法律制约监督体系，还要保证其发挥实效。这就要增强制约监督的合力，各方力量上下联动、齐抓共管，要让全方位、多层次的监督共同指向权力的运作。在这种合力之下，切实规范权力的正确运行。这就要求必须支持各种监督，保证各种监督能够起到作用，让各种监督发挥实效。

五、自觉诚信守法

自觉诚信守法，是指全社会必须有自觉的守法意识，从而能够自觉地使权利（力）的行使、义务（责任）的履行（承担）处于法律的框架之下。只有守法，社会主义法治建设才有成效。因此，社会主义法治理念也必然要求自觉诚信守法。自觉诚信守法是实现依法治国的重要保证，也是现代法治国家的重要标志。自觉诚信守法要做到：自觉遵守法律、坚持明德守信、深化法制宣传。

（一）自觉遵守法律

自觉诚信守法首先要做到自觉遵守法律。我国《宪法》也明确规定：一切国家机关和武装力量、各政党和各社会团体、各企业事业组织都必须遵守宪法和法律。法作为社会行为规范之一，如果不遵守就会成为一纸空文，而人民的意志和利益也就难以实现。自觉遵守法律实际上就是充分维护人民的意志和利益。任何人都要奉公守法，严格依法办事，维护法律的权威。

（二）坚持明德守信

诚信守法的自觉行为必须具有良好的道德风尚，所以自觉诚信守法还要做到坚持明德守信，遵守社会主义道德规范。道德和法律具有密切的关系：道德是法律的价值内涵，法律是道德的制度底线。社会主义道德规范在我国经过悠久的历史和社会积淀而形成，是我国社会生活中最基本、最起码的行为准则。坚持社会主义道德规范，人们就会形成内心的确认，从而自觉诚信守法。所以，要从发扬家庭美德开始，拓展到恪守职业道德、遵守社会公德，达到自觉诚信守法的要求。

（三）深化法制宣传

自觉诚信守法还要通过深化法制宣传的途径来实现。人的良性发展建立在教育和良好环境熏陶的基础上，自觉诚信守法也应该建立在法制教育和良好的法治环境基础之上。没有法制教育和一个良好的法治环境，很难想象自觉诚信守法所达到的效果。所以，要开展法制宣传，深入开展以宪法为核心的全民普法，提高全民的法律素质，进而全面推进依法治理，建设社会主义法治文化，使全民具有自觉诚信守法的意识，为自觉诚信守法创造条件。

六、繁荣法学事业

社会主义法学事业是中国特色社会主义事业的重要组成部分，法学研究和法学教育的价值取向会影响到我国法治建设的发展。所以，为了把握社会主义法治建设的正确方向，必须繁荣法学事业，坚持法学研究正确的政治方向，按照社会主义法治理念的基本要求确定法学研究的任务、基本途径，牢牢把握法学领域意识形态的主导权，让法学事业为社会主义法治建设服务，丰富我国的社会主义法治理论，推动我国的社会主义法治建设。

（一）坚持法学研究正确的政治方向

繁荣法学事业，首先要坚持法学研究正确的政治方向。也就是坚持以马克思主义法学基本原理为指导，结合我国法制建设的具体实践来开展法学事业，坚决抵制西方意识形态的侵蚀和各种错误思潮的影响。这就要求我们必须深刻理解法学所具有的阶级性和实践性，在此基础上牢牢把握马克思主义意识形态在法学领域的主导权，坚持用中国特色社会主义理论体系指导政法工作和法学理论建设，旗帜鲜明地反对各种错误观点，立足国情回答我国法治建设中的问题。

（二）明确法学研究的主要任务

繁荣法学事业，就是要在社会主义法治理念的指导下，确定法学研究的任务、目标是为建设中国特色社会主义事业、丰富和发展社会主义法治理念以及完善中国特色社会主义法学理论体系而服务。唯有如此，法学研究才能够积极探索和回答社会主义法治建设中存在和出现的问题，为贯彻实施依法治国提供理论支撑；才能够做到坚持、丰富和发展社会主义法治理念，不断完善中国特色社会主义法学理论体系。

（三）繁荣法学研究的基本途径

法学研究的繁荣不但需要正确的政治方向、明确的任务作保证，也依赖于正确的途径来实现。对于法学研究，必须坚持理论与实践相结合、继承与创新相结合、立足国情与吸收借鉴相结合、统领法学研究与坚持“双百”方针相结合的途径，使法学研究不至于脱离实际、保守、故步自封、缺少宽容，进而脱离法学研究的宗旨。法学研究要通过上述途径，得出实用的、先进的研究成果，完善我国独具特色的法学理论体系，推动我国法治建设的成果。

（四）提高法学教育水平，培养中国特色社会主义事业建设者

繁荣法学事业，必须具有一批中国特色社会主义法学事业的建设者、捍卫者，以此推动法学事业建设。只有形成这样的一支队伍，并使之成为法学事业建设的中坚力量，法学事业才能繁荣。为此，要切实开展社会主义法治理念教育，用社会主义法治理念武装人们的头脑，使社会主义法治理念成为一种内心确信。要在法学教育中注重政治素质与业务素质相结合的教育，避免教育出来的人偏离社会主义方向。要加强国情教育，培养“面向现代化、面向世界、面向未来”的法律人才，以适应当今世界发展的大趋势。最重要的是，要建设一支忠实传播马克思主义法学的教师队伍，打造一支政治过硬的马克思主义法学的忠实传播队伍，为培养中国特色社会主义事业的建设者、捍卫者创造条件。

七、坚持依法执政

坚持依法执政，是新的历史条件下中国共产党执政的基本方式之一。依法执政，既是建设社会主义政治文明的必然要求，也是社会主义法治理念的基本要求。社会主义法治建设要求中国共产党必须依法执政，也就是中国共产党要领导人民制定法律、实施法律，在宪法、法律的范围内进行活动。具体而言：

（一）切实加强党对立法工作的领导

社会主义法治理念所坚持的党的领导，包括了党对立法工作的领导。坚持依法执政，就是要贯彻社会主义法治理念，切实加强党对立法工作的领导。中国共产党在新的历史条件下，要为立法工作提供科学的指导思想、政策引导和组织领导，保证立法

工作的正确方向，确保立法能够从国家整体利益出发，维护人民的意志。加强党对立法工作的领导，还要坚持党的主张和人民意志的高度统一。党的主张和人民的意志在本质上是一致的，必须在立法工作中得到体现。当然，要切实加强党对立法工作的领导，还必须推进国家政治、社会、生活的制度化和法制化，及时将法律制度完善，使国家政治、社会生活的管理有法可依。

（二）坚持党在宪法和法律范围内活动

依法执政，决定了党必须在宪法和法律的范围内活动。中国共产党领导人民制定的法律，体现了党的主张和人民意志的高度一致性，因此，党在宪法和法律的范围内活动，不但符合国家和人民的利益，也与党的宗旨是一致的。要坚持党在宪法和法律的范围内活动，首先要树立法治观念。中国共产党的各级党组织和全体党员必须具有法律意识，才能够坚持依法执政。其次，必须带头遵守宪法、法律，自觉维护宪法、法律的权威，决不允许超越宪法、法律享有特权。

（三）督促、支持和保证国家机关依法行使职权

党章所规定的“党必须保证国家的立法、司法、行政机关，经济、文化组织和人民团体积极主动地、独立负责地、协调一致地工作”，决定了督促、支持和保证国家机关依法行使职权是其职能所在。国家机关都是在党的领导下组织人民建立起来的，党委在其中发挥的是领导核心作用，这种领导核心作用就是要不但支持、保证国家机关依法行使职权，也要督促国家机关依法行使职权，大力推进法治政府建设。

（四）切实加强和改进党对政法工作的领导

党的领导，是社会主义法治的根本保证。党对政法工作的领导，是做好政法工作的根本保证。政法工作作为党和国家工作的重要组成部分，只有在党的领导下，才能保证工作的成效。在当前的国际和国内环境下，切实加强和改进党对政法工作的领导尤为重要。为此，2006 年中央政法委机关理论学习中心组在《加强和改进党对政法工作的领导》一文中指出[①]：

党对政法工作的领导主要是思想领导、政治领导和组织领导。加强和改进党对政法工作的领导，主要任务应当体现在八个方面：领导和推动政法部门贯彻落实中央大政方针；加强对维护国家安全和社会稳定工作的统筹协调；指导和推动政法部门为经济社会发展提供有力的法制保障；强化对政法部门执法活动的监督；积极稳妥地推进司法体制改革；建设高素质的政法干部队伍；为政法工作创造良好的舆论环境；改善政法部门的执法条件。

加强和改进党对政法工作的领导，必须加强政法部门党组织的自身建设。各级政法部门党组（党委）要按照加强党的执政能力建设和先进性建设的要求，充分发挥领导核心作用，始终把思想政治建设放在首位，带头贯彻党的路线、方针、政策，落实党委部署，遵守党的纪律，与党中央保持高度一致，坚决抵制否定党对政法工作领导的错误言行。切实加强政法部门党的基层组织建设，严格党内生活，充分发挥基层党组织的战斗堡垒作用。切实加强对党员的教育、管理和监督，帮助党员增强党的观念，强化党员意识，在执法办案中充分发挥党员的先锋模范作用。政法部门党组（党委）

① 中央政法委机关理论学习中心组：《加强和改进党对政法工作的领导》，中国共产党新闻网，http：//cpc. people. com. cn/GB/64114/64135/4654763. html。

要建立、健全重大事项报告党委的制度、在执法办案中发挥政治核心作用的制度、党建工作责任制、党组（党委）成员依照工作程序参与重要业务和重要决策制度，逐步规范政法部门党组（党委）的领导机制。

【思考与练习】

一、问答题

1. 怎样理解社会主义法治理念？
2. 社会主义法治理念的基本内容是什么？
3. 社会主义法治理念的基本要求是什么？

二、选择题

1. 下列哪些选项是社会主义法治理念的理论渊源（　　）。
   A. 马克思的法治思想
   B. 中国特色社会主义理论体系中的法治思想
   C. 新中国成立以来的社会主义法治建设
   D. 苏联法治的经验教训
2. 有关“三个至上”中“宪法法律至上”的理解，正确的是（　　）。
   A. “宪法法律至上”是仅仅强调实现法律效果，是增强全社会法律意识的价值指引
   B. “宪法法律至上”是我国宪法规定的一项宪法原则
   C. “宪法法律至上”表明宪法和法律效力相同
   D. “宪法法律至上”是执政党在思想认识上的一个重大转变

3. 下列哪一项是社会主义法治的核心内容（　　）。
   A. 依法治国　B. 执法为民　C. 公平正义　D. 党的领导
   E. 服务大局
4. 下列哪一项是社会主义法治的本质要求（　　）。
   A. 依法治国　B. 执法为民　C. 公平正义　D. 党的领导
   E. 服务大局
5. 下列哪一项是社会主义法治的价值追求（　　）。
   A. 依法治国　B. 执法为民　C. 公平正义　D. 党的领导
   E. 服务大局
6. 下列哪一项是社会主义法治的根本保证（　　）。
   A. 依法治国　B. 执法为民　C. 公平正义　D. 党的领导
   E. 服务大局
7. 下列哪些选项是社会主义法治理念的基本要求（　　）。
   A. 健全完善立法　B. 坚持依法行政
   C. 严格公正司法　D. 坚持依法执政

【扩展阅读文献】

1. 中共中央政法委员会：《社会主义法治理念读本》，中国长安出版社 2009 年版。
2. 许兵：《社会主义法治理念读本》，国家行政学院出版社 2011 年版。

学习情境：社会主义法治理念的贯彻运用

【范例】

2011 年 4 月，深圳通过新闻发布会高调宣布，为保证世界大学生运动会的安全，深圳警方从 1 月 1 日起开展了“治安高危人员排查清理百日行动”，共有 8 万余名“治安高危人员”被清理出城，而且清理行动还将继续。并解释“治安高危人员”是：无正当理由长期滞留深圳，行踪可疑，对深圳市的社会治安和人民群众生命财产安全构成现实威胁的人员。具体包括七类：一是同时满足“流入我市、有刑事犯罪前科，长期滞留深圳，且无正当职业及合法经济来源”的；二是同时满足“没有正当职业，生活规律异常或经济来源可疑的人员，特别是经常昼伏夜出，有群众举报，具有现实威胁的”，如失足妇女；三是涉嫌吸毒、零星贩毒、涉嫌销赃的；四是使用假身份证在旅业居住，或租房的；五是长期滞留深圳、明显靠非法收入生活的，比如，操纵儿童乞讨、扒窃人员；六是肇事、肇祸的精神病人，对他人有危害的；七是有报复社会的极端言行，可能危及他人或公共安全的；以及其他一些未列举的，对人民群众安居乐业有现在或潜在危险的。深圳警方还强调将继续对“治安高危人员”进行严格监管，4 月 11 日至 7 月 31 日，还将开展“大运安保严管严治严打冲刺十大行动”。①

【训练目的及要求】

结合范例和相关知识，通过训练，让学生理解什么是社会主义法治理念，怎样贯彻社会主义法治理念?

【训练方法】

参训学生分为两组进行讨论，即运用社会主义法治理念理论对给出的范例进行讨论、分析，评价社会主义法治理念的运用是否正确。

【训练步骤】

步骤 1：分组。

步骤 2：运用社会主义法治理念理论对社会法律现象作出分析、讨论。

步骤 3：对社会主义法治理念理论的理解、适用训练进行评判。

---

① 刘长：《深圳驱逐 8 万治安高危人员》，新浪财经，http：// finance. sina. com. cn/roll/20110418/01259704948. shtml，2011 年 4 月 18 日。

项目十九　深刻认识习近平法治思想

【知识结构图】

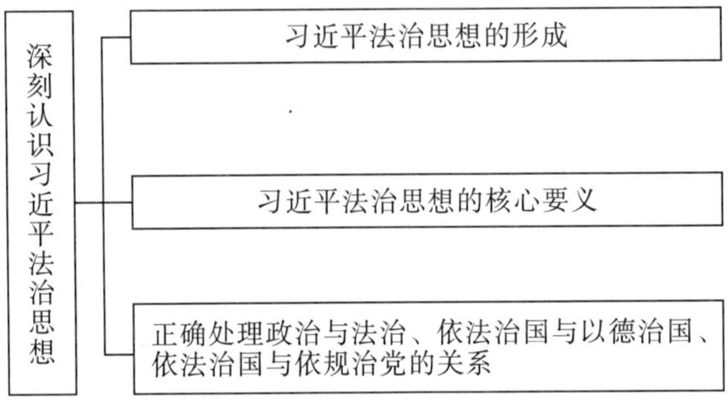

【知识目标】

1. 了解习近平法治思想的形成过程
2. 掌握习近平法治思想的核心要义
3. 理解政治与法治、依法治国与以德治国、依法治国与依规治党的关系

【能力目标】

能够形成对习近平法治思想的深刻认识，确立中国特色社会主义法治观

任务一　习近平法治思想的形成

【基本原理认知】

一、习近平法治思想形成的时代背景：中国特色社会主义新时代

习近平法治思想，是随着中国特色社会主义道路的发展，中国特色社会主义进入新时代而形成的，是在这一伟大时代要求下应运而生的重大理论创新成果。

中国特色社会主义是当代中国发展进步的根本方向，只有中国特色社会主义才能发展中国。新中国成立以来，正是我们党紧紧依靠人民，把马克思主义基本原理同中国实际和时代特征结合起来，独立自主走自己的路，开创和发展了中国特色社会主义，才从根本上改变了中国人民和中华民族的前途命运。

通过回首近代以来中国波澜壮阔的历史，中国共产党第十八次全国代表大会报告《坚定不移沿着中国特色社会主义道路前进　为全面建成小康社会而奋斗》指出：全面建成小康社会，加快推进社会主义现代化，实现中华民族伟大复兴，必须坚定不移走中国特色社会主义道路。

第一，以毛泽东同志为核心的党的第一代中央领导集体带领全党全国各族人民完成了新民主主义革命，进行了社会主义改造，确立了社会主义基本制度。

第二，以邓小平同志为核心的党的第二代中央领导集体带领全党全国各族人民深刻总结我国社会主义建设正反两方面经验，借鉴世界社会主义历史经验，深刻揭示社会主义本质，确立社会主义初级阶段基本路线，明确提出走自己的路、建设中国特色社会主义，科学回答了建设中国特色社会主义的一系列基本问题，成功开创了中国特色社会主义。

第三，以江泽民同志为核心的党的第三代中央领导集体带领全党全国各族人民坚持党的基本理论、基本路线，在国内外形势十分复杂、世界社会主义出现严重曲折的严峻考验面前捍卫了中国特色社会主义，成功把中国特色社会主义推向 21 世纪。

第四，新世纪新阶段，党中央抓住重要战略机遇期，在全面建设小康社会进程中推进实践创新、理论创新、制度创新，强调坚持以人为本、全面协调可持续发展，提出构建社会主义和谐社会、加快生态文明建设，形成中国特色社会主义事业总体布局，成功在新的历史起点上坚持和发展了中国特色社会主义。

第五，党的十八大以来，改革开放和社会主义现代化建设取得历史性成就，中国特色社会主义进入了新时代。以习近平同志为主要代表的中国共产党人，从理论和实践结合上系统回答了新时代坚持和发展什么样的中国特色社会主义、怎样坚持和发展中国特色社会主义这一重大时代课题，取得重大理论创新成果，形成了新时代中国特色社会主义思想。

中国特色社会主义道路的发展实践证明，坚持和发展中国特色社会主义道路，离不开法治这一治国理政的基本方式。中国特色社会主义进入新时代，法治更应是内在要求。而且，新时代中国特色社会主义更需要理清什么样的法治的问题。顺应新时代中国特色社会主义的发展要求，习近平法治思想应运而生。习近平法治思想的提出，为深入推进全面依法治国、加快建设社会主义法治国家，进而全面建设社会主义现代化国家、实现中华民族伟大复兴的中国梦，提供了科学的法治理论指导和制度保障。

二、习近平法治思想的形成

早在党的十一届三中全会以后，针对我国社会主义建设正反两方面的经验，就确立了“有法可依，有法必依，执法必严，违法必究”的社会主义法制建设的十六字方针，为社会主义法制建设开启了崭新征程。1997 年 9 月召开的党的十五大明确提出了依法治国的方略和建设社会主义法治国家的任务。

自党的十八大以来，习近平总书记作为党中央的核心、全党的核心，站在党和国家前途命运的战略高度，提出建设法治中国的奋斗目标，并就法治建设发表了一系列重要论述，逐步形成了习近平法治思想。

2012 年 11 月党的十八大报告明确全面推进依法治国，法治是治国理政的基本方式。2013 年 1 月，习近平同志就做好新形势下政法工作作出重要指示，首次提出建设法治中国的宏伟目标。2013 年 11 月，党的十八届三中全会提出推进法治中国建设。建设法治中国，必须坚持依法治国、依法执政、依法行政共同推进，坚持法治国家、法治政府、法治社会一体建设。2014 年 10 月，党的十八届四中全会专门研究全面依法治国，提出全面推进依法治国，总目标是建设中国特色社会主义法治体系，建设社会主义法治国家。2014 年 12 月，习近平总书记在江苏调研时，第一次明确提出“四个全面”的总体布局。2015 年 5 月，围绕习近平总书记发表的全面依法治国的一系列重要论述，经党中央批准，出版了《习近平关于全面依法治国论述摘编》。2018 年 8 月，中央全面依法治国委员会第一次会议上形成了习近平全面依法治国新理念、新思想、新战略，主要内容包括“十个坚持”。2020 年 11 月，在中央全面依法治国工作会议上，党中央正式明确提出了“习近平法治思想”，概括起来包括“十一个坚持”。较习近平全面依法治国新理念、新思想、新战略，去掉了坚持处理好全面依法治国的辩证关系，增加了坚持在法治轨道上推进国家治理体系和治理能力现代化，以及坚持统筹推进国内法治和涉外法治，内容更加丰富。

任务二　习近平法治思想的核心要义

在 2020 年 11 月召开的中央全面依法治国工作会议上，习近平总书记提出当前和今后一个时期全面依法治国应当抓好“十一个坚持”。“十一个坚持”是习近平法治思想的“核心要义”。[①] 即坚持党对全面依法治国的领导；坚持以人民为中心；坚持中国特色社会主义法治道路；坚持依宪治国、依宪执政；坚持在法治轨道上推进国家治理体系和治理能力现代化；坚持建设中国特色社会主义法治体系；坚持依法治国、依法执政、依法行政共同推进，法治国家、法治政府、法治社会一体建设；坚持全面推进科学立法、严格执法、公正司法、全民守法；坚持统筹推进国内法治和涉外法治；坚持建设德才兼备的高素质法治工作队伍；坚持抓住领导干部这个“关键少数”。

“十一个坚持”的丰富内涵，要结合党的十八届四中全会、十九届四中全会等会议精神及习近平总书记关于依法治国的重要论述来把握。

一、坚持党对全面依法治国的领导

坚持党对全面依法治国的领导是我国社会主义法治之魂，是我国法治同西方国家法治的最大区别。

首先，党的领导是推进全面依法治国的根本保证。党政军民学、东西南北中，党是领导一切的。党的领导是中国特色社会主义最本质的特征，是社会主义法治最根本的保证。坚持党的领导，是社会主义法治的根本所在、命运所在，是全国各族人民的利益所系、幸福所系，是全面推进依法治国的题中应有之义。要把党的领导贯彻到全面依法治国的全过程和各方面。当前，国际国内环境越是复杂，改革开放和社会主义现代化建设任务越是繁重，中国共产党越要运用法治思维和法治手段巩固执政地位、改善执政方式、提高执政能力，保证党和国家长治久安。

其次，要加强和改善党的领导。全面依法治国，绝不是要削弱党的领导，而是要加强和改善党的领导，要有利于巩固党的执政地位、完成党的执政使命。坚持党对全面依法治国的领导，必须加强和改善党的领导。要健全党领导全面依法治国的制度和

---

① 莫纪宏：《习近平法治思想“十一个坚持”的法理逻辑结构与功能透析》，《新疆师范大学学报（哲学社会科学版）》2022 年第 2 期，第 10 页。

工作机制，为加强党对全面依法治国的领导提供保障。要推进党的领导制度化、法治化，这是加强党的领导的应有之义，也是法治建设的重要任务，要通过法治保障党的路线方针政策有效实施。

二、坚持以人民为中心

坚持人民的主体地位，是我国的制度优势，是我国法治与西方国家法治不同的根本所在。

首先，全面依法治国最广泛、最深厚的基础是人民，必须坚持为了人民、依靠人民。人民是全面依法治国的主体和力量源泉。习近平总书记指出，忘记了人民，脱离了人民，我们就会成为无源之水、无本之木。因此，全面依法治国必须坚持为了人民、依靠人民。人民立场是中国共产党的根本政治立场，坚持以人民为中心的法治思想，也体现了党的理想信念、性质宗旨、初心使命。

其次，推进全面依法治国，根本目的是依法保障人民权益。人民幸福生活是最大的人权，要把体现人民利益、反映人民愿望、维护人民权益、增进人民福祉落实到全面依法治国各领域全过程。要积极回应人民群众新要求新期待，系统研究谋划和解决法治领域人民群众反映强烈的突出问题，不断增强人民群众获得感、幸福感、安全感，用法治保障人民安居乐业。

三、坚持中国特色社会主义法治道路

全面依法治国必须坚定不移走中国特色社会主义法治道路，这是社会主义法治建设成就和经验的集中体现。它从根本上保证了我国社会主义法治建设的正确方向。

首先，中国特色社会主义法治道路本质上是中国特色社会主义道路在法治领域的具体体现。道路决定前途和命运。在全面推进依法治国的发展道路上，我们既不能走封闭僵化的老路，也不能走改旗易帜的邪路。要从中国的国情和实际出发确定正确的道路。实践证明，中国特色社会主义道路是中国发展的唯一正确道路，中国特色社会主义法治道路是建设社会主义法治国家的唯一正确道路。

其次，坚持中国特色社会主义法治道路，既要立足当前，运用法治思维和法治方式解决经济社会发展面临的深层次问题；又要着眼长远，筑法治之基、行法治之力、积法治之势，促进各方面制度更加成熟更加定型，为党和国家事业发展提供长期性的制度保障。

最后，坚持中国特色社会主义法治道路，要传承中华优秀传统法律文化，从我国革命、建设、改革的实践中探索适合自己的法治道路，同时借鉴国外法治有益成果，但绝不照搬别国模式和做法，绝不能走西方“宪政”“三权分立”“司法独立”的路子，为全面建设社会主义现代化国家、实现中华民族伟大复兴夯实法治基础。

四、坚持依宪治国、依宪执政

坚持依宪治国、依宪执政是全面推进依法治国的工作重点。

首先，坚持依宪治国、依宪执政是全面推进依法治国的首要任务。宪法是国家的根本大法，是治国安邦的总章程，集中体现了党和人民的统一意志和共同愿望，具有最高的法律地位和法律效力。因此，宪法在治国理政中是首先要遵循的法律：坚持全面依法治国，首先要坚持依宪治国；坚持依法执政，首先要依宪执政。宪法在治国理政中具有重要的地位，依法治国要以宪法为核心。

其次，坚持依宪治国、依宪执政，就是要遵守宪法，治国、执政不能违背宪法。党领导人民制定宪法法律，领导人民实施宪法法律，党自身要在宪法法律范围内活动。全国各族人民、一切国家机关和武装力量、各政党和各社会团体、各企业事业组织，都必须以宪法为根本的活动准则，都负有维护宪法尊严、保证宪法实施的职责。

最后，坚持依宪治国、依宪执政，还包括坚持宪法确定的中国共产党领导地位不动摇，坚持宪法确定的人民民主专政的国体和人民代表大会制度的政体不动摇。我国宪法以国家根本法的形式，确立了中国共产党的执政地位，确立了工人阶级领导的、以工农联盟为基础的人民民主专政的社会主义国家的国体和人民代表大会的政体。这就意味着坚持依宪治国、依宪执政，就是要坚持中国共产党的领导地位不动摇、坚持宪法确立的人民民主专政的国体和人民代表大会制度的政体不动摇。

五、坚持在法治轨道上推进国家治理体系和治理能力现代化

这是实现良法善治的必由之路，它解决了法治与国家治理体系和治理能力现代化之间的逻辑关系问题。

首先，法治是国家治理体系和治理能力的重要依托。国家治理体系是在党的领导下管理国家的制度体系，国家治理能力是运用国家制度管理社会各方面事务的能力。国家治理体系和治理能力是一个国家的制度和制度执行能力的集中体现，关系到国家治理的效能。推进国家治理体系和治理能力现代化，就是要适应现代法治国家发展的需要，实现国家治理的制度化、规范化、程序化，这恰恰体现了国家治理的法治要求。

其次，通过法治保障国家治理体系的系统性、规范性、协调性。习近平总书记指出，“只有全面依法治国才能有效保障国家治理体系的系统性、规范性、协调性，才能最大限度凝聚社会共识”①。通过宪法、法律确认和巩固国家的制度体系，并运用国家强制力保障实施，国家治理体系的系统性、规范性、协调性才能得到保障。特别是在统筹推进伟大斗争、伟大工程、伟大事业、伟大梦想的实践中，在全面建设社会主义现代化国家新征程上，更是要重视法治、厉行法治，更好发挥法治固根本、稳预期、利长远的重要作用，坚持依法应对重大挑战、抵御重大风险、克服重大阻力、解决重大矛盾。

最后，实现国家治理现代化，必须推进国家治理的制度化、程序化、法治化。国家治理的现代化，具体体现为国家治理的制度化、程序化、法治化，这仍是需要通过法治来实现的。只有在宪法和法治轨道上推进国家治理体系和治理能力现代化，才能充分实现国家和社会治理的有法可依、有法必依、执法必严、违法必究。

六、坚持建设中国特色社会主义法治体系

这是全面推进依法治国的总目标、总抓手。全面推进依法治国，必须建设中国特色社会主义法治体系。

---

① 习近平：《坚定不移走中国特色社会主义法治道路　为全面建设社会主义现代化国家提供有力法治保障》，《求是》2021年第5期，第10页。

首先，中国特色社会主义法治体系是推进全面依法治国的总抓手。习近平总书记指出："全面推进依法治国涉及很多方面，在实际工作中必须有一个纵览全局、牵引各方的总抓手，这个总抓手就是建设中国特色社会主义法治体系。依法治国各项工作都要围绕这个总抓手来谋划、来推进。"①

其次，建设中国特色社会主义法治体系是全面依法治国的总目标。在中国共产党的领导下，坚持中国特色社会主义制度，贯彻中国特色社会主义法治理论，形成完备的法律规范体系、高效的法治实施体系、严密的法治监督体系、有力的法治保障体系，形成完善的党内法规体系。

再次，建设中国特色社会主义法治体系要坚持依法治国和以德治国相结合，实现法治和德治相辅相成、相得益彰，国家和社会治理需要法律和道德共同发挥作用。必须坚持一手抓法治，一手抓德治，大力弘扬社会主义核心价值观，弘扬中华传统美德，培育社会公德、职业道德、家庭美德、个人品德，既重视发挥法律的规范作用，又重视发挥道德的教化作用。

最后，建设中国特色社会主义法治体系要积极推进重要领域立法。要积极推进国家安全、科技创新、公共卫生、生物安全、生态文明、防范风险、涉外法治等重要领域立法，健全国家治理急需的法律制度、满足人民日益增长的美好生活需要必备的法律制度，以良法善治保障新业态新模式健康发展。

七、坚持依法治国、依法执政、依法行政共同推进，法治国家、法治政府、法治社会一体建设

这是全面推进依法治国的战略布局。如何全面推进依法治国？习近平法治思想以系统观念和方法明确了全面依法治国的工作布局。

首先，全面依法治国是一个系统工程。习近平总书记指出："全面依法治国是一个系统工程，要整体谋划，更加注重系统性、整体性、协同性。"依法治国、依法执政、依法行政是一个有机整体：其中依法治国是党领导人民治理国家的基本方略，依法执政是党治国理政的基本方式，依法行政是各级政府活动的基本准则。三者本质一致、目标一致，必须共同推进。法治国家、法治政府、法治社会是相辅相成的，但又各有侧重：法治国家是目标，法治政府建设是重点任务和主体工程，法治社会是构筑法治国家的基础，三者共同构成法治中国的三根支柱。

其次，法治国家是建设法治国家的目标。党的十八届四中全会提出，全面推进依法治国，总目标是建设中国特色社会主义法治体系，建设社会主义法治国家。依法治国各项工作都要围绕这个目标来部署、开展，全面推进科学立法、严格执法、公正司法、全民守法。

再次，法治政府是建设法治国家的重点。共同推进依法治国、依法执政、依法行政，关键在于党要坚持依法执政，各级政府要坚持依法行政。其中法治政府建设是重点任务和主体工程，要率先突破，要把政府活动全部纳入法治轨道。包括：要用法治给行政权力定规矩、划界限，推进各级政府事权规范化、法律化；要规范行政决策程

---

① 习近平：《关于〈中共中央关于全面推进依法治国若干重大问题的决定〉的说明》（2014 年 10 月 20 日），载习近平：《论坚持全面依法治国》，中央文献出版社 2020 年版，第 93 页。

序，落实重大行政决策程序制度，防止违法决策、不当决策、拖延决策；要加快转变政府职能，处理好政府和市场的关系，打造市场化、法治化、国际化的营商环境。

最后，法治社会是构筑法治国家的基础。和谐社会应该是法治社会。要加快实现社会治理法治化。要完善预防性法律制度，推进法治社会建设，要坚持依靠法治解决各种社会矛盾和问题。坚持和发展新时代“枫桥经验”，促进社会和谐稳定。要通过普法不断提升全体公民法治意识和法治素养。普法工作要在针对性和实效性上下功夫，特别是要加强青少年法治教育。要建设社会主义法治文化，深入学习宣传贯彻习近平法治思想。

八、坚持全面推进科学立法、严格执法、公正司法、全民守法

这是法治建设的工作方针。要继续推进法治领域改革，就要解决好立法、执法、司法、守法等领域的突出矛盾和问题。

首先，全面推进科学立法。在全面推进依法治国的工作格局中，科学立法是前提条件。建设法治国家，必须加强和改进立法工作。要做到科学立法，实现良法善治。科学立法在于要尊重和体现客观规律、提高立法质量、完善立法体制。

其次，全面推进严格执法。在全面推进依法治国的工作格局中，严格执法是关键环节。全面推进依法治国必须保证法律严格实施。习近平总书记指出：“法律的生命力在于实施。如果有了法律而不实施，或者实施不力，搞得有法不依、执法不严、违法不究，那制定再多法律也无济于事。”①

再次，全面推进公正司法。在全面推进依法治国的工作格局中，公正司法是重要任务。全面推进依法治国必须坚持公正司法，公平正义是司法的灵魂和生命。公正司法，就是受到侵害的权利一定会得到保护和救济，违法犯罪活动一定要受到制裁和惩罚。要深化司法责任制综合配套改革，加强司法制约监督，健全社会公平正义法治保障制度，努力让人民群众在每一个司法案件中感受到公平正义。要加快构建规范高效的制约监督体系。要推动扫黑除恶常态化，坚决打击黑恶势力及其“保护伞”，让城乡更安宁、群众更安乐。

最后，全面推进全民守法。在全面推进依法治国的工作格局中，全民守法是基础工程。法治的根基在人民，只有全民守法，才能夯实依法治国的社会基础。要加大全民普法工作力度，通过普法不断提升全体公民法治意识和法治素养，加强法制宣传教育，引导全民树立法治意识，增强法治观念，更好遵守法律。

九、坚持统筹推进国内法治和涉外法治

这是建设法治强国的必然要求，是习近平法治思想以宽广的国际视野来审视国内法治和涉外法治的关系问题。

首先，国内法治和涉外法治要统筹推进。习近平总书记强调统筹国内国际两个大局，要坚定不移维护国家主权、安全、发展利益，坚定不移维护世界和平、促进共同发展。党的十九届五中全会亦提出：统筹中华民族伟大复兴战略全局和世界百年未有

---

① 习近平：《全面推进科学立法、严格执法、公正司法、全民守法》（2013年2月23日），载习近平：《论坚持全面依法治国》，中央文献出版社2020年版，第20－21页。

之大变局。在推进全面依法治国工作布局中，就要统筹推进国内法治和涉外法治。

其次，在涉外法治问题上，要加快涉外法治工作战略布局。要协调推进国内治理和国际治理，更好维护国家主权、安全、发展利益。要强化法治思维，运用法治方式，有效应对挑战、防范风险，综合利用立法、执法、司法等手段开展斗争，坚决维护国家主权、尊严和核心利益。要推动全球治理变革，推动构建人类命运共同体。

十、坚持建设德才兼备的高素质法治工作队伍

这是全面依法治国的组织保障。德才兼备的高素质法治工作队伍建设对全面依法治国至关重要，它能够为全面依法治国、加快建设社会主义法治国家提供强有力的组织和人才保障。

首先，推进法治专门队伍革命化、正规化、专业化、职业化。习近平总书记指出："推进法治专门队伍革命化、正规化、专业化、职业化，确保做到忠于党、忠于国家、忠于人民、忠于法律。"① 推进法治专门队伍革命化，就是要加强法治专门队伍思想政治建设，突出法治专门队伍的政治标准，坚定政治信仰。推进法治专门队伍正规化，就是加强法治专门队伍的监督管理制度建设，确保法治专门队伍纪律严明、行为规范、作风优良。推进法治专门队伍专业化，就是加强法治专门队伍业务素质能力建设，确保法治专门队伍具有很强的专业思维、专业素质、专业能力。推进法治专门队伍职业化，就是要加强法治专门队伍职业保障制度体系和运行机制建设，增强法治专门队伍职业荣誉感和归属感。

其次，加强法律服务队伍、法学专家队伍建设，加快培养涉外法治人才。包括律师、公证员、仲裁员、人民调解员、司法鉴定人、基层法律服务者、法律服务志愿者在内的法律服务队伍，是提供法律服务、维护社会稳定的重要主体，在提供法律服务、维护社会稳定方面发挥着重要作用。要确保这样一支法律服务队伍拥护中国共产党领导、拥护社会主义法治。要引导法律服务工作者坚持正确政治方向，依法依规诚信执业，认真履行社会责任。法学专家队伍对法学理论创新和法治人才的培养至关重要，必须确保法学专家队伍政治立场坚定，能够构建中国特色法学学科体系、理论体系和话语体系。涉外法治人才的培养，是新时代贯彻落实党和国家对外工作布局的重要举措，要加大涉外法学培养力度，重点做好涉外执法司法和法律服务人才培养、国际组织法律人才培养推送工作，更好服务对外工作大局。

最后，坚持立德树人，德法兼修，努力培养造就一大批高素质法治人才及后备力量。要加强理想信念教育，深入开展社会主义核心价值观和社会主义法治理念教育。

十一、坚持抓住领导干部这个"关键少数"

这是全面推进依法治国的关键问题。国家机关和领导干部的行为对全社会都具有风向标作用。领导干部这个"关键少数"，在信念、决心和行动方面，对全面推进依法治国意义重大。

各级领导干部要坚决贯彻落实党中央关于全面依法治国的重大决策部署，要做尊

① 习近平：《坚定不移走中国特色社会主义法治道路　为全面建设社会主义现代化国家提供有力法治保障》，《求是》2021 年第 5 期，第 14 页。

法学法守法用法的模范，带头尊崇法治、敬畏法律、了解法律、掌握法律，遵纪守法、捍卫法治。各级领导干部要不断提高运用法治思维和法治方式的能力，提高运用法治思维和法治方式深化改革、推动发展、化解矛盾、维护稳定、应对风险的能力。各级领导干部要在依法治国中肩负重要责任，发挥好“关键少数”作用，要力戒形式主义、官僚主义，确保全面依法治国各项任务真正落到实处。

任务三 正确处理政治与法治、依法治国与以德治国、依法治国与依规治党的关系

一、正确处理政治与法治的关系

全面推进依法治国，必须厘清政治与法治的关系。理论和实践表明，政治与法治不是彼此割裂的，但也不是此强彼弱的关系。其中，坚持法治工作的政治性，是法治工作不断推进的重要保障。

习近平指出：“法治当中有政治，没有脱离政治的法治”“每一种法治形态背后都有一套政治理论，每一种法治模式当中都有一种政治逻辑，每一条法治道路底下都有一种政治立场”。[①] 可见，政治对法治的影响是内在的，有什么样的政治就有什么样的法治。

首先，每一种法治形态背后都有一套政治理论。即每一种法治形态的存在必然有一种政治理论去解释、论证和支撑，这种政治理论是理解法治形态的思想基础，对法治的认同具有价值的同一性。如马克思主义的国家学说、政党学说等是认识社会主义法治建设的理论基础。我国的依法治国，可以说是以习近平新时代中国特色社会主义思想为其政治理论基础的。

其次，每一种法治模式当中都有一种政治逻辑。不同的法治模式，是由不同的政治逻辑决定的。西方国家以维护资产阶级的政治统治和经济秩序为其政治逻辑，因此，西方国家的法治模式是一种形式法治，形式法治是西方现代法治的基本形态。我国坚持中国特色社会主义理论体系，实行人民当家作主的民主政治，这就决定了我国的法治真正坚持以人民为中心。

最后，每一条法治道路底下都有一种政治立场。走什么样的法治道路，实质上是一个政治方向问题，这又取决于政治立场的不同。西方国家服务于资产阶级的根本利益，在法治道路上，也就必然以维护资产阶级的利益为其法治道路选择。我国始终把人民立场作为根本政治立场，把人民利益至上摆在至高无上的地位，不断把为人民造福事业推向前进。全心全意为人民服务是党的根本宗旨，这就决定了我国的治国建设始终为了人民、依靠人民、造福人民、保护人民。

需要指出的是，党和法的关系是政治和法治关系的集中体现。在我国，党领导人

① 习近平：《在省部级主要领导干部学习贯彻党的十八届四中全会精神全面推进依法治国专题研讨班上的讲话》（2015 年 2 月 2 日），载中共中央文献研究室编：《习近平关于全面依法治国论述摘编》，中央文献出版社 2015 年版，第 34 页。

民制定实施宪法法律，党自身必须在宪法法律范围内活动。可以说，党和法、党的领导和依法治国是高度统一的。

二、正确处理依法治国与以德治国的关系

党的十八届四中全会指出：国家和社会治理需要法律和道德共同发挥作用。必须坚持一手抓法治、一手抓德治，大力弘扬社会主义核心价值观，弘扬中华传统美德，培育社会公德、职业道德、家庭美德、个人品德。既重视发挥法律的规范作用，又重视发挥道德的教化作用，以法治体现道德观念、强化法律对道德建设的促进作用，以道德滋养法治精神、强化道德对法治文化的支撑作用，实现法律与道德相辅相成、法治与德治相得益彰。习近平法治思想亦强调要坚持依法治国与以德治国相结合，实现法治与德治相辅相成、相得益彰。

习近平总书记指出："法律是准绳，任何时候都必须遵循；道德是基石，任何时候都不可忽视。"① "法律是成文的道德，道德是内心的法律，法律和道德都具有规范社会行为、维护社会秩序的作用。"② 法律与道德相互补充，法律的实施需要道德的奠基和支持，道德的实施需要法律的强制保障。法治和德治是两种重要的治理方式，在国家和社会治理中，法安天下，德润人心。法治与德治历来都是治国理政不可或缺的重要手段，我国历史上更是有礼法并重、德法结合的治国思想和实践。依法治国与以德治国相辅相成、相得益彰。坚持依法治国与以德治国相结合，是推进全面依法治国、实现国家治理现代化的客观要求。既要坚持依法治国，又要强调以德治国。把法制建设和道德建设紧密结合起来，把他律和自律紧密结合起来，做到法治和德治相辅相成、相互促进。同时，以法治体现道德理念，强化法律对道德建设的促进作用；以道德滋养法治精神，强调道德对法治的支撑作用。

三、正确处理依法治国与依规治党的关系

习近平指出："在我们国家，法律是对全体公民的要求，党内法规制度是对全体党员的要求，而且很多地方比法律的要求更严格。"③ 可见，国家法律和党内法规是两种截然不同的制度规范。国家法律调整社会关系，以法律关系主体的权利和义务、权力与责任为内容，对全体法律关系主体具有约束力；党内法规调整党务关系，规定党组织的职权和职责、党员的义务和权利，对全体党员具有约束力。党内法规要严于国家法律。但国家法律和党内法规又有密切的联系。他们在本质上具有一致性，法律所体现的国家意志，是党的主张和人民意志的体现。党内法规是党的统一意志的体现，这又与国家意志和人民意志在本质上是一致的。另外，他们都属于中国特色社会主义法治体系的组成部分，都属于国家治理体系。这样，在全面依法治国过程中，就必须努力形成国家法律法规和党内法规制度相辅相成、相互促进、相互保障的格局。

---

① 习近平：《坚持依法治国和以德治国相结合》（2016 年 12 月 9 日），载习近平：《论坚持全面依法治国》，中央文献出版社 2020 年版，第 165 页。

② 习近平：《加快建设社会主义法治国家》（2014 年 10 月 23 日），载习近平：《论坚持全面依法治国》，中央文献出版社 2020 年版，第 109 页。

③ 习近平：《关于〈中共中央关于全面推进依法治国若干重大问题的决定〉的说明》（2014 年 10 月 20 日），载习近平：《论坚持全面依法治国》，中央文献出版社 2020 年版，第 96 页。

国家法律和党内法规之间的密切关系，决定了在依法治国过程中，要坚持依法治国与依规治党有机统一。依法治国与制度治党、依规治党统筹推进、一体建设，要坚持依法治国，同时要做到坚持依规治党。在党的十八届五中全会上，习近平首次提出“全面从严治党、依规治党”，从而明确了治党的基本方式。中国共产党是世界上最大的执政党，坚持依规治党是马克思主义政党的必然要求，是按照现代法治思维和治理思维开展全面从严治党的必然选择，是对执政党建设理论和治理方略的创新发展。坚持依规治党，党内法规的治理效能才会不断提升。依规治党深入党心，依法治国才能深入民心。

同时，要发挥依法治国与依规治党的互补性作用，要在党的全面领导下推进依法治国。在中国特色社会主义法治体系建设中，既要形成完备的法律规范体系，又要形成完善的党内法规体系；既要依靠党内法规发挥党的领导核心作用，又要依靠法律推进国家治理。要做到坚持依法治国与依规治党同谋划同部署同推进，二者全方位对接联动，协调一致，形成国家法律法规和党内法规制度相辅相成、相互促进、相互保障的格局，全面推进依法治国。

【思考与练习】

问答题

1. 简述习近平法治思想的核心要义。

2. 怎样理解依法治国和以德治国？

【扩展阅读文献】

1.《习近平法治思想概论》编写组：《习近平法治思想概论》，高等教育出版社2021年版。

2. 莫纪宏：《习近平法治思想“十一个坚持”的法理逻辑结构与功能透析》，《新疆师范大学学报（哲学社会科学版）》2021年第1期。

参考文献

1. ［奥］凯尔森著，沈宗灵译：《法与国家的一般理论》，北京：中国大百科全书出版社 1995 年版。

2. ［美］E·霍贝尔著，严存生等译：《原始人的法》，贵阳：贵州人民出版社 1992 年版。

3. ［美］马林诺夫斯基著，原江译：《原始社会的犯罪与习俗》，北京：法律出版社 2007 年版。

4. 张永和：《“瀍”问》，北京：清华大学出版社 2010 年版。

5. ［英］哈特著，许家馨、李冠宜译：《法律的概念》，北京：法律出版社 2008 年版。

6. 於兴中：《法理学检读》，北京：海洋出版社 2010 年版。

7. ［英］梅因著，沈景一译：《古代法》，北京：商务印书馆 1984 年版。

8. ［法］孟德斯鸠著，张雁深译：《论法的精神》，北京：商务印书馆 1982 年版。

9. ［法］卢梭著，何兆武译：《社会契约论》，北京：商务印书馆 2003 年版。

10. 张文显：《法哲学范畴研究》，北京：中国政法大学出版社 2001 年版。

11. 张恒山：《法理要论》，北京：北京大学出版社 2002 年版。

12. 张恒山：《义务先定论》，济南：山东人民出版社 1999 年版。

13. ［美］德沃金著，信春鹰、吴玉章译：《认真对待权力》，上海：上海三联书店 2008 年版。

14. ［美］格尔格斯·伦斯基著，关信平等译：《权力与特权：社会分层的理论》，杭州：浙江人民出版社 1988 年版。

15. 刘星：《西窗法雨》，北京：法律出版社 2003 年版。

16. 刘星：《法律是什么》，北京：中国政法大学出版社 1998 年版。

17. ［法］勒内·达维德著，漆竹生译：《当代主要法律体系》，上海：上海译文出版社 1984 年版。

18. 葛洪义：《探索与对话：法理学导论》，北京：法律出版社 2000 年版。

19. 卓泽渊：《法理学》，北京：法律出版社 2004 年版。

20. ［英］洛克著，叶启芳、瞿菊农译：《政府论》，北京：商务印书馆 1982 年版。

21. ［英］霍布斯著，黎思复、黎廷弼译：《利维坦》，北京：商务印书馆 1985 年版。

22. 梁治平：《法辨：中国法的过去、现在与未来》，北京：中国政法大学出版社 2002 年版。

23. 任东来等：《美国宪政历程：影响美国的 25 个司法大案》，北京：中国法制出版社 2004 年版。

24. ［美］博登海默著，邓正来译：《法理学：法律哲学与法律方法》，北京：中国政法大学出版社 1999 年版。

25. 胡盛仪、陈小京、田穗生：《中外选举制度比较》，北京：商务印书馆 2000 年版。

26. 周旺生：《立法学》，北京：法律出版社 1998 年版。

27. 杨寿仁：《法律方法论》，北京：中国政法大学出版社 1999 年版。

28. 季卫东：《法治秩序的构建》，北京：中国政法大学出版社 1999 年版。

29. 徐显明：《法理学教程》，北京：中国政法大学出版社 1994 年版。

30. 张文显：《法理学》（第三版），北京：高等教育出版社、北京大学出版社 2007 年版。

31. 李步云：《法理学》，北京：经济科学出版社 2000 年版。

32. 孙笑侠：《法理学》，北京：中国政法大学出版社 1996 年版。

33. ［英］尼尔·麦考密克著，姜峰译：《法律推理与法律理论》，北京：法律出版社 2005 年版。

34. ［英］沙龙·汉森著，李桂林译：《法律方法与法律推理》，武汉：武汉大学出版社 2010 年版。

35. ［美］塞缪尔·亨廷顿著，李盛平、李玉生译：《变革社会中的政治秩序》，北京：华夏出版社 1988 年版。

36. ［美］科恩著，聂崇信、朱秀贤译：《论民主》，北京：商务印书馆 2005 年版。

37. 沈宗灵：《法学基础理论》，北京：北京大学出版社 1994 年版。

38. 王勇飞、王启富：《中国法理纵论》，北京：中国政法大学出版社 1996 年版。

39. 王勇飞、张贵成：《中国法理学研究综述与评价》，北京：中国政法大学出版社 1992 年版。

40. ［德］萨维尼著，朱虎译：《当代罗马法》第 1 卷，北京：中国法制出版社 2010 年版。

41. ［美］霍菲尔德著，张书友译：《基本法律概念》，北京：中国法制出版社 2009 年版。

42. 中共中央政法委员会：《社会主义法治理念读本》，北京：中国长安出版社 2009 年版。

43. 许兵：《社会主义法治理念读本》，北京：国家行政学院出版社 2011 年版。

44. 苏晓宏：《法理学基本问题》，北京：法律出版社 2006 年版。

45. ［美］约翰·罗尔斯著，何怀宏译：《正义论》，北京：中国社会科学出版社 2001 年版。

46. 刘星：《西方法学初步》，广州：广东人民出版社 1998 年版。

47. 葛洪义：《法理学》（修订版），北京：中国政法大学出版社 2002 年版。

48. 《习近平法治思想概论》编写组：《习近平法治思想概论》，北京：高等教育出版社 2021 年版。